# Le Guide Vert, mode d'emploi

## Le Guide Vert, un guide en 3 parties

- **Organiser son voyage** : les informations pratiques pour préparer et profiter de son séjour sur place
- **Comprendre la destination** : les thématiques pour enrichir son voyage
- **Découvrir la destination** : un découpage en **microrégions** *(voir carte générale dans le 1er rabat de couverture et sommaire p. 1)*

En ouverture de chaque **microrégion**, retrouvez un **sommaire** et une **carte** qui indiquent :

- les villes et sites traités dans le chapitre
- les circuits conseillés

Pour chaque chapitre, consultez « **Nos adresses...** » :

- des informations pratiques
- des établissements classés par catégories de prix
- des lieux où boire un verre
- des activités à faire en journée ou en soirée
- un agenda des grands événements de l'année

## En fin de guide

- un **index général** des lieux et thèmes traités
- un **sommaire** des cartes et plans du guide
- la légende des symboles du guide
- la liste de nos publications

## Et en complément de notre guide

- Créez votre voyage sur **Voyage.ViaMichelin.fr**

**Votre avis nous intéresse**
Rendez-vous sur votreaviscartesetguides.michelin.fr

# Sommaire

## 1/ ORGANISER SON VOYAGE

### VENIR DANS LES ALPES DU SUD



### AVANT DE PARTIR



### SUR PLACE DE A À Z



### EN FAMILLE



### MÉMO



## 2/ COMPRENDRE LES ALPES DU SUD

### NATURE



### LES ALPES DU SUD AUJOURD'HUI



### HISTOIRE



### ART ET CULTURE

**Les microrégions du guide :**
*(voir la carte à l'intérieur de la couverture ci-contre)*



# Alpes du Sud
## *Haute Provence*

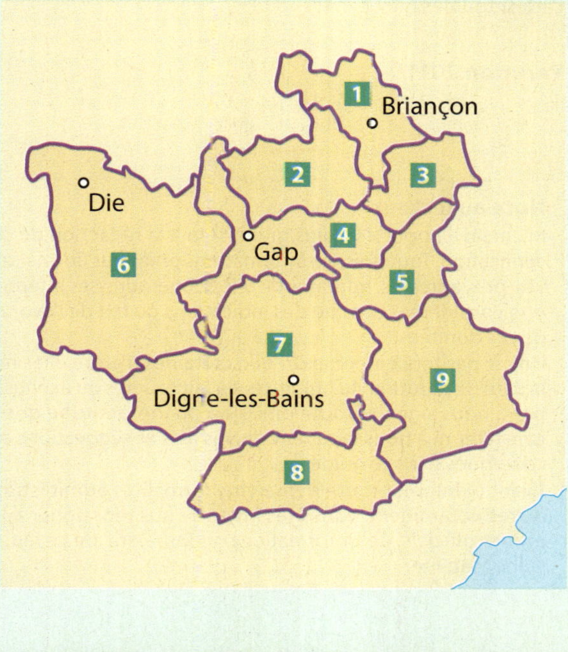

**Collection Le Guide Vert sous la responsabilité d'Anne Teffo**

**Édition**
Jean-Louis Gallo, Sandrine Favre

**Rédaction**
Michel Doussot, Serge Guillot, Fabien Spillmann

**Cartographie**
Stéphane Anton, Michèle Cana, Constantin Cristian, Cristina Ferecatu, Leonard Pandrea, Mirela Spita, Severin Vlad

**Relecture**
Florence Michel

**Remerciements**
Didier Broussard, Marie-Françoise Sabellico, René Borel (CDT 05), Maria Gaspar

**Conception graphique**
Christelle Le Déan

**Régie publicitaire et partenariats**
michelin-cartesetguides-btob@fr.michelin.com
*Le contenu des pages de publicité insérées dans ce guide n'engage que la responsabilité des annonceurs.*

**Contacts**
Michelin Cartes et Guides
Le Guide Vert
46 avenue de Breteuil - 75324 Paris - Cedex 07
✆ 01 45 66 12 34 - Fax 01 45 66 13 75
cartesetguides.michelin.fr

**Parution 2011**

**Note au lecteur**

Michelin a apporté le plus grand soin à la rédaction de ce guide et à sa vérification. Toutefois, les informations pratiques (formalités administratives, prix, adresses, numéros de téléphone, adresses Internet, etc.) doivent être considérées comme des indications du fait de l'évolution constante de ces données.

Il n'est pas totalement exclu que certaines d'entre elles ne soient plus, à la date de parution du guide, tout à fait exactes ou exhaustives. N'hésitez pas à nous signaler toute omission ou inexactitude que vous pourriez constater ni à nous faire part de vos avis et suggestions sur les adresses contenues dans ce guide.

Avant d'entamer toute démarche, formalités administratives ou douanières notamment, vous êtes invité à vous renseigner auprès des organismes officiels. Ces informations ne sauraient, de ce fait, engager notre responsabilité.

# 3/ DÉCOUVRIR LES ALPES DU SUD

## 1 BRIANÇON ET LE BRIANÇONNAIS



## 2 LE PAYS DES ÉCRINS, CHAMPSAUR ET VALGAUDEMAR



## 3 LE QUEYRAS



## 4 LAC DE SERRE-PONÇON, GAPENÇAIS ET DÉVOLUY



## 5 L'UBAYE



## 6 LE DIOIS, LE BUËCH ET LES BARONNIES



## 7 LA MOYENNE DURANCE ET LES PRÉALPES DE DIGNE



## 8 LES PAYS DU VERDON



## 9 LES ALPES DU MERCANTOUR

# 1/ ORGANISER SON VOYAGE

M. Barraud/Ojo Images/Photononstop

# Venir dans les Alpes du Sud

## Par la route

### LES GRANDS AXES

Partiellement désenclavée par les axes de la vallée de la Durance, la région est accessible au terme d'un long parcours pour l'automobiliste parisien : 7h pour atteindre Gap et Briançon et 8h pour Barcelonnette. Les **autoroutes** A 48 puis D 1075 depuis le Nord et A 51 depuis Marseille sont les principales voies d'accès à la région.

**Bon à savoir** – L'accès aux **stations** des Alpes-de-Haute-Provence (Pra-Loup, Le Sauze, La Foux-d'Allos) demeure parfois une épreuve pour le conducteur peu coutumier des routes étroites *(voir ci-contre « Conduite en montagne »).*

**Informations autoroutières** – 0 892 681 077 - www.autoroutes.fr.

### LES CARTES MICHELIN

**Cartes Départements 332** (Drôme, Vaucluse), **334** (Alpes-de-Haute-Provence, Hautes-Alpes) et **341** (Alpes-Maritimes).

**Carte Régional 527** (Provence-Alpes-Côte d'Azur).

**Carte National 725** (France Sud).

**En ligne** : calcul d'itinéraires sur **www.viamichelin.fr**.

### CONDUITE EN MONTAGNE

Des **écoles de conduite sur glace** dispensent, dans la région (Allos, Serre-Chevalier, Isola 2000, etc.), les bases d'une conduite sûre et permettent de mesurer les limites d'adhérence du véhicule. Elles sont généralement ouvertes de mi-décembre à fin mars, et certaines acceptent les cours sur voiture personnelle. Les prestations s'étendent du baptême au stage d'initiation, puis de sécurité.

## En train

### LES GRANDES LIGNES

Temps approximatif des liaisons :
– Paris/Gap : 5h20 (TGV + TER - via Valence-Ville) ;
– Paris/Briançon : 10h30 par train de nuit ou 6h20 de jour (via Valence) ;
– Marseille/Briançon : 5h.

**Informations et réservations** – 36 35 (0,34 €/mn) - www.voyages-sncf.com.

### LE RÉSEAU RÉGIONAL

Les trains **TER**, ainsi que des dessertes par **autocar** (tarifs SNCF), assurent les liaisons interrégionales. De nombreuses stations sont desservies sur les lignes suivantes :
– Valence/Die/Veynes-Dévoluy/Gap/Embrun/Briançon ;
– Marseille/Aix-en-Provence/Manosque-Gréoux-les-Bains/Sisteron/Veynes-Dévoluy/Gap/Embrun/Briançon ;
– Grenoble/Veynes-Dévoluy/Gap/Embrun/Briançon ;
– Veynes-Dévoluy/Sisteron/Digne-les-Bains.

**Informations et réservations** – 36 35 (0,34 €/mn) - www.ter-sncf.com/paca.

Les **Chemins de fer de Provence** assurent la liaison Nice/Digne-les-Bains en 3h25. *Voir p. 30.*

| DISTANCES EN KM | | | | | | |
|---|---|---|---|---|---|---|
| | Barcelonette | Briançon | Castellane | Die | Digne-les-Bains | Gap |
| Bordeaux | 825 | 786 | 782 | 715 | 737 | 780 |
| Lille | 983 | 913 | 1 021 | 858 | 977 | 900 |
| Lyon | 289 | 220 | 327 | 169 | 284 | 207 |
| Marseille | 227 | 260 | 182 | 232 | 139 | 181 |
| Nantes | 1 011 | 945 | 1 049 | 862 | 1 005 | 928 |
| Nice | 148 | 214 | 107 | 289 | 151 | 230 |
| Paris | 755 | 686 | 793 | 630 | 750 | 673 |
| Strasbourg | 698 | 652 | 758 | 632 | 714 | 632 |
| Toulouse | 583 | 617 | 539 | 473 | 503 | 538 |

# En avion

## LES COMPAGNIES AÉRIENNES

**Air France** – ✆ 36 54 (0,34 €/mn) - www.airfrance.fr. En réservant 30 jours à l'avance, le prix du billet aller-retour peut être attractif. Liaisons : Biarritz-Lyon, Bordeaux-Lyon/Marseille/Nice, Brest-Lyon/Marseille/Nice, Lille-Lyon/Marseille/Nice, Nantes-Lyon/Marseille/Nice, Rennes-Lyon/Marseille/Nice, Strasbourg-Lyon/Marseille/Nice.

**Easyjet** – www.easyjet.com. Liaisons Nice-Paris/Genève et Lyon-Bordeaux/Nantes.

**CCM Airlines** – www.aircorsica.com. Pour rejoindre Lyon, Marseille et Nice depuis la Corse.

## LES AÉROPORTS QUI DESSERVENT LA RÉGION

**Aéroport de Lyon-Saint-Exupéry** – 69125 Lyon-St-Exupéry - ✆ 0 826 800 826 (0,15 €/min) - www.lyonaeroports.com.

**Aéroport international de Marseille-Provence** – 13727 Marignane - ✆ 04 42 14 14 14 - www.marseille.aeroport.fr.

**Aéroport international de Nice-Côte d'Azur** – 06206 Nice Cedex 03 - ✆ 0 820 423 333 - www.nice.aeroport.fr.

### Les liaisons depuis les aéroports vers les stations

Des services d'**autocars** sont assurés depuis les aéroports. Vous pouvez ainsi joindre directement de nombreuses stations des Alpes du Sud. N'oubliez pas de réserver.

**Aéroport international de Marseille-Provence / Navettes blanches** – ✆ 0 891 024 025 - www.infociao.com - déc.-avr. : sam. 14h45 - réservation obligatoire (minimum 72h av.). Elles desservent :

– les Alpes-de-Haute-Provence : val d'Allos, Pra-Loup, Ste-Anne La Condamine, Le Sauze et Super Sauze

– les Hautes-Alpes : Briançon, Montgenèvre, Orcières, Les Orres, Puy-St-Vincent, le Queyras, Risoul, Serre-Chevalier, Superdévoluy, Vars

**Aéroport international de Nice-Côte d'Azur** – Trois prestataires :

– **Santa Azur** - ✆ 04 93 85 92 60 - www.santa-azur.com. Destinations : Auron, Isola 2000.

– **Haut Verdon Voyages** - ✆ 04 92 83 95 81 - www.haut-verdon-voyages.com. Destination : val d'Allos.

– **Lignes d'Azur** - ✆ 08 1006 1006 - www.lignesdazur.com. Destination : Valberg.

# Avant de partir

## Météo

### CARACTÉRISTIQUES CLIMATIQUES

Les Alpes du Sud font partie du domaine **méditerranéen**, même si la haute Provence bénéficie davantage de cette influence que les parties alpines. D'une manière générale, ce climat se caractérise par la présence affirmée du soleil, un temps sec, un ciel clair, l'absence de brouillard, le mistral et des précipitations rares mais abondantes.
**Hiver** – Dans les montagnes, l'ensoleillement exceptionnel et un bon enneigement ont favorisé le développement des stations de ski. Le temps sec et un ciel le plus souvent bleu forment un climat rêvé pour les vacances d'hiver.
**Printemps** – À cette saison, de belles journées vous attendent malgré quelques pluies violentes mais de courte durée. C'est le moment de randonner en montagne pour découvrir la flore à son apogée.
Dans la partie sud-ouest des Alpes du Sud, le **mistral** règne en maître. Arrivant du nord-ouest par froides rafales, il souffle trois, six ou neuf jours sur le mont Ventoux, les Baronnies et une partie de la haute Provence, laissant après lui un ciel bleu délavé.
**Été** – Un temps chaud et sec règne sur l'ensemble de la haute Provence.
Dans les régions montagneuses, les températures deviennent plus agréables à mesure que l'on prend de l'altitude. Cependant, méfiez-vous des coups de soleil. En outre, attention aux brusques orages. Consultez toujours la météo avant de partir en randonnée et emportez un coupe-vent.
**Automne** – C'est la période des orages violents après lesquels le soleil apparaît brillant et chaud. Cette saison offre des journées idéales pour la randonnée et la découverte.

### SERVICES TÉLÉPHONIQUES

**Météo France** – ✆ 32 50 - www.meteofrance.com.
**Prévisions départementales** – ✆ 0 892 68 02 suivi du numéro du département (0,34 €/mn).
**Prévisions pour l'aviation ultra-légère (vol libre et vol à voile)** – ✆ 0892 68 10 14 (0,34 €/mn).

## Adresses utiles

### LES INSTITUTIONS

#### Comités régionaux de tourisme

**Provence-Alpes-Côte d'Azur** – Maison de la Région - 61 La Canebière - 13231 Marseille Cedex 01 - ✆ 04 91 56 47 00 - www.decouverte-paca.fr.
**Riviera-Côte d'Azur** – 400 Promenade des Anglais - BP 3126 - 06203 Nice Cedex 3 - ✆ 04 93 37 78 78 - www.cotedazur-tourisme.com.

#### Comités départementaux de tourisme

**Alpes-de-Haute-Provence (Agence de développement touristique)** – Imm. François-Mitterrand - BP 170 - 04005 Digne-les-Bains Cedex - ✆ 04 92 31 57 29 - www.alpes-haute-provence.com.

**Hautes-Alpes** – 13 av. Maréchal-Foch - 05000 Gap - ✆ 04 92 53 62 00 ou 0 810 101 111 - www.hautes-alpes.net.
**Drôme** – 8 r. Baudin - 26005 Valence Cedex - ✆ 04 75 82 19 26 - www.ladrometourisme.com.
**Isère** – 14 r. de la République - BP227 - 38019 Grenoble Cedex 1 - ✆ 04 76 54 34 36 - www.isere-tourisme.com.
**Var** – 1 bd Foch - BP 99 - 83003 Draguignan Cedex - ✆ 04 94 50 55 50 -www.visitvar.fr.

### Maison de province

**Maison de l'Isère** – 2 pl. André-Malraux - 75001 Paris - ✆ 01 42 96 08 43 - www.isere-tourisme.com.

### Parcs nationaux

**Parc national des Écrins** – Domaine de Charance - ✆ 04 92 40 20 10 - www.ecrins-parcnational.fr.
**Maisons du Parc** :
– Secteur de la Vallouise - 05290 Vallouise - ✆ 04 92 23 32 31 ou 04 92 23 58 08.
– Secteur de Briançon - Pl. du Médecin-Gén.-Blanchard - 05100 Briançon - ✆ 04 92 21 08 49/42 15.
– Secteur Valgaudemar - 05800 La Chapelle-en-Valgaudemar - ✆ 04 92 55 25 19.
– Secteur du Champsaur - 05260 Pont-du-Fossé - ✆ 04 92 55 95 44.
– Secteur de l'Embrunais - Tour Brune - 05200 Embrun - ✆ 04 92 43 49 48.
– Secteur de l'Oisans - 38520 Bourg-d'Oisans - ✆ 04 76 80 00 51.
– Secteur du Valbonnais - 38740 Entraigues - ✆ 04 76 30 20 61.
– Domaine de Charance - ✆ 04 92 40 20 10.
**Parc national du Mercantour** – 23 r. d'Italie - BP 1316 - 06006 Nice Cedex 01 - ✆ 04 93 16 78 88 - www.mercantour.eu.
**Maison du Parc** – La Sapinière - 04400 Barcelonnette - ✆ 04 92 81 21 31.

### Parcs naturels régionaux

**PNR du Queyras** – La Ville - 05350 Arvieux - ✆ 04 92 46 88 20 - www.pnr-queyras.com.
**PNR du Verdon** – Domaine de Valx - 04360 Moustiers-Ste-Marie - ✆ 04 92 74 68 00 - www.parcduverdon.fr.
Maison des gorges du Verdon *(voir p. 339)* et le relais à Castellane *(voir p. 374)*.
**PNR du Luberon** – 60 pl. Jean-Jaurès - 84400 Apt - ✆ 04 90 04 42 00 - www.parcduluberon.fr.

## OFFICES DE TOURISME

Vous trouverez les adresses des offices de tourisme dans la rubrique « S'informer » des villes et sites décrits dans la partie « Découvrir les Alpes du Sud ».
Sur Internet : **www.tourisme.fr.**

## TOURISME DES PERSONNES HANDICAPÉES

Le symbole ♿ signale les sites accessibles aux personnes à **mobilité réduite**.

### Accessibilité des infrastructures touristiques

Consultez les sites labellisés **Tourisme et Handicap** sur le site www.franceguide.com, rubrique « Nos thématiques », puis « Tourisme et Handicap ».
**Association Tourisme et Handicaps** – 43 r. Marx-Dormoy - 75018 Paris - ✆ 01 44 11 10 41 - www.tourisme-handicaps.org.
**Association des paralysés de France** – Direction de la Communication - 17 bd Auguste-Blanqui - 75013 Paris - ✆ 01 44 0[illegible] 66 77 - www.apf.asso.fr. Le magazine *Faire face* publie chaque année, à l'intention des personnes en situation de handicap moteur, un hors-série intitulé *Guide vacances* disponible auprès de l'APF.

### Handiski

Des formations, des installations et du matériel spécifiques sont disponibles dans de nombreuses stations pour les personnes n'ayant plus l'usage de leurs jambes ainsi que pour les non-voyants et mal-voyants, les sourds et les malentendants. Dans tous les cas, il est nécessaire de se faire accompagner par des skieurs valides et compétents. Les exploitants de remontées mécaniques proposent très souvent des forfaits à tarif réduit ou la gratuité pour l'accompagnateur. Le matériel doit quant à lui être homologué par les services techniques des remontées mécaniques et agréé par la Fédération handisport.

**Renseignements** – 42 r. Louis-Lumière - 75020 Paris - ✆ 01 40 31 45 00 - www.handisport.org ou http://ski.handisport.free.fr.

### Accessibilité des transports

**Train** – Disponible gratuitement dans les gares et boutiques SNCF, le *Mémento du voyageur handicapé* donne des renseignements sur l'assistance à l'embarquement et au débarquement, la réservation de places spéciales, etc.

Le site **www.voyages-sncf.com** dispose également d'une rubrique « Voyageurs handicapés ».

Vous pouvez aussi contacter **SNCF Accessibilité Service** (✆ 0 800 154 753 – Numéro vert).

**Avion** – Air France propose aux personnes handicapées le service d'assistance **Saphir** (✆ 0 820 01 24 24). Pour plus de détails, consultez **www.airfrance.fr**.

## Se loger

Retrouvez notre sélection d'hébergements dans « Nos adresses à… », situées en fin de description des principaux sites de la partie « Découvrir les Alpes du Sud ». Ces établissements sont listés par fourchettes de prix : tarif minimal/maximal d'une chambre double en haute saison.

**Bon à savoir** – Les comités départementaux de tourisme et certains offices de tourisme proposent un service de réservation en ligne mais aussi, parfois, des formules thématiques de courts séjours et des offres promotionnelles.

**NOTRE SÉLECTION**

### Les hôtels

Nous indiquons les prix à la nuitée pour deux personnes, ainsi que celui du petit-déjeuner s'il n'est pas inclus dans le tarif. Certains établissements assurent un service de restauration également accessible à la clientèle extérieure. Pour un choix plus étoffé, **Le Guide Michelin France** recommande des hôtels sur toute la France.

### Les chambres d'hôte

Les prix, mentionnés à la nuit, incluent le petit-déjeuner. Certains propriétaires proposent aussi une **table d'hôte**, en général le soir, et toujours réservée aux résidents de la maison. Il est très vivement conseillé de réserver votre étape, en raison du grand succès de ce type d'hébergement.

### Le camping

Le **Guide Camping Michelin France** propose tous les ans une sélection de terrains visités régulièrement par nos inspecteurs. Renseignements pratiques, niveau de confort, prix, agrément, location de bungalows, de mobile homes ou de chalets y sont mentionnés.

**LES BONS PLANS**

### Les services de réservation

**Fédération nationale des destinations départementales** –

74/76 r. de Bercy - 75012 Paris - ✆ 01 44 11 10 20 - www.loisirs-accueil.fr. Elle anime un réseau de 65 agences départementales de réservation, dont elle fournit les coordonnées sur demande.

**Fédération nationale des locations de France Clévacances** – 54 bd de l'Embouchure - 31022 Toulouse Cedex 2 - ✆ 05 61 13 55 66 - www.clevacances.com. Locations de vacances ou chambres d'hôte.

### L'hébergement rural

**Maison des Gîtes de France et du Tourisme vert** – 56 r. St-Lazare - 75009 Paris - ✆ 01 49 70 75 75 - www.gites-de-france.com. Cet organisme donne les adresses des relais départementaux et publie des guides sur les différentes possibilités d'hébergement en milieu rural.

**Fédération des Stations vertes de vacances et Villages de neige** – BP 71698 - 21016 Dijon Cedex - ✆ 03 80 54 10 50 - www.stationverte.com. Ces stations sont des destinations de vacances familiales, retenues tant pour leur qualité de vie (cadre agréable, loisirs variés) que pour la qualité de leurs structures d'accueil et d'hébergement.

**Bienvenue à la ferme** – Service Agriculture et Tourisme - 9 av. George-V - 75008 Paris - ✆ 01 53 57 11 50 - www.bienvenue-a-la-ferme.com. Ce guide, édité par l'Assemblée permanente des chambres d'agriculture, propose par régions et par départements des fermes-auberges, campings à la ferme, fermes de séjour, mais aussi des loisirs variés.

### L'hébergement pour randonneurs

**Guide et site Internet** – Le site www.gites-refuges.com et le guide *Gîtes d'étape et Refuges* de A. et S. Mouraret sont principalement destinés aux amateurs de randonnée, d'alpinisme, d'escalade, de ski, de cyclotourisme et de canoë-kayak.

### Les auberges de jeunesse

**Fédération unie des auberges de jeunesse** – 27 r. Pajol - 75018 Paris - ✆ 01 44 89 87 27 - www.fuaj.org. La carte FUAJ est délivrée en échange d'une cotisation annuelle de 11 € pour les -26 ans, de 16 € au-delà de cet âge et de 23 € pour les familles.

Vous trouverez une auberge de jeunesse dans les villes suivantes : Serre-Chevalier-Briançon, La Foux-d'Allos, Guillestre, La Palud-sur-Verdon et Savines-le-Lac.

### Les chaînes hôtelières

En dépannage, voici les centrales de réservation de quelques chaînes, d'un confort très simple, mais dont les tarifs restent difficiles à concurrencer (moins de 50 € la chambre double). Souvent à proximité de grands axes routiers, ces établissements n'assurent pas de restauration :

**NOS CATÉGORIES DE PRIX**

| | Hébergement | | Restauration | |
|---|---|---|---|---|
| | **Province** | **Grandes villes** | **Province** | **Grandes villes** |
| **Premier prix** | jusqu'à 45 € | jusqu'à 65 € | jusqu'à 14 € | jusqu'à 16 € |
| **Budget moyen** | plus de 45 à 80 € | plus de 65 à 100 € | plus de 14 à 25 € | plus de 16 à 30 € |
| **Pour se faire plaisir** | plus de 80 à 100 € | plus de 100 à 160 € | plus de 25 à 40 € | plus de 30 à 50 € |
| **Une folie** | plus de 100 € | plus de 160 € | plus de 40 € | plus de 50 € |

**Akena** – ✆ 01 69 84 85 17 - www.hotels-akena.com ;
**B&B** – ✆ 0 892 782 929 - www.hotel-bb.com ;
**Etap Hôtel** – ✆ 0 892 688 900 - www.etaphotel.com.
Les hôtels suivants, un peu plus chers (à partir de 60 € la chambre), offrent un meilleur confort et quelques services complémentaires :
**Campanile** – ✆ 0 825 003 003 - www.campanile.fr ;
**Kyriad** – ✆ 0 825 003 003 - www.kyriad.fr ;
**Ibis** – ✆ 0 892 686 866 - www.ibishotel.com.

# Se restaurer

Retrouvez notre sélection de restaurants dans « Nos adresses à… », en fin de description des principaux sites de la partie « Découvrir les Alpes du Sud ». Comme pour « Se loger », ces établissements sont listés par catégories de prix, sur la base tarif minimal/maximal en haute saison.

## NOTRE SÉLECTION

Pour répondre à toutes les envies, nous avons sélectionné des **restaurants** régionaux, mais aussi classiques, exotiques ou thématiques, et des adresses plus simples où faire une pause.
Quelques **fermes-auberges** vous permettront de goûter des produits authentiques provenant de l'exploitation agricole, préparés dans la tradition et généralement servis en menu unique, dans une ambiance conviviale. Réservation obligatoire !
Pour un choix plus étoffé, **Le Guide Michelin France** recommande des restaurants sur toute la France.

## LES LABELS

### « Bistrots de Pays »

Les Bistrots de Pays sont des établissements qui s'engagent à jouer un rôle important dans la vie des communes rurales où ils sont implantés. Outre leur activité de restauration, ils assurent des services commerciaux essentiels. Ils promeuvent les produits de leur terroir, proposent une documentation touristique et organisent des animations festives et culturelles. Ouvert toute l'année, le Bistrot de Pays est souvent le dernier commerce de son village.
**Bureau national des Bistrots de Pays** – Le Grand Carré - BP 41 - 04300 Forcalquier - ✆ 04 92 77 68 86 - www.bistrotdepays.com.

### Sites remarquables du goût

Ce label est attribué à des sites dont la richesse gastronomique s'appuie sur des produits de qualité dans un environnement culturel et touristique intéressant. À ces sites sont associés des visites de jardins, musées, unités de production, des dégustations, des marchés réputés ou des manifestations.
Dans ce guide se distinguent le **pays de Forcalquier**, où vous trouverez l'huile d'olive de Lurs, le fromage de chèvre de Banon, les apéritifs à base de plantes de Forcalquier, et le **plateau de Valensole**, réputé pour son miel de lavande.
Pour en savoir plus, consultez le site Internet www.sitesremarquablesdugout.com.

### Villes de terroir

Les offices de tourisme des villes membres mettent l'accent sur des circuits originaux et des parcours de découverte hors des sentiers battus. En ligne : www.villes-de-terroir.com.

# Sur place de A à Z

Pour obtenir de la documentation, adressez-vous aux **comités départementaux** et **comités régionaux de tourisme** *(voir p. 10)*. Pour trouver d'autres adresses de prestataires, reportez-vous aux rubriques « Visites » et « Activités » dans les carnets d'adresses des villes ou sites de ce guide.

## CANYONING

La région décrite dans ce guide est une des plus riches de France en canyons équipés. Le pratiquant maîtrisant sa technique n'aura que l'embarras du choix entre les **vallées de l'Ubaye**, notamment le secteur entre Les Thuiles et Le Lauzet (le ravin de Sauze offre une des plus belles courses), et les **vallées du haut Var** et **du Cians**, sans oublier le foisonnement de sites dans le **Verdon** (les connaisseurs apprécieront la majesté du ravin du Four près de Beauvezer).

Parmi les sites aisément accessibles à l'initiation, citons le vallon du Fournel dans le **Briançonnais** et le vallon du Pas de la Tour dans l'**Ubaye**.

### Comment pratiquer ?

Il est indispensable d'effectuer les sorties avec un moniteur sachant « lire » le cours d'eau emprunté et connaissant les particularités de la météo locale. Les **bureaux de guides** disposent de moniteurs brevetés et prodiguent volontiers des conseils, fruits d'une longue pratique.

Pour connaître les coordonnées des bureaux de guides : *voir la rubrique « Escalade », p. 19.*

### Quand pratiquer ?

La période de pratique est généralement l'été, lorsque la température de l'eau est supportable et le débit des torrents moyen. Consulter la météo reste déterminant pour une sortie, car la prévision des orages en amont conditionne le passage de certaines clues et l'état des vasques. Un départ matinal s'impose afin de pouvoir gérer les incidents de parcours, même mineurs, qui peuvent prendre une importance capitale dans l'environnement particulier d'un canyon, et d'éviter les orages qui ont plutôt lieu l'après-midi.

### Se documenter

**Conseil général des Alpes-Maritimes** – Direction de l'Écologie et du Développement durable - service des Randonnées - BP 3007 - 06201 Nice Cedex 3 - ✆ 04 93 18 60 75 59. Il diffuse le guide *Randoxygène*, qui regroupe des informations sur les clues et canyons : les sites praticables, des conseils et recommandations. Pour se le procurer : par courrier (envoi gratuit) ou sur le site **www.cg06.fr** (rubrique « Découverte sportive »). Le **Comité départemental du tourisme des Alpes-de-Haute-Provence** publie une brochure *Canyoning, escalade, via ferrata.*

## CYCLOTOURISME ET VTT

La **route des Cols** (Lautaret, Granon, Izoard, Vars et Montgenèvre), rendue célèbre par le Tour de France, a beaucoup d'adeptes. Cependant, ceux qui sont moins à l'affût de l'exploit disposent de beaucoup d'autres itinéraires.

### Dans les Hautes-Alpes

**17 « Itinéraires partagés »** sont proposés par le département. Toutes les voies ont été aménagées et nombre de professionnels de l'hébergement ont adapté leurs offres à la clientèle cycliste partante pour l'un de ces itinéraires.

Le Comité départemental du tourisme des Hautes-Alpes publie une carte *Cyclo et VTT* qui référence ces circuits.

**Bon à savoir** – En juillet, pendant une semaine, les cols de Pommerol/Fromagère, de Lebraut, du Noyer, du Galibier et de l'Izoard sont réservés, à tour de rôle, pour un jour, aux seuls cyclistes.

### Dans les Alpes-de-Haute-Provence

Ce département offre **4 itinéraires aménagés**. Trois d'entre eux permettent de partir à la découverte de sites merveilleux autour du Luberon, le long du Verdon, ainsi qu'à travers le pays de Forcalquier et la montagne de Lure. Le quatrième est réservé à celles et ceux qui n'ont pas peur d'affronter les montées les plus rudes de l'Ubaye. Un **brevet** est même décerné aux cyclistes qui ont grimpé les sept cols de cette vallée, à condition qu'ils aient fait composter une carte prévue à cet effet par les « officiels » installés à chaque sommet *(voir p. 229)*.

Le site Internet du Comité départemental du tourisme des Alpes-de-Haute-de Provence, www.alpes-haute-provence.com, dispose d'une rubrique « Rouler à VTT et à vélo », avec les informations sur ces circuits et les 7 **bases d'accueil** labellisées par la FFC et la FFCT *(voir VTT ci-après)*.

### Où se renseigner ?

**Comité départemental de cyclotourisme des Alpes-de-Haute-Provence** – M. François Manent - av. G.-Pompidou - 04000 Digne-les-Bains - ✆ 06 03 45 42 92.

**Comité départemental de cyclotourisme des Hautes-Alpes** – 4 bis r. de la Chapelle - 05000 Gap - ✆ 04 92 53 43 33.

**Comité départemental de cyclotourisme du Var** – L'Hélianthe - Maison départementale des Sports - r. Émile-Ollivier - 83000 Toulon - ✆ 04 94 36 04 09 - www.cyclotourisme83-ffct.org.

### VTT

Certaines stations de ski ouvrent leurs remontées mécaniques aux VTT, ce qui permet d'emprunter les pistes de ski de fond et même celles de descente.

Dans les Hautes-Alpes comme dans les Alpes-de-Haute-Provence, les sites et bases dédiés aux VTT sont nombreux. Certains bénéficient du **label « VTT/FFC »** (Fédération française de cyclisme) : val d'Allos, Serre-Ponçon/Durance, pays du Buëch, Embrunais/Savinois, Champsaur, pays des Écrins, val du Mercantour, vallée de l'Ubaye, Digne-les-Bains/pays dignois, Verdon des collines.

Pour en savoir plus, consultez les fiches des sites sur **www.ffc.fr**.

**Bon à savoir** – Le conseil général des Alpes-Maritimes édite un guide *Rando VTT (voir la rubrique « Canyoning »)*.

**Les Chemins du Soleil** - C'est le nom de la grande traversée des Préalpes, réseau de 1 000 km de chemins balisés, de Valence à Nice via Sisteron et Castellane. Pour en savoir plus, consultez le site www.chemins-du-soleil.com.

## ESCALADE

L'infinie variété de sites et de natures des roches offerte par les massifs alpins les a consacrés de longue date comme un théâtre idéal d'escalade. Les reliefs escarpés de la **haute Ubaye**, les célèbres murailles verticales du **Verdon** (falaise de l'Escalès), les barres abruptes des **Préalpes de Digne**, les grès particuliers d'**Annot** ou encore les contreforts des **Baronnies** (Orpierre) constituent une impressionnante palette de sites d'escalade réputés.

### Où se renseigner ?

Les offices de tourisme et les bureaux de guides proposent une large gamme de prestations.

**Bureau des guides des Écrins** – La Casse - 05290 Vallouise - ✆ 04 92 23 32 29 ; Ailefroide - 05340 Pelvoux - ✆ 04 92 23 32 02 - www.guides-ecrins.com.

**Bureau des guides de Serre-Chevalier** – Pré-Long-Villeneuve - 05240 La-Salle-les-Alpes - ✆ 04 92 24 75 90 - www.guides-serrechevalier.com.

**Bureau des guides de l'Ubaye** – 04400 Barcelonnette - ✆ 06 84 97 87 30 - www.guides-montagne-ubaye.com.

**Bureau des guides du Verdon** – R. Grande - 04120 La Palud-sur-Verdon - ✆ 04 92 77 30 50 - www.escalade-verdon.fr.

Les comités départementaux de tourisme disposent de l'adresse des principaux prestataires.

### Les sentiers du vertige

En France, les premières **via ferrata** (« voies ferrées »), des voies équipées de câbles d'acier, marches et crampons, ont été aménagées dans le Briançonnais au début des années 1980. Dans ce guide sont proposés quelques sites déjà bien équipés et ne nécessitant pas la maîtrise des techniques de rappel et d'escalade proprement dites. Cependant, il existe des niveaux différents de via ferrata ; certaines ne sont pas recommandées aux jeunes enfants et aux personnes peu endurantes à un effort physique continu. Pour toute personne non familiarisée avec les règles élémentaires de sécurité en montagne, il est indispensable d'utiliser les services d'un guide ou de se joindre aux groupes constitués par les prestataires.

Le Comité départemental du tourisme des **Hautes-Alpes** édite un guide *Via ferrata*.

**Bureau des guides de Briançon** – Parc Chancel - 05100 Briançon - ✆ 04 92 20 15 73 - http://guides-briancon.fr/. Il assure des accompagnements à la **Croix de Toulouse**, via ferrata, voie équipée, qui offre un dénivelé de 400 m. Durée de l'escalade : environ 4h AR. Départ de la place du Champ-de-Mars, prendre la direction du fort des Salettes. Intérêt du site : superbes vues aériennes sur la vieille ville de Briançon et sur les fortifications des alentours.

## NAUTISME

La construction de barrages sur la **Durance** et le **Verdon** a créé de vastes lacs et plans d'eau qui ajoutent un attrait important à cette région. Sur les sites aménagés, de nombreux sports nautiques sont pratiqués : natation, voile, planche à voile, ski nautique, etc.

### Les lacs du Verdon

Le cours du Verdon est ponctué de plans d'eau qui sont en fait les retenues des barrages ayant donné leur nom à ces lacs. Chacun possède son caractère et sa réglementation.

**Lac de Castillon** – Une partie de ce lac est une zone réservée à la Marine nationale. La circulation publique y est interdite. Des randonnées nautiques sont possibles sur la surface restante. Bases de loisirs nautiques à St-André et à St-Julien.

**Lac de Ste-Croix** – Le plus vaste des plans d'eau du Verdon est bien équipé en services de location d'embarcations et de matériel nautique (à Bauduen, Ste-Croix-de-Verdon, Les Salles-sur-Verdon et au pont de Galetas à l'entrée du Grand Canyon).

**Lac d'Esparron-de-Verdon** – Il s'étend à la sortie des basses gorges du Verdon et offre un terrain de choix pour les amateurs de canoë-kayak. Les accès directs pour les véhicules (sauf les 4x4) sont rares, ce qui accentue l'aspect isolé de ce plan d'eau.

**Lac de Quinson** – Il s'agit d'un ancien canyon envahi par les eaux. Il a conservé un aspect sauvage que l'on peut apprécier uniquement en randonnée nautique. Les falaises sont trouées, au niveau de l'eau, de grottes accessibles en bateau.

### Lac de Serre-Ponçon

Ce lac est le fruit de la création du barrage de Serre-Ponçon sur le cours de la Durance. Les travaux du barrage se sont achevés en 1961 et ont donné naissance à la deuxième plus grande retenue artificielle d'Europe. Toutes les activités nautiques y sont proposées.

Le lac du Sautet *(voir p. 219)*, possède aussi une base nautique.

## PÊCHE

L'exceptionnelle diversité du domaine piscicole de la **partie méridionale des Alpes** offre un choix considérable au pêcheur néophyte tout comme à l'amateur de pêche sportive et technique.

Le premier s'intéressera aux plans d'eau pour une pratique reposante, tandis que le second aura à cœur d'améliorer sa technique dans les rivières et torrents de 1re ou 2e catégorie et dans les 40 lacs de montagne ouverts à la pêche.

La pêche en montagne par excellence est celle de la **truite**, pratiquée soit « au toc » avec des insectes vivants ou des larves, soit à la mouche artificielle et au lancer dans les cours d'eau plus larges et dans les lacs.

Les **pays du Buëch** offrent d'infinies variétés de pêche en eaux vives. Le pont de Serres fait fonction de limite dans le classement de catégories. On y trouve en abondance, outre la truite, des vandoises et des barbeaux.

La pêche sur le **lac de Serre-Ponçon** est quant à elle soumise à une réglementation particulière.

### Où se renseigner ?

**Fédération départementale pour la pêche des Alpes-de-Haute-Provence** – Étoile des Alpes - Bât. B - BP 103 - 04003 Digne-les-Bains Cedex - ✆ 04 92 32 25 40.

**Fédération départementale pour la pêche des Hautes-Alpes** – 6 r. Cadet-de-Charance - 05000 Gap - ✆ 04 92 53 54 71. Elle édite une plaquette précisant la réglementation à jour.

Pour en savoir plus, consultez le site Internet de l'Union nationale pour la pêche : **www.unpf.fr**.

## RANDONNÉE À DOS D'ÂNE

Dans de nombreuses fermes de **haute Provence**, un ânier fournira, outre l'animal, le matériel et les renseignements indispensables.

**Fédération nationale Ânes et Randonnées** – ✆ 06 33 97 91 54 - www.ane-et-rando.com. La Fnar fournit la liste de ses prestataires, dans toutes les régions de France, proposant des randonnées en compagnie d'ânes bâtés.

## RANDONNÉE ÉQUESTRE

De nombreux centres équestres proposent des randonnées à travers la région.

**Comité national de tourisme équestre** – 81 av. Édouard-Vaillant - 92100 Boulogne-Billancourt - ✆ 01 58 17 58 17 - www.ffe.com/tourisme. Le comité édite une brochure annuelle, *Cheval nature*, qui répertorie les hébergements accueillant cavaliers et chevaux.

**Comité départemental de tourisme équestre des Alpes-de-Haute-Provence** – M. Chabrand - 04200 St-Geniez - ✆ 04 92 61 00 87.

**Comité départemental de tourisme équestre des Hautes-Alpes** – M. Pavie - 9 r. des Sapinettes - 05000 Gap - ✆ 06 74 60 04 21.

**Comité départemental de tourisme équestre de la Drôme** – Mme Del Rosso - relais équestre du Villard - 26110 Rochebrune - ✆ 04 75 27 30 38.

### RANDONNÉE PÉDESTRE

Deux types de randonnées apparaissent dans la présente édition. Les simples promenades sont accessibles a priori à tous (y compris les enfants). Les randonnées à la journée nécessitent pour leur part davantage d'endurance. Pour des marches de plus de 4h et de 700 m de dénivelé, il est préférable de s'être entraîné au préalable.

De nombreux sentiers de **grande randonnée** (GR), jalonnés de traits horizontaux rouges et blancs, sillonnent les Alpes du Sud et la haute Provence.

Dans les Alpes-de-Haute-Provence en particulier, à la périphérie du Parc du Mercantour, en haute Ubaye et dans le Sisteronais, des sentiers de **petite randonnée** (PR), balisés de traits horizontaux jaunes, invitent à la découverte régionale.

#### Les principaux itinéraires

Le **GR 5** (de Modane au col de Larche, et du col de Larche à la Méditerranée) traverse la région du nord au sud ; sur ce sentier se greffent plusieurs circuits :

– le **GR 58**, tour du Queyras, très bien équipé en refuges et gîtes. Il est relié au **GR 54**, tour de l'Oisans, par le **GR 541** qui suit la vallée de Freissinières ;

– le **GR 56**, tour de l'Ubaye ;

– le **GR 93** propose la traversée du Dévoluy, et le **GR 94** parcourt le pays du Buëch et les Baronnies ;

– le **GR 6**, « Alpes-Océan », relie l'Ubaye à Sisteron, puis au pays de Forcalquier ;

– le **GR 946**, de Serres à Sisteron, suit une ligne de crête au-dessus de la vallée du Buëch ;

– le **GR 97** relie Châtillon à Brantes ;

– le **GR 4**, « sentier Méditerranée-Océan », traverse toute la haute Provence par Entrevaux, Castellane, Moustiers-Ste-Marie, Riez et Gréoux-les-Bains.

Enfin, des **GR de pays** (le tour du lac de Serre-Ponçon et les tours du haut Verdon) permettent de découvrir à pied ces régions.

#### Où s'informer ?

**Fédération française de la randonnée pédestre** – 64 r. du Dessous-des-Berges - 75013 Paris - ✆ 01 44 89 93 90 - www.ffrandonnee.fr. Elle donne le tracé détaillé des GR, GRP et PR à travers ses collections de topoguides, ainsi que d'utiles conseils.

Reportez-vous à la liste de topo-guides au chapitre « Bibliographie » *(voir p. 36)*.

**Comité départemental de randonnée pédestre des Hautes-Alpes** – 13 av. Maréchal-Foch - 05000 Gap - ✆ 04 92 53 62 00 - www.ffrandonnee05.net.

**Adri** (Association départementale de relais et itinéraires des Alpes-de-Haute-Provence) – 21 bd Victor-Hugo - Résidence L'Olympio - ✆ 04 92 31 07 01.

Des **sentiers de découverte** sont aménagés localement ; se renseigner auprès des syndicats d'initiative ou des offices de tourisme.

#### Réservation dans les refuges de haute montagne

Les refuges de haute montagne sont équipés de radiotéléphones qui permettent un système de **réservation obligatoire** en saison estivale. Le randonneur occasionnel n'est ainsi plus assuré de trouver

LE GUIDE VERT
RIEN NE REMPLACE
LE GUIDE VERT,
SAUF LE NOUVEAU !
CÔTE D'AZUR
MEXIQUE
PARIS
THAÏLANDE
MICHELIN
+ Clair
+ Complet
+ Pratique
+ Facile à utiliser

un lit lorsqu'il se présente dans un refuge gardé où la priorité est donnée aux réservations préalables. Les numéros de téléphone des refuges sont disponibles auprès des offices de tourisme des stations. Le Comité départemental du tourisme des **Hautes-Alpes** propose une carte des refuges.

### RANDONNÉE EN TRAÎNEAU À CHIENS

Les sites de ski nordique offrent de magnifiques opportunités de balades en traîneau.

Dans le **Queyras** se sont développés l'élevage et l'entraînement des meutes de chiens dont chaque race possède des caractéristiques de traction qui l'orientent vers la randonnée ou la course. Des stages d'initiation encadrés permettent de vivre une aventure dépaysante. Pour connaître les prestataires, renseignez-vous dans les offices de tourisme du Queyras et auprès du Comité départemental du tourisme des Hautes-Alpes.

### ROUTES THÉMATIQUES

#### La via Domitia

L'ancienne voie romaine traverse les Alpes du Sud. Vous pourrez la suivre de Montgenèvre à Céreste.

#### La route Napoléon

Les voies par lesquelles le « petit caporal » est monté vers Paris forment ce que l'on nomme la **route Napoléon** *(voir p. 212 et 324)*.

#### Sur les pas de Vauban et Maginot

Les citadelles de Mont-Dauphin et de Briançon, le château de Château-Queyras, la citadelle de Seyne-les-Alpes et les deux forts de Colmars-les-Alpes sont les exemples les plus homogènes du système défensif conçu par Vauban à partir de 1692 dans les Alpes.

La **vallée de Briançon** offre un étonnant panorama chronologique des styles de défense militaire : les constructions du 18e s. sont concentrées autour de Briançon tandis que les ouvrages du 19e s. sont répartis sur les pourtours. L'Office du tourisme de Briançon organise des visites.

Les principaux ouvrages Maginot se regroupent quant à eux dans la **vallée de la haute Ubaye**, au confluent de la route du col de Larche et de la haute Ubaye : forts de Tournoux, de Roche-la-Croix, ouvrage du haut St-Ours et batteries d'époque Séré de Rivières.

Visites accompagnées organisées par l'Association pour la valorisation de la vallée de l'Ubaye - ✆ 04 92 81 00 22.

#### Sur les pas de Giono

Le Centre Jean-Giono à **Manosque** *(voir ci-après)* organise des randonnées littéraires « sur les pas de Giono ». Elles permettent de découvrir les paysages sauvages de la haute Provence et du Dauphiné et, par des pauses-lecture et des récits, de mieux pénétrer la sensibilité et l'œuvre de l'écrivain. Ces sorties sont encadrées par des accompagnateurs diplômés d'État, connaisseurs de l'œuvre de Jean Giono, labellisés « guides littéraires ». La totalité du programme est accessible aux personnes à mobilité réduite.

**Centre Jean-Giono** - Bd Bourges - 04100 Manosque - ✆ 04 92 70 54 54 - www.centrejeangiono.com.

#### Routes des cadrans solaires

Quatre secteurs des **Hautes-Alpes** font l'objet de circuits détaillés et illustrés de brochures sur ce thème. Le comité départemental du tourisme diffuse une documentation recensant les cadrans solaires de caractère.

Le **Briançonnais** offre une grande diversité d'œuvres

classiques (souvent du 18e s.) ou contemporaines : à Briançon même, une vingtaine de cadrans peuvent être admirés, et les villages de Prelles, Puy-St-André, Les Alberts, Val-des-Prés, Plampinet, La Salle-les-Alpes et Névache rivalisent d'originalité pour décorer leurs façades.

La vallée de la **Vallouise** propose une belle variété d'œuvres, dont certaines réalisées par Zarbula.

Le **Queyras** témoigne des talents artistiques des cadraniers qui enjolivèrent leurs œuvres de superbes oiseaux exotiques. De Guillestre à Aiguilles, en passant par Ceillac et St-Véran, chaque village porte souvent la marque du cadranier Zarbula ou d'un artiste s'en inspirant. Plus à l'ouest, les **pays du Buëch** recèlent également plusieurs cadrans curieux.

Dans les Alpes-de-Haute-Provence, quelques riches demeures de l'**Ubaye** ont orné leur façade de cadrans solaires agrémentés de sentences philosophiques. La Maison de la vallée à Barcelonnette fournit les précisions nécessaires à leur localisation.

La Communauté de communes du Moyen-Verdon, dans les **Alpes-de-Haute-Provence**, a créé un circuit des cadrans solaires au départ de Castellane *(voir p. 374)*.

### Routes de l'olivier

L'arbre symbolique de l'univers provençal fait l'objet de plusieurs circuits répartis dans les Bouches-du-Rhône et dans la **Drôme** (Routes de l'olivier en Baronnies, autour de Nyons et de Buis-les-Baronnies), unissant les principales oliveraies et les producteurs d'huile d'olive ayant reconnu la charte « Route de l'olivier ». Ils sont signalés par des panonceaux détaillant les spécificités de la production locale. En outre, nombre de restaurateurs intègrent des produits oléicoles dans leurs menus.

**Renseignements** – Association française interprofessionnelle de l'olive - Maison des agriculteurs - 22 r. Henri-Pontier - 13626 Aix-en-Provence Cedex 1 - ✆ 04 42 23 01 92 - www.afidol.org.

### Routes de la lavande

Sur les quatre départements, les routes de la lavande sont une invitation à la découverte de nombreux sites liés à la culture et à l'exploitation de la lavande. Les itinéraires proposés vous mèneront au cœur des paysages de lavande en pays de Digne, sur le plateau de Valensole, dans le Verdon, en passant par le Buëch, la Drôme provençale et le Diois. Des visites de distilleries, de fermes et de jardins sont suivies d'animations et de sorties accompagnées qui permettent de découvrir la lavande sous toutes ses facettes : huiles essentielles, parfums, botanique, histoire et lecture des paysages. L'association « Les Routes de la lavande » édite un guide pratique ainsi qu'un calendrier des séjours, ateliers et animations du printemps à l'automne.

**Renseignements** – Les Routes de la lavande - 14 r. de la République - BP 227 - 38019 Grenoble - ✆ 04 76 42 08 31 - www.routes-lavande.com.

**Bon à savoir** – La lavande est célébrée tout au long de l'été : à Valensole le 3e dimanche de juillet, ou lors du corso de Digne début août.

### Route des fruits et des vins

Cet itinéraire touristique balisé relie les rives du lac de Serre-Ponçon à Sisteron en indiquant les haltes-dégustations, en fonction de la saison, dans des coopératives vinicoles et fruitières : Chorges, Espinasses, Tallard, plaine de Théus, Laragne, etc. Documentation disponible auprès du Comité départemental du tourisme des **Hautes-Alpes**.

### Route du temps
Au cœur de la **Réserve géologique de Haute-Provence**, cette route, qui part du musée Terre et Temps à Sisteron, relie cette ville à Digne. Elle permet de découvrir les richesses de la Réserve, que ce soit sur le plan des paysages ou sur celui de son patrimoine. Deux autres itinéraires sont également proposés sur le territoire de la Réserve. Il s'agit du tour du massif du Blayeul et des routes des hautes vallées de l'Asse.
**Renseignements** – Réserve géologique de Haute-Provence - Quartier St-Benoît - 04000 Digne-les-Bains - ✆ 04 92 36 70 70 - www.resgeol04.org.

## SORTIES NATURE

**UNCPIE** (Centre permanent d'initiatives pour l'environnement) – 26 r. Beaubourg - 75003 Paris - ✆ 01 44 61 75 35 - www.cpie.fr. Les centres organisent des séjours et week-ends de découverte de l'environnement et du patrimoine. Les programmes sont disponibles sur le site Internet.
Dans les Alpes-de-Haute-Provence sont proposés des **Itinéraires paysans**. Vous irez à la rencontre des agriculteurs qui proposent la visite de leur exploitation et une dégustation de leurs produits. Programme dans les offices de tourisme ou consultez le site **www.itineraires-paysans.fr**.

### Réserve géologique de Haute-Provence
Elle organise en été des découvertes thématiques hebdomadaires afin d'apprendre au public à « lire le paysage ». Renseignements à la Réserve, à Digne-les-Bains *(voir p. 315)*.

### Parc national des Écrins
Les bureaux des accompagnateurs et guides du Parc ainsi que des associations de passionnés proposent toute l'année de nombreuses randonnées à thème. Des brochures « été » et « hiver » donnent tous les détails. Renseignements au siège du Parc national des Écrins *(voir p. 11)*.

### Parc national du Mercantour
La section du haut Var organise pendant l'été des randonnées thématiques d'observation de bouquetins, marmottes et oiseaux. Renseignements à la Maison du Parc à Valberg *(voir p. 418)*.

### Les gorges du Verdon
La Maison des gorges du Verdon *(voir p. 339)* organise des sorties pédestres thématiques, des balades équestres dans l'arrière-pays ou à VTT dans les alpages.

### Observation des vautours du Verdon
Dans le Verdon nichent une soixantaine de vautours. L'été, la Ligue de protection des oiseaux propose des sorties pour qui veut observer ces volatiles en liberté. Renseignements à l'Office du tourisme de Castellane *(voir p. 372)*.

### Circuit Villages et alpages du Queyras
La nature intacte du Parc naturel régional du Queyras et ses villages sont à découvrir au cours de ce circuit pédestre accompagné de 7 jours (de mi-juin à mi-septembre). Hébergement en gîtes d'étape et en hôtels. Renseignements à l'Office de promotion du tourisme en Queyras *(voir p. 158)*.

## SOUVENIRS

### Pour la décoration
Les cadraniers perpétuent une noble tradition, surtout dans les **Hautes-Alpes** : des ateliers fabriquent et vendent des **cadrans solaires** à St-Véran, Aiguilles, Ceillac, Guillestre et Mont-Dauphin.

Meubles, jouets, panneaux, petit mobilier et objets de décoration ou de cuisine en **bois** sont la spécialité du Queyras. Vous en trouverez un bel assortiment à la Maison de l'artisanat.

Le Comité départemental du tourisme des **Hautes-Alpes** propose une brochure *Artisans d'art et artistes*, très pratique.

Le département des **Alpes-de-Haute-Provence**, réputé pour son artisanat d'inspiration provençale, reste identifié aux **faïences** de Moustiers et aux **santons** de Gréoux-les-Bains, Champtercier (près de Digne) et Manosque. D'autres ateliers de faïenciers sont établis à Barcelonnette. Certaines productions ont trait à la poterie (Forcalquier, Castellane). Les **tissus provençaux** (basse Durance, au sud de Sisteron) peuvent constituer de plaisants souvenirs de vacances.

### Senteurs et saveurs

**Lavande** et produits dérivés (secteur entre Moustiers, Riez et Valensole), **herbes aromatiques** (les Baronnies) se rapportent facilement et évoquent au retour l'atmosphère des vacances.

### L'huile d'olive

La production oléicole est particulièrement active dans l'ouest du département des **Alpes-de-Haute-Provence**.

Des moulins à huile vendent leur production aux visiteurs de passage, à Oraison (moulin Paschetta) et à Peyruis (moulin Mardaric). Dans les Baronnies, huile d'olive de qualité également.

### Le miel

La région Paca est la 1re région apicole de France. Il existe actuellement deux labels : « miel de lavande » (produit essentiellement dans les Alpes-de-Haute-Provence) et « miel toutes fleurs de Provence ». À **Castellane**, les ruchers Apijouvence distribuent leur production en boutique et sur place. En **Queyras**, plusieurs apiculteurs vendent leur production à Château-Queyras et Molines-en-Queyras.

### Le tilleul

Ceux qui apprécient les petites infusions du soir s'arrêteront dans **les Baronnies**, région réputée pour son tilleul.

### Quelques spécialités

Si vous passez dans le Champsaur, vous goûterez aux **ravioles** (à base de pommes de terre et de tomme fraîche) et aux **tourtons** (sorte de beignets, sucrés ou salés).

Lors de pique-niques, **charcuteries** et **fromages** de montagne (tommes) vous accompagneront ! N'oubliez pas le **picodon**, petit chèvre drômois à croûte fine, en forme de palet circulaire, ou le **banon**, également un chèvre, recommandé pour ses arômes. Côté douceurs, les **croquants**, biscuits secs aux amandes et au miel, sont une spécialité du Queyras.

La **confiture de genièvre**, de fabrication artisanale, est vendue sur les marchés de l'Ubaye, tandis que celle d'**argousier** se trouve dans le Champsaur.

### Les alcools

Citons le **génépi**, produit en Ubaye, qui se trouve en boutique à Barcelonnette et à Forcalquier ; le **pastis** artisanal de Forcalquier et le **vin cuit de Noël** (vendu une grande partie de l'année par une société de Forcalquier) ; la **clairette de Die**, vin pétillant.

À découvrir : les vins des **Coteaux de Pierrevert**, qui bénéficient depuis 1997 d'une Appellation d'origine contrôlée (AOC).

### Les marchés

Très important dans la vie des communes, le marché est un moment sacré fait de rencontres et d'échanges. Tout en couleurs, parfums et senteurs, il constitue une excellente façon de connaître une région et de découvrir les produits locaux que proposent les producteurs eux-mêmes.

**Bon à savoir** – Le Comité départemental du tourisme des **Alpes-de-Haute-Provence** diffuse une documentation très complète sur l'ensemble des marchés et manifestations artisanales. La chambre des métiers organise depuis 15 ans des foires artisanales dans le cadre de l'opération **Artisans sans vitrines**. Ce sont plus de 50 manifestations qui se déroulent entre juin et septembre.

## SPORTS AÉRIENS

Ces activités ont trouvé dans les Alpes un terrain de choix à leur développement. Le relief tourmenté et les sites abrupts deviennent autant de bases d'envol permettant une découverte différente du panorama des vallées.

**Bon à savoir** – Avant de prendre votre envol, renseignez-vous sur les conditions météo *(voir p. 10)*.

### Parapente

Le parapente, qui a vu le jour en Haute-Savoie en 1978, a particulièrement bien tiré parti de la morphologie des Préalpes et de la qualité des courants d'air. Cette activité estivale s'est étendue aux stations de sports d'hiver par la pratique du parapente hivernal, avec départ skis aux pieds.

### Vol à voile

Grâce à la stabilité des conditions climatiques et aérologiques, les compétiteurs de vol à voile ont pu battre plusieurs records du monde d'altitude en haute Provence. Le Centre national de vol à voile est installé à St-Auban-sur-Durance.

### Deltaplane

Les libéristes (adeptes du vol libre) ont également développé dans la région la pratique du deltaplane. De nombreuses écoles, animées par des professionnels, dispensent des cours d'initiation aux sports aériens. Les coordonnées peuvent être fournies par les comités départementaux de tourisme.

### Où se renseigner ?

**Fédération française de vol libre** – 4 r. de Suisse - 06000 Nice - ✆ 04 97 03 82 82 - http://federation.ffvl.fr.

**Fédération française de planeur ultraléger motorisé** – 96 bis r. Marc-Sangnier - 94704 Maisons-Alfort - ✆ 01 49 81 74 43 - www.ffplum.com.

## SPORTS D'EAUX VIVES

La pratique des activités sportives d'eaux vives connaît un succès croissant. Le réseau hydrographique dense et des températures estivales clémentes font des Alpes méridionales un terrain de prédilection, avec plus de 200 km de cours d'eau navigables, dont la **Durance** constitue l'axe majeur.

### Les bases d'activités

L'Argentière-la-Bessée, Barcelonnette, Briançon, Eygliers, Guillestre, Orcières-Merlette, La Salle-les-Alpes, Val-des-Prés, Veynes et Les Vigneaux : dans chacune de ces bases, des organismes mettent à la disposition des pratiquants un large éventail d'animations de groupe.

Les comités départementaux de tourisme fournissent la liste à jour de tous les organismes proposant des activités d'eaux vives.

### Les hauts lieux de sports d'eaux vives

**L'Ubaye** – Ce torrent, particulièrement apprécié des amateurs d'exploits de niveaux IV et V, n'étant pas régulé par un barrage, est susceptible de brusques variations de niveau. La classe

générale de difficulté le réserve à des amateurs aguerris à toutes les techniques nécessaires au franchissement des obstacles IV, V, voire VI (franchissables uniquement en basses eaux). Seul le parcours entre La Condamine et Les Thuiles (classe III) est accessible à l'amateur occasionnel et présente un intérêt de parcours.

**Le haut Var** – Entre le pont de Puget-Théniers et Daluis, le site présente une difficulté de classes II et III. Accès par l'un des 5 points publics d'embarquement ou la base de loisirs du Brec (près d'Entrevaux).

**Le haut Verdon et l'Issole** – De St-André-les-Alpes jusqu'au pont de Chaumie, à l'entrée du plan d'eau de Colmars-les-Alpes, le cours d'eau est de classes II et III et dispose de 8 points publics d'embarquement. Les 8 km de l'affluent droit, l'Issole, classés en catégorie II, constituent un bon parcours d'initiation.

**Le Grand Canyon du Verdon** – Les 32 km de parcours du torrent entre le Point Sublime et le pont de Galetas (à l'embouchure du lac de Ste-Croix) s'échelonnent entre la classe II et la classe IV avec des rapides aux noms évocateurs : l'Imbut, le Styx et la Souricière. Des rassemblements sportifs de niveau international (comme le Rassemblement international du Verdon) font du canyon du Verdon l'étape incontournable des amateurs d'activités d'eaux vives très sportives. Tous les éléments y sont réunis pour combler les plus exigeants.

### Canoë-kayak

La région est bien adaptée au canoë-kayak et ses rivières offrent tous les niveaux de difficulté : particulièrement sur l'Ubaye et le Verdon, mais aussi sur la Clarée, la Guisane, la Gyronde, la Biaisse, la Durance, le Guil, le Buëch, la Méouge, le Drac, la Souloise et la Séveraisse.

**Bon à savoir** – Sur certaines rivières des Alpes-de-Haute-Provence, la navigation des canoës-kayaks est réglementée en période estivale (généralement du 1er juin au 1er octobre). C'est le cas pour l'Ubaye, le Bachelard, le Verdon et l'Issole, le Var et le Coulomp.

**Fédération française de canoë-kayak** – 87 quai de la Marne - 94344 Joinville-le-Pont - ✆ 01 45 11 08 50 - www.ffck.org. La fédération édite un livre, *France canoë-kayak et sports d'eaux vives*, et, avec le concours de l'IGN, une carte, *Les Rivières de France*, avec tous les cours d'eau praticables.

**Comité départemental de canoë-kayak des Hautes-Alpes** – 57 r. de la Liberté - 05200 Embrun - ✆ 04 92 43 50 76.

**Comité départemental de canoë-kayak des Alpes-de-Haute-Provence** – La Fabrique - 04500 Quinson - ✆ 04 92 74 54 27.

### Rafting

La pratique du rafting est conseillée à la période de la fonte des neiges (d'avril à juin) et, pendant l'été, sur les rivières à débit important.

Les Alpes constituent le « royaume » du rafting. Le classement des difficultés du franchissement d'obstacles des rivières s'échelonne de I à VI (soit du facile au généralement impossible). Pour les amateurs ne possédant pas une technique éprouvée ainsi que pour les néophytes, il est préférable de ne pas dépasser le classement III. Parmi les difficultés rencontrées dans la région, le superbe rapide du Rabioux, affluent de la Durance, est de réputation internationale.

## SPORTS D'HIVER

### Les stations

Les Alpes du Sud sont dotées de nombreuses stations de sports d'hiver réputées pour leur ensoleillement. À côté des **grands**

**complexes** comme Serre-Chevalier (regroupant plusieurs stations), Vars, Pra-Loup, Montgenèvre, et de **stations moyennes** (Puy-St-Vincent, Superdévoluy, Orcières-Merlette, Les Orres, Risoul, Valberg, Auron, La Foux-d'Allos, Le Sauze, Super Sauze, Isola 2000, St-Véran), on trouve de petites **stations-villages** comme celles du Queyras ou de l'Ubaye : Pelvoux, St-Jean-Montclar, Ceillac, Molines-en-Queyras, Ste-Anne La Condamine.

**Association des stations françaises de sports d'hiver/Ski France** – 24 voie Saint-Exupéry - 73800 Francin - ✆ 04 79 65 06 75 - www.skifrance.fr.

### Le ski de fond

La plupart des stations offrent un balisage pour les fondeurs dans la partie basse des versants skiables. Des secteurs comme le **massif du Queyras** et la **vallée de la Guisane** se prêtent particulièrement bien au ski de fond, pour lequel un aménagement spécifique a été créé (balisage particulier, refuges et haltes, etc.). Les plus sportifs pourront entreprendre la **Haute Trace des Escartons** qui relie St-Véran à Névache.

**Hautes-Alpes Ski de Fond** – 1 av. Vauban - 05100 Briançon - ✆ 04 92 20 15 09 - www.skidefond05.com.

### Le ski de randonnée

Le relief des Alpes du Sud est tout à fait adapté à ce sport, et de nombreuses stations constituent des points de départ intéressants.

La **Grande Traversée des Alpes** (GTA), du lac Léman à la Méditerranée, parcourt la région en suivant le GR 5.

**Grande Traversée des Alpes** – 14 r. de la République - BP 227 - 38019 Grenoble - ✆ 04 76 42 08 31 - www.grande-traversee-alpes.com.

La randonnée nordique se pratique également dans les **Alpes-de-Haute-Provence** et dispose de plus de 1 000 km dans la haute Ubaye, le haut Verdon (et le pays d'Annot), mais aussi dans les secteurs plus méridionaux, tels les versants du Contadour.

Adressez-vous aux bureaux des guides *(voir la rubrique « Escalade »)* si vous souhaitez être accompagné.

### Les raquettes

La plupart des bureaux de guides de montagne proposent des randonnées-découvertes dans un milieu préservé, sans pratique préalable nécessaire, à la demi-journée ou en circuit avec bivouac.

**Bon à savoir** – Pour pratiquer cette activité, il est préférable de porter des chaussures de randonnée souples, mais à tige montante ; les *moonboots* sont à proscrire.

### Assurances et forfaits

La licence **Carte neige** délivrée par la Fédération française de ski (FFS) est annuelle. Elle permet de bénéficier d'une assurance et d'une assistance complètes en cas d'accident de ski (toutes disciplines). On peut se la procurer dans les 1 500 clubs de ski de la FFS, répartis sur toute la France, ainsi que dans les Écoles de ski français.

## THERMALISME

Il est représenté dans les Alpes du Sud principalement par deux stations thermales en pleine expansion : **Digne-les-Bains** et **Gréoux-les-Bains,** célèbres pour leurs eaux depuis l'Antiquité.

La première traite les affections liées aux voies respiratoires, au système ORL et à la rhumatologie, alors que les indications thérapeutiques de celle de Gréoux portent sur la rhumatologie, la traumatologie et la pneumologie.

Deux autres stations retrouvent actuellement l'essor qu'elles avaient connu il y a quelques décennies :

# Mémo

## Agenda

### JANVIER

**Ceillac** – Fête des traditions queyrassines (2e quinz.) - ✆ 04 92 45 05 74 - www.queyras.com.

**Orcières-Merlette** – Croisière blanche (fin du mois) - ✆ 04 92 55 77 35 - www.orcieres.com.

**Puy-St-Vincent** – Festival du rire (2e sem.) - ✆ 04 94 42 52 60 - http://rire.paysdesecrins.com.

**Serre-Chevalier** – Trail blanc : course à pied en milieu nordique - ✆ 04 92 24 98 98 - www.trailserrechevalier.com.

### FÉVRIER

**Abriès** – Carnaval - ✆ 04 92 46 72 26.

### MARS

**Orcières-Merlette** – Festival de jazz (mi-mars) - ✆ 04 92 55 89 89 - www.orcieres.com.

**Vars** – Week-end de l'art de vivre en montagne - ✆ 04 92 46 69 21.

### AVRIL

**Digne-les-Bains** – Rencontres cinématographiques - ✆ 04 92 32 29 33.

### AVRIL-MAI

**Gréoux-les-Bains** – Printemps musical de Provence - ✆ 04 92 78 01 08.

### AVRIL-NOVEMBRE

**Gréoux-les-Bains** – Foires artisanales.

### MAI

**Alpes-de-Haute-Provence** – Fête départementale de l'olivier, chaque année dans une commune différente - ✆ 04 92 31 57 29.

**Banon** – Fête du fromage (fin du mois) - ✆ 04 92 73 25 03 - www.fromageriedebanon.com.

### PENTECÔTE

**Annot** – Fête de St-Fortunat (w.-end).

### JUIN

**Embrun** – Descente de la Durance en radeau - ✆ 04 92 43 72 72.

**Les Orres** – Concours de chiens de troupeaux (mi-juin) - ✆ 04 92 44 01 61.

**Riez** – Fête de la transhumance (3e dim.) - ✆ 04 92 77 99 09.

**Digne-les-Bains** – Festival de théâtre Déambul' (fin juin-déb. juil.) - ✆ 04 92 31 68 30.

### JUILLET

**Annot** – Fête provençale (3e w.-end, années paires) - ✆ 04 92 83 23 03 - www.annot.fr.

**Barcelonnette** – Festival des enfants du jazz (2e quinz.), au parc de la Sapinière - ✆ 04 92 81 04 71 - www.barcelonnette.com.

**Beauvezer** – Festival international de guitares du monde (fin du mois) : musiques traditionnelles et du monde - ✆ 04 92 83 53 01.

**Briançon** – Rencontres artisanales du Grand Escarton - ✆ 04 92 21 08 50.

**Ceillac** – Pèlerinage au lac Ste-Anne (le 26 juil.) dans la vallée du Mélézet - ✆ 04 92 45 05 74 - http://ceillac.com ou www.queyras.com.

**La Grave** – Festival « Messiaen au pays de la Meije » : festival de musique (10-20 juil.) - 04 76 79 90 05 - www.festival-messiaen.com.

**St-Étienne-les-Orgues** – Foire à l'herboristerie (14 Juil.) - 04 92 73 00 22.

**St-Véran** – Pèlerinage à la chapelle N.-D.-de-Clausis (16 juil. et 8 sept.).

**Serres** – Festival de jazz (fin du mois) - 04 92 67 01 64 - www.festivaldejazzdeserres.com.

### JUILLET-AOÛT

**Forcalquier** – Foires artisanales.

**Lurs** – Festival Lurs sous les étoiles : concerts classiques, théâtre - 04 92 79 11 65.

**Le Mônetier-les-Bains** – Festival international d'orgue (de mi-juil. à mi-août) - 04 92 24 98 99.

**St-Disdier-en-Dévoluy** – Musique en Dévoluy : musique classique et traditionnelle - 04 92 58 91 91 - www.musiqueendevoluy.fr/

**Sisteron** – Nuits de la citadelle - 04 92 61 06 00 - www.francefestivals.com.

### AOÛT

**Barcelonnette** – Fêtes latino-mexicaines (2e sem.) - 04 92 81 04 71 - www.barcelonnette.com.

**Briançon** – Festival de musique de chambre (1re quinz.) - 06 33 21 27 30.

Danse des épées en chaîne « Bacchu Ber » et danses folkloriques (le 16) - 04 92 20 22 91.

**Castellane** – Foires artisanales - 04 92 83 61 14.

**Colmars** – Fête médiévale (2e w.-end) - 04 92 83 41 92 - www.colmars-les-alpes.fr.

**Cruis** – Foire aux potiers (1er dim.) - 04 92 77 00 61.

**Digne-les-Bains** – Corso fleuri de la lavande (1er w.-end) - 04 92 36 62 62.

Foire de la lavande et du pays dignois (2e quinz.) - 04 92 31 05 20.

**Guillaumes** – Procession des sapeurs de l'Empire (le 15) - 04 93 05 57 76 - www.pays-de-guillaumes.com.

**Orcières** – Festival des pays de montagne : musiques traditionnelles (1re sem.) - 04 92 55 89 89 - www.orcieres.com.

**Seyne** – Concours mulassier (2e sam.) - 04 92 35 00 42.

**Simiane-la-Rotonde** – Les Riches Heures musicales de la Rotonde : festival de musique ancienne (1re quinz.) - 04 92 75 90 14 - www.festival-simiane.com.

**Vallouise** – Musique en Écrins : musique de chambre (2e quinz.) - 04 92 23 36 12 ou 09 52 34 06 55 - www.musique-en-ecrins.org.

### SEPTEMBRE

**Gréoux-les-Bains**, **Manosque**, **Brunet**, **Valensole** – Courants d'Airs : chants classiques (1re quinz.) - 04 92 78 01 08.

**Mont-Dauphin** – Festival du conte - 04 92 45 17 80.

**Moustiers-Ste-Marie** – Fête de la Diane (du 31 août au 8 sept.) - 04 92 74 67 84.

### OCTOBRE

**Gréoux-les-Bains** – Foire aux santons (vac. de la Toussaint) - 04 92 78 01 08.

**Sisteron** – Foire régionale (déb. du mois).

### NOVEMBRE

**Isola** – Fête des châtaignes (1er w.-end) - 04 93 23 23 23.

**Château-Arnoux** – Rencontres d'arts plastiques - 04 92 33 20 00.

### DÉCEMBRE

**Champtercier** – Foire aux santons (1re sem.) - 04 92 31 10 37.

# Bibliographie


### OUVRAGES GÉNÉRAUX

*Alpes de lumière en Provence*, F. Roger, Glénat, 2003.
*Dictionnaire de la Provence et de la Côte d'Azur*, G. Berthier, Larousse, 2002.
*La Provence de Giono*, P. Magnan et D. Faure, Le Chêne, 2000.
*Queyras, un autre regard*, M. Boilève et P. Witt, Libris, coll. « Pays Paysages », 2003.
*Le Verdon pluriel et singulier*, F. Ricordel, G. Sloen, Équinoxe, coll. « Plurielle et Singulière », 1999.
*Voyages en Provence, Alpes, Côte d'Azur*, É. Témime, Gallimard, coll. « Découvertes », 1997.

### HISTOIRE

*Découverte des gorges du Verdon*, A. Collomp, Édisud, 2002.
*En Provence sur les pas de Monsieur Vauban*, R. Bornecque, Équinoxe, 2003.
*Histoire de la Provence*, M. Agulhon et N. Coulet, PUF, coll. « Que sais-je ? », 2001.
*Ski français : les plus belles années*, C. Morgore, Glénat, 2001.
*Les Vaudois - histoire d'une dissidence (XIIe-XVIe siècle)*, G. Audisio, Fayard, 1998.

### TRADITIONS

*Cadrans solaires Alpes-de-Haute-Provence*, Homet, Édisud, 2005.
*Carnet de transhumance, des plaines varoises aux Alpes du Sud*, F. Grégoire, Équinoxe, 2003.
*Lavandes et lavandins*, C. Meunier, Édisud, 2002.

### GASTRONOMIE

*Au pays des olives - oliviers, olives et huile d'olive de Nyons*, A. Simonet-Avril, Kubik, 2005.
*Recettes de l'Ubaye, d'hier et d'aujourd'hui*, I. Chayet, Le Sureau, 2001.
*Saveurs des Alpes*, L. Boisjoly, Ouest-France, 2006.

### NATURE ET RANDONNÉES

*10 balades littéraires à la rencontre de Jean Giono*, J.-L. Carribou, éd. Le Bec en l'Air, 2005.
*Les 30 plus beaux canyons des Alpes du Sud*, Ayasse, Édisud, 2000.
*52 balades à ski dans le Queyras et la haute Ubaye*, A. Guillaume, Glénat, 2006.
*Le Parc national des Écrins*, L. Gouverne, Actes Sud, 1999.
*Parc national du Mercantour*, L. Gouverne, Actes Sud, 1999.


## Topoguides

Il sont édités par la Fédération française de randonnée pédestre. Vous pouvez les commander en ligne : **www.ffrandonnee.fr**.


*Les Alpes-de-Haute-Provence à pied* (PR).
*Digne-les-Bains et ses environs à pied* (PR).
*Les Environs de Gap à pied* (PR).
*Gorges, lacs et plateaux du Verdon* (PR).
*La Grande Traversée des Alpes* (GR).
*Les Hautes-Alpes à pied* (PR).
*La Haute-Provence par les gorges du Verdon* (GR).
*Le Pays du Ventoux à pied* (PR).
*Tour du Luberon et du Ventoux* (GR).
*Tour du Queyras* (GR).
*Traversée du Vercors, Diois et Baronnies* (GR).
*Vallée de l'Ubaye* (PR).
*Vars et ses environs à pied* (PR).


### LITTÉRATURE

Presque toute l'œuvre de **Jean Giono** a pour cadre la haute Provence. Citons quelques-uns de ses ouvrages : *Le Hussard sur le toit, Jean le Bleu, Colline, Que ma joie demeure, Regain, Un de Baumugnes.*

*Œuvres complètes*, J. Giono, Gallimard, « La Pléiade ».
*Jean Giono du côté de Manosque, entretiens*, collectif, Radio France, 2004.
*La Maison assassinée, Les Courriers de la mort, Le Secret des andrônes, La Folie Forcalquier, Pour saluer Giono, L'Amant du poivre d'âne, Apprenti, Ma Provence d'heureuse rencontre, Un monstre sacré*, P. Magnan, Folio.
*Le Pays qui vient de loin, Le Cabaret des oiseaux, Pays à vendre, Déneiger le ciel*, A. Bucher, Sabine Wespieser.
*Le Goût de la haute Provence*, collectif, Mercure de France, coll. « Petit Mercure », 2005.
*L'Air des cimes : promenades littéraires dans les Alpes du Sud*, F. Billy, éd. Jeanne Laffitte, 1999.
*Les Barcelonnettes*, tome 1 : *Les Jardins de l'Alameda*, tome 2 : *Terres chaudes*, A. Dugrand et A. Vallaeys, Fayard, 2003.
*La Route Napoléon*, M. Gallo, Garnier-Flammarion.
*Contes et histoires de Provence*, P. Arène, Pocket.
*Le Mas des oliviers*, A. Bruel, Pocket.
*Une soupe aux herbes sauvages*, É. Carles, Pocket.
*La Bourse du chat*, F. Bellon, Édisud, 1992.

# 2/ COMPRENDRE LES ALPES DU SUD

Séchage de bouquets de lavande
*C.Guy/hemis.fr*

# Nature

**Entre montagne et Méditerranée, les Alpes du Sud, région peu urbanisée et peu industrialisée, constituent un véritable sanctuaire naturel, que protègent, en outre, des parcs nationaux ou régionaux. L'homme se fait tout petit devant des paysages montagneux grandioses, sous un ciel d'une grande pureté.**

## Les paysages

Lavande et edelweiss, verdure et aridité, cimes et gouffres, torrents et glaciers : les Alpes du Sud permettent de passer rapidement d'un environnement à l'autre. Par leur majesté et leur diversité, les paysages sont ici constamment surprenants. Des rivières capricieuses, tels la Durance et le Verdon, séparent des reliefs aux pentes abruptes dans une atmosphère déjà méditerranéenne. Il est d'ailleurs à noter que le climat sec des Alpes du Sud, le souffle du mistral et l'absence d'activité polluante font de cette région l'une des plus salubres d'Europe. Raison de plus pour découvrir tous ces sites magnifiques que sont les gorges du Verdon, les massifs du Mercantour et des Écrins, le mont Ventoux, le lac de Serre-Ponçon, pour ne citer qu'eux.

### UNE FORMATION COMPLEXE

Les Alpes du Sud forment une zone montagneuse moins élevée mais plus accidentée que les Alpes du Nord. La formation des **Alpes** durant l'ère tertiaire (il y a 65 millions d'années) coïncide avec celle des Pyrénées. Ainsi, au plissement alpin orienté nord-sud s'est ajouté le mouvement pyrénéo-provençal orienté est-ouest, ce qui explique l'enchevêtrement de la structure géologique des Alpes du Sud. Les Alpes ont ensuite été recouvertes d'une énorme chape de glace durant l'ère quaternaire, il y a environ 2 millions d'années. Les glaciers ont creusé des cirques et des vallées glaciaires, accumulant à leurs terminaisons les **moraines**, qui ont encombré les vallées lors du retrait des glaces. Depuis, l'érosion travaille sans relâche pour façonner les reliefs, creusant des canyons et des **clues** (gorges étroites) spectaculaires, typiques de cette région.

### DES PAYSAGES MAGIQUES

La **Vallouise** est l'une des plus grandes vallées du **massif des Écrins**, domaine des parois vertigineuses, des glaciers et des neiges éternelles (il culmine à 4 102 m). Avant que la Savoie ne soit annexée à la France, c'est le **Pelvoux** (3 946 m) qui était considéré comme le plus haut sommet des Alpes françaises. Il faut dire que ces jeunes montagnes cristallines sont encore en pleine activité : le mont Pelvoux s'élève chaque année de près d'un millimètre.
Passé le **col du Lautaret**, la montagne devient plus rocailleuse.

L'influence méditerranéenne pénètre en remontant par les vallées, où apparaît une végétation méridionale. À l'emplacement des glaciers, les roches sont mises à nu par l'érosion ; les versants instables

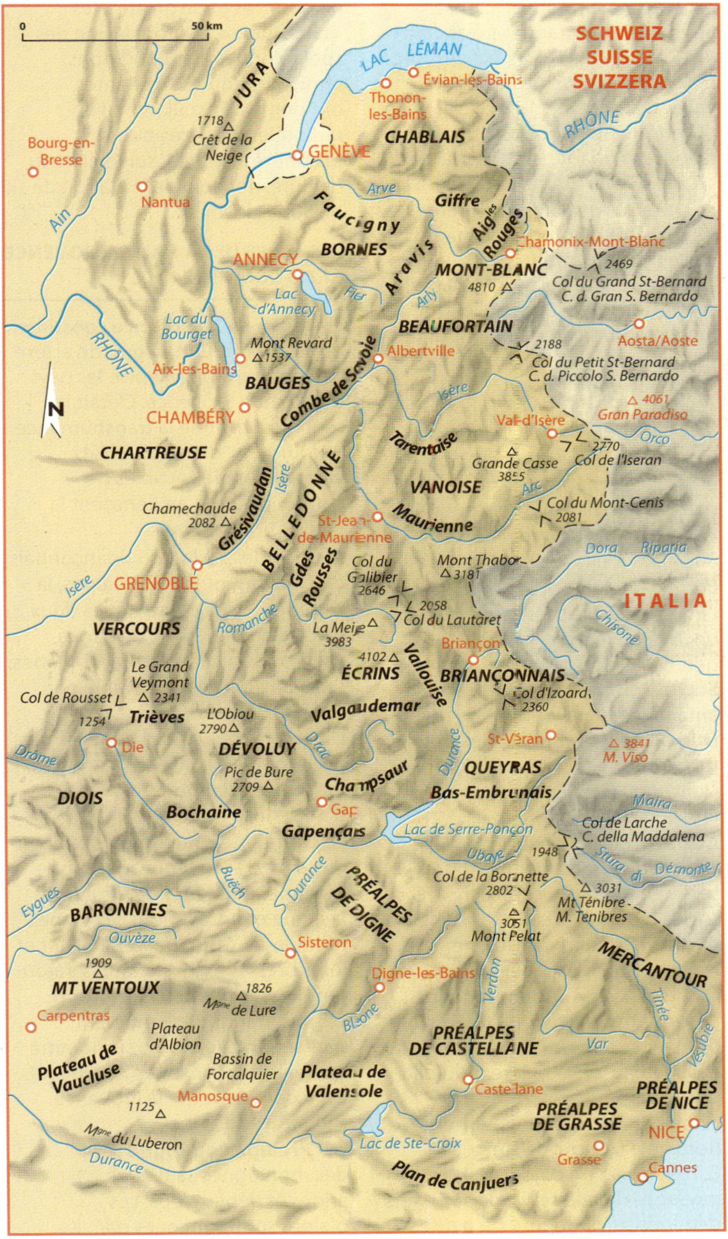

s'encombrent d'éboulis ; la lumière achève d'accentuer les flancs tourmentés de la montagne.
Le **Briançonnais**, porte du Sud, est renommé pour son climat. Ses hautes montagnes s'élancent jusqu'à plus de 3 000 m d'altitude. L'érosion a creusé de larges vallées, aérant le relief. Le ciel pur et l'ensoleillement exceptionnel favorisent un tourisme estival et de sports d'hiver (Serre-Chevalier).
Le **Queyras** est l'une des régions les plus hautes d'Europe, à l'image d'un de ses villages d'altitude, St-Véran (2 040 m). Ses paysages insolites, tels que la Casse Déserte, cirque lunaire hérissé de « cheminées de fées », ou l'approche du **mont Viso**, en font le paradis des randonneurs. C'est un pays isolé, difficilement accessible, surtout en hiver ; mais les forêts de pins et de mélèzes et les vastes pâturages de ce parc naturel, l'un des plus réputés de France, bénéficient en moyenne de 300 jours d'ensoleillement par an.
Entre haute et moyenne montagne, l'**Embrunais** se présente comme un livre ouvert de l'histoire géologique de la région. Le **lac de Serre-Ponçon** (3 000 ha), retenue aménagée dans la vallée de la Durance, est visible de plusieurs promontoires : Embrun, le mont Guillaume (2 550 m) et le pic de Morgon (2 324 m).
L'**Ubaye**, en lisière nord des Alpes de Provence, est connue pour ses « terres noires » et ses flyschs, sortes de « mille-feuilles » rocheux particulièrement sensibles à l'érosion. Elle s'est ouverte aux sports d'hiver, surtout autour de Barcelonnette (stations du Sauze, de Pra-Loup), et au rafting, dans la basse vallée de la rivière dont elle porte le nom.
Le massif calcaire du **Dévoluy**, dominé par le **pic de Bure** (2 709 m), est un pays à part. Ses paysages de falaises et de sommets dénudés surplombent de petites vallées en berceau où prospère l'élevage des ovins et des bovins. Ici tout est silence : l'eau se cache sous la montagne percée de gouffres et de grottes, les « chourums », qui font la joie des spéléologues. Les conditions atmosphériques excellentes ont permis l'installation d'un radiotélescope très puissant, propriété de l'Iram, sur le plateau de Bure, non loin de la station de ski de Superdévoluy.

### LES ALPES DE LA HAUTE PROVENCE ET DU COMTÉ DE NICE

La **vallée de la Durance** constitue, depuis l'Antiquité, la grande artère de communication entre les pays de la haute Provence. C'était la route du sel et de la transhumance. Aujourd'hui, de nombreuses villes, industries et voies de communication en dénotent la vitalité économique.
Au pied des Écrins, du Briançonnais, du Queyras, puis des Préalpes, la Durance et ses affluents, les deux **Buëch**, coulent dans de larges vallées et de vastes surfaces planes, dont une partie est envahie par les eaux du lac de Serre-Ponçon. Dans cette région, on peut voir des « demoiselles coiffées », curieuses formations sculptées dans d'anciennes moraines.
Le **Diois** et les **Baronnies** sont des pays de moyenne montagne où s'épanouissent les cultures de lavande et de lavandin, les vignes (pour la clairette de Die), l'olivier et les arbres fruitiers, auxquels s'ajoutent les élevages ovin et caprin. Ces montagnes se terminent par le **mont Ventoux**, surnommé « le géant de Provence » (1 909 m), car il domine toute la Provence rhodanienne.
Les **Préalpes de Digne** sont des montagnes sauvages, arides et dépeuplées. Les plaines sont dominées par

La Meije, dans le parc des Écrins, se reflétant dans le lac Lérie.
G. Labriet / Photononstop

d'impressionnantes barres calcaires, la plus spectaculaire étant celle de Dourbes qui s'allonge sur plus de 12 km. Les hauts chaînons sont entaillés par des torrents capricieux au fond de gorges étroites, les **clues**. Tout autour de Digne, le pays recèle des sites géologiques classés, regroupés dans une **réserve géologique** unique en Europe *(voir Préalpes de Digne, p. 315)*.
Les hautes terres aux villages isolés, souvent abandonnés, contrastent avec le fond des vallées irriguées où poussent des arbres fruitiers.
Le **plateau de Valensole**, entre la Durance et les Préalpes de Castellane, est recouvert de lavande, dont les champs épousent les douces courbes. Les gouffres et les grottes du **plateau d'Albion**, terminaison septentrionale du plateau du Vaucluse, récoltent l'eau. L'armée, jusqu'en 1996, en avait profité pour y placer des silos pour fusées nucléaires *(voir p. 69)*. L'agriculture y est restée assez traditionnelle, pratiquée par une poignée d'hommes attachés à ce pays entre Ventoux et Luberon.
Le **plan de Canjuers** présente le même paysage.
Le spectacle grandiose des **gorges du Verdon** est sans égal en Europe. Le Verdon traverse les plateaux calcaires des Préalpes en un canyon vertigineux de 700 m de profondeur. Les gorges ont été aménagées pour les randonneurs et les voitures. Ses eaux turquoise font le bonheur des amateurs de canoë-kayak…
Situé dans l'ancien comté de Nice, le massif du **Mercantour** se distingue par ses roches cristallines très dures, qui ont donné des reliefs en aiguilles et de hautes croupes dépassant 3 000 m. Les glaciers, aujourd'hui largement en retrait, ont creusé de vastes cuvettes remplies par de beaux lacs aux eaux turquoise. Les skieurs apprécient les stations de St-Dalmas, Isola 2000 et Auron ; mais, plus bas dans les montagnes, on retrouve les saveurs du pays niçois. Dans les vallées étroites de la Vésubie, de la Tinée et de la Roya, les villages aux hautes maisons ocre étagées en gradins s'accrochent à la falaise.

# La faune et la flore

La faune alpine est très difficile à observer de près. La plupart de ces oiseaux et mammifères habitent des endroits souvent inaccessibles (sauf pour les alpinistes) et, extrêmement sauvages, ils s'enfuient au moindre bruit. Pour les observer, il vaut mieux se rendre dans les parcs naturels où ils sont protégés. Ailleurs, ces espèces, en petit nombre, sont menacées. Le climat, l'altitude, l'exposition des versants expliquent la diversité des espèces qu'offre la région, depuis la limite nord de la zone méditerranéenne jusqu'aux grands massifs alpins. La flore sauvage des Alpes du Sud est très riche. Dans le Mercantour, où tous les étages de la végétation sont représentés, poussent 2 000 espèces de plantes sur les 4 200 connues en Europe. Edelweiss, chardons, lis, rhododendrons colorent la montagne de leurs tons éclatants.

## LA FAUNE DES ALPES MÉRIDIONALES

### Les rochassiers

On reconnaît le **bouquetin** à sa silhouette trapue, dominée par d'immenses cornes annelées qui peuvent dépasser un mètre de longueur. C'est un animal tranquille, qui aime faire sa sieste au soleil. Les mâles se groupent en bandes de plus d'une cinquantaine d'individus parfois. Aux premières neiges, ils rejoignent leurs compagnes plus petites et craintives. Ils luttent alors pour les conquérir et, de décembre à janvier, la montagne retentit du bruit de leurs affrontements. Les bouquetins ont été menacés de disparition au début du siècle. Ils ont été réintroduits avec succès dans les Parcs des Écrins, du Queyras et du Mercantour.

Le **chamois** est un autre ongulé typique des Alpes. On peut apercevoir sa gracieuse silhouette sur les cimes escarpées et rocheuses, près des neiges éternelles. Ses petites pattes minces et robustes, ses sabots adaptés lui confèrent une extraordinaire agilité. D'une résistance de fer, il bondit de rocher en rocher et passe par les couloirs les plus abrupts. Les chamois se groupent en hardes de trois à vingt individus menées par un bouc. Leur poids peut atteindre 50 kg (soit la moitié de celui du bouquetin). En été, ils se nourrissent d'herbe et, l'hiver, ils descendent dans les forêts et rongent l'écorce des arbres.

Le **mouflon de Corse** a été introduit dans les Parcs du Mercantour et du Queyras, ainsi que dans le Ventoux. Il est parfaitement adapté à la végétation et au climat méditerranéens. Ce grand mouton sauvage vit en troupeaux conduits par de vieux mâles. Les mâles sont facilement reconnaissables à leurs cornes enroulées en volutes.

### Les rapaces

Le **gypaète barbu**, oiseau presque légendaire, aurait pu disparaître des massifs alpins si sa réintroduction dans les Alpes du Sud n'avait pas été une complète réussite. Ce rapace aux longues ailes noires déploie sa splendide envergure (2,80 m) au-dessus des crêtes et des pitons rocheux. C'est un charognard tributaire des troupeaux d'ovins.

Majestueux prédateur, l'**aigle royal** peuple l'ensemble des massifs alpins depuis qu'il est protégé dans tous les pays. Il vit en couple sur un domaine équivalant à une vallée de taille moyenne et niche dans des régions rocheuses, aux parois peu accessibles, comme les gorges du Verdon. Son alimentation se compose principalement de marmottes l'été et de cadavres

# Faune des Alpes

de bouquetins l'hiver. Il apparaît souvent comme une silhouette lointaine difficile à observer ; on peut cependant très bien le reconnaître à ses voltiges en larges cercles concentriques, ailes repliées en « V ».

### Autres animaux

Outre les rapaces, on trouve parmi les oiseaux le tétras-lyre, le chocard à bec jaune (qui plane souvent l'été autour des cabanes et des groupes d'alpinistes dans l'espoir de recevoir un peu de nourriture), le lagopède (perdrix des neiges) aux grandes ailes blanches et la chouette de Tengmalm.

Parmi les mammifères, la musaraigne des Alpes habite la grande végétation des pentes fraîches jusqu'à 2 500 m, tandis que les hauteurs sont le domaine de la souris des neiges.

### Le petit peuple ailé de haute Provence

Le département des Alpes-de-Haute-Provence est célèbre pour ses **papillons**. On en dénombre actuellement plus de 1 300 espèces, dont près de 180 diurnes, soit les trois quarts des espèces connues en France. Il est naturellement interdit de les chasser. Plus de 600 d'entre elles se rencontrent autour de Digne, dont le musée possède une belle collection.

Parmi les plus remarquables, citons le machaon, l'alexanor, le flambé, le grand et le petit apollon (ce dernier plus rare), la diane et la proserpine, le jason, le pacha à deux queues, les vanesses et les érèbes (dont le scipio, en voie de disparition, qui fréquente les champs de lavande).

Ces très beaux insectes, butineurs de fleurs, sont sensibles à la qualité de leur environnement (pesticides et insecticides). Nombre d'espèces disparaissent localement chaque année.

## L'ÉTAGEMENT DE LA VÉGÉTATION AU NORD

L'exposition des versants est essentielle : le versant **adret** (au soleil), le plus propice aux cultures et à l'habitat, est défriché, alors que le versant **ubac** (à l'ombre), le plus souvent inhabité, bénéficie d'une humidité favorisant le développement de vigoureux plans forestiers. Cette opposition est particulièrement marquée lorsque les vallées sont orientées est-ouest comme dans le haut Queyras.

La végétation alpine change également en fonction de l'**altitude**. Jusqu'à 1 500 m se mêlent végétation et cultures. Au-dessus s'étend la forêt de conifères, dont l'aire de colonisation des pentes est la plus grande. À partir de 2 200 m lui succèdent les alpages où poussent les herbes vivaces, les myrtilles et la flore spécifiquement alpine. Après 3 000 m, passé la limite inférieure des neiges persistantes, on pénètre dans le domaine du minéral : seuls mousses et lichens s'accrochent aux rochers.

Du sommet du **mont Ventoux**, on peut apprécier du regard l'évolution des paysages en direction du nord : étage méditerranéen de plus en plus dégradé, puis apparition progressive de l'étage montagnard sous forme de hêtraies appauvries, puis de sapinières.

### Les conifères

Les variétés les plus communes de conifères sont : le **sapin**, reconnaissable à sa cime large et à son écorce dans les tons gris ; l'**épicéa**, essence caractéristique des zones d'exposition froide, dont les branches infléchies « en queue d'épagneul » lui donnent un aspect général hirsute et dont l'écorce, très crevassée avec l'âge, tire sur le rouge ; le **pin sylvestre**, qui forme de vastes peuplements dans les Alpes méridionales, en général sur

# Fleurs des Alpes

Anémone soufrée
Terrains siliceux,
*de mai à juillet*

Panicaut des Alpes ou chardon bleu
Prairies sur sol calcaires,
*en juillet et août*

Edelweiss
Affleurements
rocailleux
des hauts alpages,
*de juillet*
*à septembre*

Lis Martagon
Prairies humides et
ombragées d'altitude,
*de juin à août*

Gentiane acaule
Croupes de haute altitude,
*de mai à août*

Lis orangé
Éboulis et
rochers,
*en juin et juillet*

Rhododendron
Pâturages
alpestres,
*en juillet et août*

les adrets ; le **mélèze**, qui occupe les versants ensoleillés de la haute montagne.
Le Diois et les Préalpes de Digne sont le domaine du sapin ;
le Briançonnais, le Queyras, l'Embrunais, l'Ubaye et le Mercantour, celui du sapin, de l'épicéa et du mélèze.

### Les feuillus

Ils se cantonnent à l'étage montagnard. Le **hêtre** (ou « fayard ») domine dans les Préalpes entre 700 et 1 200 m. Arbre d'ombre, densément branchu, au tronc gris, il abrite dans ses sous-bois nombre de plantes rares : lis martagon, belladone, véronique officinale, épilobe de montagne, etc. En dehors du hêtre, on trouve l'aulne, l'érable, le bouleau, le sorbier, l'alisier, le saule, le cytise aux grappes de fleurs jaunes…
Au nord de la zone méditerranéenne, au-dessus de 600-800 m, chênes pubescents ou « blancs », pins sylvestres et hêtres prédominent, particulièrement sur les ubacs. Ils se combinent alors à la lande de genêts, de buis ou de lavande.

## L'EXPLOITATION FORESTIÈRE

Depuis 1880, l'Office national des forêts a entrepris une vaste opération de **reboisement**. En effet, des pratiques agricoles et pastorales mal contrôlées avaient engendré une exploitation intensive des espaces forestiers menaçant l'équilibre écologique. Les forêts occupent désormais plus du tiers de la surface utilisable et sont, pour une grosse moitié, la propriété des communes et des particuliers ; le reste appartient à l'État. Les forêts de **haute Provence** reconstituées restent protégées ; elles ne donnent pas lieu à une exploitation industrielle.
Nombre de communes alpines doivent leur richesse à ce capital forestier. En certains endroits subsiste l'**affouage**, tradition qui attribue à chaque foyer un lot de bois dont il dispose à son gré. Le bois est utilisé comme bois d'œuvre ou vendu à des scieries et à des papeteries.

## LA FLORE ALPINE

La flore alpine, qui pousse au-dessus de la limite supérieure des forêts (2 200 m), est particulièrement intéressante à étudier. Il existe à ces hauteurs un nombre incroyable d'espèces dont la beauté et l'originalité font la joie des botanistes.

### La rigueur du climat

Le climat exerce une sélection naturelle. Les espèces ont dû s'adapter à un environnement hostile. La fleur est souvent disproportionnée par rapport au reste de la plante et très colorée du fait de l'intensité du rayonnement ultraviolet à ces hautes altitudes. Pour se protéger de la sécheresse, ces plantes ont développé, par exemple, un feutrage de poils laineux ou des réserves d'eau (petites plantes grasses) ; elles ne sont jamais bien grandes. Enfin, la **floraison précoce** de ces espèces vivaces est commandée par la brièveté de la période végétative (juin-août).

### La nature du terrain

En montagne, les plantes ne poussent pas n'importe où : un sol calcaire ou siliceux, un éboulis, une fente rocheuse, une tourbière ont des hôtes bien différents en fonction des conditions de vie que ces milieux leur dispensent.
À chaque emplacement type correspond ainsi une espèce végétale particulière ou une association d'espèces (toujours les mêmes) capables d'y subsister.
La majorité des espèces des Hautes-Alpes a une origine variée : plaine ou moyenne montagne

pour certaines plantes (dent-de-lion, centaurée), zones méditerranéenne (œillet, narcisse), arctique (renoncule, pavot blanc), asiatique (edelweiss, primevère). Les quelques **espèces autochtones** (ancolie, valériane) sont les rescapées des grandes glaciations de l'ère quaternaire.

### Les fleurs symboliques

La légende raconte qu'un jour le doux zéphyr vint se nicher dans la chevelure d'une nymphe, que la déesse Flore transforma alors en fleur. Elle prit le nom d'anémone (*anemos* : « vent » en grec). L'**anémone pulsatille** fleurit à la fonte des neiges en grandes corolles blanches et violettes, avant de se parer de sa romantique chevelure ; sa cousine, l'anémone soufrée, préfère les sols calcaires. L'**edelweiss** est l'emblème de la haute montagne et de l'alpinisme. Cette étoile d'argent, aux pétales recouverts d'un fin duvet blanc, peut se trouver en abondance dans les roches calcaires et les pelouses d'altitude de haute Provence, entre 1 800 et 3 000 m.

La **gentiane acaule** est peinte en motif sur les objets-souvenirs. Sa couleur bleue très profonde est inoubliable et se voit de loin lorsqu'elle apparaît sur les pelouses alpines.

**Bon à savoir** – De nombreuses espèces végétales sont préservées dans le périmètre des **parcs naturels** : leur identification est signalée sur les panneaux d'information à l'entrée des secteurs protégés. La cueillette est interdite.

## UNE NATURE FRAGILE PROTÉGÉE

Les Alpes du Sud font figure à bien des égards de véritable sanctuaire écologique. Une vocation renforcée par la présence sur son territoire, en tout ou partie, des **Parcs nationaux** des Écrins et du Mercantour, des **Parcs naturels régionaux** du Luberon, du Verdon, du Queyras et du Vercors, sans oublier la Réserve naturelle biologique de la région de Digne.

Ces différentes structures, à des degrés divers et selon des modalités qui leur sont spécifiques, ont toutes pour vocation de préserver et de mettre en valeur l'environnement dans une perspective de **développement durable**. Leurs projets et plans d'action sont périodiquement revus. Ce fut notamment le cas pour les parcs naturels régionaux avec le renouvellement de leur charte, dans le cadre d'une très large concertation, durant l'année 2007. D'autres créations de parcs naturels régionaux sont actuellement à l'étude dans les Alpes du Sud : il s'agit du projet des Baronnies et de celui du Ventoux. Outre l'attention grandissante portée aux enjeux écologiques, ce sont des retombées économiques qui sont attendues, l'attribution d'un tel label concourant à l'attractivité touristique.

# Les Alpes du Sud aujourd'hui

**Les traditions se portent bien dans les Alpes du Sud. Les activités agricoles et artisanales qui ont fait la renommée de cette micro-région restent dynamiques. Les champs de lavande sont toujours là, de même que les apiculteurs, les bergers, les fabricants de faïence ou les ébénistes. Ce qui, été comme hiver, attire nombre de visiteurs qu'accueillent de multiples structures. Dans ces conditions, il n'est pas surprenant que le tourisme ait pris un poids très important dans l'économie locale.**

## Les activités économiques

Les Alpes du Sud sont pour l'essentiel constituées des départements des Alpes-de-Haute-Provence et des Hautes-Alpes, qui font tous deux partie de la région Paca (Provence-Alpes-Côte d'Azur).

### EN QUELQUES CHIFFRES

**Alpes-de-Haute-Provence**
**Superficie :** 6 935 km$^2$
**Préfecture :** Digne-les-Bains
**Sous-préfectures :** Barcelonnette, Castellane, Forcalquier
**Nombre d'habitants :** 156 000
**Densité :** 22 hab. au km$^2$

**Hautes-Alpes**
**Superficie :** 5 632 km$^2$
**Préfecture :** Gap
**Sous-préfecture :** Briançon
**Nombre d'habitants :** 132 000
**Densité :** 24 hab. au km$^2$

### L'ATOUT NATURE

Le cadre de montagnes limite naturellement les surfaces habitables et exploitables du point de vue agricole. Cela dit, la culture de la lavande et l'apiculture *(voir p. 57-58)*, ainsi que l'élevage, ne sont pas négligeables. En revanche, l'enclavement fut un frein au développement industriel. Au fil du temps, le secteur tertiaire s'est substitué à la tradition agropastorale.
Le **tourisme** est une source de revenus majeure dans les Alpes du Sud, mais l'emploi y est saisonnier, suivant le rythme des périodes de vacances… Si, hiver comme été, c'est en famille qu'on vient ici profiter d'un bel ensoleillement et du plein air, la variété des sites (reliefs, lacs, cours d'eau) assurant une large gamme d'activités (randonnée, ski, escalade, etc.), il s'avère nécessaire pour la région d'élargir ses atouts à toutes les saisons afin de répartir davantage l'afflux touristique sur l'année.
Les parcs naturels régionaux et les parcs nationaux sont des

Cadran solaire à Saint-Véran.
*J.-P. Degas / hemis.fr*

relais essentiels dans la prise de conscience, par les différents acteurs locaux, des enjeux économiques et écologiques. Ils incitent à une structuration de l'offre touristique pour répondre aux attentes des visiteurs. Parallèlement à une politique de préservation de l'environnement et de valorisation patrimoniale, leurs actions visent l'accessibilité des sites, l'information des personnes handicapées, la mise en réseau de l'information et de la réservation touristique ou l'élaboration d'une charte d'accueil partagée par les prestataires.

## L'artisanat

L'artisanat traditionnel était l'œuvre aussi bien de professionnels que de paysans. Dans ces contrées reculées où l'on se contentait du nécessaire dans la plupart des foyers, il montrait l'adresse des hommes à manier les outils et leur créativité artistique.

### AU CŒUR DU BOIS

Dans le **Queyras**, pays de forêts, s'est développée une tradition de la sculpture sur bois. Les paysans fabriquèrent des meubles et des objets en mélèze du 17e au 19e s. Tous les meubles et objets usuels sont taillés dans le bois avec habileté, mais la spécialité du Queyras reste le **coffre de mariage**. D'aspect très simple (quatre panneaux fermés par un couvercle), il présente de remarquables sculptures sur la face avant : rosaces tracées au compas, entrelacs, palmettes, cœurs, rinceaux, arabesques inspirés de l'art gothique ou Renaissance, des cuirs de Cordoue, etc. Ce travail de gravure fait au couteau nécessitait de longues heures de patience.
Les traditionnels **jouets en bois** sont aujourd'hui fabriqués en petites séries (300 à 500 pièces) et vendus en collection. Ils étaient entièrement fabriqués à la main et à domicile au début du 20e s. Ces petits sujets, découpés dans des planchettes de pin cembro de 0,5 cm d'épaisseur, furent imaginés

en 1919 par un pasteur d'origine suisse établi à la Chalp et soucieux de retenir au pays les habitants condamnés à l'exode.

Le mobilier **haut provençal** utilise principalement le noyer. Bien qu'assez varié, il présente un style plus austère que le mobilier de basse Provence. Coffres, tables, lits sont complétés par l'**armoire-bahut**, parfois ornée d'un décor de rinceaux, de mascarons ou de pointes de diamant, la **crédence**, buffet à deux tiroirs sans gradin (lorsqu'il y a gradin, comme en Provence orientale, elle est complétée par une étagère à vaisselle, l'« estagnié ») et le **pétrin**, appelé aussi « maie » ou « mastre », qui était le meuble le plus répandu et souvent le moins orné. Superposé à un buffet bas, il servait de panetière et de garde-manger.

## LA FAÏENCE

Les murs du charmant village de **Moustiers-Ste-Marie** abritent une fabrique renommée de faïence, née de l'initiative d'une famille de potiers, les Clérissy, en 1679, lorsque le Roi-Soleil, voulant remplir les caisses de l'État, fit fondre sa vaisselle d'or et d'argent et lança la mode de la vaisselle en faïence.

Moustiers offrait tout ce qu'il fallait à la réussite de cette entreprise : présence d'argile fine près des gorges du Verdon, d'eau et de bois. La **famille Clérissy**, qui bénéficiait de l'appui du roi, aurait été initiée aux secrets de la faïence par un moine venu d'Italie (de Faenza ?). Très vite, l'activité a été prospère et les manufactures se sont multipliées, attirant de nouveaux artisans. Moustiers était réputé pour fabriquer « la plus belle et la plus fine faïence du pays ».

La production souffrit, dans la première moitié du 19e s., de la concurrence des grands centres porcelainiers (notamment d'Angleterre). Le dernier four s'éteignit en 1873. Un demi-siècle plus tard, **Marcel Provence** ressuscitait cet art local, aujourd'hui prisé des touristes.

### La fabrication

« Faïence » vient du nom de la ville italienne de **Faenza**, où cet art était apprécié dès le 15e s. On prépare d'abord une pâte à base d'argile (mêlée à du sable et à de la craie), façonnée, puis séchée et cuite à environ 1 000 °C. Cette « terre cuite » est alors rendue opaque par un bain dans de l'oxyde d'étain, suivi d'une légère cuisson. On obtient ainsi le « dégourdi » sur lequel le peintre pose son dessin et ses couleurs à base d'oxydes métalliques (émaux). Après cela, on soumet la pièce à une seconde cuisson aux environs de 850 à 950 °C. Cette technique, dite de **grand feu** (la plus ancienne), ne permet aucun repentir et limite le choix des couleurs à celles qui peuvent supporter de très hautes températures sans être dénaturées (bleu, vert, jaune).

La technique de **petit feu**, au contraire, est compatible avec l'utilisation d'une palette beaucoup plus étendue. Suivant ce procédé, la faïence, avec son émail blanc, est cuite sans avoir reçu de décor. Le peintre pose ensuite ses couleurs mêlées de « fondants » qui fixeront le décor lors d'une seconde cuisson, aux environs de 400 °C, dans des boîtes spéciales, les « gazettes » ou « moufles ».

### La décoration

Il existe quatre types principaux de décors. Les **camaïeux bleus des Clérissy** et **des Viry** (de 1680 à 1730), influencés par les productions de Nevers et de Rouen, sont des scènes mythologiques, de chasse et d'armoiries d'un bleu très pur.

Le **décor à la Bérain** (début du 18e s.), du nom d'un dessinateur du cabinet du roi, introduit des motifs d'une grande fantaisie sur une faïence plus fine.

La **polychromie** (vert, jaune, bleu), importée d'Espagne en 1738, déploie avec raffinement grotesques, fleurs (« à fleurs de pomme de terre »), médaillons et guirlandes, puis drapeaux (seconde moitié du 18e s.).

Les **décors de petit feu** (dernier tiers du 18e s.) offrent une plus large gamme de couleurs vives et de motifs.

## LA MESURE DU TEMPS

Lorsque l'on se promène dans les villages de haute Provence et qu'on lève la tête, on est intrigué par les campaniles et les cadrans solaires, deux éléments typiques de la région qui rappellent l'alliance du vent et du soleil.

### Les campaniles en fer forgé

Le campanile en Provence désigne une sorte de cage en fer abritant la ou les cloches d'une église ou d'un édifice civil ou militaire. Leurs formes sont variées : bulbe, cylindre, cône, sphère, pyramide. Ils peuvent être très simples comme à Lurs, mais, le plus souvent, ce sont de véritables chefs-d'œuvre de ferronnerie (Colmars-les-Alpes) marquant l'influence italienne. Des générations de ferronniers ont exercé leur imagination pour construire ces « demoiselles de fer » qui ne sont pas sans rappeler les hautes coiffes bretonnes du Finistère. Comme ces dernières, les campaniles ont été conçus pour résister aux forces du vent.

On trouve donc des campaniles dans la Provence du mistral, autour de Digne et Forcalquier, où ils ont peu à peu remplacé les lourdes flèches de calcaire dans des endroits spécialement exposés. On remarquera, parmi l'infinie variété de ces ferronneries, la tour de l'Horloge à Sisteron (1892), la cage ouvragée des Mées et le dépouillement de la chapelle St-Jean à Forcalquier.

### Les cadrans solaires

Dans le Briançonnais, le Queyras, l'Ubaye, la vallée de la Tinée et le moyen Verdon, de nombreuses façades de maisons, d'églises, de bâtiments publics s'ornent de cadrans solaires peints qui font le bonheur des amateurs d'art populaire et des photographes. Hommage au soleil présent dans ces régions, ces cadrans (ou gnomons, si l'on emploie le terme savant) furent exécutés aux 18e et 19e s. par des artistes itinérants, souvent d'origine piémontaise, comme **Jean-François Zarbula** qui, quarante ans durant, parcourut les Alpes et signa des cadrans curieusement décorés d'oiseaux exotiques aux couleurs vives. Les « cadraniers » devaient à la fois connaître la science gnomonique (art d'établir un cadran), le dessin et la technique de la fresque.

Un cadran est composé d'un tableau, généralement orienté au sud, et d'une tige métallique et rigide matérialisant l'axe de la Terre. Les décors choisis sont souvent d'une charmante naïveté : dans un cadre rond, carré ou ovale apparaissent le cadran, les heures et les motifs évoquant la nature (corbeilles de fleurs, oiseaux) ou le ciel (soleil, lune). Les plus élaborés ont été influencés par l'art baroque : trompe-l'œil, faux marbre, volutes, coquilles, rinceaux, faux pilastres, consoles forment ainsi un décor somptueux sur le cadran de la collégiale Notre-Dame de Briançon, soutenu par des atlantes.

Les **devises** retiennent l'attention. Souvent rédigées en latin, parfois en français, elles évoquent le temps qui passe : « Vous qui passez, souvenez-vous en passant que tout passe comme je passe » (Villard-St-Pancrace) ; la mort : « Toutes les heures blessent, la dernière tue » ; le soleil : « Superbe soleil, que ton humeur est altière, mais cet arc est capable de mesurer ta carrière » (St-Dalmas-le-Selvage), « Sans le soleil, je ne suis rien et toi, sans Dieu, tu ne peux rien » (Val-des-Prés). Souvent moralisatrices, elles rappellent à l'homme qu'il doit faire bon usage de son temps : « Mortel, sais-tu à quoi je sers ? À marquer les heures que tu perds » (Fouillouse).

*Voir également « Routes des cadrans solaires » p. 22.*

### LES SANTONS

Ces figurines, symboles de l'artisanat provençal, demeurent un pilier de la tradition des fêtes de Noël. La crèche familiale se développe à partir du 18e s. en reconstituant la Nativité dans un cadre provençal. À l'origine, les figurines étaient en carton-pâte, en verre ou en bois. Au 19e s., le santon en terre cuite se généralise à partir d'Aubagne et de Marseille. Les figurines représentent les membres de la communauté villageoise et sont habillées en costumes d'époque provençaux. Les divers corps de métier existant alors sont reproduits en accentuant parfois des traits typiques. Le village de **Champtercier**, près de Digne, accueille chaque année une foire aux santons particulièrement renommée.

## Tradition et folklore

Dans ces régions autrefois isolées et peu urbanisées, les rites réglaient le déroulement des événements de l'existence, tandis que les coutumes et les traditions, comme les migrations saisonnières, jouaient un rôle important dans la vie des sociétés montagnardes.

### LES US ET COUTUMES

#### Les trois âges de la vie

À la **naissance**, avant les relevailles qui ne pouvaient avoir lieu ni un vendredi ni un samedi, la mère devait avoir mangé les douzaines d'œufs que lui avait apportées la marraine après l'accouchement. L'enfant était rapidement baptisé et, pour lui assurer une longue vie, on distribuait des friandises. Lors de sa première sortie, on faisait une offrande en exprimant le vœu suivant : « Qu'il soit bon comme du pain, sage comme du sel, plein comme un œuf et droit comme une allumette. »

Le **mariage** s'accompagnait d'un certain nombre de rites, variant d'un pays à l'autre, toujours scrupuleusement observés. D'abord, pour trouver l'âme sœur, les jeunes filles évoquaient le saint local (à St-Ours) ou matérialisaient leurs désirs par une image en argile (Entrevaux). On pouvait choisir l'élu de son cœur à condition de ne pas se « mésallier ». Ainsi, chez les vaudois, les mariages mixtes entre catholiques et protestants étaient interdits.

Avant la noce, on échangeait des bijoux (Embrunais) ou on marquait son regret de quitter le foyer par une petite mise en scène (vallée de Fours). Après la messe, on tirait des coups de feu et l'on se rendait à la « pierre des épousailles » échanger baisers et anneaux. S'ensuivaient la « pelote », tribut obligatoire que devaient verser les mariés aux jeunes gens du pays, le « charivari », chahut monstre qui tournait parfois à l'émeute, et le bol de bouillon accompagné de diverses facéties interrompant la nuit de noces.

Lorsqu'un **décès** survenait, l'usage était d'habiller et de veiller le défunt, tandis que les membres des confréries venaient chanter le *De profundis* et le *Miserere*. Dans le cortège funèbre, les femmes précédaient le corbillard ; parfois un « pleureur » l'accompagnait. Un banquet clôturait toujours les obsèques. En haute montagne, l'hiver, le gel empêchait d'enterrer les morts, aussi les conservait-on jusqu'au dégel, couverts de neige sur le toit des maisons.

### Un pays de migration

L'hiver, comme toute activité cessait, certains montagnards partaient sur les routes offrir leurs bras ou colporter les produits de leur région, comme les graines et les bulbes de plantes à fleurs. Pour les enfants, c'était le temps d'étudier. Les villages louaient des maîtres d'école, reconnaissables aux plumes à écrire de leur chapeau : une pour la lecture, une deuxième pour le calcul et une troisième pour le latin. Les meilleurs venaient du Briançonnais et du Queyras, où le niveau d'instruction était plus élevé qu'ailleurs. Mais parfois les hommes partaient définitivement pour faire fortune dans le Nouveau Monde : en Ubaye, ils partirent au Mexique et, dans le Queyras, en Amérique du Sud.

### L'art de la fête

D'innombrables fêtes ponctuaient l'année, mêlant paganisme et christianisme. Certaines sont encore très vivaces : fête du saint patron du village, événements liés aux travaux des champs ou pèlerinages ; une procession, suivie d'une messe ou d'une bénédiction, constituait la partie religieuse.
En Provence, certains combats étaient simulés par la jeunesse pour élire un « abbé » ou « capitaine ». La **bravade** pouvait aussi rappeler le combat entre « chrétiens » et « Sarrasins » (Riez). Dans les Hautes-Alpes, les habitants de Pont-de-Cervières se livrent toujours, chaque 16 août, à une curieuse danse avec des épées, le **Bacchu Ber**.

Il existe bien d'autres fêtes locales où interviennent les tambourinaires en costume, jouant de la flûte et du galoubet avec la main gauche et du tambourin avec la main droite. À Moustiers-Ste-Marie, l'ensemble des flûtistes et des tambourinaires s'appelle **la Diane** et réveille les habitants toutes les nuits à 4h durant les neuf jours de fête.

### Les costumes traditionnels

Les femmes portent un corset de drap épais, une large robe plissée recouverte d'un tablier, une ceinture dorée et un châle. Chaque pays a sa coiffe.
Pour les hommes, sous une ample veste de drap, une chemise blanche, un gilet, un cordonnet ou une cravate noire, et un pantalon noir retenu par une large ceinture de laine ; sur la tête, un grand chapeau de feutre. Quelques bijoux : croix, bagues, boucles d'oreilles (également pour les hommes), boutons de manchette, ornent ces costumes.

## LA TRANSHUMANCE

« La transhumance, c'est la poursuite de l'herbe », écrit Alphonse Lopez. Hier très présente dans les massifs, elle fait aujourd'hui surtout partie du folklore régional, même si des éleveurs se battent pour la maintenir. Les Alpes du Sud sont toutes destinées à accueillir l'été les troupeaux de la basse Provence, où l'herbe brûle sous le soleil.

### Autrefois

La première forme de transhumance provençale fut la transhumance « inverse », qui menait les troupeaux de la montagne passer les six ou sept mois d'hiver, pendant lesquels les alpages étaient inaccessibles, dans la vallée. Le changement eut lieu au 13$^{e}$ s., quand les communautés religieuses, dont les possessions

étaient dispersées dans toute la région, organisèrent en grand cette nouvelle forme d'élevage. Dès le début du 14e s., la transhumance durancienne « normale » était bien organisée, avec ses parcours, ses étapes et ses refuges. Elle ne concernait pas les ovins de haute Provence, qui disposaient de vastes terrains de parcours et s'abritaient l'hiver dans de grandes bergeries, les « jas » *(voir p. 73)*.
Aux alentours de la Saint-Jean, les troupeaux d'ovins de la basse Provence partaient donc vers les pâturages moins brûlés par le soleil dans le Vercors ou le haut bassin de la Durance. Bergers, ânes bâtés, chiens, chèvres et moutons en longues files empruntaient les « drailles » ou **carraires** (chemins réservés au bétail). Les bergers ne conduisaient pas leurs bêtes sur les grands axes, comme l'antique voie domitienne, mais empruntaient les routes secondaires, traversant les **relags** (terres incultes) pour ne pas abîmer les cultures, mais aussi pour trouver sur la route de quoi nourrir les bêtes et leur offrir une aire de repos. Il existait plusieurs « drailles » : celle qui partait de la Crau arlésienne rejoignait la vallée de l'Ubaye en passant par la rive droite de la Durance, Sisteron et Savines ; les autres longeaient la rive gauche de la Durance pour gagner la haute vallée de la Sasse, le Mercantour ou le Queyras.
En tête de l'**abéié** (le grand troupeau), les chèvres, animaux plus agiles et plus effrontés, entraînaient les moutons récalcitrants ; il fallait surveiller sans cesse 10 000 à 40 000 bêtes.
Le voyage, d'une durée de cinquante jours au maximum, bien souvent un mois, était épuisant pour les hommes comme pour les bêtes, qui cheminaient au rythme des points d'eau et des villages.
Les « drailles » passaient parfois par des endroits dangereux ; il fallait franchir les torrents grossis par la fonte des neiges. Les bergers perdaient toujours de nombreuses bêtes, blessées, noyées ou mortes d'épuisement. Certaines brebis mettaient bas : les agneaux étaient alors mis sur le dos de l'âne ; ils retrouvaient leurs mères le soir, aux étapes. Dans les villages, la traversée des troupeaux était toujours une fête.
Arrivés sur place, les troupeaux, composés des cheptels de plusieurs propriétaires, gagnaient les alpages qui leur étaient assignés aux termes d'un contrat de location.
La vie des bergers était des plus rudimentaires ; leur nécessaire tenait sur le dos d'un âne. Le berger était responsable du troupeau.
Il devait avoir de la voix pour le conduire, mais aussi connaître les plantes afin de soigner les bêtes malades. Son quotidien était fait d'attente et de longues marches au rythme du troupeau paissant.

## De nos jours

Les « drailles » furent abandonnées au profit du chemin de fer dès la fin du 19e s. On entassait les bêtes dans les wagons pour les conduire au plus près des alpages. Puis le transport par camion fit son apparition dans l'entre-deux-guerres et se développa à partir des années 1950, mais des bêtes mouraient suite au passage trop brutal de la plaine à la montagne. Depuis la loi Montagne de 1972, la transhumance a repris. La majorité des ovins recensés dans la région Provence-Alpes-Côte d'Azur passe l'été dans les alpages de la région Rhône-Alpes. Des pistes d'accès ont été créées, les cabanes réhabilitées, des points d'eau aménagés. Les troupeaux n'empruntent plus les drailles mais les axes routiers, à la grande joie des touristes. La transhumance donne chaque fois lieu à des fêtes. La Provence retrouve les sifflements, les

Un champ de lavande avant la récolte.
*A. Karelias / Fotolia.com*

claquements de langue, les onomatopées et les expressions bien caractéristiques des bergers de passage.

# Produits du terroir

## LAVANDE ET LAVANDIN

La plus provençale des fleurs est appréciée avant tout aujourd'hui pour ses qualités aromatiques ; mais sait-on assez qu'elle chasse les taupes, les mites, les mouches et les moustiques, en plus de parfumer agréablement le linge ? C'est aussi oublier ses nombreuses **vertus médicinales** : elle est tonique, antiseptique, stomachique, sédative et diurétique ; elle est préconisée contre l'insomnie, les vertiges, les rhumes, les digestions difficiles, les spasmes, l'asthme, l'eczéma. Diluée dans l'eau du bain, l'essence de lavande hydrosoluble apporte un bien-être immense.

### La petite histoire

Au début du 20$^{e}$ s., la cueillette des fleurs de cette plante, qui pousse à l'état naturel entre 600 et 1 400 m sur le revers méridional du **mont Ventoux** et de la **montagne de Lure**, constituait une récolte d'appoint. Pour remplacer les céréales, alors en forte régression, on l'introduisit sur les plateaux et les hauts versants. Bien adaptée au climat et aux sols calcaires de la Provence, la lavande fit renaître nombre d'exploitations en voie d'abandon. Plus tard, le **lavandin**, un hybride (croisement de la lavande fine et de l'aspic) de rendement bien supérieur mais d'une essence de qualité inférieure, vint peupler les bas des versants et les vallées entre 400 et 700 m d'altitude.

La production d'**essence de lavande fine** connut son apogée dans les années 1920 ; elle est aujourd'hui de plus en plus concurrencée par des produits de synthèse ou des essences importées. La production annuelle d'essences pour la Provence varie de 30 à 40 t pour la lavande et de 800 à 900 t pour le lavandin. Les essences de lavande sont réservées à la parfumerie fine, aux cosmétiques ; les essences de lavandin parfument les lessives, les produits d'entretien. Les fleurs de lavande peuvent être également séchées et mises en sachets.

### La récolte

Elle s'étend de juillet à septembre selon la région. Les champs anciens, aux rangs très rapprochés ou peu accessibles, sont encore moissonnés à la faucille et avec la « saquette » (sac de drap croisé sur le dos). Après deux ou trois jours de séchage, la « paille » est acheminée vers la distillerie. Chaque « passe » (30mn) nécessite une tonne de « paille » et fournit de 5 à 10 kg d'essence de lavande ou 25 à 40 kg d'essence de lavandin.

## LE MIEL

La flore de Provence est très mellifère, si bien que ses miels sont réputés depuis le Moyen Âge. Après avoir été concurrencés par le sucre en provenance du port de Marseille, les meilleurs d'entre eux sont aujourd'hui protégés. Il existe deux labels rouges : le « miel de lavande » et le « miel toutes fleurs de Provence ». Une IGP (indication géographique protégée) est en train d'être mise en place, assurant le développement de la production.
Le plus connu des miels monofloraux est le **miel de lavande et de lavandin**. Sa couleur jaune reflète les rayons du soleil. Produit de la fin juin à la mi-août sur le plateau de Valensole et dans le Vaucluse (dans les secteurs de Banon et du mont Ventoux), il dégage les parfums de la Provence. À elle seule, sa production (2 000 t/an) représente la moitié de celle de la région Provence-Alpes-Côte d'Azur.
Jusqu'en 1976, certains producteurs des Alpes et de la Côte d'Azur avaient l'habitude de transférer leurs ruches dans des zones riches de lavande. Le miel ainsi produit joignait le parfum de plusieurs fleurs et s'appelait « lavande et fleurs ». Afin d'en légiférer la commercialisation, ce miel polyfloral très apprécié est désormais vendu sous le nom de **« miel toutes fleurs de Provence »**.
**Bon à savoir** – Le meilleur moyen de conserver le miel est de le placer dans un endroit sombre, à une température ambiante de 14 °C. Le miel peut être utilisé dans toutes les recettes régionales à la place du sucre.

## LE FRUIT DE L'OLIVIER

L'olivier fut introduit par les Grecs il y a environ 2 500 ans. Les grandes aires de culture sont les Baronnies, le plateau de Vaucluse, les Préalpes de Digne et le comté de Nice.
Suite aux gels de l'hiver 1956, les oliveraies ont progressivement été replantées avec deux espèces plus résistantes : l'**aglandeau** et la **verdale**. La tradition veut que plusieurs variétés soient cultivées dans la même oliveraie.
La récolte, **olivade** ou **olivaison**, débute selon les régions dès la fin août. On cueille d'abord à la main les olives vertes pour la table, puis les olives noires (qui ont mûri) en novembre. En décembre, celles destinées au moulin, autrefois gaulées et ramassées dans des filets, sont aujourd'hui récupérées à l'aide d'un peigne à longues dents qui passe dans les feuillages.
La **tanche** (ou olive de Nyons) fut la première olive à obtenir le label AOC. D'autres suivirent. Une appellation concernant un assemblage de variétés propres aux Alpes-de-Haute-Provence affiche désormais cette homologation. Les huiles d'olive des Baronnies (Nyons) et des Alpes-de-Haute-Provence (Digne, Les Mées) sont parmi les plus réputées.
*Voir « Routes de l'olivier » p. 23.*

### L'OR NOIR DE LA HAUTE PROVENCE

La **truffe** d'hiver (« rabasse » en provençal) est issue de la fructification d'un champignon se développant dans les racines de certains arbres, tels le chêne pubescent et le chêne pédonculé. Les forêts truffières les plus productives se situent à moins de 500 m d'altitude, mais on peut en trouver jusqu'à 1 000 m. Le sol doit être chaud, léger et calcaire. Le Vaucluse demeure le premier producteur du Midi ; les pays de Riez, de Forcalquier ainsi que le haut Var constituent des lieux de production très appréciés.

Le ramassage (ou « cavage ») se déroule de novembre à février, souvent après l'adjudication des parcelles truffières. Le cochon reste un précieux auxiliaire du « cavair » (ou « rabassier ») grâce à son flair très développé, mais il est de plus en plus remplacé par le chien truffier, plus facile à dresser et moins gourmand. Une fois localisée par l'animal, la truffe (enfouie parfois jusqu'à 25 cm) est délicatement dégagée à la main par le chercheur.

Une variété voisine, la truffe blanche de la Saint-Jean (« mayenque » en provençal), se négocie trois fois moins cher que sa cousine. Elle se cueille de mai à mi-juillet, principalement dans le haut Var.

### LES LIQUEURS

Elles se dégustent entre amis, et surtout à l'heure de l'apéritif, l'heure « magique », avec de petits amuse-gueule. Généralement à base de plantes macérées, elles vous feront voyager, par leurs parfums, à travers toute la Provence. Le plus grand centre de distillation est **Forcalquier**.

Au premier rang des liqueurs, le **pastis** ou **pastaga**. À petites doses, il distille l'âme de la Provence, de l'entrée au dessert. Il a remplacé l'absinthe depuis 1914 avec succès. En provençal, son nom signifie « mélange ». Quelles que soient les recettes, il y a toujours de l'anis vert, de l'anis de Paris ou du fenouil, de l'anis étoilé (badiane) et de la réglisse. Certains pastis ont retrouvé les saveurs de la tradition, comme celui d'Henri Bardouin (Forcalquier), qui mêle aux saveurs de Provence celles du monde exotique (anis étoilé de Chine, cannelle de Ceylan, cardamome et poivre de Ceylan). Il se déguste surtout en apéritif (un volume de pastis dans cinq volumes d'eau) avec des glaçons, mais aussi en cuisine pour relever le goût de certains desserts et entremets.

Le **génépi** est une liqueur redécouverte récemment, puisque sa production a été relancée dans les Alpes méridionales sous l'appellation « produit de montagne » depuis 1989. Autrefois, on l'utilisait en infusion pour soigner les refroidissements et les fièvres. Il est fabriqué à partir de brins de génépi, cueillis traditionnellement par les habitants de l'Ubaye. Cette cueillette, non exempte de risques, est réservée aux hommes et ceux-ci fabriquent encore parfois artisanalement leur propre génépi. Aujourd'hui, cette liqueur de couleur jaune doré, titrant 40° d'alcool, est dégustée comme apéritif.

L'**origan du Comtat** est une liqueur produite dans le Vaucluse, à base de 50 plantes cueillies sur les flancs du mont Ventoux.

Si vous voyagez dans la région à l'époque des fêtes de Noël, peut-être aurez-vous la chance de goûter au **vin cuit de Noël**. Devenue très rare, cette spécialité romaine est réalisée à partir de la cuisson d'un moût (jus de raisin). Sa couleur ambrée foncée évoque son goût de pruneau prononcé. « Les Distilleries et Domaines de Provence » de Forcalquier en produisent environ 8 000 bouteilles par an, sans compter les quelques fabrications artisanales. Cet établissement produit d'ailleurs d'autres liqueurs (le muscat farigoule, à base de thym, et le « rinquiquin », vin à base d'herbes aromatiques). Enfin, dans la région de Veynes, on peut déguster la **Williamine**, eau-de-vie de poire williams.

### LES HERBES DU SOLEIL

Qui ne connaît pas les fameuses « herbes de Provence » ? Fragrances des jardins, senteurs des marchés, cultivées ou poussant naturellement sur les coteaux ensoleillés, elles regroupent la **sarriette** (ou « pèbre d'ase » en provençal) qui parfume les fromages de chèvre et de brebis, le **thym** (ou « farigoule »), le **basilic**, la **sauge**, le **serpolet**, le **romarin** (qui a des vertus digestives), l'**estragon**, le **genièvre** (pour accompagner le gibier), la **marjolaine** et le **fenouil**.

## L'art culinaire

La cuisine provençale est ensoleillée et chaleureuse. La saveur des plats est exaltée par l'ail, l'huile d'olive et les aromates. La cuisine montagnarde doit tout à la qualité et à la fraîcheur des produits qu'elle utilise : fromages des alpages, poissons des lacs et des rivières, champignons des forêts, écrevisses des torrents, gibier, fruits.

### LES SPÉCIALITÉS

Grand choix de **poissons**, de lac ou de torrent, pour les amateurs : omble chevalier, brochet, truite.
La **charcuterie** a contribué au renom gastronomique de la haute Provence : pâté de porc au genièvre, de merle ou de grive, saucissons ou jambons crus parfumés aux aromates du Ventoux (spécialité de Malaucène) ; puis on se régale de viandes, produits de l'élevage ou de la chasse : **agneau** de Sisteron (AOC), à la chair tendre et parfumée, bœuf en daube aux herbes de Provence, lapin en cabessol, etc.
La cuisine s'adapte aux saisons comme aux pays. Dans les montagnes et en arrière-saison, la place d'honneur revient aux féculents, cuisinés sous forme de gratins, ou aux **tourtons** (sorte de beignets fourrés aux légumes et au fromage de pays, spécialité du Champsaur). Le **gratin dauphinois**, délicieux mélange de pommes de terre, d'œufs et de lait, est bien connu, mais on ignore souvent que le Dauphiné et la Provence s'enorgueillissent de nombreux autres gratins : au potiron, à la courgette, aux épinards, aux haricots et, le plus raffiné, aux queues d'écrevisse. L'Ubaye garde bien vivante la tradition des **pâtes** à la main, plats quotidiens naguère, de fête aujourd'hui : ravioles au chou ou aux pommes de terre et oignons, taillerins et creusets différents de ceux du Dauphiné (crozets).
La culture du **petit épeautre** est peut-être l'une des plus traditionnelles de la région. Elle s'étend du Luberon au Diois, ses champs se situant souvent à proximité de ceux de la lavande. Céréale rustique qui nécessite peu d'eau, se satisfait de terrains pauvres et tolère des conditions climatiques difficiles, le petit épeautre est cultivé depuis l'Antiquité, mais il n'a été redécouvert que récemment après avoir été longtemps abandonné au profit de céréales au rendement plus élevé. Il doit ce retour à ses qualités nutritives et gustatives. Sa récolte a lieu à la mi-août et s'accompagne d'un long travail de transformation (décorticage et blanchiment). Vous pourrez le

déguster sous forme d'une soupe traditionnelle, en salade ou en accompagnement d'un plat.
Les légumes sont souvent consommés frais avec de petites sauces comme l'**anchoïade** (sauce aux anchois) ou l'**aïoli** (mayonnaise à l'huile d'olive fortement relevée d'ail pilé).
Viennent ensuite les fromages, fabriqués à partir du lait de chèvre, comme le **picodon** (Diois), au goût piquant, le savoureux **banon** (AOC) de la montagne de Lure ou le **cembro**, produit au printemps dans le Queyras. Arvieux est connu pour son **bleu du Queyras**, et **Champoléon** pour son fromage du même nom, composé de lait de vache, de brebis et de chèvre. Le Champsaur, quant à lui, offre de délicieuses **tommes**.
Enfin, si vous aimez les **fruits**, vous serez comblé dans la vallée de la Durance. Comment ne pas goûter, en effet, aux différentes variétés de **pommes** et **poires des Alpes** produites dans cette vallée ? La qualité, qui se traduit entre autres par une teneur en sucre élevée, est reconnue par un label rouge. Les conditions climatiques y contribuent grandement, avec plus de trois cents jours d'ensoleillement par an et une hygrométrie faible. L'essor de cette culture dans la région remonte aux années 1930, mais elle a connu un développement spectaculaire depuis une dizaine d'années.
La tourte aux fruits est la grande pâtisserie familiale traditionnelle des montagnes (souvent garnie de prunes) et **lou pasteloun**, une tourte aux noix de haute Provence, très consistante, est réservée traditionnellement au convive de dernière minute (par extension, l'expression désigne toute préparation destinée à un convive dont on fait peu de cas).

*Voir également « Route des fruits et des vins » p. 23.*

### LES « TREIZE DESSERTS »

À **Noël**, avant la messe de minuit, on sert un repas maigre, le « gros souper », sur une table recouverte de trois nappes. Viennent ensuite les **« treize desserts »**, à l'image du Christ et des douze apôtres, composés essentiellement de fruits secs : raisins secs, figues sèches, noix, noisettes, amandes, pruneaux, pommes, poires, melons, nougat noir (fait à base de miel) et nougat blanc, pompe à huile (grosse fougasse) et gâteaux secs parfumés à la fleur d'oranger. Le tout est accompagné d'un vin rouge ou d'un rosé.
Une ancienne tradition recommandait aux boulangers d'offrir en début d'année à leurs clients la **fougasse**, galette de pâte à pain cuite à l'huile d'olive. De nombreuses boulangeries en proposent toute l'année et, dans le Luberon, on déguste une variété plus mince, le **gibassié**.

### LES VINS

La haute Provence n'est pas un pays célèbre pour ses vins. La quantité a longtemps prévalu sur la qualité. Cependant, deux AOC figurent parmi les crus locaux les plus appréciés : le **côtes-du-ventoux**, vin rouge fruité dans le secteur de Bédoin ; le **coteaux-de-pierrevert**, promu en 1998, en majorité un vin rouge provenant de la rive droite de la Durance (aux alentours de Manosque) et du plateau de Valensole.
Les connaisseurs dégusteront aussi avec plaisir la célèbre **clairette de Die**, un des grands mousseux de France, produite à partir de cépages nobles (clairette et muscat).

# Histoire

**Il n'y a pas si longtemps de cela, les Alpes du Sud se composaient de deux provinces indépendantes, la Provence et le Dauphiné, et du comté de Nice, possession de la Maison de Savoie. Le morcellement féodal est à l'origine d'unités historiques durables, mais la frontière fut longtemps imprécise et il y eut de multiples remaniements. Des combats fréquents déchirèrent ces régions qui finirent par être intégrées au royaume de France.**

## Quelques faits historiques

### CELTES ET ROMAINS

#### Avant J.-C.

- **5e s.** – Les Celtes s'implantent progressivement au pied des Alpes. La tribu des **Voconces** s'installe entre l'Isère et le mont Ventoux.
- **218** – **Hannibal**, soutenu par les Gaulois cisalpins dans son expédition contre Rome, franchit les Alpes.
- **125-122** – Les Romains soumettent la Gaule méridionale.
- **1er s.** – L'empereur Auguste achève la pacification de la région. Les Romains rattachent les Alpes du Sud à la province narbonnaise avant de créer la **province des Alpes maritimes**. Ils favorisent le commerce dans la région, fondant de nouvelles cités (Die, Sisteron, Briançon, Embrun, Riez) reliées par des routes, et administrent les campagnes.

#### Après J.-C.

- **Vers 400** – Alors que les Romains réorganisent la région en quatre provinces, apparaissent les premiers évêchés : Digne, Riez, Senez, Glandèves et Sisteron.
- **5e s.** – Les Germains envahissent la Gaule. La région est occupée, au nord de la Durance par les Burgondes, au sud par les Wisigoths, puis par les Ostrogoths.

### FRANCS ET ROYAUME DE BOURGOGNE

- **534-536** – Les **Francs** se rendent maîtres de la région, avant de la disputer aux Arabes (8e s.).
- **843** – La Provence est attribuée à Lothaire, l'un des petits-fils de Charlemagne, lors du **traité de Verdun.**
- **855** – Lothaire crée pour son fils, Charles, le **royaume de Provence**, qui comprend aussi le Lyonnais, le Viennois et les Alpes.
- **879** – Boson, beau-frère de Charles le Chauve, prend la tête du royaume.
- **947** – La Provence est incorporée au **royaume de Bourgogne** qui s'étend de Bâle à la Méditerranée ; les Sarrasins sont chassés.
- **1 032** – La Bourgogne perd la Provence, incorporée au **Saint Empire** romain germanique. Au même moment, l'archevêque de Vienne partage son immense comté en deux : au nord, la future Savoie, au sud, le futur Dauphiné.

Briançon, la porte Pignerol, les remparts et les fortifications de la ville haute.
*N. Thibaut / Photononstop*

## COMTES DE PROVENCE ET DAUPHINÉ

- **11e s.** – Le comte d'Albon, **Guigues Ier**, reçoit le sud du Viennois, concédé par l'archevêque de Vienne. Ses successeurs prennent le nom de « dauphin », baptisant ainsi la région de **Dauphiné**.

À la fin du siècle, une famille issue des comtes de Provence crée le **comté de Forcalquier**, qui correspond à la haute Provence augmentée du Gapençais et de l'Embrunais.

- **12e et 13e s.** – On distingue trois ensembles : le sud viennois, la haute Provence et la Provence, soumise à la fois à l'influence des comtes de Toulouse et à celle des comtes de Barcelone. En 1195, le comte de Provence **Alphonse II**, de la dynastie catalane, épouse la comtesse de Forcalquier. Leur fils, **Raymond Bérenger V** (1209-1245), réunit les deux comtés en un État doté d'une solide organisation administrative.

Le monachisme se développe. Les moines chalaisiens de l'abbaye de Boscodon sont les plus actifs dans les Alpes et en haute Provence. En même temps, l'Église doit faire face à l'hérésie des **vaudois**, qui prônent la pauvreté pour obtenir le salut et se réfugient dans les vallées reculées du Pelvoux et du Briançonnais après leur excommunication par le pape.

- **1234-1246** – **Saint Louis** épouse Marguerite, une des quatre filles de Raymond Bérenger V, qui marie son autre fille, Béatrix, au frère de Saint Louis, Charles d'Anjou.
- **Vers 1254** – Saint Louis renonce à sa suzeraineté sur la Provence lors du **traité de Corbeil** conclu avec Jacques Ier d'Aragon. La Provence revient à Charles d'Anjou.
- **14e s.** – Guerres du Dauphiné contre la Savoie.
- **1337** – Robert, comte de Provence, décline l'offre du dauphin **Humbert II** de lui vendre ses États pour 190 000 florins. La frontière entre les deux comtés reste floue compte tenu du jeu complexe des inféodations.

- **1343-1382** – Le comté de Provence est aux mains de la reine de Naples, **Jeanne Ire d'Anjou**. C'est une période dramatique pour la Provence, ravagée par la peste noire et pillée par les brigands.
- **1343** – Les communautés montagnardes des vallées briançonnaises obtiennent une charte de franchise. C'est la naissance des **escartons**, fédération de communes en une sorte de république, dont Briançon est la capitale.
- **1349** – Le dauphin Humbert II, veuf, sans descendance et presque ruiné, vend le Dauphiné au roi de France : c'est le **transport du Dauphiné à la France**. Dans le traité, il est spécifié que le comté reviendra au fils aîné du roi de France qui portera ainsi le titre de « dauphin ». Les escartons sont maintenus.
- **1388** – Le comté de Nice se met sous la protection de la Maison de Savoie : les vallées de l'Ubaye, du haut Verdon, du haut Var et de la Tinée deviennent savoyards.

### GUERRES D'ITALIE ET GUERRES DE RELIGION

- **1441** – Le dauphin Louis II (futur roi Louis XI) est envoyé par son père gouverner le Dauphiné.
- **1481** – **Louis XI** reçoit la Provence par testament. Désormais unie à la France, elle ne perd que progressivement son indépendance et l'union devient annexion sous la monarchie absolue.
- **1488** – Après la tentative de **saint Vincent Ferrier** de convertir pacifiquement les vaudois, membres d'une secte dissidente de l'Église catholique, une croisade ensanglante les vallées alpines.
- **1489-1565** – Vie de **Guillaume Farel**, enfant de Gap, propagateur de la Réforme.
- **1494** – **Charles VIII** part en campagne en Italie. Il fait passer son armée par Gap, Briançon et Montgenèvre.
- **1536** – **François Ier** s'empare de Barcelonnette et de la Savoie, qui ne demeurent que vingt-trois ans sous la tutelle française.
- **1543-1626** – Après avoir pris la tête des protestants du Dauphiné, le **duc de Lesdiguières** est nommé par Henri IV lieutenant général des armées de Piémont, de Savoie et du Dauphiné et s'illustre par sa lutte contre le duc de Savoie. Louis XIII le fait connétable de France.
- **1545** – L'**arrêt de Mérindol** condamne les vaudois à être brûlés vifs. Ces derniers se rallient à la Réforme.
- **1562** – Dès le début des **guerres de Religion**, Sisteron est disputé par les catholiques et les protestants.
- **1586** – Les combats s'intensifient : Castellane et Seyne sont assiégés ; bataille d'Allemagne-en-Provence.
- **1598** – La proclamation de l'**édit de Nantes** met fin aux combats qui ont ravagé la région.
- **1628** – Le Dauphiné, en devenant **pays d'élection** (l'impôt est perçu par la Couronne et non pas par les États provinciaux), intègre davantage le royaume. Lesdiguières contribue à son relèvement économique.
- **1634-1639** – Le tiers état dauphinois obtient de la monarchie l'établissement du cadastre, fixant ainsi les limites des terres.

### DE LOUIS XIV À LA RÉVOLUTION

- **1692** – Le sud des Alpes est envahi par le duc de Savoie, Victor-Amédée II. Louis XIV réagit et fait édifier des forteresses en Dauphiné par **Vauban**.
- **1707** – La Provence est à son tour envahie par le prince Eugène de Savoie.

- **1713 – Traité d'Utrecht :** la France perd une partie du Briançonnais, mais reçoit l'Ubaye en compensation.
- **1740-1748** – Lors de la **guerre de la Succession d'Autriche**, la Provence orientale est envahie par les troupes austro-sardes.
- **1790** – La création des départements morcelle la Provence et le Dauphiné.
- **1793** – Création du **département des Alpes-Maritimes** ; il sera rétrocédé au royaume de Piémont-Sardaigne en 1814.

### DU PREMIER EMPIRE À NOS JOURS

- **1815** – **Napoléon**, de retour de l'île d'Elbe, choisit de rejoindre Paris par les Alpes, afin d'éviter la voie du Rhône qui lui est hostile. Parti de Cannes, il remonte la vallée de la Durance, puis est accueilli à Sisteron, Gap et Grenoble par une population de plus en plus enthousiaste.
- **1851** – Les Basses-Alpes opposent une vive résistance au coup d'État de **Louis Napoléon Bonaparte**.
- **1854** – **Frédéric Mistral** contribue à la renaissance de l'identité provençale en fondant le Félibrige, mouvement littéraire pour la renaissance de la langue d'oc.
- **1860** – Le **comté de Nice** et la **Savoie** plébiscitent le rattachement à la France.
- **Fin du 19e s.** – L'industrialisation et l'accroissement naturel contribuent à accélérer l'**exode rural** des pays montagneux.
- **1945** – L'**Ubaye** s'illustre lors des combats pour la libération de la France.
- **1947** – **Traité de Paris :** l'Italie cède à la France les hautes vallées de la Roya, de la Tinée, Tende et La Brigue.
- **1955-1967** – Construction du grand **barrage de Serre-Ponçon**.

### Les grandes dates

- **1er s. av. J.-C.** – Fin de la conquête des Alpes du Sud par les Romains.
- **855** – Fondation par **Lothaire** du royaume de Provence.
- **1 032** – La Provence est incorporée au **Saint Empire romain** germanique.
- **11e s. – Création du Dauphiné et du comté de Forcalquier.**
- **13e s.** – **Raymond Bérenger V** réorganise profondément le comté de Provence.
- **1349** – Le Dauphiné est vendu au roi de France.
- **1388** – Le comté de Nice devient une possession savoyarde.
- **1481** – **Louis XI** devenu comte de Provence, celle-ci est unie à la France.
- **1488** – Croisade sanglante contre les hérétiques vaudois.
- **16e s.** – Guerre entre catholiques et protestants dans toute la région.
- **17e et 18e s.** – Dauphiné et Provence subissent les invasions savoyardes et austro-sardes. Construction des forteresses par Vauban.
- **1790** – Création des départements des Basses-Alpes et des Hautes-Alpes.
- **1815** – Napoléon traverse les Alpes du Sud pour retrouver son trône à Paris.
- **1851** – Révolte dans les Basses-Alpes contre le coup d'État de Louis Napoléon Bonaparte.
- **1860** – Le **comté de Nice** et la **Savoie** sont rattachés à la France.
- **1956** – Création des régions **Rhône-Alpes** et **Provence-Alpes-Côte d'Azur**.

- **1956** – Le nord, qui inclut la Drôme (Diois et anciennes Baronnies), est inséré dans la **région Rhône-Alpes** ; le sud, englobant les Alpes du Sud et la haute Provence, est compris dans la **région Provence-Alpes-Côte d'Azur**.
- **1972** – Mise en eau de la retenue de Sainte-Croix sur le Verdon.
- **1973-1996** – Création du premier parc national français dans le **massif des Écrins** ; d'autre part naissent les Parcs naturels régionaux du **Queyras** (1977), du **Mercantour** (1979) et **du Verdon** (1996).
- **1996** – La base souterraine de missiles du **plateau d'Albion** cesse son activité.
- **2008** – **Briançon** et **Mont-Dauphin** sont classés au patrimoine mondial de l'Unesco, en tant que sites majeurs de Vauban.

# Les personnalités de la région

**Francesco Pétrarque** (1304-1374) – Érudit, poète et humaniste italien. Avec son frère et deux amis, il gravit le mont Ventoux en 1336, juste pour le plaisir. On considère qu'il s'agit là d'une des premières grandes dates de l'alpinisme.

**Jean-François Champollion** (1790-1832) – L'homme qui a percé les secrets des hiéroglyphes égyptiens était le fils d'un colporteur du Briançonnais.

**Jean-Henri Fabre** (1823-1915) – Ce naturaliste du 19e s. a arpenté les sentiers du mont Ventoux. Il y étudia la flore et les champignons locaux.

La Maison de la botanique au Noyer *(voir p. 217)* lui rend hommage.

**Raoul Dufy** (1877-1953) – Le grand peintre moderne est décédé à Forcalquier, cité où il s'était installé.

**Gaston Dominici** (1877-1965) – Paysan des environs de Lurs condamné à la peine de mort pour avoir assassiné une famille de touristes britanniques. Il sera gracié par le président de Gaulle. Ce fameux fait divers des années 1950 a été porté à l'écran par Claude-Bernard Aubert (*L'Affaire Dominici*, 1973) avec Jean Gabin dans le rôle du patriarche. Michel Serrault a également interprété ce personnage en 2004 pour la télévision. Jean Giono a suivi le procès *(Notes sur l'affaire Dominici)*.

**Violette Leduc** (1907-1972) – Écrivain qui fit scandale *(La Bâtarde)*, à l'instar de son contemporain Jean Genet. Elle fut soutenue par Simone de Beauvoir. À la fin de sa vie, elle s'installa à Faucon.

**Mgr Jean-Michel di Falco Léandri** – Ce prêtre marseillais qui représenta l'église dans les médias durant plusieurs années est évêque de Gap depuis 2003.

**Gilles Lapouge** – Journaliste, écrivain, producteur à France

**Autres personnalités**

**Luc Alphand** *(voir Serre-Chevalier p. 105)* ; **Les frères Arnaud** *(voir Barcelonnette p. 226)* ; **Louison Bobet** *(voir col de l'Izoard p. 178)* ; **Capitaine Clerc** *(voir Montgenèvre p. 117)* ; **Pierre Ier Clérissy** *(voir Moustiers-Sainte-Marie p. 361)* ; **Fausto Coppi** *(voir col de l'Izoard p. 178)* ; **Alexandra David-Neel** *(voir Digne-les-Bains p. 310)* ; **Pierre Gassendi** *(voir Digne-les-Bains p. 310)* ; **Jean Giono** *(voir Montagne de Lure p. 293)* ; **J.-A. Manuel** *(voir Barcelonnette p. 225)* ; **É. A. Martel** *(voir gorges du Verdon p. 336)* ; **Carole Merle** *(voir Le Sauze p. 230)* ; **Paul Reynaud** *(voir Barcelonnette p. 225)* ; **Guillaume le Taciturne** *(voir Orpierre p. 265)* ; **Pierre Valdo** *(voir la Vallouise p. 132)* ; **Vauban** *(voir Mont-Dauphin p. 173)*.

Culture, ce passionné des voyages, du Brésil et des pirates est un enfant de Digne-les-Bains.

**René Desmaison** – C'est en faisant son service militaire dans les éclaireurs skieurs du 99e régiment d'infanterie alpine à Briançon que ce fameux alpiniste originaire du Périgord est tombé fou amoureux de l'Oisans et de la montagne en général.

**Christine Rossi** – Championne du monde de ski artistique, médaille d'or aux Jeux olympiques de Calgary, huit fois championne d'Europe. La neige du Sauze a révélé son talent.

Pour les gens de lettres, voir « La littérature, mémoire du pays » dans le chapitre « Art et culture ».

# Art et culture

**Des édifices religieux fortement marqués par la période romane et des fortifications en grand nombre, telles sont deux des caractéristiques de l'architecture des Alpes du Sud. Du point de vue de l'habitat, culturellement située entre Dauphiné et Provence, la région recèle aussi bien des chalets que des jas construits aux abords de villages perchés. C'est dans ce cadre qu'évolua l'écrivain Jean Giono, qui raconta la singularité d'une société à la fois montagnarde et méridionale.**

## Les Alpes fortifiées

Les invasions et les nombreux conflits frontaliers ont conduit les villes, ceintes de remparts depuis l'Antiquité, à renforcer leurs fortifications. Les guerres de Religion et l'antagonisme croissant entre la Savoie et le Dauphiné rendirent les Alpes peu sûres. Une fois intégrés au royaume de France, Provence et Dauphiné sont devenus des régions frontalières avec les États de la Maison de Savoie.

### PREMIÈRES ÉDIFICATIONS

Au **Moyen Âge**, la région se couvre de châteaux en des points stratégiques qui sont autant de sites remarquables : à la confluence de deux vallées (Montbrun-les-Bains), à la jonction entre deux pays (Montmaur), dominant une vallée (Tallard, Gréoux-les-Bains, Château-Queyras). Bargème est perché à 1 097 m d'altitude sur la montagne de Brouis ; le château de Simiane, construit sur le rebord du plateau d'Albion, surplombe le bassin d'Apt. Nombre de ces forteresses ont été ruinées lors des guerres de Religion. Certaines ont parfois été intégralement reconstruites tout en conservant quelques éléments anciens (Esparron-de-Verdon). Embrun a gardé une tour du 12e s., Sisteron quatre tours du 14e s. et une citadelle de la fin du 16e s. À cette époque, le **duc de Lesdiguières** (1543-1626), surnommé « le renard du Dauphiné » pour ses qualités de stratège, entreprend de nouvelles fortifications en commençant par celles de Grenoble.

### LA GRANDE ÉPOQUE

La grande œuvre de fortification de la frontière alpine fut réalisée par **Vauban** (1633-1707), commissaire des Fortifications, qui, à partir de 1693, entreprit sur l'ordre de Louis XIV de verrouiller le haut Dauphiné. Ce fin stratège étudia dans les moindres détails les avantages et les inconvénients de chaque site naturel – cimes, cols, vallées –, afin de choisir les emplacements les plus sûrs. Il s'inspira de ses prédécesseurs, notamment **Jean Errard** (1554-1610), auteur d'un traité sur la fortification paru en 1600, à qui on confia la reconstruction des défenses de Sisteron.
Dans les Alpes méridionales, le relief tourmenté ne permet pas à Vauban de réaliser des ensembles aussi parfaits que dans les Flandres ou en Alsace : « Toute cette

**VAUBAN AU PATRIMOINE MONDIAL**

Après la ville de Bordeaux, inscrite au patrimoine mondial de l'Unesco à l'été 2007, ce sont les 12 sites majeurs aménagés par Vauban qui ont été à leur tour classés par l'Unesco en 2008. Ces sites majeurs sont les plus représentatifs du génial ingénieur de Louis XIV. Les Alpes du Sud figurent en bonne place avec **Mont-Dauphin** *(voir p. 170)* et **Briançon** *(voir p. 90)*. Mais Vauban déploya son art de la fortification sur quelques 150 sites en France : la région est particulièrement riche dans ce patrimoine, citons notamment les citadelles ou fortifications de Colmars-les-Alpes *(voir p. 384)*, Sisteron *(voir p. 282)*, Seyne *(voir p. 321)*, Château-Queyras *(voir p. 176)*.

frontière est si extraordinairement bossillée », explique-t-il, « qu'il m'a fallu inventer un nouveau système de fortifications pour en tirer parti ». Il protège ses batteries de feux plongeants en les couvrant de carapaces, enterre artilleurs et fantassins, multiplie les obstacles à l'aide de portes bastionnées, de murailles en lignes brisées, etc.
En tout, il fait bâtir ou restaurer pas moins de douze places fortes, échelonnées sur la frontière alpine de Briançon à Antibes. Parmi elles, les citadelles de **Mont-Dauphin**, de **Briançon** et de **Seyne-les-Alpes**, le château de **Château-Queyras** et les deux forts de **Colmars-les-Alpes** constituent les ensembles les plus homogènes de cette architecture. Certaines forteresses étaient encore viables au 19e s.
Ces bâtiments militaires ne manquent pas de qualités esthétiques. Vauban utilise au mieux les matériaux locaux (marbre rose à Mont-Dauphin, par exemple), qui s'intègrent merveilleusement au paysage, témoignant ainsi d'une parfaite réussite dans ce domaine.
*Voir les routes thématiques p. 24.*

### À L'ÈRE NUCLÉAIRE

Au 19e s., l'apparition des obus et des canons de plus grande portée conduit à préférer les forts. Ceux-ci restent inspirés de Vauban, notamment dans la vallée de la haute Ubaye : forts de Tournoux (19e s.), de Roche-la-Croix (20e s.), système défensif de St-Ours. Ces ouvrages, intégrés au **système Maginot** de défense des Alpes, ont servi durant la Seconde Guerre mondiale.
Enfin, à partir de 1971, pendant la « guerre froide », le **plateau d'Albion** est aménagé en base nucléaire. La mise en place de moyens sol-sol balistiques stratégiques est l'une des trois composantes de la dissuasion nucléaire, les deux autres étant les moyens aéroportés (Mirage 4) et les sous-marins lanceurs d'engins. Depuis 1989, le nouveau paysage stratégique international a poussé le président de la République à arrêter, puis à démanteler la base nucléaire du plateau d'Albion, où une présence militaire demeure cependant avec la Légion étrangère notamment.

## Églises et prieurés

Il est des joyaux architecturaux qui élèvent l'âme par leur simplicité. La région est riche en réalisations de la période romane. Les premiers siècles du christianisme n'ont guère laissé de témoignages, hormis celui, remarquable, du baptistère de Riez, qui date de la fin du 4e s. ou du début du 5e s. Le christianisme se diffusa à travers une multitude de petits ermitages. L'organisation du réseau paroissial et le retour à la sécurité incitèrent les abbayes à construire de nombreux prieurés à la fin du 10e s. et au 11e s.

## LE ROMAN

Sur le plan artistique, les Alpes du Sud se situent dans l'aire d'expansion du **premier art roman** qui se développa de la Lombardie à la Catalogne. Importé par les Italiens, il se caractérise par la simplicité du plan, l'aspect massif des volumes et la rusticité de la construction. Les églises, de dimensions modestes, possèdent rarement un transept, ont une nef unique voûtée en berceau ou charpentée, une abside en cul-de-four et des ouvertures étroites. L'appareillage est irrégulier, la décoration réduite : bandes lombardes, corniches festonnées. Les plus beaux exemples en sont les églises St-Donat, St-Martin à Volonne, les cryptes de N.-D.-de-Dromon et de Vilhosc, près de Sisteron.

Le 12e s. et le début du 13e s. voient le plein épanouissement de l'**art roman**, qui tend à privilégier l'équilibre des masses, la proportion des ouvertures, l'élégance des courbes, tandis que l'utilisation de la belle pierre de taille (parfois polychrome) se répand. Cependant, en s'élevant en altitude, le caractère rustique et archaïque persiste, et, dans le Briançonnais, le Queyras, l'Ubaye et l'Embrunais, l'architecture emprunte encore beaucoup de ses traits à la Lombardie et au Piémont. De plan basilical, les églises sont ornées d'un porche à baldaquin (le réal) reposant sur des lions accroupis comme à Embrun, Guillestre, St-Véran et La Salle-les-Alpes. Les sveltes clochers à baies sont surmontés d'un toit pyramidal.

En haute Provence, des bâtiments puissants sont ornés d'un décor antiquisant (les cathédrales de Digne, Senez et Sisteron). L'emploi du calcaire dur, difficile à sculpter, explique la sobriété de la décoration. Une exception cependant : le tympan du prieuré de Ganagobie, qui possède, en outre, de remarquables mosaïques. L'art roman se prolonge aux 13e et 14e s. avec l'édification de la cathédrale de Forcalquier, des églises de Seyne-les-Alpes et de Bayons.

## LE GOTHIQUE

L'art gothique n'apparaît que timidement dans quelques édifices comme les cathédrales d'Embrun et de Forcalquier. Dans le **comté de Nice**, du milieu du 15e s. au milieu du 16e s., une école de peinture gothique exécute des tableaux et des retables remarquables, comme celui de Lieuche par **Louis Bréa**.

## LE BAROQUE

Au point de vue architectural, l'art baroque et l'art classique sont peu représentés. En revanche, la décoration baroque fleurit un peu partout sous la forme de colonnes torses, de chaires sculptées, de buffets d'orgues, de retables, de niches abritant des statues aux gestes théâtraux, le tout recouvert de peintures aux couleurs vives et de dorures.

L'église Notre-Dame de **Briançon**, édifiée de 1703 à 1718, est une construction notable. Elle est décorée, sur sa tour de gauche, d'un magnifique cadran solaire réalisé en 1719 et, à l'intérieur, de stalles, d'une chaire, d'un buffet d'orgues dans l'esprit baroque.

Le 19e s. éleva, quant à lui, quelques pastiches, comme la cathédrale de **Gap**, dans le style gothique primitif. Cette cathédrale doit son aspect monumental aux nombreux éléments architecturaux et à la polychromie des pierres.

Saint-Étienne-de-Tinée, peintures murales (15e s.) de la chapelle Saint-Sébastien.
*N. Thibaut / Photononstop*

# Les chapelles peintes

Au milieu du 15e s., alors que le pays se relève lentement de la guerre de Cent Ans, hérésies et sorcellerie sont répandues. L'Église souhaite remettre les fidèles dans le droit chemin et leur faire retrouver celui des églises. L'Italie, qui pratique l'art des décorations murales dans les édifices religieux, n'est pas loin. Le clergé ou de généreux donateurs, en action de grâces ou en guise d'ex-voto, passent commande de peintures auprès d'artistes itinérants, souvent d'origine piémontaise. Ceux-ci exécutent, jusqu'au milieu du 16e s., des fresques aux coloris remarquablement préservés, dans un style de transition où la dernière période de l'art gothique (appelé aussi gothique international) se mêle aux prémices de l'art de la Renaissance.

## DES ARTISTES

La technique la plus utilisée est la peinture à la **détrempe**, qui permet de peindre sur un enduit sec avec des couleurs délayées dans de l'eau additionnée de caséine, de colle ou d'œuf. L'esquisse est exécutée en bistre sur un enduit blanc, et les lignes droites gravées au poinçon.
Dans le comté de Nice, certains artistes se sont particulièrement illustrés, comme **Jean Canavesio** (1420-début du 16e s.) et son élève **Jean Baleison**, collaborant à St-Étienne-de-Tinée, **Andrea de Cella** à Clans et à Roure, **Currandi Brevisi** et **Nadale** à La Tour.
La pratique s'est ensuite perdue et les fresques ont disparu en partie. Mais depuis une trentaine d'années, de nombreux travaux menés par les services des Monuments historiques ont permis de restaurer ce formidable patrimoine.

## DES IMAGES ÉDIFIANTES

Ces peintures murales font œuvre de prédication, au même titre que les vitraux et les retables, auprès des fidèles souvent illettrés. Les thèmes le plus souvent représentés sont la **vie du Christ**, surtout la Passion (chapelles de Puy-Chalvin, de Prelles, églises de Plampinet,

de Villard-St-Pancrace) ; et la vie des **saints intercesseurs** et **thaumaturges** : saint Christophe, le protecteur des voyageurs, saint Hippolyte qui soigne les plaies des jambes, saint Sébastien qui sait détourner la peste et le choléra de ceux qui l'invoquent, saint Érige (Auron) qui guérit la lèpre, sainte Lucie présentant ses yeux sur un plateau.
Très répandus également, on trouve les Vertus, les Vices et les Châtiments qui leur correspondent, présentés sur trois registres superposés. Les **Vertus (**humilité, générosité, chasteté, tempérance, patience, charité et diligence) sont représentées par de belles jeunes femmes. Au-dessous, les **Vices** enchaînés, montés sur des animaux, se dirigent vers la gueule d'un dragon. L'orgueil, campé sur un lion, mène ce cortège, suivi de l'avarice sur un blaireau, de la luxure, belle jeune femme se contemplant dans un miroir et chevauchant un bouc, de l'envie sur un chien, de la colère sur un léopard, de la gloutonnerie sur un loup et enfin de la paresse, femme échevelée sur un âne.
Au-dessous, les **Châtiments** ont souvent disparu à cause de leur réalisme. Ils montrent l'orgueilleux attaché à une roue, l'avare plongé dans de l'or en fusion, le luxurieux dévoré par des serpents, le glouton gavé de crapauds et le paresseux ceinturé par des serpents.
Ce thème se retrouve dans la chapelle des Grâces à Plampinet *(voir p. 120)*, à L'Argentière-la-Bessée *(voir p. 128)*, aux Vigneaux *(voir p. 132)*, à N.-D.-d'Entrevignes *(voir p. 411)*, près de Sigale, et à La Tour *(voir p. 421)*, dans la vallée de la Tinée.

# L'habitat traditionnel

Si l'habitat traditionnel dans le haut Dauphiné change d'un pays à l'autre, voire d'une vallée à l'autre, ceux de la haute Provence et du comté de Nice sont beaucoup plus homogènes. Dans tous les cas, il reflète l'environnement naturel qui l'entoure, les activités humaines et l'organisation de la vie sociale.

## CHALETS DU HAUT DAUPHINÉ

L'habitat rural est étroitement lié aux contraintes du milieu naturel. Les maisons sont massives, d'un seul bloc, avec un minimum d'ouvertures.
Dans les pays de neige, les **toits** débordent de tous les côtés afin de protéger la maison et ses abords. Ils sont aigus et lisses, pour laisser s'écouler la neige, ou presque plats de manière à conserver un lourd manteau de neige qui isole la maison du froid. Traditionnellement en bois ou en schiste, ils sont aujourd'hui de plus en plus souvent remplacés par de la tôle ondulée, moins coûteuse.
Dans les pays forestiers, les constructions sont presque entièrement en **bois**. Autrefois, le choix des arbres avait lieu selon un véritable rite : ils étaient coupés un jour de novembre sans gel, sur le flanc nord de la montagne, car ils y poussent lentement ; leurs veines sont fines et ils donnent un bois plus résistant. En revanche, dans les zones d'éboulis ou sans forêts, les maisons sont construites en **pierre** et le bois n'est utilisé que pour la charpente et les balcons.
Toutes les maisons possèdent des **balcons**. Dans ces régions aux étés courts, ils permettent de profiter du moindre rayon de soleil, d'où leur nom de « solerets ». Abrités sous les auvents des toits, ils servent également à stocker les produits à faire sécher ou mûrir : linge, grain, fourrage, bois… ou bouses de vache.

L'**intérieur** des maisons consacre un large espace aux réserves : énormes granges à fourrage (souvent situées au-dessus de l'habitation afin d'isoler celle-ci du froid) ; greniers à grain ; pièces où sont entreposés les fromages, les viandes séchées et fumées, la charcuterie ; emplacement pour le bois. Le reste de l'habitation abrite hommes et animaux.

### Les particularités

Chaque pays développe une originalité par rapport à ce schéma de base.

Les maisons isolées en **Briançonnais** et en **Vallouise**, imposantes constructions en pierre sont adossées à la montagne, ce qu permet d'avoir accès de plain-pied à la grange. Le toit en pente assez forte est recouvert d'ardoises fines. Des arcades au rez-de-chaussée, et parfois à l'étage, donnent un cachet architectural à la façade ornée d'un cadran solaire.

En **Queyras**, les maisons sont construites tout en hauteur. Le rez-de-chaussée, en pierre, regroupe l'habitation (« lou casset ») et l'étable (« l'establotte »). Le reste de la maison, appelée la « fuste », est composé de rondins de mélèze posés les uns sur les autres. Chaque étage a sa fonction : le « fenario » sert à sécher et à abriter le foin ; au-dessus sont stockés le grain et la paille. Les toits, presque plats, sont couverts de tuiles de mélèze (« tavaillons ») ou de lauzes de schiste gris. Les spécimens les plus intéressants de cette architecture se trouvent à St-Véran et datent du 18e s.

En **Embrunais** et en **Ubaye**, pays intermédiaires entre la haute montagne et la Provence, les maisons ont un plan rectangulaire, l'horizontalité l'emportant sur la verticalité. Une maçonnerie compacte se substitue bien souvent à l'ossature en bois. Un balcon en bois barre sur toute sa longueur l'édifice. La toiture, à quatre pans et couverte d'ardoises, présente une forte déclivité.

#### EN HAUTE PROVENCE ET DANS LE COMTÉ DE NICE

La pierre, la toiture de tuiles canal (quelquefois de tuiles plates) et les **génoises**, frises composées de tuiles superposées fixées dans le mortier, caractérisent la maison villageoise. Les contraintes naturelles sont moins fortes qu'en haute montagne, mais il faut se défendre contre la chaleur de l'été, le froid de l'hiver et le mistral. L'orientation dominante est donc au sud-est et les sites préférés sont les adrets rocheux et secs. On a pu comparer, à juste titre, d'humbles villages ou de petites villes (Sisteron, Forcalquier, Digne, etc.), blottis à l'intérieur de leurs murailles, à de magnifiques crèches provençales grandeur nature. Leurs hautes maisons se serrent les unes contre les autres ; leurs places ombragées, leurs cafés, leur église et leur mairie sont les lieux de la sociabilité provençale.

Dans la **moyenne Durance**, la maison villageoise, construite selon la technique du blocage (moellons ou galets assemblés avec du mortier ou du plâtre), s'élève jusqu'à quatre ou cinq étages, ce qui lui donne un aspect brut et étroit. Toutes les pièces, jusqu'au grenier qui abritait jadis la **magnanerie** (où l'on élevait les vers à soie), sont réunies par un escalier raide, guère plus large qu'une échelle. Leurs sols sont en carreaux de terre cuite, les « mallons ».

### « Bories » et « jas »

La région de **Forcalquier** est riche de constructions de pierres sèches dont l'origine est lointaine.

Datant probablement des 18e et 19e s., les **bories**, ou cabanons de pierre, ont un caractère énigmatique : abri pour le bétail,

remise à outils, cabane de bergers, habitat temporaire, leur destination était sans doute multiple. Rondes ou quadrangulaires, elles sont entièrement construites avec des plaques calcaires, de 10 à 15 cm d'épaisseur, provenant des champs et des pâturages. Elles n'ont qu'un seul orifice : la porte. L'étanchéité est assurée par un faîtage de dalles et, à l'intérieur, par un revêtement de terre ou de mortier.
Les **jas** sont des bergeries situées à l'écart de l'habitation principale dans la montagne de Lure (ailleurs, ils en occupent le rez-de-chaussée). Construits en pierres sèches, ils atteignent jusqu'à 25 m de longueur. Tous sont voûtés en berceau et sont couverts de lauzes. Ils ont souvent été construits au 19e s. et continuent d'héberger les ovins.

### Granges et pigeonniers

Les fermes isolées, ou **granges**, beaucoup plus vastes, possèdent des bâtiments annexes construits au fur et à mesure des besoins. Contrairement au **mas** des plaines, la grange de montagne s'élève en hauteur. Le confort et l'aisance y rendent la vie plus agréable que dans la petite maison de village. De nombreuses nuances locales existent cependant. Dans la **montagne de Lure**, on voit des toitures de lauzes et non de tuiles ; les sols sont recouverts de dalles de pierre et non de « mallons ».
Dans la région de **Forcalquier**, les granges sont souvent flanquées de pigeonniers et se parent d'une loggia installée au sommet de l'escalier extérieur, à l'abri du toit formant un auvent.
Dans les **Préalpes de Digne** et de Castellane, les habitations sont souvent munies de « séchoirs à prunes » placés juste sous le toit. Plus à l'est, vers les hauteurs du Mercantour, le chaume et les dalles de schiste font leur apparition, tandis que les maisons deviennent plus basses et le bois plus fréquent.
Nombreux dans le Diois, les Baronnies et la région de Forcalquier, les **pigeonniers** faisaient partie de l'économie vivrière. Il existe deux types de constructions : les pigeonniers « à fuie » étaient inclus dans la toiture du bâtiment d'exploitation, et les pigeonniers « à pied » étaient des édifices indépendants, dont les « boulins » (alvéoles correspondant aux nids) occupaient toute la surface de bas en haut. Plus rares, ces derniers étaient soumis à l'impôt.

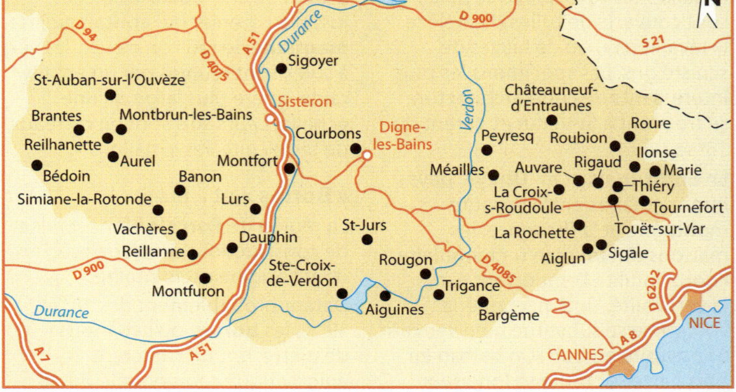

Dans les **Baronnies**, les dessins des alvéoles n'étaient pas uniformes et offraient des motifs variés (géométriques, losanges, étoiles, cœurs, etc.) qui en faisaient de véritables marques de propriété.

## Les villages perchés

L'origine des **villages perchés** remonterait aux invasions sarrasines du 9e s. En fait, c'est délibérément que les habitants ont préféré des sites en hauteur, entre les vignes (aujourd'hui disparues) et les autres cultures. Dominant la campagne environnante, les villages occupent les bords inférieurs des plateaux ou des pitons rocheux, dont ils épousent les courbes de niveau. Leur visite est très pittoresque. Bâtis avec la pierre de la colline, ils se confondent presque avec elle. Les rues et ruelles sont sinueuses et les **calades**, en pente, sont dallées et caillouteuses et coupées d'escaliers tortueux. Des voûtes ou des arcs les enjambent ; parfois, des arcades règnent au rez-de-chaussée et abritent le promeneur du soleil et de la pluie. D'agréables **placettes** s'ornent de jolies fontaines et souvent d'un **beffroi** surmonté d'un campanile en fer forgé.

Les villages sont descendus dans la plaine, se dédoublant parfois. Le paysan s'est mis à vivre au milieu de ses terres et y a bâti son « mas ».
Montbrun-les-Bains *(voir p. 274)*, Lurs *(voir p. 299)*, Banon *(voir p. 305)*, Bargème *(voir p. 371)*, Valensole *(voir p. 352)*, Simiane-la-Rotonde *(voir p. 305)* et St-Auban-sur-l'Ouvèze *(voir p. 275)* témoignent encore de l'ancien mode de vie provençal.

# ABC d'architecture

Les dessins présentés dans les planches qui suivent offrent un aperçu visuel de l'histoire de l'architecture dans la région et de ses particularités. Les définitions des termes d'art permettent de se familiariser avec un vocabulaire spécifique et de profiter au mieux des visites des monuments religieux, militaires ou civils.

## Architecture religieuse

**SISTERON – Plan de la cathédrale Notre-Dame-des-Pommiers (12e au 15e s.)**

Le premier art roman, importé d'Italie du Nord, se caractérise par un chœur à trois absides et une nef unique. Le plan est basilical, sans transept.

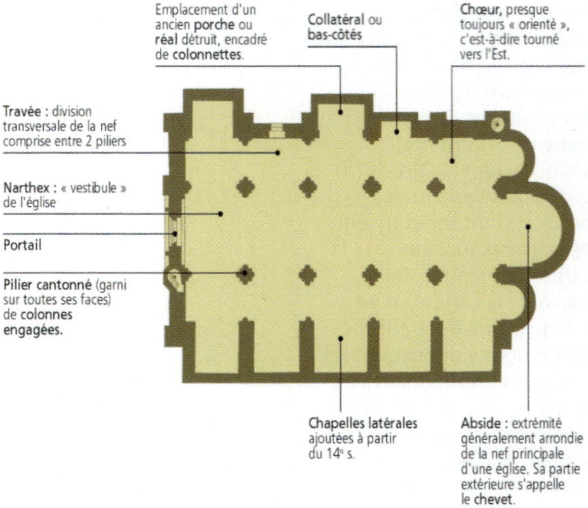


**Coupe transversale d'une église**

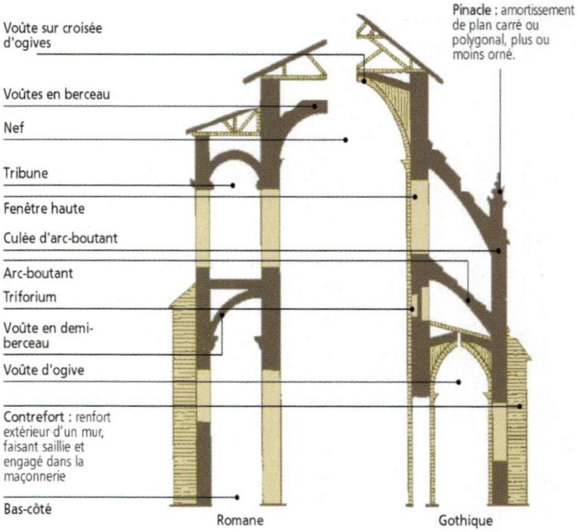


R. Corbel / MICHELIN

**GANAGOBIE – Portail de l'église abbatiale (12e s.)**

**SEYNE-LES-ALPES – Église N.-D.-de-Nazareth (13e s.)**

Édifice représentatif du second art roman dans les Alpes et empreint de la rusticité propre aux églises de montagne.

R. Corbel / MICHELIN

**EMBRUN – Chœur et croisée du transept de la cathédrale Notre-Dame (12ᵉ et 13ᵉ s.)**

Cet édifice de plan basilical montre une belle union entre les parties romanes (bas-côtés voûtés en berceau et abside) et la nef centrale aux travées voûtées d'ogives gothiques.

**NÉVACHE – Retable baroque de l'église St-Marcellin-et-St-Antoine (15ᵉ-17ᵉ s.)**

R. Corbel / MICHELIN

## L'ARGENTIÈRE-LA-BESSÉE – Chevet de la chapelle St-Jean (12e s.)

## EMBRUN – Réal ou porche-baldaquin (14e s.) de la cathédrale Notre-Dame

Importé d'Italie septentrionale, le réal est souvent orienté au Nord. Celui-ci se distingue par sa riche ornementation et son élégance.

R. Corbel / MICHELIN

## Architecture civile

### Château d'ALLEMAGNE-EN-PROVENCE (12e au 16e s.)

Bâti sur une assise médiévale, le château d'Allemagne-en-Provence est un bel exemple de transition de l'art défensif médiéval à l'art Renaissance à vocation résidentielle.

## Architecture militaire

### CHÂTEAU-QUEYRAS - Fort Queyras (17e s.)

Véritable position stratégique d'accès à la Durance, ce château fut agrandi et réaménagé par Vauban qui lui donna son aspect actuel. Le donjon central du 14e s. demeure la pièce maîtresse du dispositif.

## MANE – Château de Sauvan (milieu du 18e s.)

Architecture classique. Surnommé le Trianon de Provence, le château a été conçu par l'architecte J.-B. Franque selon les règles strictes de symétrie des volumes chères au 18e s.

R. Corbel / MICHELIN

# La littérature, mémoire du pays

L'âme et la beauté de la haute Provence se découvrent également à travers la littérature. Même si, faute sans doute d'élites urbaines, la vie littéraire et intellectuelle n'y a pas autant brillé qu'en basse Provence, elle a fait aimer la Provence au monde entier, à travers la louange d'une nature enchanteresse et une langue aux accents de troubadour.

## UN PAYS DE TROUBADOURS ET DE PHILOSOPHES

On sait peu de choses sur la vie de **Béatrice de Die** (12e s.), épouse du seigneur Guillaume de Poitiers. En revanche, ses chansons célébrant son amour pour le seigneur Raimbaut d'Orange nous sont parvenues. Elle faisait partie du cercle restreint des femmes troubadours, les *trobaïritz*. Outre la comtesse de Die, les plus célèbres furent Marie de Ventadour, Azalaïs de Porcairagues, Na Castelloza, Clara d'Anduze et Bieiris de Romans.
Quelques siècles plus tard, naît à Gap l'un des futurs propagateurs de la Réforme : **Guillaume Farel** (1489-1565). Il partit pour Zurich, Strasbourg puis Neuchâtel et Genève, où il œuvra avec Jean Calvin (1509-1564).
Mathématicien, astronome, cartographe, naturaliste, théologien et philosophe : tout autres furent les préoccupations de **Pierre Gassendi** (1592-1655), né à Champtercier. Il enseigna la rhétorique à Digne, la philosophie à Aix-en-Provence et les mathématiques à Paris. Il est notamment resté célèbre pour sa correspondance et ses doctes querelles avec Descartes.
Quant au poète **Reynier de Briançon**, son œuvre *L'Âne de Paulet ou le Crève-cœur d'un paysan sur la mort de son âne*, qui a été écrite en provençal, est considérée comme une contribution à la renaissance occitane.

## LA RENAISSANCE DES LETTRES PROVENÇALES

En 1854, sept jeunes poètes s'unissent afin de faire renaître la **langue d'oc** (Provence, comté de Nice, Languedoc, Béarn, Gascogne, Périgord, Limousin, Auvergne). Ce sont Théodore Aubanel, Jean Brunet, Paul Giera, Anselme Mathieu, Joseph Roumanille, Alphonse Tavan et **Frédéric Mistral** (1830-1914), le plus connu d'entre eux. Faisant référence aux sept félibres (docteurs) de la Loi qui discutèrent avec Jésus au Temple,

### Le « gavot »

La France du Moyen Âge était partagée entre deux grandes langues : la langue d'oïl au nord et la **langue d'oc** au sud. Cette dernière, issue du latin vulgaire et des parlers gaulois, était la langue des troubadours du 11e au 13e s. Elle a complètement disparu et évolué vers une multitude de parlers locaux à la suite de l'édit de Villers-Cotterêts (1539) qui imposa, jusqu'à la fin du 19e s., l'usage du français pour les actes administratifs.
Le « gavot » est donc un parler occitan employé dans les Alpes du Sud, exception faite de la plus grande partie de la vallée de la Durance. C'est une langue essentiellement orale (la langue écrite a été très peu employée), qui se caractérise par la persistance du « o » atone latin, le passage du « l » au « r » devant certaines consonnes et entre les voyelles, ainsi que le maintien, original, du « r » de l'infinitif et du « s » au pluriel.

évoqués dans un récitatif de saint Anselme, le mouvement se nommera **Félibrige**. Un *Almanach provençal*, recueil de contes et de poèmes, est édité chaque année. Mistral, auteur du célèbre poème lyrique *Mireille* (mis en musique par Gounod), fait par ailleurs publier le *Trésor du Félibrige*, dictionnaire provençal-français. L'influence de Mistral (qui reçut le prix Nobel en 1904) et du Félibrige fut et reste très importante dans le monde des lettres occitan. Le Félibrige, en tant que tel, continue aujourd'hui sa mission et publie deux revues : *Lou Felibrige* (revue trimestrielle) et *L'Armada di Felibre* (revue annuelle) ; il promeut de nombreux ouvrages en langue d'oc et en français. On notera que le poète a consacré une romance à Moustiers-Ste-Marie, *La Cadeno de Moustié*.

Parmi les jeunes écrivains provençaux que Mistral encouragea, il y eut **Paul Arène** (1853-1896), natif de Sisteron. Monté à Paris, comme beaucoup d'autres, il obtint un grand succès avec une pièce de théâtre, *Pierrot héritier*. Écrivant des contes et des chroniques dans les journaux, il fréquenta les milieux littéraires parisiens. Il fit la connaissance d'Alphonse Daudet, en compagnie duquel il écrivit fréquemment (ils signaient Marie-Gaston). On dit qu'Arène contribua à la rédaction des *Lettres de mon moulin* signées par son ami. Paul Arène chanta son pays et sa ville natale à travers des contes, des poèmes et des romans écrits tant en français qu'en provençal. Ses œuvres les plus réputées sont *Domnine*, *La Chèvre d'or* et, surtout, *Jean des figues*.

### GIONO ET LES ÉCRIVAINS DE TERROIR

**Jean Giono** (1895-1970), originaire de Manosque, évoque les vertus de sa haute Provence natale, celles des montagnes, de l'âme paysanne et des sensations uniques qu'elle procure, dans la *Trilogie de Pan* et *Jean le Bleu*. Son œuvre fut un merveilleux chant à la vie *(Regain)*, à la fois enthousiaste et nostalgique. Il écrit à propos de son pays : « Il y a une civilisation du désert. On ne peut pas assigner de limites à la solitude, décider qu'elle s'arrêtera là et qu'à partir d'ici nous vivrons comme des milords. Longtemps avant d'atteindre les régions du silence, la vie s'organise en fonction des espaces déshérités. Tout indique un dépeuplement, une fuite, des morts nombreuses. On habite dans la mélancolie sur le théâtre d'anciennes tragédies, ne serait-ce que celle de la splendeur disparue… » Pacifiste, dénonçant le machinisme et la ville, il écrit après la Seconde Guerre mondiale dans un style de plus en plus dépouillé. Sa carrière de grand écrivain national et international fut couronnée par *Le Hussard sur le toit* (1951), porté à l'écran comme un certain nombre de ses œuvres.

Faisant partie de la même génération, **Alexandre Arnoux** (1884-1973) fut un romancier membre de l'Académie Goncourt, un scénariste de films et un des premiers critiques de cinéma. Né à Digne-les-Bains, il a laissé une œuvre féconde sur la haute Provence *(Le Chiffre, Haute Provence, Rhône mon fleuve)*.

Tout autre fut le destin d'**Émilie Carles** (1888-1979). Enfant, elle adora l'école ; adulte, elle devint institutrice dans les Hautes-Alpes, en 1923. D'abord aux Gourniers de Réallon, puis à Val-des-Prés, aux Alberts, au Villaré et de nouveau à Val-des-Prés. Ayant pris sa retraite en 1962, elle se mit à écrire et, en 1978, parut *Une soupe aux herbes sauvages*, ouvrage décrivant la vie rude des habitants du Briançonnais. Le succès fut énorme, le livre se vendit par millions dans le monde entier. Et on continue de le lire.

# 3/ DÉCOUVRIR LES ALPES DU SUD

Simiane-la-Rotonde
J.-P. Degas/hemis.fr

# Briançon et le Briançonnais 1

Carte Michelin Départements 334 – Hautes-Alpes (05)



Chemin de randonnée du Grand Lac

*F. Guiziou / hemis.fr*

# BRIANÇON ET LE BRIANÇONNAIS

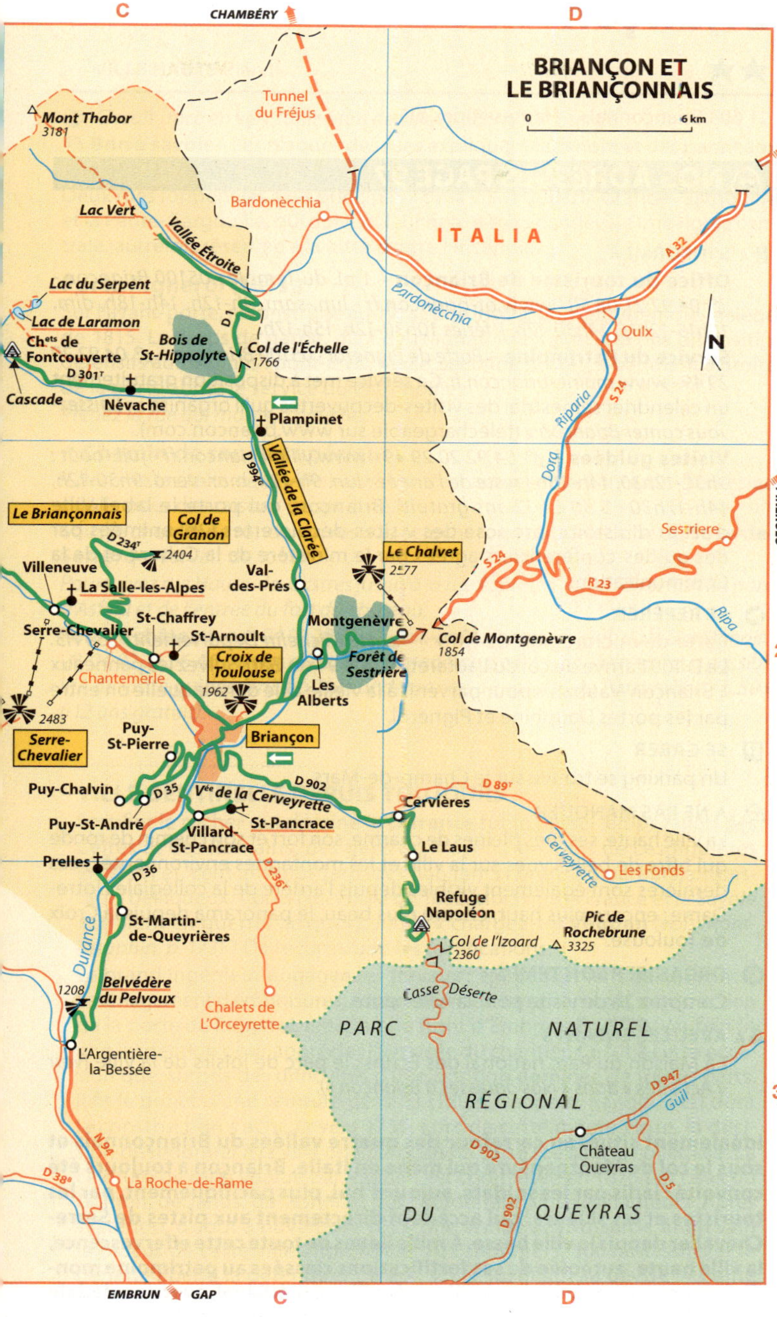
BRIANÇON ET
LE BRIANÇONNAIS
0
6 km
N
C
D
1
2
3
CHAMBÉRY
TORINO
PINEROLO
EMBRUN
GAP
ITALIA
Tunnel
du Fréjus
Bardonècchia
Bardonècchia
A 32
Oulx
S 24
Dora Riparia
Sestriere
S 24
R 23
Ripa
Mont Thabor
3181
Lac Vert
Vallée Étroite
Lac du Serpent
Lac de Laramon
Chets de
Fontcouverte
Cascade
D 301T
Névache
Bois de
St-Hippolyte
D 1
Col de l'Échelle
1766
Plampinet
D 994G
Vallée de la Clarée
Le Briançonnais
Col de
Granon
D 234T
2404
Le Chalvet
2577
Val-
des-Prés
Villeneuve
La Salle-les-Alpes
Serre-Chevalier
St-Chaffrey
St-Arnoult
Chantemerle
Montgenèvre
Col de Montgenèvre
1854
Forêt de
Sestrière
Les
Alberts
Croix de
Toulouse
1962
2483
Serre-
Chevalier
Puy-
St-Pierre
Briançon
Puy-Chalvin
D 35
Puy-St-André
Vée de la Cerveyrette
D 902
St-Pancrace
Villard-
St-Pancrace
D 89T
Cervières
Le Laus
Cerveyrette
Les Fonds
Prelles
D 36
D 236T
St-Martin-
de-Queyrières
Refuge
Napoléon
Col de l'Izoard
2360
Pic de
Rochebrune
3325
Casse Déserte
Durance
Belvédère
du Pelvoux
1208
L'Argentière-
la-Bessée
Chalets de
L'Orceyrette
PARC
NATUREL
RÉGIONAL
DU
QUEYRAS
D 947
Guil
Château
Queyras
D 902
D 902
D 5
N 94
D 38A
La Roche-de-Rame

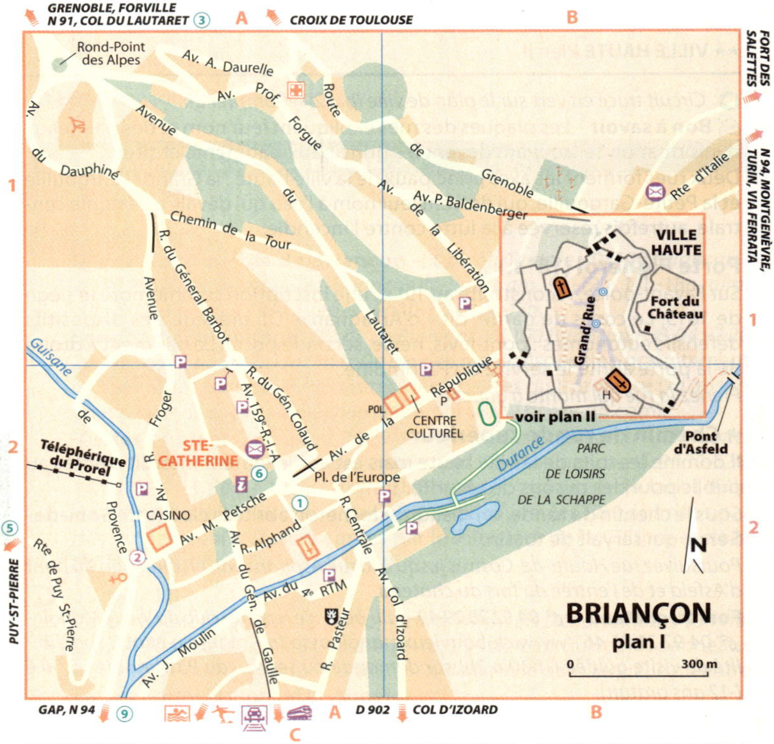


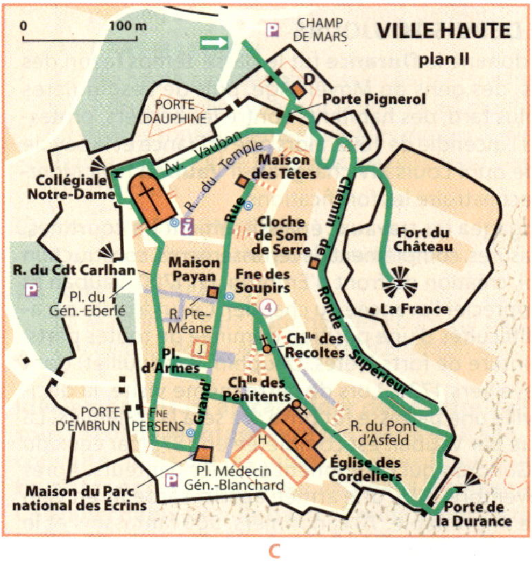


SE LOGER

Chaussée (Hôtel La) ........ 1

Ibis (Hôtel) ........ 3

Maison de Catherine (Hôtel La) ........ 5

Parc Hôtel ........ 6

Riolette (Chambre d'hôte La) ........ 9

SE RESTAURER

Péché Gourmand (Le) ... 2

Rustique (Le) ........ 4

**Corps de garde dit "d'Artagnan" ........ D**

Non loin, une **table d'orientation** permet de nommer les sommets aux quatre vents.
*En poursuivant le chemin, on redescend vers la ville.*
De la terrasse de la **porte de la Durance**, belle **vue★** sur la rivière en contrebas. À 56 m de hauteur, ce ravin est franchi par une arche de 40 m, le **pont d'Asfeld★** (Plan I B2), qui relie Briançon aux forts des Têtes et du Randouillet.
*Poursuivre par la rue du Pont-d'Asfeld.*
Vous pénétrez dans le quartier religieux. Le joli clocher restauré de la **chapelle des Pénitents** se profile, mais un incendie a endommagé le reste du bâtiment en 1988. Vous passez devant la **chapelle des Récollets**, que vous ne pourrez visiter que si vous faites partie des Éclaireurs de France.
*Prenez à gauche vers la Grande-Gargouille.*

**BRIANÇON À L'UNESCO**
Parmi les 150 sites où Vauban est intervenu, Briançon tient une place de premier plan. Rien d'étonnant dès lors à ce qu'il figure dans le réseau des **12 sites majeurs** de Vauban, comme Mont-Dauphin *(voir p. 170)*, inscrits depuis juillet 2008 sur la liste du patrimoine mondial de l'Unesco !
Réseau des sites majeurs de Vauban : www.sites-vauban.org.

## ★ Grande-Gargouille (ou Grand-Rue)

En remontant sur la droite, sous une voûte, se trouve la **fontaine des Soupirs** : ceux que poussèrent les deux commerçants qui durent la payer à la suite d'un procès. En face, au n° 37, la **maison Payan** présente une belle façade Renaissance ornée de masques et de statues. Au n° 13, la curieuse **maison des Têtes** : au début du 20e s., le propriétaire y avait fait mouler les portraits des membres de sa famille, représentés en costumes régionaux.
*Redescendez la Grande-Gargouille.*

## Place d'Armes

Ses façades repeintes dans de chauds coloris, ses terrasses de cafés, que surplombent deux **cadrans solaires**, lui donnent déjà un petit air de Provence. Au centre, Vauban avait fait creuser un puits qui permit de soutenir le blocus de 1815.
Plus bas à gauche, une rue mène à l'**église des Cordeliers** qui renferme des peintures murales (15e-17e s.).
*Revenez à la Grande-Gargouille.*
Dans la maison du **n° 64**, le Directoire retint prisonnier le pape Pie VI en juin 1799. Elle présente un très beau portail daté de 1714, au fronton sculpté.
*On atteint la place du Médecin-Gén.-Blanchard.*

## Maison du Parc national des Écrins

*Pl. du Médecin-Gén.-Blanchard - 04 92 21 42 15 ou 04 92 21 08 49 - ♿ - juil.-août : 10h-12h, 15h-19h ; reste de l'année : tlj sf w.-end et j. fériés 14h-18h - gratuit.*
C'est d'abord l'heureux mariage architectural d'un hôpital militaire du 18e s. et d'une verrière moderne qui diffuse la lumière. Tout aussi innovante, la présentation de la vie de la nature, des hommes et des animaux du Parc a fait le pari d'une pédagogie dépoussiérée. L'exposition « Ski en Briançonnais » retrace le siècle d'histoire de ce moyen de transport militaire vite devenu sport à la mode.
*Descendez vers la porte d'Embrun et prenez à droite.*

1

**LA CAPITALE DES ESCARTONS**

Le 29 mai 1343, le dauphin Humbert II signait la **Grande Charte**, conservée à la mairie, qui permettrait à Humbert, très dépensier, de renflouer ses caisses. Elle accordait privilèges et libertés à 52 communes du Briançonnais en échange du versement d'une petite fortune : 12 000 florins d'or au comptant, puis une rente annuelle de 4 000 ducats d'or ! Si tous les rois de France la confirmèrent, c'est bien qu'ils en avaient remarqué l'intérêt. En contrepartie, l'un des droits les plus importants permettait aux Briançonnais de répartir (*escarter* en ancien français) les impôts entre les différentes communes, les **escartons**. Ces communes formaient une sorte de république dont Briançon était la capitale. Trente-deux d'entre elles furent rattachées à l'Italie en 1713. Parmi les impôts que les Briançonnais fixèrent, il y avait le 17$^{e}$ du vin, qui servait à entretenir les remparts.

### ★ Petite-Gargouille (ou rue de la Mercerie)

Plus étroite que la Grande et moins commerçante, elle n'en est pas moins tout aussi charmante avec ses hautes façades sévères, ses escaliers montant à des portes ornées de ferronneries. Souci du détail, même les coffrages extérieurs des compteurs sont en sapin verni.

### Collégiale Notre-Dame

L'architecte ayant disparu en emportant les plans, sa construction dura de 1703 à 1726. Sur la tour de gauche, le **cadran solaire** de style baroque est l'un des plus beaux des Alpes. À l'entrée, le lion de pierre est le vestige d'une ancienne église et sert surtout de banc pour les touristes.

Derrière la collégiale, vous découvrez les trois étages de **fortifications** adaptés au relief, les quartiers modernes et, au-delà, le cadre montagneux du bassin de Briançon ; à l'est, le col de Montgenèvre.

**VILLE BASSE** Plan I

Elle se développe autour de l'église Ste-Catherine : c'est là que vous trouverez commerces et services, théâtre et cinéma, et d'où part le téléphérique du Prorel *(voir « Randonnées »)* qui conduit au domaine de Serre-Chevalier.

Entre les deux parties de la ville, sur la rive gauche de la Durance, le **parc de la Schappe** où l'on vient se détendre en famille. Vous pourrez aussi y découvrir un verger et parcourir un sentier de découverte sylvicole *( 1h)*.

## À proximité Carte de microrégion

**Bon à savoir** – Dans ce carrefour de vallées, les vents se télescopent et cherchent leur chemin : si vous allez en hauteur, équipez-vous contre les rafales.

### ★★ Croix de Toulouse C2

*8,5 km – Comptez environ 1h. Quittez Briançon par la route de Grenoble au nord, et tournez à droite sur la D 232$^{T}$.*

La route étroite s'élève en lacet parmi les pins. Poursuivez sur la partie non goudronnée et laissez la voiture près d'un relais de communication.

*2h AR. Il est également possible d'y accéder à pied depuis le fort des Salettes. Un sentier bien tracé serpente au flanc de la falaise.*

La Croix de Toulouse (alt. 1 962 m), éperon sud d'une crête séparant les vallées de la Guisane et de la Clarée, domine Briançon. Du belvédère, on est saisi par la **vue** verticale sur le système des fortifications de Briançon ; au-delà, panorama sur les vallées de la Durance et de la Guisane, jusqu'au col du Lautaret.

Vue sur la ville de Briançon et la collégiale Notre-Dame.
F. Guiziou / hemis.fr

1

## Circuit conseillé Carte de microrégion

### PUY-CHALVIN ET PUY-SAINT-PIERRE C2

*Circuit de 15 km tracé sur la carte de microrégion (p. 88) – Comptez environ 1h. Quittez Briançon au sud-ouest par la route de Puy-St-Pierre (Plan I A2).*
La route en corniche domine très vite la vallée de la Durance. Après **Puy-St-André**, vues sur le massif de la Condamine et, pointant derrière, les sommets des Écrins.
*Garez-vous au bas de Puy-Chalvin et poursuivez à pied.*

### Puy-Chalvin

**Chapelle Ste-Lucie** – Perchée en haut de ce minuscule village, la très discrète chapelle (16e s.) est décorée de peintures murales. Sur la façade, dans l'entrelacs central, une Vierge de pitié et, à ses côtés, Marie Madeleine portant un vase d'aromates ; derrière, des diables emportent les âmes des deux larrons…
*Redescendez vers Puy-St-André et prenez à gauche pour gagner Puy-St-Pierre par la D 335.*

### Puy-St-Pierre

L'église, qui abrite un musée d'Art populaire et religieux, est bâtie sur un à-pic : **panorama★★** magnifique. Le soir, depuis le quartier Ste-Catherine à Briançon, on aperçoit le clocher illuminé qui se détache des reliefs.
*Redescendez en voiture vers Briançon. À la sortie du lieu-dit Le Pinet, prenez à gauche (fléchage) et garez-vous au bout de la rue sans issue.*
*15mn de montée.* Le **musée des Canaux et des Cultures anciennes**, en plein air, présente l'évolution des techniques de l'irrigation depuis le Moyen Âge.
*Continuez sur la D 335 pour rejoindre la D 35 et Briançon.*

# Randonnées Plan I

### ★ Fort des Salettes

*45mn AR. Du Champ-de-Mars, par le chemin des Salettes. ✆ 04 92 20 29 49 - possibilité de visite guidée (2h) sur demande au service du Patrimoine ou au club du Vieux Manoir - ✆ 04 92 21 36 46 - www.clubduvieuxmanoir.asso.fr/ - 5 €.*

Gardant l'accès à Briançon depuis l'Italie, ce petit fort – inscrit au patrimoine mondial, à l'instar des fortifications de la ville haute de Briançon – possède des passages creusés dans le roc. La **vue★** sur la ville haute, les forts des Têtes et du Randouillet permet ensuite aux plus guerriers de méditer une attaque surprise.

### ★ Pont d'Asfeld et fort des Têtes

*2h A.-R. De la porte de la Durance, par le chemin du fort des Têtes, puis le pont d'Asfeld et les chemins de Fontchristiane et de la Croix-du-Frêne jusqu'au parc de la Schappe.*

Le **pont d'Asfeld★**, achevé en 1730, permet de relier Briançon aux forts du Dauphin, des Têtes et du Randouillet. Son arche de 40 m franchit la Durance. Le **fort des Têtes★** est au cœur du système conçu par Vauban. Il est plus grand à lui seul que la ville. Il est protégé à l'est par le fort du Dauphin et au sud-ouest par celui du Randouillet.

### ★ Téléphérique du Prorel

*Départ gare du téléphérique, bas Briançon. ✆ 04 92 25 55 00 - juil.-août : tte la journée - 11,10 € (AR 2 tronçons). Le trajet s'effectue en 2 tronçons : on peut n'en faire qu'une partie ou seulement l'aller.*

À la montée, superbes vues sur la ville haute de Briançon et la vallée de la Guisane. Depuis le sommet (alt. 2 566 m), nombreuses promenades possibles sur les hauteurs environnantes qui offrent de magnifiques **panoramas★★**. Descente vers Chantemerle *(direction téléski du Prorel)* ou vers Puy-St-Pierre *(par la chapelle N.-D.-des-Neiges).*

### Chapelle N.-D.-des-Neiges

*15mn depuis la station haute du téléphérique du Prorel. On peut redescendre sur Briançon par le sentier balisé qui dévale les alpages en 2h30 environ.*

Depuis cette chapelle décorée d'ex-voto (alt. 2 292 m), jolie vue sur la vallée de Serre-Chevalier.

### Via ferrata de la Croix de Toulouse

*Départ du Champ-de-Mars. Prenez une ruelle face au parking. En 15mn, on rejoint la base de la paroi équipée. Durée de l'escalade : environ 4h AR, dénivelé de 400 m. L'arrivée s'effectue juste à l'est de la Croix de Toulouse.*

Vous pouvez redescendre par le sentier du fort des Salettes *(se renseigner au bureau des guides, voir « Nos adresses à Briançon »).* Intérêt du site : superbes vues aériennes sur la vieille ville de Briançon et sur les fortifications des alentours.

## NOS ADRESSES À BRIANÇON

### TRANSPORTS

**Bon à savoir** – Mise en place d'une **navette** minibus, dite « Vauban », entre la ville basse et la cité Vauban *(14 juil.-15 août : se rens. - 1 € pour la montée).*

### HÉBERGEMENT

#### PREMIER PRIX

**À proximité**

**Chambre d'hôte La Riolette** – *38 r. du Mélezin - 05100 Villard-St-Pancrace - à 3,5 km au sud de Briançon - 04 92 20 58 68 - http://gites05.free.fr - fermé 26 août - 2 sept. - P - 5 ch. 44/49 €, demi-pension possible - 17 €.* Ces chambres d'hôte perchées sur les hauteurs de Briançon ont l'avantage de se situer en pleine campagne, tout en étant à quelques minutes du centre-ville. Dans la grande maison familiale, vous vous sentirez comme chez vous, et dégusterez à table les produits directement issus de la ferme des propriétaires.

#### BUDGET MOYEN

**À proximité**

**Hôtel La Maison de Catherine** – *Chemin des Blés - 05100 Puy-Saint-Pierre - à 4,5 km à l'ouest de Briançon - 04 92 20 40 89 - www.aubergecatherine.fr - fermé 3-19 avr. et 23 oct.-8 nov. - P - Wifi - 11 ch. 60 €, demi-pension possible - 24/35 €.* Une adresse idéale pour les sportifs de montagne. Cette sympathique maison familiale abrite de coquettes chambres personnalisées (mobilier en bois clair, fleurs séchées, etc.). Les plats traditionnels sont servis dans une salle à manger décorée d'objets paysans.

#### POUR SE FAIRE PLAISIR

**Hôtel Ibis** – *Av. du Dauphiné - 04 92 20 02 00 - www.ibishotels.com - P - 47 ch. 65/98 € - 7,50 €.* À 800 m des pistes, permettant de rejoindre le domaine du « Grand Serre Che » (navette directe à 50 m), cet Ibis bénéficie des toutes dernières normes de la chaîne. Chambres spacieuses, confortables et climatisées. Deux salles à manger claires et modernes vous proposent un petit-déjeuner buffet au choix abondant et une restauration régionale. Côté loisirs : agréable piscine intérieure couverte et chauffée, sauna et hammam.

**Hôtel La Chaussée** – *4 r. Centrale - 04 92 21 10 37 - www.hotel-de-la-chaussee.com - fermé 26 avr.-24 mai, 9 oct.-5 nov., lun. midi, mar. midi et merc. midi - Wifi - 13 ch. 65/82 € - 8,50 €, demi-pension possible - 17/40 €.* D'emblée, on se sent bien dans cet hôtel familial transformé en « refuge montagnard » : vieux meubles, objets anciens, chambres coquettes et douillettes, belles salles de bains. Harmonie parfaite entre le décor du restaurant et la cuisine, typiquement locale.

**Parc Hôtel** – *Central Parc - 04 92 20 37 47 - www.monalisahotels.com - P - Wifi - 60 ch. 80/116 € - 10 €.* Pratique et fonctionnel, cet immeuble situé en plein centre-ville propose des chambres spacieuses (idéales pour les familles), certaines avec vue sur le massif du Prorel.

### RESTAURATION

**Bon à savoir** – Cinq restaurants de Briançon vous invitent à redécouvrir la gastronomie française d'autrefois. Les **menus « Vauban »**, imaginés avec le concours de l'Association pour la protection du patrimoine culinaire et des arts de la table, revisitent d'antiques recettes du 17e s. Allez donc ripailler à l'Hôtel de la Chaussée, au Passé Simple, aux Écrins, à La Caponnière ou à La Maison de Catherine.

#### BUDGET MOYEN

**Le Péché Gourmand** – *2 rte de Gap - ✆ 04 92 21 33 21 - fermé vac. de Pâques, 14-21 sept., mar. midi, dim. soir et lun. - P - formule déj. 16 € - 26/51 €*. Charme et gourmandise au bord de la Guisane, dans cet ancien moulin converti en restaurant. Cadre rustique égayé de tableaux. Cuisine inventive et beau chariot de fromages.

#### POUR SE FAIRE PLAISIR

**Le Rustique** – *36 r. du Pont-d'Asfeld - ✆ 04 92 21 00 10 - www.restaurantlerustique.com - fermé 2 sem. en nov. et lun.-mar. - ♿ - 26/35 €*. Cette jolie maison à la façade colorée porte bien son nom : vénérable plancher, objets paysans traditionnels et traîneau ancien personnalisent la salle à manger voûtée. Spécialités savoyardes, fondue aux morilles et truites.

### ACHATS

**Marché** – *ZAC Durance, av. du 4e-RTM (parking)*. Le petit marché de Briançon (prêt-à-porter, artisanat, fruits et légumes, etc.) se tient tous les merc. matin à l'entrée du parc de la Schappe.

**Le Panier Alpin** – *48 Grand-Rue - ✆ 04 92 20 54 65 - www.panieralpin.com - fermé oct.-nov. et dim.-lun. hors saison*. Ce magasin vend les produits d'une cinquantaine d'artisans locaux. Résultat : des rayons abondamment garnis de charcuteries de montagne, fromages fermiers, bière de Briançon, vins, liqueurs de plantes, sirops et vinaigres de Provence, miels, confitures à la louche, biscuits et plats cuisinés... Un nouvel établissement est désormais attenant au premier : salon de thé/restaurant, épicerie fine, arts de la table.

**Huralp** – *18 r. des Couteliers - ✆ 04 92 21 07 28 - www.pulls.fr - fermé j. fériés*. Chaque mercredi à partir de 17h, ce magasin d'usine ouvre les portes de son atelier pour une **visite guidée** et gratuite (45mn). Toute l'année, vente de pulls et polaires sur place et, en été, dans la vieille ville.

### EN SOIRÉE

**Bon à savoir** – Pour vous tenir au courant de l'actualité culturelle à Briançon, procurez-vous à l'office de tourisme le magazine mensuel gratuit *AltiMag* qui recense toutes les infos sur les films à l'affiche, les festivals, les pièces de théâtre, les événements, les visites et autres adresses utiles.

**Casino Barrière Briançon** – *7 av. Maurice-Petsche - ✆ 04 92 20 66 66 - www.lucienbarriere.com - à partir de 11h*. Bar, restaurant, machines à sous, jeux de table, animations diverses.

### ACTIVITÉS

**Bon à savoir** – Pensez à la **Carte d'hôte** *(voir « Nos adresses à Serre-Chevalier », p. 109)*.

**Bureau des guides de Briançon** – *Parc Chancel - ✆ 04 92 20 15 73 - www.guides-briancon.fr - juil.-août : tlj 10h-12h, 15h-19h ; sept.-juin : 17h-19h* . Depuis plus de vingt-cinq ans, une équipe chevronnée de passionnés se dépense sans compter pour vous faire profiter en toute sécurité des plaisirs de la montagne. Et cela, quelle que soit la saison, puisqu'en été escalade, alpinisme, canyoning, randonnée et parapente sont au menu, tandis qu'en hiver randonnée à ski, à raquettes et hors-piste mobiliseront l'énergie de vos journées…

## Activités nautiques

**Canoë-Kayak Club Briançon** – *R. Jean-Moulin - 04 92 20 17 56 - fermé 30 oct.-1er Mai.* Rafraîchissez-vous tout en découvrant la région grâce aux parcours proposés par cette base nautique. Que vous soyez profane ou initié, vous trouverez sans aucun doute la formule qu'il vous faut et serez encadré par des moniteurs diplômés. Le centre assure le transport et la location du matériel.

## Cyclotourisme

En 2007, Briançon s'affichait avec fierté comme la « capitale mondiale du vélo », accueillant cette année-là une étape du Giro et une autre du Tour de France. Les cols prestigieux alentours (Izoard, Lautaret, Galibier, Montgenèvre) font de Briançon une ville-étape idéale. Pour les professionnels comme pour les amateurs…

## Parcs de loisirs

**Parc de la Schappe - Grimp in Forest** – *1 chemin Schappe - 04 92 46 16 91 - www.grimpinforest.com - juil.-août : tlj 10h-19h ; mai-juin, sept.-oct. : w.-end 14h-18h ; reste de l'année sur réserv. - 19 € parcours dans les arbres (-14 ans 16 €).* Sur l'ancien site de fabrication de la schappe, fil de soie peignée traditionnel ayant laissé son nom au parc, vous pourrez profiter des sentiers de découverte, du plan d'eau, des jeux, parcours acrobatiques, via ferrata « Grimp in Forest » et du « Jungle Parc » accessible dès l'âge de 4 ans. Pour vous désaltérer, un chalet-buvette est à votre disposition.

**Parc 1326 Briançon** – *37 r. Bermont-Bonnet - BP 42 - 04 92 20 04 04 - www.vert-marine.com - 6,50 € tarif de la patinoire, location des patins inclus (-10 ans 4,50 €).* Parc de loisirs (12 ha) aménagé dans un environnement verdoyant. Au programme des réjouissances : plusieurs piscines extérieures, espace aquatique équipé de toboggans, cascades, rivières, buses massantes, sauna, hammam, patinoire, cours de tennis, etc.

## Randonnée et VTT

Nombreux parcours pédestres et VTT autour de Briançon. Guides et topoguides en vente à l'office de tourisme.

## Sports d'hiver

Briançon fait partie intégrante du complexe de Serre-Chevalier *(voir p. 104)* grâce à la télécabine du Prorel.

**AGENDA**

La Fête des guides, des accompagnateurs et du secours en montagne a lieu chaque année, le 1er dim. d'août.

1

# Le Briançonnais

★★

Hautes-Alpes (05)

**S'INFORMER**

**Office du tourisme de Briançon** – *1 pl. du Temple - 05100 Briançon - 04 92 21 08 50 - www.ot-briancon.fr - lun.-sam. 9h-12h, 14h-18h, dim. 10h15-12h15, 14h30-17h, j. fériés 10h30-12h, 15h-17h.*

**SE REPÉRER**

Carte de microrégion (p. 88) – *carte Michelin Départements 334 G/H/I/3-4.*
D'appréciables efforts sont faits pour déneiger les cols du Lautaret et de Montgenèvre pendant tout l'hiver. Mais d'octobre à juin, vers l'Izoard ou la vallée de la Clarée, prudence ! Vous risquez vite de buter sur un tas de neige.

**À NE PAS MANQUER**

La vallée de la Guisane et la route de l'Izoard en priorité… mais le reste vaut aussi le coup d'œil !

**ORGANISER SON TEMPS**

Inimaginable d'enchaîner les six circuits que nous vous proposons dans la journée, même si mathématiquement on pourrait le penser en additionnant les temps de trajet, car c'est sans compter les arrêts ! Et vous passeriez à côté de bien des choses. Plus raisonnablement, vous consacrerez au moins deux ou trois jours au Briançonnais.

**« Des montagnes qui touchent aux nues et des vallées qui descendent aux abîmes » : Vauban était aux anges en découvrant ce bassin. Pas moins de quatre vallées y convergent (Guisane, Clarée, Durance et Cerveyrette), avec des cols qui taquinent les 2 000 m. Les beautés intimidantes de ces massifs varient selon l'étage alpin, des alpages riants aux cimes décharnées en passant par les mélézins. De plus, la relative aisance des « escartons » a marqué l'architecture des vallées. Robustes et vastes, les maisons de pierre s'ornent d'arcades et de colonnes.**

## Circuits conseillés Carte de microrégion

### ★ VALLÉE DE LA GUISANE

*Circuit tracé en vert sur la carte de microrégion (p. 88) – 32 km du col de Lautaret à Briançon – Comptez 1h.*

Cette large vallée est l'axe majeur entre l'Isère et les Hautes-Alpes. Aride, fleurie ou bâtie, elle change de visage selon l'altitude et accueille les aménagements des stations formant le complexe de **Serre-Chevalier** *(voir p. 104)*. Le « doigt de Dieu » vous indique le chemin ! En effet, c'est le nom de la pointe rocheuse à gauche du sommet de la Meije vu du **col du Lautaret**.

En redescendant le col apparaît l'impressionnante masse des glaciers de la Meije. La route serpente sous les flancs ravagés du **Grand Galibier** (alt. 3 229 m). Les arbres font des efforts dérisoires pour s'accrocher aux pentes pierreuses. Au loin, se distingue la pyramide du grand pic de Rochebrune, dans l'enfilade de la vallée de la Guisane. Celle-ci s'élargit et les hameaux s'y égrènent, graciles dans ce paysage grandiose.

Prenez à droite pour rejoindre **Le Lauzet**, le plus haut village de la vallée. Magnifique point de vue sur l'aiguillette du Lauzet, pic dentelé du massif des Cerces.
Imaginez dans quelles conditions, là-haut, à 2 800 m d'altitude, les habitants devaient exploiter au début du siècle une mine de graphite, l'une des nombreuses mines paysannes du Briançonnais.
*Revenez sur la D 1091 ou poursuivez sur la petite route étroite.*

### Le Casset B2

Là encore, le contraste est saisissant : au milieu de champs minuscules cernés de murets, ce hameau semble bien chétif, surplombé qu'il est par son glacier dont le corps arrondi, étonnamment lisse et argenté, évoque celui d'un dragon menaçant. Un centre d'information du **Parc national des Écrins** est ouvert en été *(✆ 04 76 80 00 51 - lun.-jeu. 8h30-12h, 14h-17h, vend. 8h30-12h).*
*Poursuivez sur la D 300.*

### ★ Le Monêtier-les-Bains B2

*Voir p. 105.*
*À Villeneuve, tournez à gauche peu après le rond-point et garez-vous sur le parking.*

### Villeneuve C2

*Voir p. 106.*

### ★ La Salle-les-Alpes C2

*Voir p. 106.*
*Revenez sur la D 1091. À Chantemerle, prenez la D 234$^{T}$, qui monte vers le col de Granon.*

### ★★ Col de Granon C2

Après les baraquements militaires, laissez la voiture pour grimper, à droite du col (alt. 2 404 m), jusqu'à une table d'orientation. Vous découvrez un vaste **panorama** sur les montagnes du Briançonnais et le haut massif des Écrins.
*Revenez sur la D 234$^{T}$. Juste avant d'atteindre la D 1091, tournez à gauche pour passer par le centre ancien de St-Chaffrey.*

### St-Chaffrey C2

*Voir p. 106.*
*Reprenez la D 1091.*

### ★★ Briançon C2

*Voir p. 90.*

## DE BRIANÇON AUX CHALETS DE LAVAL BC1-2

*Circuit tracé en vert sur la carte de microrégion (p. 88) – 30 km – Comptez environ 2h. Voir p. 119.*

## ROUTE DE MONTGENÈVRE C2

*Circuit tracé en vert sur la carte de microrégion (p. 88) – 12 km – Comptez environ 30mn. Quittez Briançon par le nord-est.*
La N 94 domine le lit encaissé de la Durance. Elle laisse sur la gauche la route qui remonte la vallée de la Clarée, puis s'élève rapidement. Vous apercevez alors, à travers les pins, des échappées sur le bassin de Briançon et sur la vallée de la Clarée. Non loin de Montgenèvre, les pins cèdent la place aux mélèzes de la **forêt de Sestrière**.

### Montgenèvre D2

*Voir p. 116.*

## ★★ ROUTE DU COL DE L'IZOARD CD2-3

*Circuit tracé en vert sur la carte de microrégion (p. 88) – 27 km de Briançon au col de l'Izoard – Comptez environ 1h. Attention : le col de l'Izoard est généralement obstrué par la neige d'octobre à juin.*

### ★★ Briançon C2

*Voir p. 90.*

La route sinue au-dessus des **gorges de la Cerveyrette**.

### Cervières D2

1944 : des obus allemands détruisent le village. On le reconstruisit de l'autre côté du torrent, autour des fermes épargnées : dans l'une d'elles, la haute et belle **maison Faure-Vincent-Dubois★** (18e s.), la propriétaire en personne raconte la vie d'antan et l'usage des très nombreux objets anciens rassemblés, de l'écurie à la grange en passant par la cuisine et le cellier. *✆ 04 92 21 07 72 - 15 juil.-29 août : merc. et dim. 16h-18h - possibilité de visite guidée (1h, sur RV) - fermé 1er janv., 1er Mai et 25 déc. - 4,50 € (-10 ans 2,50 €).*

Sur le versant opposé, la charmante **vallée de la Cerveyrette** est parcourue par une route de 10 km en partie revêtue. Parmi bois de mélèzes et alpages se succèdent des hameaux aux authentiques chalets de pierre et de bois couverts de bardeaux de mélèze.

Une fois passé **Le Laus** et ses admirables maisons paysannes, le **grand pic de Rochebrune**, star pyramidale du Briançonnais, semble très proche vu de la route. Celle-ci serpente bientôt dans une pinède clairsemée, où la lumière et la pelouse fleurie lancent un vibrant appel au pique-nique.

### Refuge Napoléon D3

Reconnaissant de l'accueil enthousiaste reçu à Gap pendant les Cent-Jours, Napoléon Ier légua au département une somme destinée à la construction de refuges aux cols les plus difficiles en hiver. Mais ce n'est que quarante ans plus tard qu'on bâtit des refuges aux cols de Manse, du Lautaret, de l'Izoard, de Vars, du Noyer, d'Agnel et de la Croix. Le **refuge de l'Izoard** fut érigé en 1858. Ceux des cols d'Agnel et de la Croix sont en ruine, celui du col du Noyer a été remplacé par un hôtel.

### ★★ Col de l'Izoard D3

*Voir p. 178.*

## LA HAUTE DURANCE C2-3

*Circuit tracé en vert sur la carte de microrégion (p. 88) – 17 km de Briançon à L'Argentière-la-Bessée – Comptez environ 1h. Quittez Briançon par la N 94, puis tournez à gauche et traversez la Durance.*

### Villard-St-Pancrace C2

Fait rarissime, l'**église** porte la signature d'un artiste, sur le piédroit gauche du portail de droite : « 1542 J. Ristolani ». Un cadran solaire rappelle, en latin : « Toutes blessent, la dernière tue. C'est peut-être la tienne. » Il s'agit des heures, bien entendu. En montant la rue à côté de l'église, vous arriverez au point de départ d'un **sentier botanique** *(2h).*

Le village est aussi un **site nordique** qui offre 36 km de pistes de ski de fond et 10 km de sentiers pour les raquettes et les promeneurs.

Paysage lunaire de la Casse Déserte.
F. Guiziou / hemis.fr

1

*Reprenez la voiture pour remonter la rue vers la mairie et prenez à gauche. Traversez le pont, suivez la rue du Mélézin, la rue de la Croix à droite, et garez-vous au pied du discret chemin St-Pancrace.*
En 5mn, vous atteindrez une colline, au milieu des fleurs, des champs et des monts, où se dresse la **chapelle St-Pancrace★**. Celle-ci conserve des peintures murales du 15e s. Dans un macaron au plafond, une date peinte à l'envers : à vous de la déchiffrer. *☏ 04 92 21 05 27 - 14 Juil.-15 août - visite guidée (30mn) sur RV - 4 €.*
*Retraversez Villard-St-Pancrace et prenez la D 36. Tournez à droite à Villaret, puis à gauche sur la N 94.*

## Prelles C3

**Chapelle St-Jacques –** *☏ 04 92 21 04 06 - tlj sf w.-end et j. fériés 8h-12h, 13h30-17h - clés disponibles à la mairie ou chez M. Bortino au ☏ 04 92 21 05 03.* Elle se tient le long de la N 94 (à droite). L'intérieur est couvert de **peintures murales★** du 15e s. À côté du Christ, le lion de saint Marc fait une vraie tête d'enterrement. Mais ne manquez pas le châtiment des méchants torturés par des diables noirs. Superbe et cruel.
*Reprenez la N 94 vers le sud.*
La route domine les gorges de la Durance dans un paysage sauvage et minéral, typique des Hautes-Alpes. À **St-Martin-de-Queyrières**, remarquez la belle église au haut clocher de type embrunais.

## ★ Belvédère du Pelvoux C3

Près de la route, une table d'orientation *(signalisée)* indique les principaux sommets des Écrins, visibles par la trouée de la basse Vallouise.

## L'Argentière-la-Bessée C3

*Voir p. 128.*

# Serre-Chevalier

Hautes-Alpes (05)

NOS ADRESSES PAGE 108

### S'INFORMER

**Office du tourisme de Serre-Chevalier** – *Bureau de Chantemerle - BP 20 - 05240 Serre-Chevalier - ✆ 04 92 24 98 97 - www.serre-chevalier.com - horaires : se rens. - fermé 1er Mai et 11 Nov.*

**Office du tourisme de Villeneuve/La Salle-les-Alpes** – *Bureau de Villeneuve - BP 20 - 05240 Serre-Chevalier - ✆ 04 92 24 98 98 - www.serre-chevalier.com - horaires : se rens. - fermé 1er Mai et 11 Nov.*

**Office du tourisme du Mônetier-les-Bains** – *Bureau du Mônetier - BP 20 - 05240 Serre-Chevalier - ✆ 04 92 24 98 98 - www.monetier.com - horaires : se rens. - fermé 1er Mai et 11 Nov.*

### SE REPÉRER

Carte de microrégion C2 (p. 88) – *carte Michelin Départements 334 H3.*
Trois communes, St-Chaffrey, La Salle-les-Alpes et Le Monêtier-les-Bains, regroupent 13 villages ou hameaux s'égrenant le long des eaux vives de la Guisane, en bordure de la D 1091, entre Briançon et le col du Lautaret.

### À NE PAS MANQUER

La montée en téléphérique au sommet de Serre-Chevalier où vous attend un superbe panorama.

### ORGANISER SON TEMPS

Généralement, on vient séjourner à Serre-Chevalier pour profiter du domaine skiable, mais si vous êtes de passage, vous pourrez flâner dans les villages *(voir le circuit « Vallée de la Guisane », p. 100).*

### AVEC LES ENFANTS

La station est labellisée « Famille Plus Montagne » *(voir p. 31).* L'Aventure Parc de La Salle-les-Alpes ; la base de loisirs du Monêtier ; le lac de Pontillas à La-Salle-les-Alpes *(voir la rubrique « Activités » dans « Nos adresses à Serre-Chevalier »).*

**Les saisons passent, le soleil reste ! Au centre d'un bassin entouré de montagnes qui font écran aux perturbations, la station jouit d'un microclimat exceptionnel. « Serre-Che », c'est tout un petit pays qui a su se développer sans trop bétonner, en répartissant les hébergements le long de toute la vallée de la Guisane, pour devenir la plus grande station des Alpes du Sud.**

## Découvrir

Serre-Chevalier se compose de 4 stations : **Briançon** (anciennement appelé Serre-Chevalier 1200) *(voir p. 90)* qui est relié au domaine skiable par le téléphérique du Prorel, **Chantemerle** (Chantemerle/St-Chaffrey, anciennement Serre-Chevalier 1350), **Villeneuve** (Villeneuve/La Salle-les-Alpes, anciennement Serre-Chevalier 1400) et **Monêtier-les-Bains** (anciennement Serre-

Chevalier 1500). Chaque station intégrée au complexe est une porte ouverte sur le vaste domaine skiable. Des bâtisses anciennes serrées autour des clochers de pierre du 13e s. et du 15e s. alternent avec des constructions modernes.

### L'ENFANT SACRÉ DU PAYS

Né à Briançon en 1965, **Luc Alphand** est devenu l'une des grandes figures locales en remportant la Coupe du monde de descente à ski en 1995, 1996 et 1997. Reconverti en pilote automobile, il a par ailleurs remporté le Dakar 2006.

### Sports d'hiver

L'ensemble du domaine représente **250 km** de pistes de **ski alpin** reliés par 66 remontées mécaniques. Plusieurs pistes sont éclairées la nuit. Et si dès midi vos cuisses sont tétanisées, 14 restaurants d'altitude vous attendent !

La **nouvelle glisse** est également à l'honneur : *snowpark* et *halfpipe* à Villeneuve, *boarder-cross* à Chantemerle. D'autre part, des parcours sont aménagés pour les **raquettes** en haut du domaine. Les amateurs de **ski de fond** apprécieront, eux, les **35 km** de circuit entre St-Chaffrey et le Lautaret.

Ceux qui aiment chevaucher pourront s'adonner au **ski jöring** ou piloter un **scooter des neiges**. Les sports mécaniques vous plaisent ? Suivez un stage de **conduite sur glace**. Enfin, il vous sera toujours possible de profiter simplement de la nature en longeant la Guisane à pied sur 25 km de sentiers ou bien de vous amuser avec vos enfants sur les **espaces luges** situés au pied des pistes à Villeneuve et au Monêtier-les-Bains.

Après une bonne journée de ski, la piscine et l'« Espace Thalassoforme » de Villeneuve vous accueilleront pour un moment de détente. « Les Bains » de Monêtier seront aussi une source de relaxation.

### Activités en été

La belle saison est aussi très animée, avec une gamme variée d'activités : VTT, hydrospeed, kayak et rafting sur la Guisane, randonnée à cheval, parapente et deltaplane, tir à l'arc, trampoline et même trottinerbe (Chantemerle), promesse de grandes émotions sportives, sans parler des nombreuses randonnées.

*Voir la rubrique « Activités » dans « Nos adresses à Serre-Chevalier ».*

## Se promener Carte de microrégion

### ★ Le Monêtier-les-Bains B2

Son nom vient d'un ancien prieuré bénédictin (« monêtier » signifie monastère) et de ses **eaux chaudes naturelles**, déjà connues des Romains. Face au développement des sports d'hiver, l'activité thermale avait décliné jusqu'à ce que l'établissement Les Bains la remette au goût du jour, se tournant vers des soins de confort.

Le village a su préserver son **architecture traditionnelle** et ses charmants jardinets.

**Musée d'Art sacré** – *R. St-Pierre - ✆ 04 92 24 57 43 - www.monetier.com - juil.-août : tlj sf w.-end 16h-19h ; 15 déc.-20 avr. : jeu., vend., dim. et j. fériés 14h-18h - le reste de l'année sur RV - possibilité de visite guidée - 3 € (-18 ans 1,50 €).* Aménagé dans la chapelle St-Pierre, il rassemble le patrimoine religieux des communes voisines.

Deux autres chapelles renferment des peintures murales, à découvrir dans le cadre d'une visite guidée *(se renseigner à l'office du tourisme).*

### Villeneuve C2

**Musée Autrefois mon village** – *R. de la Guisane - ✆ 04 92 25 54 00 - de déb. juil. à fin août et de fin-déc. à fin avr. : horaires se rens. - fermé j. fériés - gratuit.* Installé dans la chapelle Ste-Luce, il rassemble du mobilier, des objets et des vêtements de la vie paysanne de jadis, accompagnés de nombreuses explications écrites.

*20mn AR.* De la chapelle Ste-Luce, montez à pied à La Salle. Le sentier emprunte une partie du circuit (1h10) permettant de découvrir les alentours *(brochure du circuit à l'office de tourisme ou au musée de Villeneuve).*

### ★ La Salle-les-Alpes C2

**Chapelle St-Barthélemy** – À l'intérieur de cette chapelle du 15e s., les peintures murales montrent sainte Marthe en action : son plus célèbre exploit fut la capture de la tarasque, animal fabuleux qui vivait sur les rives du Rhône. De la terrasse, belle **vue★** sur la vallée.

*Poursuivez sur le chemin.*

**Église St-Marcellin★** – *Possibilité de visite guidée : se renseigner à la mairie - ✆ 04 92 25 54 00 - fermé w.-end et j. fériés - gratuit.* Sur la face sud, le porche est soutenu par trois colonnes reposant l'une sur un lion, les deux autres sur des bénitiers. On entre à l'intérieur par une minuscule porte à la jolie ferronnerie. Sous vitrine, un petit trésor, dont un coffre roman. Chapiteaux sculptés de motifs naïfs, masques rieurs. Retable en bois doré du 17e s. décoré d'une Vierge à l'Enfant, encadré par un ensemble baroque orné de colonnes torses et de niches abritant de fines statues de saintes.

### St-Chaffrey C2

Suivez la rue qui monte derrière l'église paroissiale et prenez à droite le chemin St-Arnoul pour arriver à la **chapelle St-Arnoul**, qui abrite de belles fresques. C'est le plus vieil édifice religieux du Briançonnais (11e s.).

Revenez sur vos pas. En continuant la montée, un autre chemin sur la droite mène à la **cascade de la Pisse** *(30mn).*

## Randonnées Carte de microrégion

### ★★ Sommet de Serre-Chevalier C2

*Accès par un téléphérique en 2 tronçons au départ de Chantemerle. ✆ 04 92 25 55 00 - de fin juin à fin août : tte la journée - dernière montée 1er tronçon 16h30 - dép. ttes les 20mn - montée 1 tronçon 5,50 € (6-11 ans 4,40 €) - descente 1 tronçon 4,20 € (6-11 ans 3,40 €) - AR 1 tronçon 6,70 € (6-11 ans 5,40 €), 2 tronçons 10,80 € (6-11 ans 8,70 €).*

Alt. 2 483 m. De la plate-forme terminale, montez à la table d'orientation. Superbe **panorama★★** sur l'Oisans (Pelvoux et les Agneaux) à l'ouest, les aiguilles d'Arves et le pic du Galibier au nord-ouest, la Vanoise (Dent Parrachée) au nord et le Queyras (pic de Rochebrune) à l'est.

### ★★ Tour de l'Eychauda BC2

*Du sommet de Serre-Chevalier (voir ci-dessus), auquel vous accédez par le téléphérique. Se procurer une carte au 1/25 000. Le circuit aboutit au Monêtier-les-Bains. Le retour à Chantemerle se fait en autocar : les horaires sont disponibles dans les offices du tourisme de Serre-Chevalier Vallée.*

*5h de marche présentant peu de montées.* De la table d'orientation, descendez sur les crêtes une dizaine de mètres en direction du col de Serre-Chevalier, et repérez à droite des traces qui permettent de gagner le sentier du tour de l'Eychauda. Après une partie assez plane, vous montez au **col de la Pisse** (alt. 2501 m). Le sentier évolue ensuite à flanc de montagne et offre de belles **vues★★** sur la cuvette du lac de l'Eychauda, le pic de Clouzis et surtout le massif du Pelvoux. Avant d'atteindre le télésiège de la Cucumelle, il présente quelques passages vertigineux. Vous parvenez enfin au **col de l'Eychauda**, encadré par le rocher de l'Yret et la pointe de la Cucumelle, et dominant la route du Lautaret. Un large chemin descend le long des pistes du Monêtier et conduit à un restaurant d'altitude. De là, allez à gauche et quittez le chemin, en légère montée, pour prendre un sentier à droite, qui descend en contrebas des départs des télésièges. C'est le **GR 54**, balisé en rouge et blanc et parfois en jaune. Il longe le torrent, puis le traverse pour s'enfoncer dans une agréable forêt de mélèzes. Vous passez devant une chapelle : continuez tout droit jusqu'à une petite route, que vous prenez à gauche. Parvenu à une aire de jeux sur une place, prenez à droite, traversez un petit pont et remontez la rue de la Grande-Turière. À l'arrivée sur la route nationale, dirigez-vous à droite et rejoignez l'arrêt du car, juste avant la Poste.

### ★★ Lac du Combeynot B2

**Bon à savoir** – La randonnée pénètre dans la zone centrale du Parc national des Écrins. Les chiens et la cueillette des fleurs sont interdits. Si vous voyez des animaux sauvages, restez sur le sentier, ne les dérangez pas.

*5h AR au départ des Boussardes, à 200 m au sud du Lauzet. Sentier balisé en bleu.* Nombreuses possibilités, notamment à la sortie de la forêt, d'apercevoir d'assez près des chamois. Le sentier remonte le vallon de Fontenil jusqu'au lac. Ce superbe lac glaciaire (alt. 2555 m), dominé à l'ouest par la Tête du Vallon (alt. 3059 m), est profond de 16 m.

### Sentier du belvédère de la montagne C2

*4h de marche facile AR au départ de Bez (hameau de Villeneuve).* Prenez la direction du hameau de Fréjus, puis suivez le sentier qui s'élève vers le clos de la Salette et domine le site de l'école d'escalade ; à la bifurcation, prenez à droite la direction du Monêtier (celle de gauche se dirige vers le clos de la Salette). Le belvédère procure de belles vues sur la vallée de la Guisane, qui maintient ses traditions paysannes, et le versant à l'ubac. La descente se poursuit jusqu'au torrent de Chanteloube ; on rejoint enfin la vallée du Monêtier.

### ★ Via ferrata de l'aiguillette du Lauzet B1

Ces hautes falaises de calcaire fracturé sont un haut lieu de l'escalade briançonnaise. Depuis quelques années, l'engouement pour les via ferrata en a fait un site très fréquenté, comme en témoigne l'encombrement des lieux de stationnement au **Pont-de-l'Alp**.

## NOS ADRESSES À SERRE-CHEVALIER

#### TRANSPORTS

Une ligne régulière de cars assure la liaison entre Briançon et Serre-Chevalier Vallée, desservant l'ensemble des villages. Horaires disponibles dans les offices de tourisme.

#### HÉBERGEMENT

POUR SE FAIRE PLAISIR

**À Saint-Chaffrey**

**Chambre d'hôte Les Marmottes** – *22 r. du Centre - 05240 Saint-Chaffrey - 04 92 24 11 17 - www.chalet-*

*marmottes.com - Wifi - 5 ch. 78/132 € ☕, demi-pension possible - ✕ 23 € bc.* Il fait bon hiberner dans cette vieille grange convertie en maison d'hôte : salon au coin du feu et douillettes chambres personnalisées, tournées vers les sommets alentour. Cuisine familiale bien faite (menu unique), servie sur la grande table en bois.

### À Villeneuve-la-Salle

**Hôtel Le Mont Thabor** – *1 bis chemin Envers - 05330 Villeneuve-la-Salle - ✆ 04 92 24 74 41 - www.mont-thabor.com - fermé 26 avr.-15 juin et 8 sept.-1er déc. - 27 ch. 95/160 € ☕.* Cet hôtel neuf arbore un décor contemporain d'esprit montagnard. Chambres confortables et très bien équipées, sauna, jacuzzi…

### Au Monêtier-les-Bains

**Hôtel Alliey** – *05220 Le Monêtier-les-Bains - ✆ 04 92 24 40 02 - www.alliey.com - ouvert mi-juin-déb. sept. et mi-déc.-fin avr. - Wifi - 22 ch. 99/139 € - ☕ 15 €, demi-pension possible.* Cette maison de village propose un hébergement de charme : l'omniprésence du bois y crée une ambiance chaleureuse. Douillettes chambres montagnardes et bel espace balnéo. Cuisine actuelle dans la salle de restaurant où pierre et bois se marient subtilement.

UNE FOLIE

### À Villeneuve-la-Salle

**Hôtel Christiania** – *23 rte de Briançon - 05330 Villeneuve-la-Salle - ✆ 04 92 24 76 33 - www.le-christiania.com - ouvert 12 juin-11 sept. et 18 déc.-11 avr. - 26 ch. 119/127 € ☕, demi-pension possible - ✕ 23/29 €.* Accueil familial, bar-salon rustique réchauffé par une cheminée et chambres sagement montagnardes caractérisent cet hôtel sis au bord de la Guisane. Restaurant au cadre alpin rehaussé de vieux objets et terrasse dressée dans le jardin longé par un torrent.

### Au Monêtier-les-Bains

**Hôtel L'Auberge du Choucas** – *17 r. de la Fruitière - 05220 Le Monêtier-les-Bains - ✆ 04 92 24 42 73 - www.aubergeduchoucas.com - fermé 3-29 mai et 2 nov.-4 déc. - Wifi - 12 ch. 100/330 € - ☕ 17 €, demi-pension possible - ✕ formule déj. 17 € - 29/79 €.* Auberge de caractère voisine de l'église datant du 15e s. L'intérieur empreint d'authenticité marie élégance et raffinement. Chambres et duplex chaleureux. Salle à manger voûtée, feu dans l'âtre et cuisine au goût du jour.

## RESTAURATION

POUR SE FAIRE PLAISIR

### Au Monêtier-les-Bains

**La Table du Chazal** – *Les Guibertes - 05220 Le Monêtier-les-Bains - 2,5 km au sud-est par rte de Briançon - ✆ 04 92 24 45 54 - fermé 2-25 juin, mar. sauf août et lun. - 28/45 €.* Maison de pays nichée dans un hameau. Le décor soigné et coquet des salles voûtées est parfait pour déguster une cuisine traditionnelle actualisée.

## ACHATS

### À Saint-Chaffrey

**Longo Maï** – *Filature de Chantemerle - 05330 Saint-Chaffrey - ✆ 04 92 24 04 43 - tlj sf dim. et lun. 9h30-12h, 14h30-19h - fermé j. fériés.* Cette filature réalise des produits en pure laine aux couleurs naturelles : chemises, pulls, couvertures, bonnets, etc. Visite guidée des ateliers et démonstrations tous les jeu. à 17h (2 €), sauf en mai-juin et oct.-nov.

### Au Monêtier-les-Bains

**La Maison des Artisans** – *3 pl. du Marché - 05220 Le Monêtier-les-Bains - ✆ 04 92 24 51 11 - tlj 10h-12h, 15h-19h - fermé 1er Mai-15 juin et 15 sept.-15 déc.* Coopérative où artisans et producteurs de la région exposent et vendent leurs créations : miels et confitures, mais aussi céramiques, objets en bois tourné, bijoux originaux et bien d'autres produits.

## EN SOIRÉE

### À La Salle-les-Alpes

**Cocoon Café** – *C.C. Le Prélong - 05240 La Salle-les-Alpes - ✆ 04 92 24 92 25 - 8h30-2h - fermé de fin avr. à mi-juin et sept.-nov.* Au diapason des saisons, ce café adopte en hiver une carte riche en cafés, en thés et en bières, tandis qu'en été les cocktails et une terrasse très bien exposée se taillent la part du lion. L'intérieur conjugue chaleur et discrétion.

## ACTIVITÉS

**Bon à savoir** – Les offices de tourisme de Serre-Chevalier proposent la **Carte d'hôte** qui permet d'obtenir, sur présentation, des avantages sur les services et les activités.

### Activité aquatique

**Pour barboter en famille** – *Le Pontillas - 05240 La Salle-les-Alpes - ✆ 04 92 24 98 98 - gratuit.* Plan d'eau avec petite plage de sable, en accès libre (baignade surveillée en été).

### Parc de loisirs

**Aventure Parc** – *Sous le Rocher - 05240 La Salle-les-Alpes - ✆ 04 92 24 90 57 - www.aventure-parc.fr - 10h-18h30 - fermé oct.-avr. - 25 € entrée (-10 ans 20 €).* Pont de rondins, pont de singe, tyroliennes, échelle de perroquet, tonneaux, filet à grimper, saut à l'élastique, etc. : plus de 110 jeux vous attendent dans ce parc ludique et sportif.

### Randonnée et VTT

Le *Guide des itinéraires* est en vente dans les offices de tourisme *(7,50 €)*, ainsi que la carte des itinéraires VTT *(1 €)*.

**Télésièges estivaux** – *✆ 04 92 25 55 00 - juil.-août : tlj sf lun. 9h30-17h30.* À Villeneuve et au Monêtier-les-Bains, les télésièges de la **Casse-du-Bœuf** et du **Bachas** vous emportent en 10mn à plus de 2 000 m d'altitude. À l'arrivée, randonneurs et vététistes redescendront par les sentiers aménagés et profiteront de la vue sans la fatigue de la montée. Les autres feront quelques pas jusqu'au restaurant et pourront repartir en télésiège.

**Bureau des guides de Serre-Chevalier** – *Maison de la Montagne - 1 rte Pré-Long - 05240 La Salle-les-Alpes - ✆ 04 92 24 75 90 - www.guides-serrechevalier.com.* Ils vous accompagneront dans diverses activités de montagne : cascade de glace, ski de randonnée, randonnées estivales.

1

# Col du Lautaret

★★

Hautes-Alpes (05)

**S'INFORMER**

**Accès au col** – ✆ *04 92 21 08 50 - Les cols de l'Izoard et de l'Échelle sont fermés à partir de la mi-nov. jusqu'à la mi-mai en fonction des conditions météologiques. Le col du Lautaret est ouvert toute l'année.*

**SE REPÉRER**

Carte de microrégion B1 (p. 88) – *carte Michelin Départements 334 G2.* Sur la D 1091, grand axe de communication nord-sud des Alpes françaises, et à 28 km seulement de Briançon, c'est la porte des Alpes méridionales. Au point culminant du col, engagez-vous dans le chemin du Jardin alpin pour apprécier l'ensemble du site.

**ORGANISER SON TEMPS**

Un petite demi-heure suffit pour admirer le paysage mais chacun s'y attardera à son gré. Comptez au moins une heure si vous voulez vous promener dans le Jardin alpin.

**Ça va, ça vient sur ce col qui ne part jamais en vacances. Pourtant, son altitude relativement élevée (2 057 m) et le manteau de neige qui lui tient chaud tout l'hiver auraient pu le préserver du flot automobile. N'en croyez rien, on prend des mesures pour le déneiger. De juin à début août, ce site sévère revêt une capeline colorée, s'égayant d'immenses champs de narcisses, d'anémones, de lis, de gentianes, de rhododendrons et même, parfois, d'edelweiss…**

## Découvrir

Lautaret proviendrait du latin *altare* (autel), car une inscription romaine a été découverte à proximité du col.

Une table d'orientation est érigée sur une éminence, en amont du Jardin alpin. De là, le **panorama**★★ est saisissant sur le massif de la Meije et ses glaciers, dont le glacier de l'Homme.

Col du Lautaret sous la neige
*J.-L. Armand / Photononstop*

### ★ Jardin alpin

*Villar-d'Arêne - ✆ 04 92 24 41 62 - juin-sept. : 10h-18h - 6 € (12-18 ans 5 €).*
Ce grand jardin très réputé de 2 ha environ est dû à l'initiative commune du Touring Club de France et de l'université de Grenoble (le chalet-laboratoire, réservé à la recherche scientifique, reçoit chercheurs et étudiants). Créé au début du 20e s., il connut bien des vicissitudes, mais, aujourd'hui, l'association des Amis du Jardin alpin (AJAL) en prend soin.

Il comprend des massifs de rocaille où poussent plus de 2 000 espèces de plantes sauvages groupées d'après leur origine géographique ainsi que des plantes médicinales. Le visiteur, au gré de ses pas, partira pour un tour du monde botanique en découvrant la flore des Pyrénées, des Carpates, des Balkans, du Caucase, de l'Himalaya, du Japon et des montagnes Rocheuses.

### Refuge Napoléon

*Voir p. 102.*
Le **Parc national des Écrins** *(voir p. 150)* y a installé un centre d'information et y organise des expositions sur la faune, la flore, la géologie, etc.

## Circuit conseillé Carte de microrégion

### ★ VALLÉE DE LA GUISANE BC1-2

*Circuit tracé en vert sur la carte de microrégion (p. 88) – 32 km du col de Lautaret à Briançon – Comptez 1h. Voir p. 100.*

## Randonnée Carte de microrégion

### ★ Réserve naturelle du Combeynot B1

*Au moins 7h, avec nécessité d'être repris en voiture au Casset. Randonnée sans difficulté, mais déconseillée aux marcheurs peu endurants ou sensibles au vertige, ainsi que les jours de pluie ou après des chutes de neige. Départ du refuge Napoléon au col du Lautaret.*
Allez plein ouest après avoir franchi la N 91, et engagez-vous dans le sentier des Crevasses *(balisé)*. Le circuit pénètre immédiatement dans la Réserve naturelle du Combeynot et va contourner par l'ouest le pic du Combeynot, pour reprendre au col d'Arsine le tracé du **GR 54** jusqu'au Casset. La montée en pente douce jusqu'au refuge de l'Alpe de Villar d'Arêne réserve de nombreux

points de vue sur la Romanche et permet d'admirer la flore d'altitude, les buissons d'aulne vert notamment, qui abrite de nombreux oiseaux, du mouchet au tétras-lyre. Le sentier tracé plein sud permet d'atteindre à vue le refuge, non loin duquel se dresse une station météo. Après une pause *(restauration sur place)*, courage, il faut continuer jusqu'au col d'Arsine : en récompense, magnifique panorama sur les vallées glaciaires, le pic de Neige Cordier (alt. 3 613 m) et sur le glacier d'Arsine descendant du pic des Agneaux.
Après les chalets d'Arsine, le sentier s'approche du superbe cadre du lac de la Douche, dominé par le glacier du Casset, avant d'atteindre la vallée de la Guisane *(voir le Briançonnais, p. 100)* par le vallon du Petit Trabuc.

# La Grave

★★

495 Gravarots – Hautes-Alpes (05)

NOS ADRESSES PAGE 115

### S'INFORMER

**Office de tourisme** – *05320 La Grave - 04 76 79 90 05 - www.lagrave-lameije.com - juil.-août, des vac. de Noël à mi-avr. : 9h-12h, 15h-19h, dim. et j. fériés 9h-12h, 15h-18h ; de mi-avr. à fin juin : tlj sf dim. et j. fériés 9h-12h, 15h-18h ; de déb. sept. aux vac. de Noël ; tlj sf dim. et j. fériés 9h-12h, 15h-17h - fermé 1er et 11 Nov.*

### SE REPÉRER

Carte de microrégion A1 (p. 88) – *carte Michelin Départements 334 F1.*
À 28 km à l'est du Bourg-d'Oisans par la D 1091, La Grave est le dernier village avant le col du Lautaret (11 km), qui vous fera basculer dans les Hautes-Alpes.

### À NE PAS MANQUER

Une excursion au sommet des téléphériques des glaciers de la Meije.

### ORGANISER SON TEMPS

Les possibilités d'excursions en moyenne et haute montagne sont exceptionnelles. Il convient en été de consacrer au moins quatre jours à la visite des environs de La Grave.

### AVEC LES ENFANTS

Les possibilités de s'initier à l'escalade sont nombreuses ici *(voir « Nos adresses à La Grave »)* ; la grotte de glace.

**Au creux d'une vallée profonde, La Grave fait face à la Meije, la plus célèbre des cimes du massif des Écrins. Elle attire pour cela les passionnés d'alpinisme séduits par le vaste choix de courses qui s'offrent à eux. Les simples visiteurs peuvent y contempler le spectacle de la haute montagne dans l'un de ses cadres les plus grandioses. Le village est classé parmi les plus beaux villages de France.**

# Découvrir

### La station

Malgré leur intérêt touristique, La Grave et ses hameaux charmants n'ont jamais fait l'objet de grands projets immobiliers. Elle est restée une petite station familiale et sportive, à l'habitat traditionnel. Outre la Meije, les deux communes de La Grave et de Villar-d'Arêne ne comptent pas moins de 50 sommets entre 3 000 et 4 000 m.

### Le domaine skiable

Le domaine impressionne plus par son dénivelé (2 150 m entre le dôme de la Lauze et La Grave) que par le nombre de remontées mécaniques et de pistes. Le ski alpin se pratique sur les vallons de la Meije et, plus modestement, au Chazelet et au col du Lautaret. Les fondeurs se retrouvent, quant à eux, sur les 20 km de pistes balisées à Villar-d'Arêne, en bordure du Parc national des Écrins. Enfin, les possibilités de ski de randonnée sont considérables *(se renseigner auprès de la Compagnie des guides de l'Oisans).*

Le téléphérique dessert deux circuits de poudreuse classiques (les vallons de la Meije et de Chancel) et de nombreuses variantes, avec une neige extraordinaire de fin janvier à mi-mai. Cet espace de haute montagne, qui n'a d'égal que la vallée de Chamonix, nécessite un bon niveau de ski.

Au fond du vallon d'Arsine, au pied du Parc national des Écrins, 20 km de pistes sont réservés, dans un environnement sauvage, aux fondeurs, marcheurs à raquettes ou skateurs.

1

### Église

Se dressant au milieu de son petit cimetière où reposent plusieurs victimes de la montagne, la fruste silhouette de style lombard de la ravissante église romane du 12e s. s'intègre joliment au site de la station. Elle renferme une cuve baptismale du 15e s.

### Chapelle des Pénitents

À côté de l'église, le plafond de la chapelle (17e s.) est couvert de fresques.

# À proximité Carte de microrégion

### Villar-d'Arêne A1

▶ *3 km à l'est.* Ici, pas de chalets. La rareté du bois et les incendies ont incité les habitants à construire en pierre, avec des blocs de tuf ou de schiste liés par un mortier à base de terre. Les toits à deux pans sont couverts de lauzes. Construites sur la roche, les maisons sont disposées en gradins face à la montagne ; les « traducs », rues escarpées, les relient. La vallée de Villar-d'Arêne borde le massif de l'Oisans. Sur la rive gauche, une barrière de sommets, dont la Meije, masque le ciel. À droite, les flancs du Galibier et des Grandes Rousses adoucissent le rude aspect du paysage.

# Randonnées Carte de microrégion

Les principales randonnées pédestres mènent au **plateau d'Emparis** (au départ du Chazelet), au **col d'Arsine** (au départ du Pied du Col) et au **lac du Goléon** (accessible de Valfroide).

Par ailleurs, La Grave constitue une base idéale pour découvrir l'ensemble de la vallée de la Romanche, les cols du Lautaret et du Galibier, et les stations des Deux-Alpes et de Serre-Chevalier.

### ★★★ Glaciers de la Meije et grotte de glace *(par téléphérique)* A1-2

*Prévoir la journée pour découvrir correctement le site (1h10 de télécabine AR). 04 76 79 94 65 - www.la-grave.com - de mi-juin à mi-sept. - 20 € AR. 04 76 79 91 09 - www.la-grave.com - de mi-juin à mi-sept. : 8h-17h ; reste de l'année se rens. - 22 € (-18 ans 12 €).*

Le trajet permet d'atteindre d'abord le plateau du Peyrou d'Amont (alt. 2 400 m), puis aboutit au col des Ruillans (alt. 3 200 m) sur le flanc nord-ouest du Rateau, avec des vues inoubliables sur les glaciers de la Meije, du Rateau et de la Girose. De la plate-forme d'arrivée, on découvre face à soi les aiguilles d'Arves. Sur leur droite, remarquer en arrière-plan le Mont-Blanc, puis les massifs de la Vanoise (Péclet-Polset, Grande Casse, glaciers de la Vanoise, dent Parrachée… et du Thabor. À gauche des aiguilles d'Arves se dressent les chaînes de Belledonne et des Grandes Rousses…

Au col des Ruillans, un accès facile conduit à la **grotte de glace** décorée de nombreuses sculptures originales en glace. *04 76 79 94 65 - www.grotte-deglace.com - de mi-juil. à mi-août : 8h-15h45 ; de mi-juin à mi-juil. et de mi-août à mi-sept. : 10h-15h45 (dernière entrée 15h) - 4 € (enf. 3 €) 04 76 79 91 09 - www.grottedeglace.com - de mi-juin à mi-sept. - horaires se rens. - 4 € (enf. 3 €).*

. Plusieurs restaurants d'altitude font face au panorama grandiose.

À partir du **Peyrou d'Amont**, des circuits de randonnée balisés sont praticables à la journée ou à la demi-journée. On peut emprunter successivement les téléskis de **Trifides** et de la **Lauze**, d'où l'on bénéficie d'un **panorama★★★** exceptionnel, à 3 550 m d'altitude, sur les Grandes Jorasses et le Grand Combin suisse.

**AU DÉPART DU CHAZELET** A1

### ★★★ Oratoire du Chazelet

*6 km par la D 33^A qui se détache de la route du Lautaret à la sortie du premier tunnel. On traverse le village des Terrasses.*

De l'oratoire du Chazelet, qui se situe à gauche dans un virage, splendide **point de vue** sur le massif de la Meije *(table d'orientation en contre-haut, à 1 834 m d'alt.)*. Pousser jusqu'au village du **Chazelet**, réputé pour ses maisons à balcons. En redescendant vers la vallée, on peut poursuivre jusqu'à la chapelle de **Ventelon**, autre point de vue sur la Meije.

### ★★★ Lac Lérié et lac Noir

*3h AR. Dénivelé 700 m. Laissez la voiture à l'entrée du village du Chazelet. Rejoignez à l'autre extrémité du village les remontées mécaniques. Traversez le petit pont et empruntez à gauche le GR 54.*

Après une heure de montée régulière, le sentier parvient au plateau d'Emparis. Le circuit devient facile et des vues se dégagent sur le massif de la Meije.

**LE SAVIEZ-VOUS ?**

Comme plusieurs autres lieux homonymes, La Grave provient du terme celtique *grava*, désignant un terrain caillouteux (d'où également « gravier »).

Les Gravarots se réunissent à l'orée de l'hiver avec les Faranchins (habitants de Villar-d'Arêne) pour préparer au four banal le *« pô bulli »*, pain de seigle bouilli, occasion de perpétuer des traditions communautaires essentielles à ces pays rudes.

Une heure de marche supplémentaire et on atteint la cote 2 300 où l'on tourne à gauche du panneau vers le lac Lérié. **Vue** splendide sur la route du Lautaret, le Rateau et les vastes glaciers de la Girose et de Mont-de-Lans.

Longer le lac pour admirer les reflets des montagnes dans l'eau et découvrir, à son extrémité, une vue impressionnante vers l'aval et la vallée de la Romanche.

*Montez ensuite à droite au lac Noir.*

Un splendide spectacle s'offre dans un site sauvage égayé de gentianes et d'edelweiss.

## NOS ADRESSES À LA GRAVE

### VISITE

**Visite du four de Villar-d'Arêne** – *Se rens. à l'office du tourisme de La Grave.*

### HÉBERGEMENT

#### POUR SE FAIRE PLAISIR

**Hôtel Les Chalets de la Meije** – *04 76 79 97 97 - www.chaletdelameije.com - fermé 25 avr.-28 mai et 3 oct.-24 déc. - ♿ - Wifi - 18 ch. 98/104 €* ☕. Cet ensemble de chalets jouit d'une superbe situation face au Parc des Écrins. Chambres ou duplex coquets et bien tenus, au décor montagnard chaleureux. Espace bien-être.

### RESTAURATION

#### BUDGET MOYEN

**Les Glaciers** – *D 1091, centre village - 04 76 79 90 07 - alain.pelletier05@orange.fr - fermé de début nov. à mi-déc. et en sem. hors saison - 17/30 €.* Ambiance rétro dans ce petit restaurant qui ne paye pas de mine. Cuisine simple entièrement maison mettant à l'honneur les produits du terroir, des spécialités de montagne ainsi que l'Italie toute proche. Changement de carte au fil des saisons.

**Au Vieux Guide** – *Centre du village en contrebas de la D 1091 - 04 76 79 90 75 - au-vieux-guide@wanadoo.fr - fermé mai et oct.-nov. - 17/33 €.* Les classiques spécialités fromagères mais également une cuisine un peu plus élaborée sont au menu. Ambiance montagnarde.

### ACTIVITÉS

**Via ferrata des mines du Grand Clot** – Elle présente le double intérêt d'être la plus longue via ferrata de France et de parcourir le site de très anciennes mines.

### AGENDA

**Festival Olivier Messiaen** – *10 j. fin juil. - 55 bd Gambetta - 38000 Grenoble - 06 76 67 31 44 - www.festival-messiaen.com.* Pour explorer à chaque édition un thème singulier du compositeur dans un décor à sa dimension !

**Les Rencontres de la haute Romanche** – *1re quinz. d'août - Maison de La Grave - 06 82 19 14 64.* Spectacles, concerts, photographies investissent le centre-ville.

**Le Derby de la Meije** – *Déb. avr. - www.derbydelameije.com.* Un grand événement du monde de la glisse, dans l'esprit léger et néanmoins compétitif des *freeriders*.

1

# Montgenèvre

466 Montgervas – Hautes-Alpes (05)

NOS ADRESSES PAGE 118

**S'INFORMER**

**Office du tourisme de Montgenèvre** – *Rte d'Italie - 05100 Montgenèvre - ☎ 04 92 21 52 52 - juin-août : mar.-vend. 9h-12h30, 13h30-17h, w.-end et lun. 9h-18h30 ; reste de l'année : se rens.*

**Visites guidées des villages** – *Une fois par semaine en été ; renseignements au 04 92 21 52 52.*

**Massif du Chenaillet** – *16 juil.-31 août : merc. (dép. 9h, retour 17h) - 20 € - se rens. à l'office de tourisme.* Partez à la rencontre de ce volcan sous-marin fossile en compagnie d'un géologue qui vous dévoilera la richesse de ce patrimoine naturel.

**SE REPÉRER**

Carte de microrégion D2 (p. 88) – *carte Michelin Départements 334 I3.* Entre Briançon et l'Italie, le col de Montgenèvre est un site superbe dominé par des sommets approchant les 3 000 m.

**SE GARER**

Parking payant dans le centre, gratuit aux extrémités de la station.

**À NE PAS MANQUER**

Les hauts sites du Chalvet et des Chalmettes depuis lesquels s'ouvrent de splendides panoramas (accès par remontée mécanique).

**AVEC LES ENFANTS**

La station est labellisée « Famille Plus Montagne » *(voir p. 31).*

**Montgenèvre doit son nom à la majestueuse montagne qui la domine au sud, le mont Janus, baptisée en l'honneur du dieu romain gardant les portes. Lieu de passage depuis l'Antiquité, Montgenèvre a vu défiler les siècles et les armées. Après avoir accueilli, au début du 20e s., les premiers essais de ski en France, et attiré quelques célébrités, tels Colette, Mistinguett ou Jean Gabin, au Grand Hôtel, elle est devenue aujourd'hui l'une des plus grandes stations de sports d'hiver du Briançonnais.**

## Découvrir

### Station

En aval, le village des **Alberts** (alt. 1 365 m) avec son four banal et ses cadrans solaires conserve une architecture traditionnelle. Quant à la station, elle présente la particularité de se développer sur la longue section plane du **col de Montgenèvre** (alt. 1 850 m) qui est ouvert toute l'année. L'**obélisque**, qui se dresse quelques mètres au-delà de la douane française, rappelle que la route a été rendue carrossable dès le Premier Empire (en 1807).

### Domaine skiable

Il est intégré au domaine franco-italien de la **Voie Lactée** comprenant Clavière, Cesana, Sansicario, Sestrières et Sauze-d'Oulx, qui compte plus de 400 km de pistes reliés par 88 remontées mécaniques.

### LE SKI PREND DU GALON

Le 20e s. commence à peine qu'un jeune officier en garnison à Briançon, le **capitaine Clerc**, équipe de skis sept de ses hommes. À ses frais! En 1901, un aréopage d'experts militaires vient les voir évoluer sur les pentes du col de Montgenèvre. Essai transformé deux ans plus tard : le ministère de la Guerre équipe tous les chasseurs alpins et ouvre une école. Et les Briançonnais en profitent, car, pour eux, skis et cours sont gratuits. Le matériel évolue parallèlement : fixations métalliques en 1904, passage du bâton unique aux 2 bâtons en bambou. En 1907, c'est la consécration avec le 1er Concours militaire international de Montgenèvre, organisé par **Georges Dioque Shea**. Il comprenait deux épreuves : le concours de saut et la course de fond. Toute la région se mobilisa pour accueillir participants et public. Les maisons étaient bondées, le succès fut immense.

Voir l'exposition « Ski en Briançonnais » à la Maison du Parc national des Écrins à Briançon *(voir p. 93)*.

Le domaine de Montgenèvre offre à lui seul 100 km de pistes bien enneigées en saison et 38 remontées mécaniques. Les bons skieurs dévaleront les 14 pistes noires, et les amateurs de sensations apprécieront la zone de *freeride*. Enfin, 17 km sont balisés pour la pratique du ski de fond, complétés par 60 km au départ du village des Alberts.

En **été**, outre les randonnées à pied et à VTT, de multiples activités sont proposées : luge d'été, piscine, tennis, parcours acrobatique en forêt, escalade, parapente, etc.

### Panoramas accessibles par télécabine

*Toujours s'assurer auprès des pisteurs qu'il n'y a pas de risque d'avalanche.*

★★ **Le Chalvet** – *Accès en hiver par la télécabine du Chalvet - 04 92 21 91 73 - horaires et tarifs : se rens.*

*En été, accès en 4h15 de marche AR. Montez à la table d'orientation.* Alt. 2 577 m. **Panorama**★★ splendide à l'ouest; vous pouvez admirer la plupart des sommets de l'Oisans, dont la barre des Écrins, les Agneaux et la Meije. Au nord, le Thabor et les aiguilles d'Arves. Au sud se déploie le domaine de Montgenèvre, dominé par le Janus et le Chenaillet. En arrière-plan, vous reconnaîtrez le pic de la Font Sancte, celui bien identifiable de Rochebrune et le Viso. Enfin, le regard porte sur les Alpes italiennes toutes proches à l'est.

**Télécabine des Chalmettes** – *04 92 21 91 73 - 7 juil.-2 sept. : se rens. - 6 € (-12 ans 4 €), billet combiné avec le télésiège de l'Aigle ou celui de l'Observatoire - 9 € (enf. 6 €).* Alt. 2 200 m. **Vue** au nord sur le Chalvet et le Chaberton, au sud sur les Anges et le Janus.

## Circuit conseillé Carte de microrégion

### ROUTE DE MONTGENÈVRE C2

*Circuit tracé en vert sur la carte de microrégion (p. 88) – 12 km – Comptez environ 30mn. Quittez Briançon par le nord-est. Voir p. 101.*

## NOS ADRESSES À MONTGENÈVRE

### HÉBERGEMENT ET RESTAURATION

#### PREMIER PRIX

**Chambre d'hôte La Maïta** – *Les Alberts (vallée de la Clarée) - ☏ 04 92 20 29 72 - www.gites05.com - fermé de mi-oct. à mi-nov. - 6 ch. 30/38 € - ☕ 6 €.* En empruntant la route qui conduit à Montgenèvre, vous croiserez cette maison de caractère qui abrite également un gîte. L'ensemble, très rustique, se compose de 6 chambres sobrement meublées. M. Silvestre vous prodiguera ses bons conseils afin de ne manquer aucune curiosité de la région.

#### BUDGET MOYEN

**Hôtel Valérie** – *Pl. de l'Église - ☏ 04 92 21 90 02 - www.hotel-montgenevre.com - fermé avr.-1er juil. et sept.-20 déc. - 19 ch. 60/68 € - ☕ 8,50 €, demi-pension possible.* Cet hôtel se trouve en léger retrait du centre et à quelques mètres des remontées mécaniques. Ambiance montagnarde dans les chambres aux murs lambrissés et au confort actuel. Vous pourrez choisir entre une orientation sud, plus ensoleillée, ou nord, moins chère.

### ACTIVITÉS

**Bon à savoir** – L'office de tourisme propose deux formules de cartes multi-activités : la **carte « 1, 2, 3... Soleil »**, qui se présente sous une forme circulaire *(d'une valeur de 30 €, mais vendue 27 €)*, vous donne accès à un grand nombre d'activités à un tarif préférentiel ; le **Pass Montgenèvre**, qui, lui, se présente sous la forme d'un bracelet, offre un accès illimité à presque toutes les activités de la station *(100 €/7 j)*.

#### Randonnée et VTT

100 km de sentiers pédestres et VTT autour de Montgenèvre. L'office de tourisme propose gratuitement deux randonnées hebdomadaires en compagnie d'un guide *(sur réserv. 7 j. av.)*. De même, il organise deux sorties VTT chaque semaine *(prestation payante)*. Demandez le programme ! Topoguide en vente à l'office de tourisme.

**Au Pas de l'Âne** – *Les Alberts - 05100 Montgenèvre - ☏ 04 92 21 30 95 - www.ane.fr.* Découvrir la belle vallée de la Clarée d'une manière originale et écologique, c'est possible. Vous pourrez concocter votre randonnée personnalisée, montés sur ces fidèles compagnons, ou vous laisser guider par les accompagnateurs qui sauront vous raconter leur région.

**VTT Bike Park** – Le *Bike Park* de Montgenèvre comprend plus de 12 pistes de descente permanentes, de différents niveaux de pilotage. Les départs sont accessibles depuis les sommets (2 420 m) et desservis par trois remontées mécaniques (forfaits VTT). Les nouveaux aménagements 2010 offrent un espace débutant, une *pump track*, un *Big Air Bag*, 2 pistes typées « enduro » (20 et 24 km) arrivant au camping des Alberts (1 360 m) avec remontée sur la station en navette routière et l'ouverture du versant du Chalvet.

#### Golf

**Golf de Montgenèvre** – *Rte d'Italie - ☏ 04 92 21 94 23 - www.montgenevre.com - juin-sept. - 32 € parcours 9 trous.* Golf 9 trous sur un parcours de 3 000 m. Stages d'apprentissage pour les jeunes à partir de 6 ans.

# Vallée de la Clarée

★★

Hautes-Alpes (05)

## NOS ADRESSES PAGE 123

**S'INFORMER**

**Service du tourisme de Val-des-Prés** – *La Vachette - 05100 Val-des-Prés - 04 92 21 38 19 - www.claree.fr - horaires : se renseigner.*

**Office du tourisme de Névache** – *Ville Haute - 04 92 20 02 20 - www.ot-nevache.com - juil.-août : 9h-18h ; reste de l'année : lun., merc.-jeu. 9h-12h, 13h30-15h30, vend., dim. et j. fériés 9h-12h, 13h30-16h30, sam. 9h-12h, 13h-18h - fermé mar.*

**SE REPÉRER**

Carte de microrégion C1-2 (p. 88) – *carte Michelin Départements 334 H/I 2/3.* Entre 1 400 et 2 000 m, la vallée, très enneigée l'hiver, est un patchwork d'alpages et de forêts de mélèzes. Attention, la route est charmante mais étroite, restez vigilant.

**À NE PAS MANQUER**

Le charmant village de Névache ; la randonnée aux lacs de Laramon et du Serpent ou au lac Vert.

**ORGANISER SON TEMPS**

Comptez au moins une demi-journée si vous voulez suivre les deux circuits (vallée de la Clarée et vallée Étroite). Et si vous voulez faire une randonnée, prévoyez de venir pour la journée.

**Qui résisterait aux charmes de la plus séduisante vallée du Briançonnais ? Comme ses versants ne se prêtent pas aux remontées mécaniques, elle est restée très nature et renferme des trésors : hameaux préservés, cadrans solaires, chapelles décorées de fresques.**

## Circuits conseillés Carte de microrégion

### DE BRIANÇON AUX CHALETS DE LAVAL BC1-2

*Circuit tracé en vert sur la carte de microrégion (p. 88) – 30 km –Comptez environ 2h.*

### ★★ Briançon C2

*Voir p. 90.*

*Quittez Briançon par la N 94 vers Montgenèvre. À la Vachette, prenez à gauche la D 994^G.*

Vous arrivez bientôt à hauteur du confluent de la Durance et de la Clarée. La grande rivière des Alpes du Sud fait ici bien piètre figure en comparaison de son affluent descendu par la large vallée que vous allez longer.

1

### Val-des-Prés C2

De belles **maisons à arcades** méritent un coup d'œil, ainsi que l'**église St-Claude**, avec son intéressant décor de plâtre et de stuc et ses retables baroques. Sur le clocher, un cadran d'horloge peint à fresque, comme un cadran solaire !

La route longe agréablement la Clarée au milieu des pins.

### Plampinet C1

Ne manquez pas les superbes **peintures murales★**, d'abord dans l'**église St-Sébastien**, en haut du village. C'est à un artiste italien que l'on doit cette vivacité des détails et la chaleur des ocres, des grenats et des bruns.

**Chapelle N.-D.-des-Grâces** – *Juil.-août : se rens. ✆ 04 92 20 02 20 (Accueil tourisme Névache) ou ✆ 04 92 21 19 19 (mairie de Névache).* Vous y verrez les Sept Péchés capitaux enchaînés par le cou… Retrouvez le vôtre : la paresse montée sur un âne, l'envie sur un lévrier, la colère sur un léopard, la luxure sur un bouc, la gourmandise sur un renard, l'avarice sur un blaireau, l'orgueil sur un lion. Les Vertus sont symbolisées par des femmes agenouillées. On aura aussi un regard pour sainte Odile, portant un calice dans lequel apparaissent ses yeux qu'elle montre à son père le duc d'Alsace, et pour une Maternité où Jésus se gratte le pied.

Après Plampinet, la vallée fait un coude et s'ouvre en un large berceau où s'égrènent les hameaux de Névache.

### ★ Névache C1

À 1 594 m d'altitude, la « ville haute » étale à l'adret ses maisons de bois.

**église St-Marcellin★** – *Possibilité de visite guidée sur demande à l'office de tourisme au ✆ 04 92 20 02 20 ou à la mairie au ✆ 04 92 21 19 19.* Elle fut construite à la place d'un château fort, dont la tour du 11e s. servit de base au clocher. Le portail de la façade ouest, en marbre vert et rose, s'orne d'une Annonciation au tympan. À l'intérieur, le beau **retable** baroque en bois de mélèze, doré à la feuille, comporte 15 statues *(voir illustration dans l'ABC d'architecture p. 76)*. Un **trésor** est présenté dans le cachot de l'ancien château. Remarquez la pyxide en cuivre incrusté d'émaux du 11e s. qui fut découverte à l'intérieur de l'autel. La tribune en bois sculpté date du 16e s.

Après Névache, la vallée se rétrécit et offre ses plus beaux paysages. La Clarée bondit en cascatelles parmi les bois de mélèzes avec, en toile de fond, un large cirque couronné par le mont Thabor. Merveilleux endroit pour se promener à pied, dans les prairies « mille fleurs » du début de l'été.

#### « DES MOUTONS, PAS DES CAMIONS »

Née à Val-des-Prés en 1900, **Émilie Carles**, institutrice de la vallée, s'illustra au début des années 1970 en luttant activement contre un projet de voie rapide qui devait traverser la Clarée, à l'aide de slogans qui firent mouche (Des moutons, pas des camions ; La vallée de la Clarée aux paysans, etc.). En 1978, elle publia son autobiographie, *Une soupe aux herbes sauvages*, qui passionna la France entière : « Pour les enfants que nous étions, le colporteur était tout un spectacle. Il en venait de toutes sortes, le marchand de graines, le mercier, le ferblantier, le marchand d'habits du dimanche et le plus humble de tous, qui brandissait son inventaire sur un bâton en forme de candélabre, je veux parler du marchand de lacet. » (Émilie Carles, *Une soupe aux herbes sauvages*)

Forêt de mélèzes en automne dans la vallée de la Clarée.
G. Labriet / Photononstop

1

### Chalets de Fontcouverte et de Laval BC1

Alt. 1 857 m. Dans un beau cadre montagneux se détache une jolie **chapelle** du 17e s. À la **cascade de Fontcouverte**, la Clarée franchit un important verrou glaciaire. La route se termine aux chalets de Laval, à 2 015 m. Du refuge partent plusieurs excursions, dont une au **mont Thabor**.

## ★ LA VALLÉE ÉTROITE C1

*Circuit tracé en vert sur la carte de microrégion (p. 88) – 17 km au départ de Plampinet – Comptez 2h. Entre Plampinet et Névache, prenez à droite la D 1 vers le col de l'Échelle.*

La route s'élève au pied du **bois de St-Hippolyte**, hérissé d'une foule de rochers rougeâtres. Par l'enfilade de la basse vallée de la Clarée, vous découvrez bientôt au loin la pyramide du **Grand Pic de Rochebrune**.

### Col de l'Échelle

À 1 766 m, c'est le plus bas des cols frontières des Alpes occidentales. Sur le versant italien, la route descend vers la vallée de Bardonecchia, l'ancien Bardonnèche qui faisait partie de la « république des escartons » *(voir p. 94)*.

### ★ Vallée Étroite

**Bon à savoir** – *La route communale de la vallée Étroite ne peut être empruntée que par les voitures - période d'ouverture : se rens. au ✆ 04 92 20 02 20.*

Du traité d'Utrecht en 1713 jusqu'en 1947, cette vallée était italienne (elle a conservé sa signalisation en italien). Elle fait aujourd'hui partie de la commune de Névache, la plus étendue des Hautes-Alpes (près de 20 000 ha). C'est la vallée de la Clarée en modèle réduit. Elle est tapissée de mélèzes qui gravissent les versants parmi les éboulis. Tout au bout, le mont Thabor dresse sa silhouette insolite.

*Le retour à Briançon peut se faire par l'Italie : prenez la route plus aisée passant par Oulx, puis Cesena, où l'on rejoint par Clavière la route du col de Montgenèvre.*

# Randonnées Carte de microrégion

### ★ Lac de Laramon et lac du Serpent C1

*Des chalets de Fontcouverte, poursuivez sur la D 301 jusqu'au lieu-dit La Fruitière. 3h AR. 500 m de dénivelé jusqu'au lac de Laramon et 700 m jusqu'au lac du Serpent.* Le sentier s'élève agréablement au-dessus d'une forêt jusqu'au cadre enchanteur du refuge de Ricou, entouré de petits chalets. Empruntez le sentier qui amorce une succession de lacets derrière le refuge, puis coupez le tracé du GR $57^{A}$ pour atteindre le lac de Laramon (alt. 2 359 m).

Des bords du lac, abondamment fleuris à la fin du printemps, remarquable **panorama★★** sur le massif des Écrins, où domine le Pelvoux, et celui des Cerces. Continuez plein est vers le lac du Serpent (alt. 2 448 m).

### ★ Lac Vert C1

*Départ au refuge du CAF au fond de la vallée Étroite ; continuez sur la route jusqu'au panneau « Lago verde », puis suivez le sentier.*

*1h AR.* Dans un écrin de mélèzes apparaît soudain, telle une pierre précieuse, un petit lac. Les algues recouvertes d'une eau glacée et limpide lui donnent une coloration d'un vert phosphorescent, d'où son nom.

## NOS ADRESSES DANS LA VALLÉE DE LA CLARÉE

### HÉBERGEMENT

BUDGET MOYEN

**À Val-des-Prés**

**Chambre d'hôte Les Airelles** – *Le Rosier - 05100 Val-des-Prés - ✆ 04 92 20 03 47 - www.les-airelles.fr - fermé 20 mars-15 juin et 15 sept.-20 déc. - P - 5 ch. 54/66 € - ☕ 7 €, demi-pension possible.* Le lieu-dit du Rosier, niché au cœur de la vallée, abrite cette ferme du 18e s. dans laquelle vous trouverez 5 chambres très confortables et parfaitement équipées. Les repas, préparés avec les produits de la région, se prennent dans la magnifique salle à manger voûtée. En annexe, 3 gîtes de qualité.

UNE FOLIE

**À Névache**

**Hôtel Le Chalet d'En Hô** – *Hameau des Chazals - 05100 Névache - ✆ 04 92 20 12 29 - www.chaletdenho.com - ouvert 5 juin-19 sept., 23 oct.-1er nov. et 18 déc.-27 mars - ♿ P - Wifi - 14 ch. 130/147 € - ☕ 12 €, demi-pension possible - ✕ 26 €.* Là-haut dans la montagne… Environnement naturel privilégié pour ce chalet cossu où domine le mélèze. Les chambres sont coquettes et bien tenues. Sauna, jacuzzi et massages. La coquette salle à manger évoque les activités montagnardes d'antan. Cuisine de tradition.

### RESTAURATION

PREMIER PRIX

**À Névache**

**L'Auberge de la Clarée** – *Plampinet - 05100 Névache - ✆ 04 92 21 37 71 - www.plampinetenclaree.com - fermé 15 nov.-15 déc. - P - 13/23 € - 6 ch. 35/50 € ☕.* Cette sympathique petite auberge de campagne n'a rien du restaurant gastronomique, mais elle s'avère tout à fait convenable pour une pause déjeuner (menu du jour). Le tout proposé à un prix abordable et dans un esprit simple et rustique. Tartiflette, fondue savoyarde, escargots de la Clarée, etc.

### ACTIVITÉS

**Sports d'hiver**

La vallée de la Clarée et la vallée Étroite réservent 80 km de pistes de ski de fond balisés et 30 km de circuits pour les raquettes.

*La Haute Trace des Escartons* *(voir p. 29).*

1

# Le pays des Écrins, Champsaur et Valgaudemar 2

Carte Michelin Départements 334 – Hautes-Alpes (05)



Randonnée sur le glacier Blanc.

*P. Jacques / hemis.fr*

# LE PAYS DES ÉCRINS, CHAMPSAUR ET VALGAUDEMAR

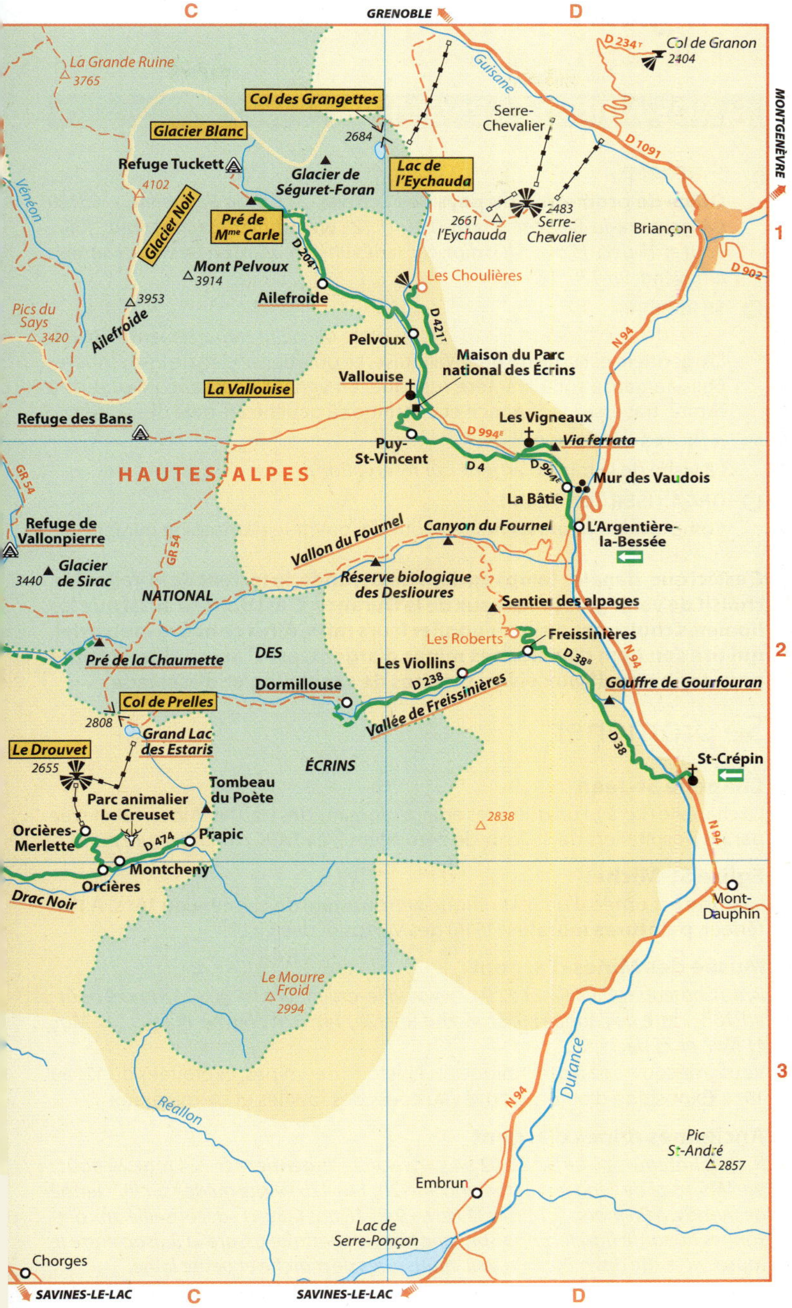
C
GRENOBLE
D
La Grande Ruine
3765
Col des Grangettes
2684
Glacier Blanc
Refuge Tuckett
Glacier de
Séguret-Foran
Lac de
l'Eychauda
D 234T
Col de Granon
2404
Guisane
Serre-
Chevalier
D 1091
MONTGENÈVRE
Vénéon
4102
Glacier Noir
Pré de
Mme Carle
D 204T
2661
l'Eychauda
2483
Serre-
Chevalier
Briançon
1
D 902
Mont Pelvoux
3914
Ailefroide
Les Choulières
3953
Pics du
Says
3420
Ailefroide
Pelvoux
D 421T
N 94
Maison du Parc
national des Écrins
Vallouise
La Vallouise
Refuge des Bans
Les Vigneaux
D 994E
Via ferrata
Puy-
St-Vincent
D 4
HAUTES-ALPES
GR 54
Mur des Vaudois
La Bâtie
Refuge de
Vallonpierre
Canyon du Fournel
Vallon du Fournel
L'Argentière-
la-Bessée
GR 54
Glacier
de Sirac
3440
Réserve biologique
des Deslioures
NATIONAL
Sentier des alpages
Les Roberts
Freissinières
2
Pré de la Chaumette
DES
Les Viollins
D 38B
N 94
D 238
Dormillouse
Gouffre de Gourfouran
Col de Prelles
2808
Vallée de Freissinières
Grand Lac
des Estaris
Le Drouvet
2655
ÉCRINS
D 38
St-Crépin
Tombeau
du Poète
Parc animalier
Le Creuset
2838
Orcières-
Merlette
D 474
Prapic
N 94
Montcheny
Orcières
Drac Noir
Mont-
Dauphin
Le Mourre
Froid
2994
Durance
3
Réallon
N 94
Pic
St-André
2857
Embrun
Lac de
Serre-Ponçon
Chorges
SAVINES-LE-LAC
C
SAVINES-LE-LAC
D

# L'Argentière-la-Bessée

2 304 Argentiérois – Hautes-Alpes (05)

NOS ADRESSES PAGE 130

### S'INFORMER

**Office de promotion du pays des Écrins** – *23 r. de la République - 05120 L'Argentière-la-Bessée - 0 810 00 11 12 - www.paysdesecrins.com - juil. - août et 15 déc.-15 avr. : tlj sf dim. et j. fériés 9h-12h, 14h-18h ; reste de l'année : lun.-vend. 9h-12h, 14h-18h.*

### SE REPÉRER

Carte de microrégion D2 (p. 126) – *carte Michelin Départements 334 H4.*
L'Argentière est la porte de la Vallouise. Le quartier ancien de L'Argentière-Église a gardé son caractère rustique. En venant de Briançon, prenez à droite, traversez la Durance et continuez à gauche au-delà des usines.

### À NE PAS MANQUER

La visite de la mine d'argent *(sur réservation).*

### ORGANISER SON TEMPS

Comptez deux bonnes heures pour découvrir le patrimoine minier.

**C'est ici que, dans les temps anciens, la Gyronde, le torrent de la Vallouise, choisit de venir grossir les eaux de la Durance. C'est donc ici aussi que les hommes choisirent de venir gonfler leurs rafts. Ainsi ce bourg industriel, qui tire son nom d'anciennes mines d'argent, est-il aujourd'hui réputé pour ses bases d'eaux vives, ses sites de canyoning et d'escalade.**

## Se promener

### Chapelle St-Jean

La chapelle (12e s.), l'un des rares édifices romans des Hautes-Alpes, fut élevée par les hospitaliers de St-Jean-de-Jérusalem (*voir l'ABC d'architecture p. 76).*

### Église St-Michel

La porte est ornée d'un magnifique verrou à tête de chimère du 16e s. À l'intérieur, **peintures murales** (1516) des Vertus et des Vices.

### Musée des Mines d'argent

*R. du Château - 04 92 23 02 94 - www.ville-argentiere.fr - - 24 mai-29 août : 9h-18h ; reste de l'année : tlj sf w.-end 9h-12h, 14h-17h - fermé 1er janv., 1er Mai, 11 Nov. et 25 déc. - 2 €.*

Vous y découvrirez les techniques et l'histoire des mines, exploitées du 12e au 19e s. Exposition d'objets trouvés au cours des fouilles et de minéraux.

### Anciennes mines d'argent

*R. du Château - 04 92 23 02 94 - www.ville-argentiere.fr - 24 mai-29 août : 9h-18h ; reste de l'année : tlj sf w.-end 9h-12h, 14h-17h - visite guidée sur RV - fermé de mi-nov. à fin mars, 1er Mai et 11 Nov. - 9 € (-18 ans 6,50 €) - déconseillé aux personnes de santé fragile. En saison, une navette gratuite assure la liaison entre le musée et le site des mines. Prévoir chaussures de marche et petite laine.*

Sur le parcours souterrain qui s'ouvre au pied des falaises, vous marcherez sur les pas des mineurs d'antan.

La via ferrata des Vigneaux.
N. Thibaut / Photononstop

2

## À voir aussi Carte de microrégion

### ★ Vallon du Fournel C2

*Sortir de L'Argentière par la D 423 qui remonte l'étroite vallée du Fournel. Accès interdit en hiver.*

Gagnez les hauteurs de L'Argentière jusqu'à l'Eychaillon, d'où vous aurez un joli point de vue sur les gorges du Fournel et les ruines du château médiéval.

*10mn.* Rejoignez à pied le fond des gorges par le **sentier des Mineurs**. L'essor de la mine au 19e s. entraîna l'édification d'un village sur les berges du Fournel. Après des crues catastrophiques, la mine ferma en 1908.

**Réserve biologique des Deslioures** – *Chemin du Fournel - 04 92 23 04 48 - www.ville-argentiere.fr - mars-déc. : tte la journée (hors périodes d'enneigement).* Au fond de la vallée, d'autres émotions vous attendent avec ce sanctuaire européen des **chardons bleus**.

## Randonnées sportives Carte de microrégion

### Canyon du Fournel D2

*Prenez la D 423 en direction des mines d'argent.*

**Bon à savoir** – Le canyon de Fournel étant situé en aval d'une installation hydroélectrique, il faut respecter la réglementation affichée ainsi que les signaux sonores d'alerte en cas de lâcher d'eau.

Le parcours d'**initiation au canyoning**, entièrement équipé, se situe en amont de l'école d'escalade *(laissez la voiture à sa hauteur)* et se développe jusqu'à une clue spectaculaire, juste avant les mines. Si vous y descendez sans être accompagné, en période d'étiage, assurez-vous des conditions météorologiques au bureau des guides de L'Argentière.

### ★ Via ferrata des Vigneaux D1-2

*Au bout du village des Vigneaux, sur la D 4, vers Prelles. Voir p. 103.*

## NOS ADRESSES À L'ARGENTIÈRE-LA-BESSÉE

### VISITE

**Navettes-découvertes** – *✆ 0 810 00 11 12 - juil.-août : se rens.*
Elle parcourt le pays des Écrins pour vous le faire découvrir selon diverses thématiques : le patrimoine viticole, le patrimoine religieux, les cadrans solaires, le vallon du Fournel, la force de l'eau, la vie d'autrefois, Dormillouse « sur la trace des vaudois ». Demandez la brochure qui présente les sorties et les dates.

### HÉBERGEMENT

PREMIER PRIX

**Hôtel de la Gare** – *Av. Charles-de-Gaulle - ✆ 04 92 23 10 02 - hotellagareecrins@orange.fr - 8 ch. 39 € - ☕ 6 €, demi-pension possible.* Au pied de la tour de l'horloge des Hermes, ce petit hôtel propose des chambres modestes, au mobilier un peu dépassé. Cependant, c'est propre, lumineux, pas cher et proche du centre.

# La Vallouise

★★

Hautes-Alpes (05)

NOS ADRESSES PAGE 135

### S'INFORMER

**Office du tourisme de la Vallouise** – *Pl. de l'Église - 05290 Vallouise - ☎ 04 92 23 36 12 - www.paysdesecrins.com - de déb. juin à déb. sept. et 1er déc.-15 mai : 9h-12h, 14h-18h.*

### SE REPÉRER

Carte de microrégion CD1-2 (p. 126) – *carte Michelin Départements 334 G3.* À L'Argentière, quittez la N 94 qui relie Gap à Briançon, traversez la Durance et prenez la D 994 qui dessert les quatre communes de la vallée.

### À NE PAS MANQUER

Les peintures murales de l'église des Vigneaux ; la beauté des maisons de Vallouise ; le paysage sauvage du Pré de Madame Carle.

### ORGANISER SON TEMPS

Vous viendrez au moins pour la journée : le circuit vous prendra 3h et vous ne résisterez pas à une petite course en montagne.

2

**Avec ses trois petites routes s'enfonçant au cœur des Écrins, la Vallouise a un faux air de vallée perdue. Perdue ? Pas pour les amateurs d'authenticité les plus exigeants, qui trouvent dans ce berceau de l'alpinisme un séduisant compromis entre une fraîcheur de paysages presque savoyarde et une luminosité de ciel déjà méridionale. Sans oublier l'architecture traditionnelle, avec ses hautes maisons à galeries, qui fait le charme des villages de Vallouise, de Puy-St-Vincent ou des Vigneaux.**

## Circuit conseillé Carte de microrégion

### VERS LE CŒUR DES ÉCRINS

*Circuit tracé en vert sur le schéma p. 133 et la carte de microrégion (p. 126) – 38 km de L'Argentière-la-Bessée au Pré de Madame Carle – Comptez environ 3h. Quittez l'Argentière par la D 994E, route de la Vallouise.*

Bientôt, à droite, une conduite en siphon forme une arche spectaculaire sur les gorges de la Durance : captées, domptées, les remuantes eaux de la Gyronde (mélange du Gyr et de l'Onde confluant à Vallouise) vont devoir travailler pour l'usine de L'Argentière. En contrebas, vous verrez les ruines du **mur dit « des Vaudois »**, en fait une fortification du 14e s. destinée à contrer les pillards, ou peut-être une clôture de protection contre la peste.

Après **La Bâtie**, ralentissez! La vallée vous joue le grand jeu et vous tombez fou amoureux de deux jumelles, les cimes du Pelvoux, la pointe de Puiseux et le Signal.

*Tournez à droite vers Les Vigneaux.*

### Les Vigneaux D1-2

L'**église** présente des **peintures murales** sur le thème indémodable des Vices et de leurs Châtiments. La luxure est représentée par une jeune femme blonde montée sur un bouc, se mirant tristement dans un miroir.

**Via ferrata des Vigneaux★** – *Au bout du village, sur la D 4 vers Prelles. Laissez la voiture avant l'entrée du village. Durée : environ 3h AR, dénivelé de 400 m dont 200 m à la verticale du village.* Exposée plein sud, c'est la via la plus fréquentée de la région, car elle procure les vues aériennes les plus impressionnantes. De niveau facile à moyen, elle comporte en fait deux voies : celle de gauche (de la Balme) est plus facile, mais procure quelques passages spectaculaires. Rançon de son succès : évitez de vous présenter au départ en milieu de matinée ou en début d'après-midi (l'attente en plein soleil risque d'être longue !) ; préférez la matinée avant 10h ou la fin de journée lorsque la falaise retrouve son calme.

*Au pont des Vigneaux, prenez vers Puy-St-Vincent.*

La route de Puy-St-Vincent s'élève en corniche à travers les mélèzes, face aux beaux escarpements colorés des Têtes d'Aval et d'Amont. Le panorama se dégage : entre les sommets du Pelvoux et la crête de Clouzis apparaît un moment la langue du **glacier Blanc**, dominée au fond par le pic de Neige Cordier.

### Puy-St-Vincent D1-2

*Voir p. 136.*

*De Puy-St-Vincent, redescendez vers Vallouise.*

### Maison du Parc national des Écrins D1

*04 92 23 32 31 - ♿ - horaires : se rens. - gratuit.*

Elle abrite des expositions sur la nature et l'architecture ainsi qu'une maquette du massif de l'Oisans. Diverses animations ont été conçues pour sensibiliser les enfants à l'environnement.

*30mn.* Un sentier de découverte permet de s'initier au milieu naturel.

### ★ Vallouise D1

Ses rues étroites sont d'une grande richesse architecturale. Au pied du clocher de l'**église St-Étienne★**, remarquez les mesures à grain (l'émine et son quart) et des mesures de longueur (la toise et l'aune). La porte, aux vantaux de bois sculptés d'entrelacs gothiques et de draperies, se ferme par un **verrou★** à tête de chimère, comme à L'Argentière. À l'intérieur, remarquez une Pietà en bois polychrome. À droite de l'entrée, la chapelle peinte à fresque abrite des expositions en été.

*Reprenez la D 994$^{T}$. Après Le Poët-en-Pelvoux, à l'entrée du Fangeas, prenez à droite la route des Choulières.*

#### LE REFUGE DES VAUDOIS

Pendant des siècles, la vallée a servi d'asile à la secte des vaudois et était à ce titre appelée « la mauvaise vallée ». Disciples du Lyonnais **Pierre Valdo**, excommunié en 1184, les vaudois (déclarés hérétiques en 1214) se firent oublier dans les vallées écartées du Pelvoux et du Briançonnais. En 1478, lorsque Louis XI interdit la persécution des vaudois, la vallée, reconnaissante, prit alors son nom actuel, *Val Louyse*. Ralliés à la Réforme en 1532, le coup final leur sera porté au 17$^{e}$ s., après la révocation de l'édit de Nantes. Huit mille hommes de troupe viennent faire le vide en Vallouise : « Ce pays, écrit alors Catinat, est parfaitement désolé ; il n'y a plus ni peuple ni bestiaux ».

133

## LA VALLOUISE

Cette route offre au cours de sa montée en lacet des **vues rapprochées**★★ sur la Grande Sagne, les pointes du Pelvoux, le pic Sans Nom et l'Ailefroide. *Faites demi-tour aux Choulières et revenez sur la D 994T.*

### Pelvoux D1

Cette station (alt. 1 250-2 300 m) de ski familiale compte 14 pistes de ski alpin sur 1 050 m de dénivelé, dont une éclairée pour le ski nocturne. Un circuit hors piste de 5 km est réservé aux surfeurs et aux bons skieurs. Et les fondeurs se régaleront sur 30 km balisés.

### ★ Ailefroide C1

Sous la pyramide sacrée du Pelvoux, cet important **centre d'alpinisme** est le dernier hameau avant le domaine des dieux et baigne déjà dans l'atmosphère vibrante d'un camp de base. À droite se profilent, tout proches, les clochetons aigus de la crête de Clouzis.

La D 204T continue à monter, on se demande jusqu'où ! Elle escalade une vallée farouche où des fleurs multicolores et fragiles caressent de terribles rochers détachés des montagnes.

### ★★ Pré de Madame Carle C1

Toute une légende ! De retour de la guerre, un riche seigneur se découvrant cocu ourdit une vengeance machiavélique ! Son épouse adorait chevaucher sur le pré d'Ailefroide. Alors il priva d'eau la monture, qui, assoiffée, se rua dans le torrent à la sortie suivante, noyant sa cavalière. Le **paysage**★★ est si sauvage, malgré quelques mélèzes et un chalet-refuge, que même après la fonte des derniers névés, le panneau « Risque d'avalanche » fait frémir.

**UNE ARCHITECTURE INTELLIGENTE**
Les **maisons typiques** répartissent sur trois étages les activités traditionnelles : le rez-de-chaussée voûté abrite les étables ; tout en haut, le *baouti* est une grange ouverte où sèchent et s'aèrent les récoltes ; bien au chaud en sandwich entre les deux, l'étage d'habitation est bordé de balustrades en mélèze ornées de fleurs, et parfois même doté d'une série de voûtes (loggias).

## Randonnées Schéma p. 133

En Vallouise, 250 km de sentiers narguent vos mollets. C'est l'une des rares vallées des Alpes du Sud à offrir toute l'année un spectacle gratuit de hautes montagnes enneigées, à regorger de glaciers, de chamois et de fleurs.
**Bon à savoir** – Ces randonnées ne nécessitent aucune technique particulière tant qu'on ne va pas sur les glaciers. Mais l'équipement classique s'impose : bonnes chaussures de marche, vêtements chauds, lunettes de soleil, etc.

### ★★ Glacier Blanc C1

*4h AR. 676 m de dénivelé jusqu'au refuge. Circuit balisé au départ du Pré de Madame Carle.*
Après avoir franchi le torrent, le sentier s'élève dans la moraine latérale du glacier. Laissez sur la gauche le sentier qui mène au glacier Noir pour parvenir, après des marches en béton, en vue du glacier Blanc. L'eau de fonte circulant sous le glacier émerge soudain en un torrent impétueux. Poursuivez jusqu'au refuge en empruntant le chemin sur la rive gauche du glacier. Sur un replat à droite se trouve l'ancien **refuge Tuckett**, aménagé en petit musée de l'Alpinisme. C'est sans doute un des plus hauts de France, à 2 438 m ! En juillet 1862, l'Anglais Francis Fox Tuckett, accompagné des guides Michel Croz et Perren, bivouaqua en ce lieu avant de tenter l'ascension des Écrins. Du refuge, **vue**★★ admirable sur les premiers séracs du glacier et le flanc nord du Pelvoux.

### ★★ Glacier Noir C1

*3h AR. Départ du Pré de Madame Carle. Sentier étroit déconseillé aux personnes sensibles au vertige.*
Même circuit que pour le glacier Blanc, puis bifurquez à gauche pour longer le glacier Noir, caché par une couche de cailloux. Face à vous, un fabuleux cadre de haute montagne, avec successivement, à gauche, l'**Ailefroide**, le pic du Coup de Sabre, le **pic Sans Nom** et le **Pelvoux**.

**LE COMBAT DE LA GLACE ET DU SOLEIL**
Vestiges de l'ère glaciaire, les **glaciers Noir** et **Blanc** montrent l'évolution du climat alpin. À l'époque des vaudois, leur langue venait lécher le refuge des Serres (1 700 m). En 1850, leur réunion au niveau du Pré de Madame Carle formait encore une petite « mer de glace ». Depuis le début du 20e s., ils ne reculent pas à la même vitesse : exposé au soleil, le glacier Blanc joue les peaux de chagrin ; sous une carapace de pierre provenant des éboulis, son voisin, lui, reste de glace.

### ★ Refuge des Bans C1

*Dans Vallouise, prenez la D 504 jusqu'au lieu-dit Entre-les-Aigues (alt. 1 615 m).*
*3h30 AR. Dénivelé 540 m.* Alt. 2 076 m. Du parking, le sommet des Bans est déjà visible. Le circuit traverse un jardin extraordinaire (églantiers des Alpes, joubarbes, etc.), longe le torrent des Bans et franchit l'escarpement rocheux où est situé le refuge. Au cœur d'un cirque grandiose, celui-ci offre une **vue★** sur le glacier des Bruyères, le pic et le glacier de Bonvoisin…

### ★★ Lac de l'Eychauda CD1

*De Vallouise, prenez la D 994$^{T}$ vers Ailefroide. Au Sarret, prenez à droite, jusqu'au bout, la D 421$^{T}$. Garez-vous sur le parking face à la buvette.*
*2h30 de montée et 1h45 de descente. Partez très tôt le matin car la montée à pied, très raide et assez monotone, peut devenir éprouvante en plein soleil.*
Après l'effort, la récompense ne se découvre qu'au dernier moment : le lac dans toute sa splendeur ! Retenu à 2 514 m par un verrou de granit, il est entouré par les crêtes des Grangettes et les pics de l'Eychauda. Pour découvrir le glacier de **Séguret-Foran**, dont la fonte alimente le lac, longez celui-ci par la droite, en direction du **col des Grangettes★★**, que vous pourrez gagner en 45mn : de là, superbe **panorama★★**.

## NOS ADRESSES DANS LA VALLOUISE

2

#### ACTIVITÉS

**Base Écrins Eaux Vives** – *Le Rif - 05120 Les Vigneaux - ✆ 04 92 23 11 94 - www.ecrinseauxvives.com.* Raft, nage en eau vive, *air boat* et kayak.

# Puy-Saint-Vincent

293 Traversouirres – Hautes-Alpes (05)

## NOS ADRESSES CI-CONTRE

### S'INFORMER

**Office du tourisme de Puy-St-Vincent** – *Chapelle St-Jacques - Les Alberts - ✆ 04 92 23 35 80 - www.paysdesecrins.com - de mi-déc. au 24 avr. et juil.-août : 9h-12h, 14h-18h ; reste de l'année : tlj sf w.-end 9h-12h, 14h-18h - fermé 1er et 8 Mai, jeu. de l'Ascension, dim. et lun. de Pentecôte, 1er et 11 Nov.*

### SE REPÉRER

Carte de microrégion D1-2 (p. 126) – *carte Michelin Départements 334 G4.* De Briançon, prenez la N 94. À L'Argentière, tournez à droite vers Vallouise. Puy-St-Vincent est à 10 km. Le village se compose de trois hameaux – Les Alberts (où se trouve l'office de tourisme), Le Puy, Les Prés (station 1400) – et de la station 1600 construite en 1974.

### ORGANISER SON TEMPS

Comptez environ 2h pour faire le tour du village traditionnel.

### AVEC LES ENFANTS

La station est labellisée « Famille Plus Montagne » *(voir p. 31).*

**Situé dans la magnifique vallée de la Vallouise, ce village a connu un développement rapide avec la création d'une station de ski, réputée pour ses belles forêts de mélèzes et la qualité de son enneigement due à une orientation plein nord.**

## Se promener

### PUY-SAINT-VINCENT 1400

Ce village traditionnel concentre les principaux hôtels de la station. Un télésiège mène à Puy-St-Vincent 1600.

#### Chapelle St-Roch

À l'entrée du hameau des Prés, elle abrite une exposition : « La peste et les pénitents ».

#### ★ Point de vue de l'église

Beau belvédère sur la Vallouise et son cadre montagneux : Pelvoux, glacier Blanc, pic de Clouzis au nord, sommet des Bans fermant le vallon de l'Onde à l'ouest et pic de Peyre-Eyrautz dominant le défilé de L'Argentière à l'est.

#### Chapelle St-Vincent

*Prenez la direction de Puy-St-Vincent 1600 et stationnez à la bifurcation avec le vallon de Narreyoux (à gauche en amont du camping). Montez à pied. ✆ 04 92 23 30 66 - juil.-août : jeu. 15h-17h.*

Elle est consacrée au missionnaire dominicain **saint Vincent Ferrier**, qui tenta en vain, en 1401, de convertir les vaudois *(voir la Vallouise, p. 131)*. À l'intérieur, vous pourrez admirer de très belles **fresques★** du 15e s.

### OBSERVER LES OISEAUX

La recette : prendre des jumelles, des habits neutres pouvant se fondre dans l'environnement (idéale, la tenue de chasseur !), éviter les gestes vifs et laisser reposer pendant 30mn sur un versant à l'adret, juste après le lever du soleil ou juste avant son coucher. Une bonne dose de patience et, surtout d'avril à fin juillet, vous pourrez savourer, non des cailles farcies, mais la présence du merle de roche, du bruant fou ou de la pie-qui-chante.

## PUY-SAINT-VINCENT 1600

La station moderne, protégée des vents par le Pelvoux, dresse ses immeubles face aux pistes de ski. Une télécabine permet **été comme hiver** d'accéder au sommet du domaine, au pied de la Pendine (alt. 2 748 m).

### Domaine skiable

S'étageant entre 1 400 et 2 750 m, il compte 34 pistes de tous niveaux, un *boardercross* et un *snowpark*. Les fondeurs disposent de 30 km de boucles, en particulier sur le plateau de Tournoux à 1 800 m.

Tout près du **Parc national des Écrins** *(voir le Valgaudemar, p. 149)*, Puy-St-Vincent est en été le départ de courses en haute montagne. Quant aux promeneurs, le vallon champêtre du Narreyoux leur tend les bras. Parmi les autres **activités estivales**, VTT et sports d'eaux vives sur la Durance et le Gyr.



## NOS ADRESSES À PUY-SAINT-VINCENT

### HÉBERGEMENT ET RESTAURATION

#### POUR SE FAIRE PLAISIR

**Hôtel La Pendine** – *Aux Prés - 1 km à l'est par D 404 - ✆ 04 92 23 32 62 - www.lapendine.com - ouvert 20 juin-31 août et 16 déc.-6 avr. -* P *- 25 ch. 70/102 €* ☕*, demi-pension possible -* ✂ *formule déj. 14 € - 19/36 €.* Perché sur les hauteurs, cet hôtel habillé de bois abrite des chambres décorées dans le style montagnard, certaines avec balcon. Au restaurant, on déguste des plats traditionnels en admirant le panorama sur la vallée de la Vallouise et le massif des Écrins.

**Hôtel Saint-Roch** – *Aux Prés - 1 km à l'est par D 404 - ✆ 04 92 23 32 79 - www.hotel-st-roch.com - ouvert 20 juin-31 août et 20 déc.-4 avr. - Wifi - 15 ch. 90/94 € -* ☕ *12 €, demi-pension possible -* ✂ *16/37 €.* Complexe des années 1970 idéalement situé au pied des pistes. Les chambres, amples, simples et fonctionnelles, bénéficient d'un balcon côté sud. Salle à manger et terrasse face aux Pelvoux et à la barre des Écrins. À midi, en hiver, on y propose une formule self.

# Vallée de Freissinières

★

183 Freissiniérois – Hautes-Alpes (05)

**S'INFORMER**

**Office de tourisme** – *Moulin des Ribes - 05310 Freissinières - ☏ 04 92 20 95 49 - www.paysdesecrins.com - juil. : 9h-12h, 14h-18h ; janv.-avr. : vend. et w.-end 9h30-12h30, 13h-17h ; reste de l'année : se rens.*

**SE REPÉRER**

Carte de microrégion CD2 (p. 126) – *carte Michelin Départements 334 H4.*
Au sud de sa grande sœur la Vallouise, cette vallée glaciaire typique, au fond plat cultivé, est suspendue 200 m au-dessus de la Durance. St-Crépin est à 11 km au sud de L'Argentière-la-Bessée et à 14 km au nord de Guillestre, porte du Queyras.

**ORGANISER SON TEMPS**

Comptez environ une demi-journée, voire une journée si vous montez à Dormillouse (sachant que ce village est accessible uniquement à pied).

**Elle est méconnue des voyageurs pressés qui ignorent qu'une haute vallée typiquement alpine se cache derrière un paysage d'allure méditerranéenne. Il faut dépasser le gouffre de Gourfouran, ses murailles ocre piquetées de genévriers thurifères et de lavande, pour explorer ces 13 hameaux préservés et les paysages grandioses des Écrins.**

## Circuit conseillé Carte de microrégion

### DE SAINT-CRÉPIN À DORMILLOUSE

*Circuit tracé en vert sur la carte de microrégion (p. 126) – 25 km – Comptez environ 3h.*

**St-Crépin** D2

Ce village en escargot est perché sur un rocher de marbre rose qui barre la vallée de la Durance. Son **église** possède un beau portail : les chapiteaux forment une frise continue.

*Traversez la Durance pour prendre la D 38.*

La route s'élève sur un versant pierreux dans un paysage assez méditerranéen : on ne soupçonne pas la vallée glaciaire tapie derrière… Les murets de pierre témoignent des efforts inouïs des paysans pour cultiver ces versants. **Vue** sur le bassin de Guillestre, l'éperon de Mont-Dauphin et, au sud-est, sur les sommets du massif de la Font-Sancte.

**★ Gouffre de Gourfouran** D2

*30mn AR. Garez-vous dans le chemin sur la droite, 500 m après le hameau du Chambon. Suivez le chemin jusqu'à une sorte d'enceinte délimitée par des tas de pierrailles. De là, gagnez à travers champs le belvédère rocheux qui domine le gouffre. Accès non sécurisé, prudence.*

Cette gorge profonde d'une centaine de mètres relie la Biaisse, le torrent de Freissinières, à la Durance. Ses parois abruptes ont de superbes colorations rougeâtres.

*À Freissinières, prenez à droite la route qui monte vers les hameaux du versant adret. Allez jusqu'aux Roberts.*
Des Roberts, on voit très bien la physionomie de la vallée barrée par le **verrou rocheux de Pallon**.
*Revenez sur la D 238 et poursuivez vers le fond de la vallée.*
Après Freissinières, la vallée se rétrécit. La route passe par le hameau des **Viollins** qui conserve un temple protestant, puis s'arrête au fond de la vallée où plusieurs cascades rebondissent pour aller former la Biaisse.

## Randonnées Carte de microrégion

### ★ Dormillouse C2

*1h30 AR. Garez-vous sur le parking au bout de la vallée ou bien avant le pont et suivez le « sentier des cascades » qui chemine sous bois, le long de la rivière, et mène au parking en 1h.*
Seul hameau habité du Parc national des Écrins, il s'étage sur 3 niveaux à flanc de montagne et offre un cadre superbe *(le sentier continue vers le col de Freissinières)*. Belle cascade.
Dormillouse fut un haut lieu de la vie spirituelle. Au 16e s., les **Vaudois** *(voir la Vallouise, p. 131)* se confondent avec les huguenots ; après la révocation de l'édit de Nantes, ils trouvent naturellement refuge dans le plus haut village de la vallée ; l'église du Désert fait de nombreux adeptes. En 1825, **Félix Neff,** jeune pasteur genevois, créera à Dormillouse une école normale d'instituteurs.

### ★ Sentier des alpages D2

*5h sans difficulté majeure, plusieurs points d'eau en cours de route. Départ du « Champs-Queyras », juste avant le hameau des Aujards (alt. 1 568 m). Arrivée à Dormillouse (possibilité d'hébergement). Prévoyez un véhicule pour le retour.*
Sur les traces des bergers, vous parcourez les anciens sentiers reliant les hameaux d'alpage et dominant par un superbe balcon la vallée de Freissinières. Montez vers les chalets des Garcines, puis franchissez plusieurs petits torrents qui séparent pelouses et bosquets de mélèzes, à la limite supérieure de la forêt. Après le hameau des Allibrands, le sentier domine les chalets de la Got avant d'atteindre Dormillouse. Avec un peu de chance, vous pourrez admirer chamois, marmottes, faucons, rougequeues noirs dans les pierriers, et peut-être même un aigle royal. Mais aussi, à coup sûr, les spectaculaires phénomènes géologiques de la région : n'oublions pas qu'on marche ici sur les fonds de la mer alpine ! La surrection des Alpes a porté ces roches à près de 3 000 m d'altitude, et, à hauteur des Allibrands, on distingue nettement ces plissements impressionnants.

### Via ferrata de Freissinières D2

*3h AR. Se rens. à la mairie au ✆ 04 92 20 92 87.*
La plus ancienne de France. Elle dispose d'un équipement qui rassurera les débutants. Passages vertigineux et vues aériennes raviront les amateurs de vide en toute sécurité.

# Le Champsaur

★

Hautes-Alpes (05)

NOS ADRESSES PAGE 144

### S'INFORMER

**Maison du tourisme Champsaur-Valgaudemar** – *Les Barraques - 05500 La Fare-en-Champsaur - ✆ 04 92 49 09 35 - www.champsaur-valgaudemar.com - pas d'accueil pour le public.* Elle propose une carte synthétique, *Route du patrimoine*, ainsi qu'un guide plus complet (payant).

**Maison de la vallée (Parc des Écrins)** – *Pl. de la Mairie - 05260 Pont-du-Fossé - ✆ 04 92 55 95 44 - juil.-août : lun.-mar., jeu., w.-end et j. fériés 15h-19h, merc. 10h-12h, vend. 10h-12h, 15h-19h ; 3 janv.-30 juin, 1er sept.-29 déc. : lun.-jeu. 9h-12h, 14h-16h30 - fermé j. fériés.*

### SE REPÉRER

Carte de microrégion BC2-3 (p. 126) – *carte Michelin Départements 334 E/F4.* Le Champsaur est desservi par la D 1085 (dite « route Napoléon ») entre Grenoble et Gap, puis la D 944.

### À NE PAS MANQUER

Les paysages à admirer en suivant le cours du Drac Noir et du Drac Blanc ; les ruelles médiévales de St-Bonnet-en-Champsaur.

### ORGANISER SON TEMPS

Comptez au moins une journée pour faire les trois circuits avec quelques arrêts contemplatifs, et deux jours (ou davantage) si vous souhaitez vous dégourdir les jambes sur les sentiers de randonnée.

### AVEC LES ENFANTS

Les sites du réseau « Un écomusée éclaté » *(voir « Visite » dans « Nos adresses dans le Champsaur »)* ; le parc animalier à Orcières.

**Le bocage à plus de 1 000 m ! C'est en quittant le Dévoluy par la magnifique descente du col du Noyer que vous aurez les vues les plus impressionnantes sur la fertile vallée du Champsaur, littéralement « champ doré » en latin. À une altitude dépassant celle de Chamonix, le Champsaur recèle des paysages verdoyants totalement inconnus dans les Alpes du Nord. Et pour les sports d'hiver, outre Orcières-Merlette, cinq stations-villages n'attendent plus que vous.**

## Circuits conseillés Carte de microrégion

### ★ LE DRAC NOIR BC2-3

*Circuit 1 tracé sur le schéma p. 142 et sur la carte de microrégion (p. 126) – 66 km du col de Manse à Orcières – Comptez environ 2h30.*

### Col de Manse B3

Vous y verrez un **refuge Napoléon**.

*Prenez la D 13.*

La chapelle Saint-Grégoire ou chapelle des Pétêtes (poupées).
*N. Thibaut / Photononstop*

2

Vous traversez d'agréables alpages, avec de jolis aperçus sur la haute vallée du Drac, puis la station-village d'**Ancelle** *(voir la rubrique « Activités » dans « Nos adresses dans le Champsaur »)*, avant de rejoindre le fond de la vallée à travers de beaux sous-bois de mélèzes.

## St-Léger-les-Mélèzes B3

**Refuge des animaux –** *✆ 04 92 21 47 78 - mar. 14h-17h ; vac. scol. d'hiver et d'été : tlj sf dim. 15h-18h30 ; reste de l'année : se rens. - fermé j. fériés - 3 € (6-16 ans 1,50 €).* Près des téléskis de la station-village *(voir la rubrique « Activités » dans « Nos adresses dans le Champsaur »)* se trouve ce site du réseau « Un écomusée éclaté », qui rassemble la collection d'animaux naturalisés de M. Bonnet.

## Pont-du-Fossé B3

*Pl. de la Mairie - 05260 Pont-du-Fossé - ✆ 04 92 55 95 44 - juil.-août : lun.-mar., jeu., w.-end et j. fériés 15h-19h, merc. 10h-12h, vend. 10h-12h, 15h-19h ; 3 janv.-30 juin, 1er sept.-29 déc. : lun.-jeu. 9h-12h, 14h-16h30 - fermé j. fériés.*

★ **Musée des Arts et Traditions du Champsaur** – *Derrière la mairie, dans l'ancien moulin de Pont-du-Fossé - ✆ 04 92 55 91 19 - juil.-août : 15h-17h30 ; reste de l'année sur réserv. - 3 € (-15 ans 2 €) ; École d'Autrefois - juil.-août : mar. et jeu. 16h30 - inscription au syndicat d'initiative ✆ 04 92 55 95 71 - 3 € (-15 ans 2 €).* Ce riche musée (site du réseau « Un écomusée éclaté ») permet de découvrir sur 400 m$^2$ les objets quotidiens, les outils et les travaux des paysans et paysannes d'autrefois.

En face du musée, allez jeter un œil aux plafonds peints de la **chapelle des Patarons**, secte qui contestait le concile de Paris signé en 1811 par Pie VII et Napoléon.

*Poursuivez à droite sur la D 944.*

Après le **pont de Corbière**, vous suivez la riante vallée du Drac Noir dans une atmosphère montagnarde plus accentuée.

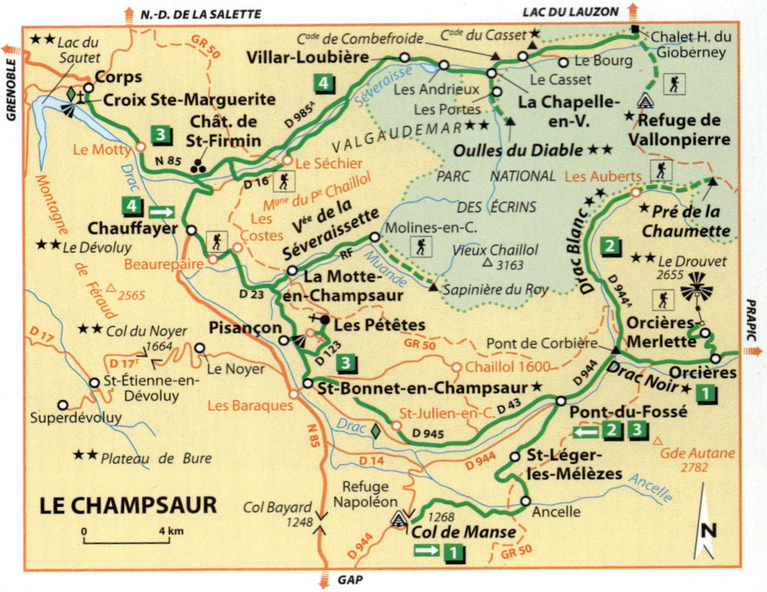


## Orcières C3

Ce village est le point de départ d'agréables promenades dans les forêts environnantes. Dans le hameau limitrophe de **Montcheny**, les maisons sont très typiques avec leurs façades ornées de « pétètes », décorations murales en forme de tête propres au Champsaur.

*Suivre la D 76 sur 1 km.*

**Parc animalier Le Creuset** – *04 92 55 78 16 - de mi-juin à fin août : 10h-19h ; sept. : sam. 14h-18h, dim. 10h-18h - 6,50 € (-16 ans 5 €).* Vous passerez un agréable moment en compagnie des animaux des alpages (bouquetins, chamois, marmottes), mais aussi des lamas et des rennes.

En continuant sur la D 76, vous arriverez à la station **Orcières-Merlette** *(voir p. 147).*

*Suivez à l'est la D 474. Parking en amont de Prapic.*

## Prapic C2

Situé au fond de la vallée dans un magnifique cirque de montagnes, ce hameau a conservé un habitat traditionnel. À l'entrée, passant devant un enclos aux marmottes, vous trouverez le petit **musée de la Casse**, qui reconstitue un intérieur ancien (meubles, vêtements, outils, etc.). *04 92 55 62 58 - de déb. juin au 15 sept. : se rens. - 2,50 € (-10 ans 2 €).*

Prapic est le point de départ de nombreuses randonnées. Informez-vous au point accueil du **Parc national des Écrins** *(voir Maison de la Vallée, p. 140).*

*1h AR de marche facile.* La promenade au **tombeau du Poète** mène dans un beau vallon jusqu'à un rocher sous lequel est enterré un poète local, **Joseph Reymond** (1847-1918).

### ★★ LE DRAC BLANC B2-3

*Circuit 2 tracé sur le schéma ci-contre et sur la carte de microrégion (p. 126) – 12 km de Pont-du-Fossé aux Auberts – Comptez environ 30mn. Après Pont-du-Fossé, prenez à gauche au pont de Corbière la D 944^A vers Champoléon.*

Il est connu pour ses crues cruelles et subites, comme celle qui, en 1928, emporta entièrement le hameau des Auberts, situé à 2 km en amont des Clots. Voici la rude montagne, avec ses sites sauvages et ses zones pastorales.

*Poursuivez jusqu'aux Auberts. Garez-vous au bout de la route au pont des Auberts. Prenez le sentier juste avant le deuxième pont.*

#### ★ Pré de la Chaumette C2

*3h AR par le GR « Tour du Vieux Chaillol ». Dénivelé 320 m.*

Voilà une très agréable promenade accessible à tous. Vous remontez le vallon, dominé par les parois abruptes d'où tombent des cascades, au milieu d'une végétation de bouleaux et de mélèzes, puis vous parvenez au Pré de la Chaumette. Vous pouvez redescendre jusqu'au parking par le large chemin situé sur l'autre rive.

### LE COURS INFÉRIEUR DU DRAC AB2-3

*Circuit 3 tracé sur le schéma ci-contre et sur la carte de microrégion (p. 126) – 60 km de Pont-du-Fossé à Corps – Comptez environ 2h.*

Entre Pont-du-Fossé et St-Bonnet, vous suivez le Drac : la largeur du torrent en dit long sur ses crues.

#### ★ St-Bonnet-en-Champsaur A3

*Pl. Grenette - 05500 Saint-Bonnet - 09 50 62 05 05 ou 04 92 50 02 57 - www.st-bonnet.fr - juin-sept. : lun. et jeu. 9h-13h, 14h-18h, mar.-merc., vend.-sam. 9h-12h, 14h-18h, dim. 10h-12h ; vac. scol. : tlj sf dim. 9h-12h, 14h-17h ; nov.-mai : tlj sf dim. et j. fériés 9h-11h, 14h-18h.*

Cette petite ville (capitale du Champsaur), dont le marché attire du monde le lundi matin, a gardé son aspect médiéval avec son dédale de ruelles étroites. Halles anciennes du 16^e s., **place Grenette** (où se trouve l'office de tourisme).

*De St-Bonnet, prenez la D 23 vers Bénévent, tournez à droite (sur la D 123), puis à gauche au panneau « Cimetière ».*

Vous arrivez à une chapelle entourée de son cimetière et au belvédère des Trois-Croix d'où l'on a une **vue★** étendue sur la vallée de St-Bonnet et le Dévoluy en face.

*Poursuivez la route jusqu'à l'Auberie.*

#### Chapelle des Pétêtes A3

*Visite sur demande au 04 92 49 02 30.*

En patois, les « pétêtes » sont des poupées. La façade de la chapelle est percée de petites niches d'où vous observent des statuettes naïves sculptées par **Jacques Pascal** de 1730 à 1741. Le contraste est frappant entre ces visages expressifs et la grossièreté des bustes. Parfois, une inscription est gravée sur une pierre de couleur différente. Les yeux et les boutons des vêtements sont en fer. C'est l'un des rares exemples d'art populaire de la région. À l'intérieur, l'autel recouvert de cuir repoussé de Cordoue vient de la chapelle de l'ancien château des Lesdiguières. La croix, datée de 1741, qui fait face à la chapelle serait également l'œuvre de Jacques Pascal.

*Revenez sur la D 23.*

2

### Pisançon A2

**Ferme de l'histoire** – *☎ 04 92 49 02 30 - juil.-août : 14h-18h ; reste de l'année : se rens. - 3 € (enf. 2 €).* Au cœur du hameau, cette ferme (site du réseau « Un écomusée éclaté ») dévoile le passé du Champsaur (traditions agricoles, religieuses, etc.) à travers une mise en scène ludique.

### La Motte-en-Champsaur A2

Ce pittoresque village agricole recèle de belles maisons en pierre aux toits de tuiles en écailles.

*Prenez la route forestière qui mène à Molines-en-Champsaur.*

### Vallée de la Séveraissette AB2

Longeant le torrent entre des versants redressés, la route aboutit à **Molines** *(parking en amont du hameau)*, aux portes du **Parc national des Écrins** *(voir le Valgaudemar, p. 149)* et au confluent de deux vallons, au pied des escarpements du **Vieux Chaillol**. Une maison, à l'entrée du hameau, abrite une petite exposition sur l'histoire de Molines.

*Revenez à La Motte-en-Champsaur et rejoignez la D 23. À Beaurepaire, entre Les Costes et Chauffayer, garez-vous sur le bas-côté au niveau de la signalisation.*

### Sentier de découverte de l'agriculture A2

*2,5 km.* Ce parcours à travers le bocage ponctué de panneaux permet de comprendre la structure du paysage, l'activité agricole, de découvrir la faune et la flore, etc.

Entre Chauffayer et Le Motty, la route Napoléon fait un crochet dans la basse vallée de la Séveraisse dont les ruines du **château de St-Firmin** (15e s.) ornent l'entrée, ce qui permet de découvrir, au fond du bas Valgaudemar, la pyramide de l'**Olan** (alt. 3 564 m).

Ensuite, la vue plonge sur le lac artificiel du Sautet, dans un paysage sur lequel règne le sommet de l'Obiou, épaulé de puissants ressauts escarpés. Au nord-ouest, les crêtes du Vercors barrent l'horizon. À la **croix Ste-Marguerite**, vue époustouflante sur le lac du Sautet et l'Obiou.

### Corps A2

*Voir Dévoluy, p. 214.*

## ★★ LA HAUTE SÉVERAISSE AB2

*Circuit tracé en vert sur la carte de microrégion (p. 126) – 28 km de la route Napoléon à la cascade du Casset – Comptez environ 1h30. Voir p. 149.*

## NOS ADRESSES DANS LE CHAMPSAUR

### VISITE

**Bon à savoir** – Le réseau culturel « **Un écomusée éclaté** », qui comprend 8 sites répartis sur le Champsaur et le Valgaudemar, a mis en place une carte intersites *(en vente sur les sites et dans les offices de tourisme)*. Elle donne droit à des réductions sur les entrées.

### HÉBERGEMENT

PREMIER PRIX

**À St-Bonnet-en-Champsaur**

**Chambre d'hôte La Combe Fleurie** – *Rte de Chaillol - 05500 St-Bonnet-en-Champsaur - ☎ 04 92 50 53 97 - www.lacombefleurie.com - P - 5 ch. 44 € ☕, demi-pension possible.*

Des chambres confortables, lumineuses et impeccablement tenues vous attendent dans cette bâtisse récente située à proximité du centre-ville. La journée commence avec un petit-déjeuner gargantuesque, composé de produits de la ferme et de pâtisseries maison. Coin cheminée pour les soirées d'hiver.

**BUDGET MOYEN**

### À Buissard

**Chambre d'hôte Les Chemins Verts** – *Chemin du Serre - 05500 Buissard - 1 km à l'est de St-Julien-en-Champsaur par D 15 - ✆ 04 92 50 57 57 - www.lescheminsverts.com - P - 4 ch. 47/67 € , demi-pension possible.* Prenez un peu de hauteur ! Cette coquette ferme restaurée culmine à 1 200 m. Vous y contemplerez la vallée du Drac et les montagnes. Chambres aux murs blancs, salon agréable, terrasse et piscine panoramiques, et accueil attentif. Un gîte disponible.

### À St-Bonnet-en-Champsaur

**Hôtel La Crémaillère** – *4 rte de La Motte - 05500 St-Bonnet-en-Champsaur - ✆ 04 92 50 00 60 - www.cremaillere.eu - P - Wifi - 23 ch. 52/63 € - 8 €, demi-pension possible - formule déj. 13 € - 20 €.* À l'orée du Parc national des Écrins, grand chalet entouré d'un jardin. Chambres en majorité orientées au sud, face au massif du Champsaur et au pic de l'Aiguille. Repas axé terroir dans une salle claire et ample ou en terrasse.

**POUR SE FAIRE PLAISIR**

### À Poligny

**Chambre d'hôte Le Chalet des Alpages** – *Les Forestons - 05500 Poligny - 1,5 km à l'ouest - ✆ 04 92 23 08 95 - www.lechaletdesalpages.com - fermé 6-29 avr. - Wifi - 5 ch. 90/120 € - 25 € bc.* Belle propriété de 6 000 m² d'où l'on admire le col du Noyer, la barrière de Faraud et le Vieux Chaillol. Chambres d'esprit montagnard (parfois avec balcon), fitness, bain norvégien à l'extérieur. La cuisine mêle les saveurs locales à celles de la Provence.

## RESTAURATION

**PREMIER PRIX**

### À St-Bonnet-en-Champsaur

**La Ripaille** – *2 r. Chaillol - 05500 St-Bonnet-en-Champsaur - ✆ 04 92 50 04 30 - laripaille05@free.fr - fermé le soir sf vend.-sam. et l'été - formule déj. 8,50 € - 13/24 €.* L'été, préférez la terrasse à la salle un peu trop classique de ce restaurant situé dans le quartier commerçant du village. Vous y savourerez les délicieux tourtons du Champsaur ou un gratin de ravioles à prix raisonnable. Détail sympathique : vous pouvez emporter ces spécialités, ainsi que le plat du jour.

## ACHATS

**Bon à savoir** – Avant de quitter la région, vous devez goûter les **tourtons** et les **ravioles**. Vous pourrez les acheter à la boutique Le Tourton du Champsaur, à Chabottes.

### À Chabottes

**Alti-Flore** – *Lieu-dit Basse-Plaine - 05260 Chabottes - ✆ 04 92 50 75 46 - www.alti-flore.com - tlj sf w.-end 8h-12h, 14h-17h.* En visitant ce petit établissement spécialisé dans la fabrication de produits issus des baies d'arbousier, vous découvrirez les qualités de ces fruits cultivés à plus de 1 000 m d'altitude et pourrez vous offrir un véritable cocktail de vitamines (A, C, E) décliné en jus, confiture et sorbets labellisés « bio ».

2

### À St-Bonnet-en-Champsaur

**La Ferme de Coste Joffre** – *L'Aullagnier - 05500 St-Bonnet-en-Champsaur - 3 km au sud-est de St-Bonnet-en-Champsaur par D 945 - ✆ 04 92 50 09 57 - à partir de 18h - fermé dim.* Dans cette exploitation agricole, on perpétue de père en fils la tradition de la fabrication du miel et du fromage. Parmi les spécialités, découvrez le cabriolle, le cabrichon et la tomme séchée, au lait de chèvre, ainsi que la tarinette et le Coste Joffre (tomme cerclée et entourée d'une écorce d'épicéa), au lait de vache.

## ACTIVITÉS

### Parcs de loisirs

**Jungle Laye** – *Station de Laye - 05500 Laye - ✆ 06 87 80 29 66 - www.jungle-aventure.com - mai-juin et sept. : w.-end sur réserv. (départ 14h-15h) ; juil.-août : 10h-19h (17h dernier départ).* Ce parc aventure aménagé en pleine forêt est grandiose : 215 ateliers et plusieurs parcours équipés de passerelles, ponts himalayens, tonneaux, tyroliennes, etc. Le pont des écureuils fait un tabac chez les enfants. C'est le parc à ne pas manquer dans la région. Nocturnes le jeu. en juil.-août.

**Base de loisirs** – *Plan d'eau du Champsaur - 05500 Saint-Julien-en-Champsaur - 4 km au sud-est de St-Bonnet-en-Champsaur par D 945 puis chemin à droite - ✆ 04 92 50 17 51 - www.champsaur-valgaudemar.com - juil.-août : 9h30-18h.* Dans ce très beau site dédié aux loisirs pour tous, vous pourrez vous baigner, vous initier à la voile ou au kayak sur le plan d'eau, avant de vous confronter aux eaux vives du Drac, qui longe le centre. Terrain omnisports, parcours aventure pour enfants et adultes, restauration et animations au café de la plage.

### Randonnée

3 cartoguides, *Haut Champsaur*, *Champsaur* et *Valgaudemar*, sont en vente dans les différents points d'accueil des vallées.

### VTT

Le Champsaur et le Valgaudemar, sites labellisés FFC, offrent plus de 600 km de sentiers balisés.

### Sports d'hiver

Le Champsaur compte 5 stations-villages :

**Ancelle** – Alt. 1 340-1 800 m, 15 pistes de ski alpin (13 remontées mécaniques), un stade de slalom, un jardin des neiges, 7 circuits pour le ski de fond (30 km).

**St-Léger-les-Mélèzes** – Alt. 1 260-2 000 m, 24 pistes de ski alpin, dont une éclairée pour le ski en nocturne (8 remontées mécaniques), un *snowpark*, un stade de bosses, un jardin des neiges, 7 km pour les fondeurs.

**Chaillol** – Alt. 1 450-1 990 m. Un cadre ensoleillé en balcon sur le Champsaur, 13 pistes de ski alpin (9 remontées mécaniques) et 31 km de circuits pour les fondeurs.

**Serre-Eyraud** – Alt. 1 450-2 100 m, à 10 km d'Orcières, 8 pistes de ski alpin (3 remontées mécaniques), un domaine de *freeride*, une piste de luge et un domaine de ski de fond.

**Laye** – Alt. 1 350-1 950 m. La plus petite des stations-villages, proche de Gap, compte 10 pistes de ski alpin et 8 km de pistes de fond.

# Orcières-Merlette

Hautes-Alpes (05)

NOS ADRESSES PAGE 148

**S'INFORMER**

**Maison du tourisme d'Orcières** – *05170 Orcières - ✆ 04 92 55 89 89 - www.orcieres.com - juil.-août et de mi-déc. à fin avr. : lun.-vend., dim. et j. fériés 8h30-18h30 (sam. 19h30) ; reste de l'année : se rens.*

**SE REPÉRER**

Carte de microrégion C2 (p. 126) – *carte Michelin Départements 334 F4.* La station est à 38 km de Gap et à 120 km de Grenoble, offrant ses façades au soleil, tout en haut de la vallée du Drac Noir.

**À NE PAS MANQUER**

En été, la montée en télécabine au Drouvet pour admirer le panorama, puis la randonnée vers le grand lac des Estaris.

**ORGANISER SON TEMPS**

Comptez une bonne demi-journée pour le tout

**AVEC LES ENFANTS**

La station est labellisée « Famille Plus Montagne » *(voir p. 31)* et propose la formule « Cartable à la neige » *(voir p. 31)*.

2

**Au milieu des grandioses sommets des Écrins, c'est l'une des stations les mieux équipées des Hautes-Alpes avec son palais des sports tout en verre, ses 100 km de pistes et sa tyrolienne, la plus longue d'Europe. Sur un balcon naturel, les immeubles dominent la vallée du Champsaur, qui s'étire à ses pieds. Territoire des ours, les forêts d'ici étaient des oursières. L'animal ayant disparu en 1895, vous avez plus de chance de rencontrer chamois ou lagopèdes...**

## Découvrir

### Domaine skiable

Ses deux importants points de départ (télécabine du Drouvet et Télémix de Roche Rousse) et ses 900 m de dénivelé font la joie des skieurs alpins, qui pourront dévaler ses 52 pistes, et des surfeurs grâce au **snowpark** d'altitude.

À 1 350 m (base de loisirs d'Orcières), le domaine de **ski de fond** s'étend sur 20 km. Quand l'enneigement le permet, les fondeurs peuvent sillonner les balcons du Champsaur, avec 100 km de liaisons intervallées.

À 1 850 m, sur le plateau de Roche Rousse (accès par le Télémix), 4 km sont aménagés pour le **skating**.

Enfin, 25 km de **sentiers damés** contenteront les promeneurs.

### Station 1850

Dans une ambiance familiale, Orcières mise aussi sur le plaisir de l'après-ski.

Le **palais des sports**, à l'architecture futuriste, propose ses 3 bassins pour faire des longueurs, ou la cascade et le grand toboggan pour s'amuser avec les enfants. À la patinoire olympique, au centre de remise en forme et

au bowling s'ajoute, en été, une **base de loisirs** (plan d'eau, centre équestre, etc.) sur les bords du Drac.
Les amateurs de sensations apprécieront la plus longue tyrolienne d'Europe *(voir la rubrique « Activités » dans « Nos adresses à Orcières-Merlette »)* et les 2 circuits de **descente à VTT**, depuis le Drouvet. Porte sud du **Parc national des Écrins** *(voir le Valgaudemar, ci-contre)*, la station est le camp de base idéal pour de nombreuses randonnées.

### ★★ Le Drouvet

*Accès par une télécabine en 2 tronçons. ✆ 04 92 55 89 89 - www.orcieres.com - déc.-avr. : 9h-16h30 - vac. scol. : 9h-17h - 9 € (-6 ans 7 €).*
Alt. 2 655 m. De la table d'orientation, **panorama★★** remarquable sur l'Olan, le Sirac et l'Ailefroide au nord, le Vieux Chaillol, le pic de Bure et le Gapençais à l'ouest, la Grande Autane au sud, et le Grand Pinier et la Font Sancte à l'est.

## Randonnée Carte de microrégion

### ★ Grand lac des Estaris C2

*1h de marche du sommet du Drouvet.*
Alt. 2 558 m. Très beau lac, dont il est agréable de faire le tour. Vous redescendrez sur Merlette en 1h30, sans compter les pauses. En 45mn à partir du lac des Estaris, les bons marcheurs pousseront jusqu'au col de Freissinières ou au **col des Prelles★★** (alt. 2 808 m). Très belle **vue★★** sur le massif du Pelvoux, le pic Sans Nom et l'Ailefroide.

## NOS ADRESSES À ORCIÈRES-MERLETTE

### TRANSPORTS

Un service de bus *(gratuit)* assure la navette entre les villages (en saison). Demandez les horaires à la Maison du tourisme.

### RESTAURATION

#### BUDGET MOYEN

**Les Gardettes** – *05170 Orcières - ✆ 04 92 55 71 11 - www.gardettes.com - ouvert 11 déc.-24 avr. et 26 juin-5 sept. - P - 24/35 € - 15 ch. 55/98 € - ☕ 8 €, demi-pension possible.* Restaurant familial abrité dans une ancienne étable : joli décor typiquement montagnard. Cuisine du terroir et spécialités fromagères (fondues, raclettes). Chambres modestes et bonnes confitures maison au petit-déj.

### ACTIVITÉS

Pensez à vous procurer la **Carte Loisirs** qui vous permettra de pratiquer nombre d'activités à tarif préférentiel.

**Base de loisirs** – *« Le Château » - 05170 Orcières - ✆ 04 92 55 76 67 - www.labellemontagne.com - juil.-août : 7h-22h.* Perché à 1 400 m d'altitude, au milieu des arbres et au bord du Drac, ce site propose une foule d'activités : quad, équitation, tir à l'arc, minigolf, kart sur piste, paint-ball et un parc aventure à terre, en plus des loisirs nautiques.

**Roll'Air Cable** – *Sommet du Drouvet - ✆ 06 84 44 88 10 - www.latyrolienne.fr - de mi-déc. à mi-avr. et de fin juin à fin août : 9h-16h ; sept.-oct. sur réserv. - hiver 38 € ; été 29,50 €.* Frissons garantis avec la plus longue tyrolienne d'Europe : on dévale près de 2 km de câble avec des pointes à 140 km/h !

# Le Valgaudemar

★★

Hautes-Alpes (05)

NOS ADRESSES PAGE 153

**S'INFORMER**

**Maison du Parc national des Écrins** – *Point d'information - 05800 La Chapelle-en-Valgaudemar - ✆ 04 92 55 25 19 - www.champsaur-valgaudemar.com - juil.-août : 10h-12h, 15h-19h ; sept.-avr. : lun.-jeu. 8h-12h, 13h-17h, vend. 8h-12h - fermé w.-end et j. fériés.*

**Maison de pays du Valgaudemar** – *Le Pont-des-Richards - 05800 St-Firmin - ✆ 04 92 55 23 21 - www.champsaur-valgaudemar.com - juil.-août : mar.-sam. 9h-12h, 14h-18h ; reste de l'année : mar.-vend. 9h-12h, 14h-17h.*

**SE REPÉRER**

Carte de microrégion AB1-2 (p. 126) – *carte Michelin Départements 334 E/F4.*
À 30 km de Gap, la D 985^A remonte la vallée de la Séveraisse.

**ORGANISER SON TEMPS**

Tant de beautés vous retiendront au moins une journée. Sous le charme, vous vous y attarderez probablement plus longtemps.

**Parmi toutes les vallées des Écrins, il en est une plus profonde qui, le long d'un violent torrent aux eaux claires, s'enfonce jusqu'au cœur même du massif : c'est la vallée de la Séveraisse, que les alpinistes remontent à l'assaut des Bans, de l'Olan et d'autres « plus de 3 000 » de légende. Même sans aller aussi haut, la montagne grandiose est ici à portée de main ; ses forteresses de pierre himalayennes cernent de tous côtés les parcelles de fauche. Tout est si sauvage que, dans les alpages de Prentic ou dans les petits hameaux oubliés, la présence de l'homme en devient touchante.**

## Circuit conseillé Carte de microrégion

### ★★ LA HAUTE SÉVERAISSE AB2

*Circuit tracé en vert sur la carte de microrégion (p. 126) – 28 km de la route Napoléon à la cascade du Casset – Comptez environ 1h30. Quittez la N 85 3 km au nord de Chauffayer, par la première route à droite après le pont enjambant la Séveraisse, au lieu-dit Le Pont-des-Richards (où se trouve la Maison de pays).*

**Bon à savoir** – Soyez prévoyant en remontant la vallée, car au-delà de St-Firmin vous ne pourrez plus retirer d'argent.

Dans St-Firmin, prenez à droite et traversez la Séveraisse pour rejoindre la D 16 étroite et sinueuse, agréablement ombragée, qui traverse plusieurs petits villages.

**LE SAVIEZ-VOUS ?**

Le Valgaudemar (qui s'écrit aussi Valgodemar) est le val de Godemar, l'un des derniers rois des Burgondes.

2

## LE QUEYRAS

A
BRIANÇON
B
D 902
D 89T
Cerveyrette
St-Pancrace
2413
La Grande Maye
D 236T
N 94
Les Fonds
D 902
Blétonnet
1
Durance
Pic de Peyre Eyraute
2903
Pic de Rochebrune
3325
2360
Col de l'Izoard
Casse Déserte
Chalets de l'Orceyrette
L'Argentière-la-Bessée
Rivière
Souliers
Brunissard
PARC
La Chalp
2 3 4
Château Queyras
Pierre Fiche
Arvieux
Ville-Vieille
4
D 902
Vée du Guil
D 5
Bouchouse
Les Moulins
Demoiselle coiffée
HAUTES-ALPES
NATUREL
Sommet Bucher
2257
2640
1
Guil
2
D 902
N 94
Combe du Queyras
St-Crépin
D 38
Le Cros
DU
Maison-du-Roy
D 60
Ceillac
Réotier
Mont-Dauphin
Pied-la-Viste
Cristillan
GR 5
Fontaine
D 902A
1
Cascade de la Pisse
Guillestre
Vallon du Mélezet
Peyre-Haute
Risoul
N 94
Refuge Basse Rua
D 186
3
Risoul 1850
Château
Val d'Escreins
Lac Ste-Anne
2361
Réserve naturelle du Val d'Escreins
2699
Belvre de l'Homme de Pierre
Vars
St-Marcellin-de-Vars
3387
La Font Sancte
GAP
Durance
Ste-Marie-de-Vars
D 902
Pic de Chabrières
Pic St-André
2857
2746
Les Claux
D 25
Refuge Napoléon
L'Ubaye
2650
2787
Col de Crévoux
Tête de Paneyron
Col de Vars
Pont du Châtelet
2109
A
BARCELONNETTE
B

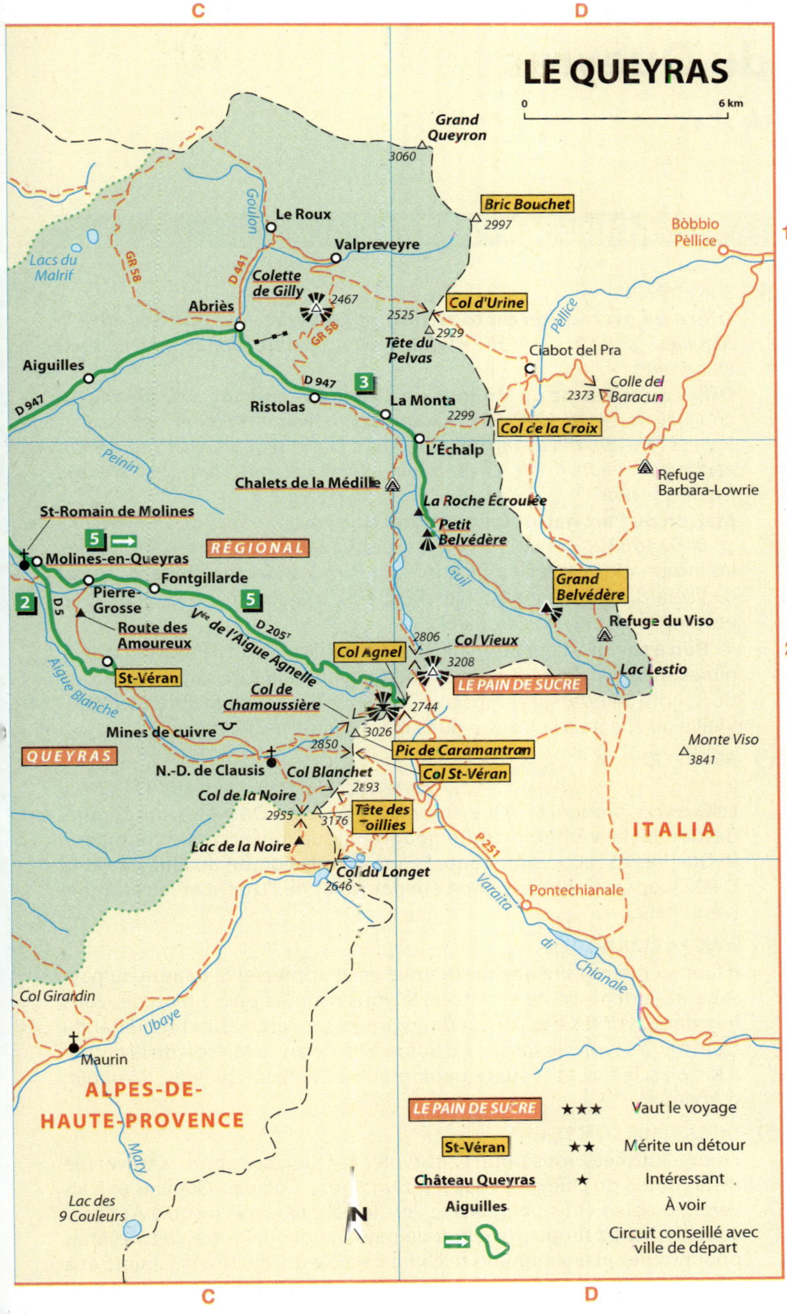

LE QUEYRAS
0
6 km
C
D
1
2
3
Grand Queyron
3060
Bric Bouchet
2997
Bòbbio Pèllice
Le Roux
Valpreveyre
Goulon
Lacs du Malrif
GR 58
D 441
Colette de Gilly
2467
Abriès
Col d'Urine
2525
2929
Tête du Pelvas
Pèllice
Ciabot del Pra
Colle del Baracun
2373
Aiguilles
D 947
Ristolas
La Monta
2299
Col de la Croix
L'Échalp
Refuge Barbara-Lowrie
Peinin
Chalets de la Médille
La Roche Écroulée
Petit Belvédère
St-Romain de Molines
RÉGIONAL
Molines-en-Queyras
Fontgillarde
Pierre-Grosse
Guil
Grand Belvédère
Refuge du Viso
D 5
Route des Amoureux
Vée de l'Aigue Agnelle
D 205T
2806
Col Vieux
Col Agnel
3208
Lac Lestio
St-Véran
LE PAIN DE SUCRE
Aigue Blanche
Col de Chamoussière
2744
Mines de cuivre
3026
Monte Viso
3841
QUEYRAS
2850
Pic de Caramantran
N.-D. de Clausis
Col Blanchet
Col St-Véran
2893
Col de la Noire
2955
3176
Tête des Toillies
ITALIA
Lac de la Noire
P 251
Col du Longet
2646
Varaita
Pontechianale
di Chianale
Col Girardin
Ubaye
Maurin
ALPES-DE-HAUTE-PROVENCE
Mary
Lac des 9 Couleurs
N
LE PAIN DE SUCRE ★★★ Vaut le voyage
St-Véran ★★ Mérite un détour
Château Queyras ★ Intéressant
Aiguilles À voir
Circuit conseillé avec ville de départ

# Parc naturel régional du Queyras

★★★

Hautes-Alpes (05)

NOS ADRESSES PAGE 165

## S'INFORMER

**Office de promotion du tourisme en Queyras** – *Pl. Jean-Léa - 05470 Aiguilles - ✆ 04 92 46 70 34 - www.aiguilles.com - tte l'année - se rens. pour les horaires.*

**Office du tourisme de Molines-en-Queyras** – *Le Bourg - 05350 Molines-en-Queyras - ✆ 04 92 45 83 22 - www.molinesenqueyras.com - vac. scol. sf Pâques : 9h-12h, 14h30-18h30 ; janv., mars, juin et sept. : tlj sf jeu., sam. mat. et dim. apr.-midi 9h-12h, 15h-18h ; avr.-mai et oct.-nov. : lun.-sam. 9h-12h ; j. fériés : se rens.*

**Maison du Parc naturel régional du Queyras** – *La Ville - 05350 Arvieux - ✆ 04 92 46 88 20 - www.pnr-queyras.com.* En saison, vous trouverez toutes les informations et les publications du Parc aux **portes du Parc** : au col de l'Izoard, au col Agnel, au val d'Escreins, à Guillestre (maison du Roy) et à Ristolas (la Roche Écroulée).

**Bon à savoir** – Les informations et les publications du Parc sont disponibles en saison dans les espaces pédagogiques du Parc comme le musée du Soum à Saint-Véran, l'Espace géologique à la crypte de Château-Ville-Vieille ou encore à la Maison du Parc à Arvieux.

## SE REPÉRER

Carte de microrégion (p. 156) – *carte Michelin Départements 334 I/J 4/5.*
Le Queyras, prononcer « Queyra », était le pays des Quariates, tribu ligure. Bastion isolé, véritable entité géographique, historique et humaine, le Queyras est accessible toute l'année par la combe du Queyras et la D 902, depuis Guillestre, et en été par le col de l'Izoard et le col Agnel (vers l'Italie).

## À NE PAS MANQUER

Il faut au moins faire une randonnée pour apprécier la beauté du paysage et la richesse de la nature. Si vous n'aimez pas la marche, vous irez découvrir les espaces pédagogiques du Parc naturel régional du Queyras, à savoir : le musée du Soum à St-Véran, la Maison de la nature à Ristolas, le fort et l'Espace géologique à Château-Queyras, le moulin d'Arvieux.

## ORGANISER SON TEMPS

En une journée, vous pourrez survoler le Queyras : après la traversée de la combe du Queyras, vous ferez un arrêt à Château-Queyras et à St-Véran, ou bien vous poursuivrez vers le haut Queyras jusqu'à Abriès si vous souhaitez simplement voir du paysage depuis votre voiture. Mais pour profiter pleinement de ce cadre paisible qui invite à la flânerie et à la course en montagne, mieux vaut y consacrer deux jours ou, pourquoi pas, un week-end prolongé.

### AVEC LES ENFANTS

Les sites du Parc *(voir « À ne pas manquer » ci-dessus)* ; l'école d'escalade de « la Roche Écroulée » *(voir « Activités » dans « Nos adresses dans le Queyras »)* ; la fabrication des jouets en bois *(voir « Achats » dans « Nos adresses dans le Queyras »)*.

**Avec ses villages parmi les plus hauts d'Europe et son altitude moyenne de 2 200 m, le Parc naturel régional du Queyras séduit à tous les coups, qu'on soit en quête de grands espaces ou d'un mode de vie ancestral. Grandiose dans son cirque supérieur dominé par le mont Viso à 3 841 m, le Queyras baigne dans une lumière déjà méridionale. L'hiver, ses petites stations de ski jouissent d'un enneigement excellent.**

## Circuits conseillés Carte de microrégion

### ★★ LA COMBE DU QUEYRAS AB2

*Circuit 1 tracé sur la carte de microrégion (p. 156) – 17 km de Guillestre à Château-Queyras – Comptez environ 1h. Quittez Guillestre par la D 902.*

#### Table d'orientation de Pied-la-Viste A2

Sur une butte, au-dessus de la route : par la vallée de la Durance et la trouée de la Vallouise, **vue★** au loin sur les majestueuses cimes du massif Pelvoux-Écrins.

De Pied-la-Viste à la maison du Roy, la vallée se rétrécit et la route passe sous plusieurs tunnels. Les roches noirâtres, violemment tranchées, prennent localement de vives et curieuses colorations tirant sur le mauve.

#### Maison du Roy B2

Louis XIII, se rendant en Italie en 1629, se serait arrêté dans cette auberge. Il aurait offert le tableau conservé à l'intérieur, marqué des armes de France.

À 300 m de la maison du Roy, une **plage fossilisée** se retrouve à la verticale sur une paroi dominant la route. Au temps des dinosaures, c'était un banc de sable caressé par les vagues !

*Laissez la route de Ceillac (voir p. 174) et continuez.*

Vous pénétrez dans la **combe du Queyras★★**, très longue, très large, très haute, très sauvage. Le ruban d'asphalte semble l'unique trace ici de la civilisation. La route en corniche dispute la place au Guil, paradis des kayakistes. Encore quelques tournants et, vision moyenâgeuse, le fort Queyras apparaît sur son verrou rocheux.

#### ★ Château-Queyras B2

*Voir p. 176.*

### ★★ ROUTE DE SAINT-VÉRAN BC2

*Circuit 2 tracé sur la carte de microrégion (p. 156) – 15 km de Château-Queyras à St-Véran – Comptez 30mn. Quittez Château-Queyras par la D 947 vers l'est.*

#### Ville-Vieille B2

Ce hameau constitue avec celui de Château-Queyras la commune de Château-Ville-Vieille. Vous vous arrêterez immanquablement à la **Maison de l'artisanat** *(voir la rubrique « Achats » dans « Nos adresses dans le Queyras »)*.

3

# Le Queyras

## Quand la mer se redresse

Le haut Queyras est un mille-feuille : la pâte, ce sont les sédiments déposés au fond de la **mer alpine** et métamorphosés lors de la formation des Alpes ; la crème, les nappes de roches volcaniques qui s'y sont infiltrées. Cette structure dessine des montagnes en dents de scie (mont Viso) et des crêtes où les paillettes de mica scintillent sous la lumière, le tout resculpté par les glaciers. L'Espace géologique de Château-Queyras *(voir p. 177)* initie à ces phénomènes naturels.

## Un monde à l'écart du monde

Le canton d'Aiguilles forma l'un des cinq « escartons » institués par la charte de 1343 *(voir Briançon, p. 94)*. En 1587, une armée de huguenots, sous les ordres de Lesdiguières, s'empare du fort Queyras *(voir Château-Queyras, p. 176)*. Les protestants sont alors en majorité.

Au 19e s., le Queyras échappe à l'industrialisation. La première route carrossable franchit la combe en 1856.

## Le renouveau économique

L'avenir du Queyras, isolé et dépeuplé, était sombre. Alors, pour qu'elles restent leur atout maître, les Queyrassins ont déplacé les montagnes et en ont fait un parc naturel régional en 1977. Ses 60 330 ha englobent le territoire des 11 communes du Queyras et la Réserve naturelle du **Val d'Escreins** *(voir Vars, p. 188)*. Ses principaux objectifs sont la protection des sites et des espèces, ainsi que l'aménagement d'expositions permanentes (à Château-Queyras, Ristolas, Arvieux, St-Véran), de sentiers de découverte (Ville-Vieille, Roche Écroulée, Abriès) et de sentiers de grande randonnée (GR 5 et GR 58 « Tour du Queyras »).

**NATURE**

## Flore et faune

Peu de pluie, un soleil abondant, le climat a séduit des plantes venues d'ailleurs. La flore est d'une extrême variété. Deux mille espèces s'étagent du pied des pentes aux sommets, des plantes méditerranéennes aux plantes alpines : pins méditerranéens, astragales queue-de-renard (originaires des steppes) et saxifrages des régions arctiques ont décidé de s'installer ici.

La faune, tout aussi diversifiée, a des ambassadeurs de prestige comme le chamois, l'aigle royal et le tétras-lyre, et d'autres plus insolites tels la salamandre noire ou le papillon Isabelle.

## Les mouflons du Queyras

Douze mouflons de Corse furent introduits en 1973. À l'ombre des bois, ils se sont aimés et sont aujourd'hui plus de 300. Ils cachent bien leur jeu, car en dépit des apparences, ce ne sont que des moutons sauvages. La

### JARDINIERS DU PAYSAGE

Si ses paysages sont préservés, c'est aux paysans queyrassins d'hier qu'on le doit, et à ceux d'aujourd'hui, partenaires du Parc pour une agriculture en accord avec le milieu. « Voyez ces bons paysans de la vallée du Queyras. Il y a trois mille âmes. C'est comme une petite république. On n'y connaît ni le juge ni l'huissier. Le maire fait tout. Et on lui obéit parce que c'est un homme juste parmi des hommes simples. » (V. Hugo, *Les Misérables*)

preuve, ils s'expriment par bêlements. Incapables d'adopter une vie au ralenti pendant l'hiver et handicapés par l'absence naturelle de nourriture, ils descendent très près des villages où il faut parfois leur donner du fourrage. Au lieu de laine, ils ont un poil ras de couleur rousse à la belle saison, virant au brun-noir l'hiver. Le mâle, fier de ses 50 kg, arbore de magnifiques cornes, visibles dès la première année. L'hiver, le mouflon se laisse facilement approcher. Mais, dérangé dans son repas, il évitera ensuite les râteliers de foin. Admirez-le à plus de 50 m, à l'aide de jumelles, par exemple.

### Les bouquetins du Queyras

Au début du 20e s., moins de 100 bouquetins représentaient l'unique noyau de survie dans le massif italien du Grand Paradiso. En 1995, 12 individus furent réintroduits dans le Parc naturel régional du Queyras. Ils sont suivis à la trace à l'aide de balises émettrices.
Le Parc édite un livret, *Merveilleux bouquetins*, et propose aux randonneurs des fiches de repérage.

## TRADITIONS

### Les clochers de la solidarité

Parfois, dans le haut Queyras, vous remarquerez un drôle de campanile en rondins de mélèze coiffé d'une cloche : la tour du Procureur.
Datant du haut Moyen Âge, c'est le vestige d'une vie communautaire originale : le son de la cloche réunissait les habitants pour prendre les décisions importantes (jour de cuisson au four banal, date des moissons, répartition des tâches et aide aux veuves). L'ensemble de ces règles de solidarité s'appelait la *Ruido*.
Au 19e s., avec le retour des protestants, une autre fonction fut attribuée à cette tour : celle de clocher œcuménique. Et lors des graves inondations de 1957, la panne des moyens de communication modernes lui fit reprendre du service.



### Les croix de la Passion (ou croix des Outrages)

Naïves, elles racontent en quelques bouts de bois le dernier jour du Christ. Elles portent les instruments de sa Passion :
- le coq est celui qui chanta avant le reniement de saint Pierre ;
- la main évoque le geste de Ponce Pilate ;
- les pièces de monnaie symbolisent la rétribution de Judas ;
- les armes figurent celles du supplice ;
- une couronne stylisée rappelle la couronne d'épines de Jésus.

Elles se dressent autour de St-Véran ou de Ceillac.

### Les cadrans solaires

Ils abondent : pensez, le soleil brille 300 jours par an ! Ils ont souvent été peints par des Italiens ; leurs maximes enjouées reflètent la sagesse populaire.

### Un art original

Le Queyras a son propre art populaire, œuvre des paysans bloqués lors de longues soirées d'hiver dans leurs maisons à l'architecture originale *(voir p. 73)*. Lits clos, coffres de mariage, rouets ou berceaux, rosaces, étoiles sculptées au couteau, leurs **meubles et objets** en mélèze ou en pin cembro *(voir p. 51)* ont fait le tour du monde, à commencer par le Musée dauphinois de Grenoble et le musée de Gap. Des ébénistes et sculpteurs continuent de perpétuer ce savoir-faire.

*1h30 de marche. Départ à gauche de la route, juste avant l'entrée du village. Livret du circuit en vente dans les offices de tourisme et à la Maison de l'artisanat.*
Le **sentier écologique des Astragales** permet de voir en abondance une plante rare : l'astragale queue-de-renard, ainsi que l'adonis d'été et la sauge d'Éthiopie. Le circuit conduit à la **Pierre Fiche**, mégalithe légendaire.

*Prenez à droite la D 5.*

La route grimpe à travers les mélèzes de l'ubac. En sortant du ravin de Prats, remarquez la **demoiselle coiffée★** sur le versant opposé *(sur leur formation, voir Serre-Ponçon, p. 200)*. Bientôt, la vue se dégage sur la vallée de l'Aigue Blanche.

### ★ Molines-en-Queyras C2

Dans ce hameau subsistent des **mayes**, granges faites, comme aux 17e et 18e s., de troncs d'arbres empilés et croisés aux angles. Leurs toits sont en bardeaux (planchettes) de mélèze. En contrebas, à droite de la route de St-Véran, l'église **St-Romain de Molines★** jouxte un minuscule cimetière clos. Certaines tombes du 19e s. ont disparu ; seules subsistent d'émouvantes plaques émaillées en forme de cœur, accrochées au mur de l'église. L'intérieur est remarquable par sa profusion baroque. *✆ 04 92 45 83 22 (office du tourisme) - juil.-août : 9h-17h ; reste de l'année : se rens.*

En hiver, son **domaine skiable** est relié à celui de St-Véran.

La route continue à s'élever dans un beau paysage de prés-bois. Vous apercevez soudain les maisons de St-Véran échelonnées sur leur adret ensoleillé.

### ★★ St-Véran C2

*Voir p. 180.*

## LE HAUT QUEYRAS B2/C1

*Circuit 3 tracé sur la carte de microrégion (p. 156) – 30 km de Château-Queyras aux belvédères du mont Viso – Comptez environ 1h.*

Ce trajet vous emmène sur les routes les plus agréables de la vallée du haut Guil, jusqu'à Abriès, puis fait découvrir de beaux panoramas sur le mont Viso.

*Quitter Château-Queyras par la D 947, route d'Abriès.*

La route remonte la vallée dont l'ubac se revêt de splendides forêts. Devant vous se profile la crête frontière, dominée par la pyramide du **Bric Bouchet** (alt. 2 997 m).

### Aiguilles C1

Comme leurs homologues de Barcelonnette *(voir p. 224)*, les Aiguillons enrichis aux Amériques construisirent des villas de style citadin et balnéaire (hôtel de ville, château Margnat, villa Challe). Improprement attribuée au père Gustave, la « maison Eiffel » surprend derrière son rideau d'arbres, à l'est du village. Entièrement en métal, ce pavillon de l'Exposition universelle de 1898 fut racheté par un « Américain » et entièrement remonté à Aiguilles.

En hiver, vous pourrez profiter des pistes de ski alpin (30 km) bien ensoleillées du **domaine du Peynin**. Quant à la vallée du haut Guil, elle réserve 25 km de pistes tracés pour les fondeurs.

### ★ Abriès C1

*Voir p. 184.*

*Après Abriès, continuez sur la D 947.*

L'église Saint-Romain et son campanile.
*E. Baret / MICHELIN*

La vallée du Guil change d'orientation et devient plus sévère. Après **La Monta** se détache la Grande Aiguillette avec ses glaciers. À droite, la crête de la Taillante porte bien son nom : remarquez son tranchant effilé.

### L'Échalp D1-2

De ce hameau détruit par une avalanche en 1948 partent les excursions aux belvédères du mont Viso.

*1h30 à pied AR*. Traversez le Guil sur le premier pont en amont de l'Échalp et suivez le chemin muletier qui s'élève bientôt dans un ravin affluent pour déboucher, en vue du Viso, sur le plateau de la Médille, ravissante prairie encadrée de mélèzes. La promenade aux **chalets de la Médille★** offre une belle vue sur le Viso.

La route remonte la vallée de plus en plus étroite et passe près de **la Roche Écroulée**, site d'escalade *(voir la rubrique « Activités » dans « Nos adresses dans le Queyras »)*.

*Garez-vous et poursuivez à pied, pour découvrir le Viso.*

### ★ Petit Belvédère du mont Viso et sentier écologique du Pré Michel D2

*45mn de marche et environ 1h de pause. Le chalet d'information près du parking (ouv. en sais.) vend un livret, également disponible dans les offices de tourisme.*

Outre le Viso, vous pourrez admirer de fin juin à début août une infinité de fleurs et de plantes aux doux noms de lis martagon, dauphinelle élevée, fritillaire dauphinoise…

*Pour le Grand Belvédère, voir « Randonnées ».*

## VALLÉE D'ARVIEUX B1-2

*Circuit 4 tracé sur la carte de microrégion (p. 156) – 10 km de Château-Queyras à Brunissard – Comptez environ 1h. 2 km après Château-Queyras, prenez la D 902, route du col de l'Izoard.*

3

### Arvieux B1-2

Dans le hameau **Les Moulins**, au-dessous d'Arvieux *(prenez à gauche après 1 km sur la D 902)*, vous pourrez visiter le **moulin**, restauré à l'initiative du Parc, qui jouait un rôle essentiel au sein des vallées. *✆ 04 92 46 88 20 - juil.-août : tlj sf dim. 14h-18h - 2 € (-16 ans gratuit).*

Ce village, comme ses hameaux environnants, surprend par ses maisons qui ont une série d'**arcades superposées** sur la façade, des planchers en billons de bois et des toits en bardeaux de mélèze. L'**église** du 16e s. a conservé un porche et une porte du 11e s. dont les chapiteaux sont sculptés de personnages naïfs.

### La Chalp B1

Ce hameau situé au-dessus d'Arvieux abrite la **coopérative** « L'Alpin chez lui » qui fabrique des jouets en bois *(voir la rubrique « Achats » dans « Nos adresses dans le Queyras »)*. Il est également appréciable pour son **domaine skiable** (alt. 1 700-2 110 m) et ses 15 km de pistes. Une navette au départ d'Arvieux vous conduira au pied de celles-ci.

### Brunissard B1

Un peu plus loin, ce village abrite un curieux **campanile** qui domine le four banal. En hiver, vous pourrez vous adonner au ski de fond et, aux beaux jours, parcourir le **sentier de lecture** *(1h. Au départ du parking de Jamberoute)*.

## ★★ ROUTE DU COL AGNEL (VALLÉE DE L'AIGUE AGNELLE) C2

*Circuit 5 tracé sur la carte de microrégion (p. 156) – 15 km de Molines au col Agnel en suivant la D 205T, fermée l'hiver – Comptez 30mn.*

De Molines, dirigez-vous vers **Pierre-Grosse**, nom évoquant les blocs erratiques au milieu des prairies environnantes. Il s'agit de blocs de gabbro, roche magmatique très résistante transportée là par un glacier.

À l'extrémité du hameau, laissez à gauche la route du Coin et continuez en direction de **Fontgillarde**, le hameau le plus élevé de la vallée (1 997 m). À l'entrée, sur la gauche, un artisan réalise des objets sculptés en bois.

1 km après Fontgillarde, vous parvenez au pont de Lariane *(sur la droite)* : la route, bordée d'épilobes, offre une belle **vue** sur le pic de Château-Renard au-dessus des mélèzes. 500 m plus loin, à droite de la route, une plaque scellée sur un rocher rappelle que les armées d'Hannibal passèrent à cet endroit. En cherchant bien, on peut même trouver des empreintes d'éléphants.

La route s'élève ensuite dans un cadre spectaculaire de haute montagne jusqu'au refuge Agnel, puis au col du même nom à la frontière. Montez à la **table d'orientation** (alt. 2 744 m). Magnifique **panorama★★** à l'est sur le Pain de Sucre et le mont Viso et au nord-ouest sur la pointe des Sagnes et le Grand Queyras. En arrière-plan, les massifs du Pelvoux, des Écrins et de la Meije.

# Randonnées Carte de microrégion

### ★★★ Le Pain de Sucre D2

*4h AR. Dénivelé 600 m. Garez-vous au parking, entre le refuge et le col Agnel, à 2 620 m. Au-delà du col Vieux, montée très raide et impressionnante nécessitant la plus grande prudence. À faire absolument par temps sec et muni de chaussures de montagne.*

Accès facile en 30mn au **col Vieux★** (alt. 2 806 m), d'où l'on a déjà une belle vue sur le lac Foréant, la crête de la Taillante et le Pain de Sucre. De là, on parvient en 15mn de montée à un court replat : continuez tout droit et rejoignez un sentier qui serpente jusqu'au Pain de Sucre (alt. 3 208 m). Le **panorama★★★**, grandiose et très étendu, est l'un des plus beaux des Alpes. Dans le prolongement des crêtes, vue sur l'Asti et le mont Viso. Au nord, la vue porte, par temps très clair, jusqu'au mont Blanc. À la descente, prenez à droite au niveau de la croix un sentier balisé par des cairns. Après d'ultimes passages délicats, il rejoint le replat au-dessus du col Vieux.

### ★★ Grand Belvédère, lac Lestio et refuge du Viso D2

*5h30 AR. Dénivelé 700 m environ. Garez-vous au parking de l'Échalp. Cette boucle séduit plus par son agrément que par ses panoramas.*

Vous parviendrez en 1h45 au Grand Belvédère par un sentier paysager ponctué de tables explicatives, parallèle à la route. De là, belle **vue★** sur le **mont Viso**. Bien dégagée, sa pyramide rocheuse aux lignes pures est située en territoire italien, mais son admirable face nord ferme la vallée du Guil.

Montez quelques instants, puis prenez un sentier qui descend à droite et longe le torrent, balisé ponctuellement en jaune. Rejoignez le sentier venant du refuge et, après la traversée du torrent, vous aboutirez au **lac Lestio** (alt. 2 510 m), dominé par la pointe de Rome et le col Valente. Revenez sur vos pas et prenez le sentier du refuge balisé en blanc et rouge : **vue★** sur le Viso. Redescendez au Grand Belvédère puis au parking par la route.

*D'autres randonnées sont décrites à Abriès, Ceillac et St-Véran.*

### ★★ Randonnées à VTT

Les circuits les plus intéressants remontent d'Abriès jusqu'à La Monta. Au-delà, vous aurez le choix entre une excursion d'une journée jusqu'au **col de la Croix** (alt. 2 298 m) ou une randonnée, plus large et plus riche en émotions, permettant d'atteindre dans le val Pellice le **refuge Barbara-Lowrie** (alt. 1 753 m). L'arrivée récompensera l'ascension d'une impressionnante succession de lacets jusqu'au **col du Baracun** (alt. 2 380 m) avant la descente vers le refuge.



## NOS ADRESSES DANS LE PNR DU QUEYRAS

**TRANSPORTS**

**Navette de l'Escarton** – En saison, une navette payante assure la liaison entre les villages du haut Guil (Château-Queyras, Aiguilles, Abriès, Ristolas, Arvieux, Ristolas et l'Échalp). Le transport est gratuit avec la **Carte d'hôte**, délivrée dans les hébergements et les offices de tourisme.

**HÉBERGEMENT ET RESTAURATION**

**BUDGET MOYEN**

**À Arvieux**

**Hôtel La Ferme de l'Izoard** – *La Chalp - 05350 Arvieux - rte du Col - 04 92 46 89 00 - www.laferme.fr - fermé avr. et 29 sept.-19 déc. - P - Wifi - 23 ch. 60/161 € - 11 €, demi-pension possible - formule déj. 15 € - 23/51 €.* Bâtiment aux allures de ferme traditionnelle queyrassine. Chambres spacieuses, décorées dans une veine locale et dotées d'un balcon ou d'une terrasse. À table, spécialités du terroir et grillades au feu de bois préparées devant le client.

**À Molines-en-Queyras**

**La Maison de Gaudissard**– *05350 Molines-en-Queyras - 04 92 45 83 29 - www.gaudissard.com - P - Wifi - 17 ch. 80/161 €*

*et 2 app. meublés, demi-pension possible*. Chaleureuse ferme queyrassine où la qualité de la table rivalise avec l'accueil des hôtes. Possibilité d'activités sportives encadrées.

POUR SE FAIRE PLAISIR

### À Arvieux

**Chambre d'hôte La Girandole** – *Brunissard - 05350 Arvieux - ✆ 04 92 46 84 12 - www.lagirandole.fr - fermé 15 sept.-15 déc., 5 avr.-20 mai - P - 5 ch. 84 €*. Meubles anciens, tissus aux couleurs chaudes et piano en font un endroit chaleureux. Chambres décorées par thèmes. Deux appartements et une cuisine commune.

## ACHATS

### À Arvieux

**« Les Jouets du Queyras » L'Alpin chez lui** – *La Chalp - 05350 Arvieux - ✆ 04 92 46 73 86 - www.jouetsduqueyras.com*. Cette coopérative de fabrication de jouets en bois, fondée en 1920, permit de retarder l'exode des paysans durant l'hiver. Le petit **musée** et un film vous conteront l'histoire de cette entreprise. Un choix de 300 références de jouets.

**Fromagerie de la Durance et du Queyras** – *05350 Arvieux - ✆ 04 92 46 72 34 - www.fromageriedeladurance.fr - tlj sf dim. 9h30-12h, 15h-18h30 - fermé avr.-juin, sept.-nov.* Cette petite boutique propose une gamme étoffée de produits régionaux élaborés avec le lait du Queyras : gruyère Fontu, tommes…

### À Château-Ville-Vieille

**La Maison de l'artisanat** – *Charpenel - 05350 Château-Ville-Vieille - ✆ 04 92 46 75 06 - www.meublesduqueyras.com - horaires : se rens. - fermé 1er janv. et 25 déc.* Comme l'indique l'enseigne, cette maison, ouverte en 1989, se veut la vitrine de la production artisanale du Queyras. Une visite s'impose pour découvrir meubles traditionnels, jouets en bois, bijoux, cuir, poteries, charcuteries, pâtisseries, liqueurs et alcools.

### À Aiguilles

**Miellerie de la Vignette** – *La Vignette - 05470 Aiguilles - ✆ 04 92 46 77 97 - 9h-19h*. Vous y trouverez les produits de la ruche et des confitures.

## ACTIVITÉS

### Activités de pleine nature

**Ecole de parapente en Queyras** – *La Chalp - 05350 Arvieux - ✆ 06 08 01 27 27 - www.parapente05.com - 72 € vol découverte*. Local à côté du « Pourquoi » dans Ceillac.

**La Roche Écroulée** – *✆ 04 92 46 72 26 - juin-sept.* Site d'escalade sur blocs aménagés. Se renseigner auprès du point d'accueil d'Abriès.

### VTT

Un topoguide *Randos en Queyras à VTT*, et une carte du tour du Queyras à VTT sont en vente dans les points d'accueil. Une formule de séjours « **Tour du Queyras à VTT** » inclut l'hébergement, la demi-pension, le panier-repas et le portage des bagages. Location de VTT dans les magasins de sports à Aiguilles, Arvieux et Ceillac. Circuits VTT au départ du télésiège d'Abriès.

### Sports d'hiver

Le Queyras compte **6 domaines skiables**, qui totalisent plus de 100 km de pistes de ski alpin. Un forfait unique « Tout Queyras » est valable pour les domaines d'Aiguilles, Abriès-Ristolas, Arvieux et Molines (reliés par les navettes de l'Escarton).

# Guillestre

★

2 273 Guillestrins – Hautes-Alpes (C5)

NOS ADRESSES PAGE 169

**S'INFORMER**

**Office du tourisme du Guillestrois** – *Pl. Joseph-Salva - 05600 Guillestre - 04 92 45 04 37 - www.pays-du-guillestrois.com - juil.-août : lun.-sam. 9h-18h30, dim. et j. fériés 9h-12h, 15h-18h ; reste de l'année : lun.-sam. 9h-12h, 14h-18h - fermé dim. et j. fériés.*

**Office du tourisme de Risoul** – *05600 Risoul - 04 92 46 02 60 - www.risoul.com - juil.-août : lun.-sam. 9h-13h, 14h-19h (18h dim.) ; de mi-déc. à mi-avr. : lun.-sam. 9h-19h, dim. et j. fériés 9h-18h ; reste de l'année : lun.-vend. 9h-12h, 13h-17h - fermé w.-end et 1er Mai.*

**SE REPÉRER**

Carte de microrégion A2 (p. 156) – *carte Michelin Départements 334 H5.*
Sur la route des Grandes Alpes, entre les cols de l'Izoard et de Vars, Guillestre est aussi à mi-chemin de Gap et de Briançon.

**SE GARER**

Parking en haut et en bas du village.

**ORGANISER SON TEMPS**

Comptez 3h pour profiter du village et de ses alentours.

3

**Le Guillestrois est un superbe cirque montagneux aux confins des Écrins, du Queyras et de l'Embrunais. Double chance pour Guillestre : ses montagnes la protègent des pluies (avec 30 cm par an, son taux de précipitations est un des plus bas de France) et, au centre de ce carrefour naturel, la ville accueille chaque lundi le principal marché du Queyras, témoin depuis le Moyen Âge des échanges entre les vallées voisines.**

## Se promener

**Bon à savoir** – Un dépliant décrivant le centre ancien est disponible à l'office de tourisme.
Franchissez l'une des quatre portes et musardez le long des rues étroites et des petites places. Du système défensif de l'enceinte médiévale, seule subsiste la tour d'Eygliers. L'**église** Renaissance possède un beau **porche**★ reposant sur quatre colonnes, dont deux ont pour base ces lions accroupis, vestiges d'un prieuré de l'an mil. Penchez-vous sur la serrure en fer forgé : vous verrez le portrait farouche de l'archevêque !

## À proximité Carte de microrégion

### Table d'orientation de Peyre-Haute A3

*2 km au sud de Guillestre, sur la route de Vars. À 100 m en amont du hameau (panneau), grimpez sur le talus à gauche.*

*15mn AR.* **Vue★ :** de gauche à droite, l'Ailefroide, séparée du pic Sans Nom par la brèche du Coup de Sabre, le Pelvoux et le pic de Neige Cordier avec le glacier Blanc.

### ★ Réotier A2

*10 km de Guillestre. Prenez la D 902 vers la N 94, tournez à droite puis à gauche peu avant la gare de Mont-Dauphin.*
Suivez les panneaux **« fontaine pétrifiante de Réotier »**. L'eau minéralisée a formé des draperies de concrétions.

### Risoul 1850 A3

*14 km au sud par la D 186.*
De la route en lacet et du village ancien, à mi-chemin de la station, **superbes panoramas★★** sur tout le Guillestrois.
La station est labellisée « Famille Plus Montagne » *(voir p. 31)*. Le téléski de la Plate-de-la-None monte au sommet des pistes et relie la **station** moderne de Risoul à Vars 1850 pour former le **domaine de la Forêt Blanche**, un des plus vastes des Alpes du Sud (185 km de pistes). La nouvelle glisse n'est pas oubliée, avec un *snowpark* et un *superpipe*. En été, deux télésièges vous mènent vers les hauteurs pour de belles randonnées.
Une route non goudronnée mène au col de Cherine puis au **belvédère de l'Homme-de-Pierre** (alt. 2 374 m). Superbe **panorama★★** (table d'orientation) sur le massif de la Vanoise, le lac de Serre-Ponçon et, au loin, le mont Ventoux.

## Circuit conseillé Carte de microrégion

### ★★ LA COMBE DU QUEYRAS AB2

*Circuit 1 tracé sur la carte de microrégion (p. 156) – 17 km de Guillestre à Château-Queyras – Comptez 1h. Quittez Guillestre par la D 902. Voir p. 159.*

## Randonnées

### Rue des Masques

*2h de marche facile. Dénivelé 250 m. De l'office de tourisme, la rue des Champs-Élysées mène à la gendarmerie ; là, prenez à droite le chemin d'Eygliers. Montez jusqu'au bout sur le plateau. Le sentier est ensuite fléché.*
Vous arrivez entre deux hautes murailles : cette « rue », à laquelle il ne manque que des maisons, est bien un phénomène naturel, un vide qui s'est creusé dans les rochers sur 5 m de large et 600 de long. Elle est tapissée d'un gazon que le soleil n'éclaire jamais : cela plaisait aux sorciers d'Eygliers qui venaient y danser leur sabbat du diable.
Retour par la partie supérieure et le bord du plateau du Simoust, le long d'un petit canal d'irrigation.

### ★★ Balade à Mont-Dauphin

*2h. Balisage orange. Sortez de Guillestre en direction de Briançon (D 902) et poursuivez jusqu'au quartier des Chapelles. Traversez le plateau de la Chalp, puis le Guil sur une passerelle.*
Cette promenade permet d'admirer les défenses naturelles de Mont-Dauphin *(voir p. 170)* sous un angle original.

## NOS ADRESSES À GUILLESTRE

### HÉBERGEMENT

**PREMIER PRIX**

**Camping St-James-les-Pins** – *Rte des Campings - 1,5 km à l'ouest par rte de Risoul et rte à dr. - 04 92 45 08 24 - www.lesaintjames.com - de mi-déc. à déb. nov. - ♿ - 100 empl. 16,40 €.* À 1 000 m d'altitude, en bordure d'un torrent, vous trouverez ce petit camping dans une pinède bien plaisante. Parmi les nombreuses activités sportives, vous pourrez vous adonner en toute liberté à tous les sports d'eaux vives. Jeux pour enfants.

**BUDGET MOYEN**

**À proximité**

**Chambre d'hôte La Grange de mon Père** – *Les Traverses - hameau de Brudes - 05600 St-Clément-sur-Durance - 10 km au sud-ouest de Guillestre par D 902 N 94 puis D 994 - 04 92 45 37 80 - http://lagrangedemonpere.free.fr - P - 4 ch. 55/65 €, demi-pension possible.* Les propriétaires ont associé leurs talents de bricoleur et de décoratrice pour rénover les chambres de cette ferme datant en partie du 17e s. Celles-ci rendent hommage aux couleurs de la campagne environnante : « blé d'or » ou « sainfoin ». Table d'hôte orientée terroir, servie dans une grande salle voûtée. Sur réserv. uniquement, d'oct. à avril.

**Hôtel La Bonne Auberge** – *05600 Risoul - au village - 04 92 45 02 40 - www.bonneauberge-risoul.com - fermé 1er juin-15 sept. et 26 déc.-31 mars - P - 25 ch. 60/66 € - 8 €, demi-pension possible - 15/24 €.* Chalet en léger retrait du village. Les chambres, bien tenues, offrent une jolie perspective sur la place forte de Mont-Dauphin, créée par Vauban. Ambiance pension de famille dans la salle de restaurant livrant un beau panorama sur le Guillestrois.

### RESTAURATION

**BUDGET MOYEN**

**Dedans Dehors** – *Ruelle Sani - 04 92 44 29 07 - albandedansdehors@yahoo.fr - ouvert mi-mai à fin sept. - 20/35 €.* Une ruelle médiévale dessert cette cave voûtée où tartines, salades et cuisine à la plancha connotées terroir combleront votre appétit. Cadre bistrotier éclectique et coloré.

### ACHATS

**Marché** – Le lundi matin, on a l'impression que la ville entière se retrouve sur ce marché. Vous y trouverez des saucissons artisanaux, des fromages et des produits frais mais aussi un vieux livre ou des savons parfumés. L'été, le marché accueille les forains de toute la région Rhône-Alpes.

### ACTIVITÉS

**Base de loisirs** – *D 994 - 05600 St-Clément-sur-Durance - 7,5 km au sud-ouest de Guillestre par D 902 puis N 94 et D 994 - 04 92 45 04 35 - 15 avr.-15 sept.* Cette base de loisirs située au bord de la Durance offre un large choix d'activités en eaux vives. Trois prestataires différents proposent raft, canoë-kayak, *airboat* et canyoning. L'un d'eux, Pass'sport, organise des randonnées pédestres avec découverte de la faune et de la flore, ainsi que des sorties VTT et du parapente.

3

# Mont-Dauphin

★★

136 Mont-Dauphinois – Hautes-Alpes (05)

NOS ADRESSES PAGE 173

### S'INFORMER

**Visite guidée de la citadelle** – *Pl. Vauban - 05600 Mont-Dauphin - ✆ 04 92 45 42 40 - juin-sept. : 10h-12h, 14h-18h ; reste de l'année : se rens. - possibilité de visite guidée (2h) - fermé 1er janv., lun. de Pâques, 1er et 8 Mai et 25 déc. - 7 € (-26 ans gratuit).* Elle comprend lunette d'Arçon, souterrains, poudrière, arsenal, fortifications de Vauban et caserne Rochambeau.

**Sur les pas de Vauban** – *Voir p. 22.*

### SE REPÉRER

Carte de microrégion A2 (p. 156) – *carte Michelin Départements 334 H4.*
Au-dessus de Guillestre, Mont-Dauphin occupe le plateau des Mille Vents, qui domine de 100 m les vallées du Guil et de la Durance.

### SE GARER

Une fois arrivé par la route d'Eygliers (D 37) au niveau des premières fortifications, dépassez la lunette d'Arçon. Stationnement obligatoire, sur la gauche, au niveau du glacis, avant les bastions.

### ORGANISER SON TEMPS

Comptez au moins 2h pour faire le tour du site surtout si vous faites la visite guidée, idéale pour découvrir tous les secrets de Mont-Dauphin.

**Que faisait Louis XIV quand un ennemi harcelait ses frontières ? Il envoyait Vauban bâtir une cité fortifiée. De Mont-Dauphin, qui couronne un vaste promontoire et surplombe tout le Guillestrois, la vue est royale…**

## Se promener

### ★★ CITADELLE

Le nom de la citadelle vient du fait que Vauban voulait honorer le fils aîné du roi, le dauphin, et la province historique dont elle porte le nom, le Dauphiné. Elle est inscrite au **patrimoine mondial de l'Unesco** depuis 2008, au même titre que Briançon et les dix autres sites majeurs de Vauban.

#### Fossés

Du pont, observez les fossés, escarpes et contrescarpes précédant les bastions. La lunette d'Arçon ne communique avec l'extérieur que par des souterrains. Le système défensif est si efficace que la ville ne fut jamais prise, ni même attaquée sinon par les airs : Vauban, ou la force de dissuasion.

#### Ville

Composée de quatre blocs d'habitations, elle surprend par la largeur des rues et son plan en damier : tout ici a une fonction défensive. Sauf peut-être le marbre rose de Guillestre, qui prend de jolies couleurs au soleil.

La forteresse de Mont-Dauphin

### ★ Poudrière

La salle inférieure est protégée des bombes par un énorme plafond en mélèze : depuis trois siècles, les 11 °C ambiants l'ont préservée des vers et du jeu. Une galerie fait le tour de la salle, permettant l'aération et l'éclairage : car on n'entrait pas là avec une torche ! Pour éviter toute étincelle, les serrures sont en bronze.

3

### UN RÊVE INACHEVÉ

En 1692, le duc de Savoie passe par le col de Vars et s'empare de Gap, d'Embrun et de Guillestre. Aussitôt, le Roi-Soleil délègue son spécialiste des fortifications. En novembre, Vauban découvre le plateau de Millaures (nom qui vient de « mille aures » et qui signale un endroit balayé par mille vents, comme vous pourrez sans doute vous en rendre compte lors de votre visite). Il est subjugué par le site. Tout de suite, il imagine une ville : avec femmes et enfants à l'intérieur des murs, la combativité des troupes ne pouvait qu'être meilleure. Le chantier débute quelques mois à peine après sa visite. Les artisans affluent de toutes les Alpes, mais, très vite, les difficultés s'accumulent, liées à la nature du sol et aux conditions météorologiques. En 1700, lors de sa seconde visite à Mont-Dauphin, Vauban constate l'avancée des constructions. La ville compte déjà une caserne, un pavillon des officiers, la poudrière, l'arsenal. Mais le traité d'Utrecht en 1713 modifie le tracé des frontières et rend les menaces moins immédiates. Mont-Dauphin perd d'un trait de plume de son intérêt stratégique. Les travaux en pâtissent. Ils dureront près de cent ans ! Mont-Dauphin n'accueillera jamais les 2 000 habitants prévus. Et la cité fortifiée ne connaîtra le baptême du feu qu'en juin 1940 lorsqu'un avion italien la bombarde et détruit en partie l'arsenal, sans parler des dégâts sur les autres habitations.

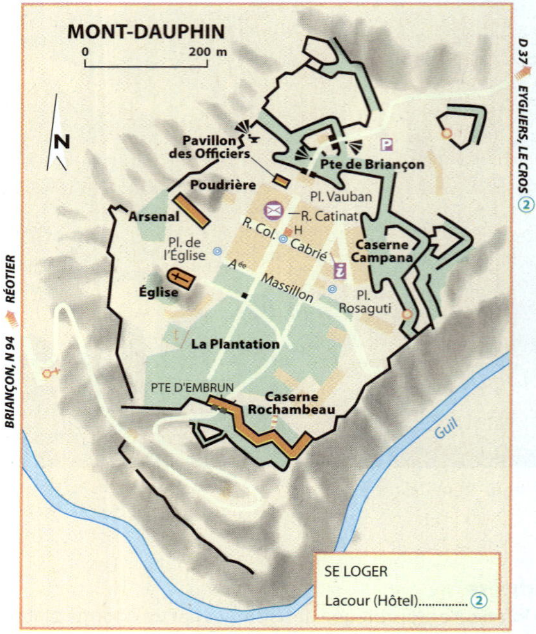


## Arsenal

Décoré de jolis œils-de-bœuf, il abrite en saison des expositions dans les salles voûtées où étaient conservés les matériels d'artillerie.

## Église

Elle a de curieuses proportions car, du plan initial, seul le chœur fut achevé. Les murs du transept et les premières travées avaient été élevés, mais leurs pierres servirent à construire les soutes à munitions en 1873. Juste avant le premier banc, à droite, remarquez une ammonite dans le pavement. Un portrait est censé représenter Saint Louis, à qui l'église est dédiée, mais il porte le costume et la perruque de Louis XIV.

## Plantation

Elle remplace les maisons jamais construites. L'eau s'infiltre dans le poudingue, l'humidité en est moindre. Ainsi, à 1 040 m, ces beaux feuillus ne gèlent-ils pas.

## Caserne Rochambeau

Elle forme rempart et domine les gorges du Guil. À l'intérieur, une **extraordinaire charpente★** à la Philibert Delorme date de 1820. Longue de 260 m, sans aucune grosse poutre, cette succession d'arceaux de bois, le tout complètement chevillé et pouvant être démonté rapidement, évoque le fuselage d'un Boeing.

## Caserne Campana

Plusieurs artisans d'art (cuir, terre cuite, soie, cadrans solaires) y exposent leurs œuvres, faisant ainsi renaître le village meurtri par le départ de l'armée en 1980.

**VAUBAN, OU LE GÉNIE MILITAIRE**

**Sébastien Le Prestre** (1633-1707) connut la gloire sous le nom de marquis de Vauban. Infatigable et génial, il fut homme de guerre, ingénieur, architecte et urbaniste. Il dirigea en personne 53 sièges, créa le corps des ingénieurs de l'armée, redessina des ports, creusa des canaux, construisit l'aqueduc de Maintenon, remania 300 places fortes et en édifia 33 nouvelles (beaucoup ont disparu). Pour défendre les nouvelles frontières de la France, il déploya son activité dans les Flandres, les Ardennes, en Alsace, en Franche-Comté, dans les Pyrénées, les Alpes et sur le littoral.

Commissaire général des Fortifications, il s'inspira des ouvrages de ses prédécesseurs, comme Errard dans les Alpes du Sud. Il les perfectionna par des demi-lunes, de profonds fossés, des enceintes avancées ; nouveau progrès, il bastionna les courtines intérieures et dota les demi-lunes de réduits défensifs. Il sut tirer parti des inventions nouvelles, des changements de tactique et des dispositions du terrain. Enfin, il donna à ses œuvres une valeur esthétique indéniable, avec par exemple une entrée monumentale. Le relief des Alpes du Sud l'empêcha de réaliser des ensembles aussi parfaits qu'ailleurs. Il n'en fit pas moins bâtir ou restaurer 12 places fortes de Briançon à Nice et Antibes. À la mort de Vauban, ses hommes lui décernèrent cet éloge : « Place défendue par Vauban, place imprenable. Place assiégée par Vauban, place prise. » Dans l'est, certains de ses ouvrages ont encore, en 1940, servi de points d'appui lors de la retraite de l'armée française.

## À proximité Carte de microrégion

### Le Cros A2

*5 km au nord-est. Traversez Eygliers et poursuivez vers Le Cros. Route difficile.*

**Vues★** très intéressantes sur Mont-Dauphin et son site, puis, au-delà du Cros, sur les gorges du Guil s'enfonçant dans le Queyras.

Vous pouvez vous rendre à St-Crépin, 4 km au nord par la N 94, pour découvrir la vallée de Freissinières *(voir p. 138)*.

## NOS ADRESSES À MONT-DAUPHIN

### HÉBERGEMENT ET RESTAURATION

#### BUDGET MOYEN

**Hôtel Lacour et rest. Gare** – *04 92 45 03 08 - www.hotel-lacour.com - fermé sam. du 20 avr. au 30 juin et du 1er sept. au 26 déc. - Wifi - 46 ch. 55/65 € - 8 €, demi-pension possible - formule déj. 13 € - 16/30 €.* En contrebas des fortifications de Mont-Dauphin, cet hôtel familial et son annexe proposent des chambres d'un confort simple, plus au calme côté jardin. Restaurant contemporain logé dans un autre bâtiment ; cuisine régionale, buffet de hors-d'œuvre.

### AGENDA

**Spectacle historico-équestre** – *06 29 62 62 27 - www.ecuriesdebacchus.eu - juil.-août : tous les soirs sf w.-end et lun.* Spectacle équestre son et lumière qui évoque la personnalité du maréchal de Vauban et sa présence à Mont-Dauphin.

# Ceillac

297 Ceillaquins – Hautes-Alpes (05)

## NOS ADRESSES CI-CONTRE

### S'INFORMER

**Office du tourisme de Ceillac** – *Pl. Ph.-Lamour - 05600 Ceillac - ✆ 04 92 45 05 74 - www.ceillac.com ou www.queyras.com - juil.-août : 9h-12h, 14h30-18h30 - reste de l'année : se rens.*

### SE REPÉRER

Carte de microrégion B2 (p. 156) – *carte Michelin Départements 334 I4.*
Ceillac se trouve à 14 km à l'est de Guillestre par la D 60.

### À NE PAS MANQUER

La randonnée au lac Ste-Anne.

### ORGANISER SON TEMPS

Comptez une journée pour visiter Ceillac et faire une randonnée.

### AVEC LES ENFANTS

Ceillac propose la formule « Cartable à la neige » *(voir p. 31).*

**Ce joli village est le phénix du Queyras. Plusieurs fois dévasté par le feu, il a toujours su renaître en préservant son caractère traditionnel. Même sa station de ski, cachée dans un creux du terrain, se fait discrète. Rien ne gâte donc la beauté du site, vaste cirque s'étalant à 1 650 m d'altitude.**

## Découvrir

### Village

Ici, pas d'alerte à la pollution, pas de casino, pas de parc d'attractions, pas d'illuminations laser, pas de paillettes. Verte ou blanche, rien que la nature…
À l'entrée de Ceillac se dresse le clocher isolé de l'**église Ste-Cécile** (14e-15e s.). Au cœur du village, l'**église St-Sébastien★** est dominée par un très curieux clocher du 16e s. comprenant 5 cloches sous un abat-son. À l'intérieur, le chœur est orné de peintures murales. Attenante à l'église, la **chapelle des Pénitents** abrite un musée d'Art religieux et des expositions.

### Domaine skiable

Ce domaine comblera les vacanciers privilégiant la qualité du cadre de vie sur le nombre des équipements : quatorze pistes de ski alpin, variées, s'étagent sur un dénivelé très honnête de 800 m ; c'est par ailleurs un royaume pour les fondeurs, avec pas moins de 35 km de bonne neige pour se défouler ; le territoire étendu de la station offre également de belles possibilités de ski de randonnée, notamment vers le col Girardin ; enfin, trois circuits damés pour les piétons et 25 km balisés pour les raquettes… Que demander de plus ?
En **été**, la commune, traversée par le GR 5 et le GR 58 dit « Philippe-Lamour », est une remarquable base de randonnées pédestres. On peut y pratiquer en outre l'escalade, le VTT, le parapente, la pêche, l'équitation, etc.

## Randonnées Carte de microrégion

### ★ Vallon du Mélezet B2-3

*On peut également le remonter en voiture sur 5 km.* Alt. 1 967 m. Parsemé de hameaux restaurés depuis plusieurs années et dotés de curieuses chapelles, il présente des versants revêtus de mélèzes, à plus de 2 000 m ! À droite apparaît la pointe neigeuse de la **Font Sancte** (alt. 3 387 m). En face du hameau de Pied-du-Mélezet coule la **cascade de la Pisse**.

### ★ Lac Ste-Anne B3

*2h30 AR. Garez-vous au bout du vallon du Mélezet. Possibilité de suivre la boucle de 5h (GR 5) qui passe par le lac Miroir.* Alt. 2 415 m. Une promenade paradisiaque parmi les mélèzes puis dans les alpages où paissent les moutons. Et soudain, au dernier moment, le lac Ste-Anne. D'une couleur bleu-vert extraordinaire, ses eaux sont retenues par un barrage morainique, déposé par un ancien glacier. Défense de ne pas s'émerveiller : les reflets du pic de la Font Sancte offrent un spectacle de toute beauté. Au bord du lac, une petite **chapelle** fait l'objet d'un pèlerinage le 26 juillet.

3

## NOS ADRESSES À CEILLAC

### HÉBERGEMENT

#### BUDGET MOYEN

**Hôtel La Cascade** – *Au pied du Mélezet, 2 km au sud-est de Ceillac - ✆ 04 92 45 05 92 - www.hotel-la-cascade.com - ouvert 1er juin-12 sept. et 18 déc.-30 mars - P - 22 ch. 53/75 € - 9 €, demi-pension possible - 14/29 €.* L'hôtel, isolé dans un beau site alpestre, séduira les amoureux de la nature. Chambres de style montagnard (meubles ornés de sculptures au couteau, typiques du Queyras). Le restaurant et la terrasse offrent une jolie vue sur les montagnes. Cuisine régionale.

# Château-Queyras

★

Hautes-Alpes (05)

## NOS ADRESSES PAGE 179

NOS ADRESSES PAGE 179

### S'INFORMER

**Office du tourisme de Château-Queyras** – *Château-Queyras - 05350 Château-Ville-Vieille - 04 92 46 86 89 - www.chateauvillevieille.com - juil.-août : 9h-12h, 14h30-18h30 ; reste de l'année : se rens.*

### SE REPÉRER

Carte de microrégion B2 (p. 156) – *carte Michelin Départements 334 I4.* Accès par la D 902 depuis Guillestre (à 17 km au sud-ouest) ou Briançon (à 38 km au nord-ouest.) En plein cœur du **Parc naturel régional du Queyras**, la commune de Château-Ville-Vieille est constituée de six hameaux et de deux villages : Ville-Vieille et Château-Queyras, où s'élève une forteresse.

### SE GARER

Parking à droite avant la montée au fort ou près de la rivière.

### ORGANISER SON TEMPS

Prévoyez une demi-journée, entre les visites et la montée au sommet Bucher.

### AVEC LES ENFANTS

La visite du fort Queyras et de l'Espace géologique.

**Étonnante forteresse, le fort Queyras est juché au sommet d'un piton rocheux dont la masse obstrue l'entrée de la vallée du Guil, ne laissant à la route qu'un étroit goulet. C'est sans doute le site le plus photogénique du Queyras ! C'est dans ce cadre que Philippe de Broca a tourné le film « Le Bossu », d'après le roman de Paul Féval, où Daniel Auteuil (Lagardère) défie Fabrice Luchini (Philippe de Gonzague) : « Si tu ne viens pas à Lagardère, Lagardère ira à toi ! »**

## Se promener

### ★ Fort Queyras

*Voir l'ABC d'architecture p. 76. 04 92 46 86 72 - juil.-août : 9h-19h ; mai-juin et sept.-oct. 10h30-17h30 - possibilité de visite guidée (juil.-août) - 6,5 € (-7 ans gratuit, enf. 5 €).*

En 1310 et 1334, on y organise de grandes fêtes pour les dauphins Jean II et Humbert. Le protestant Lesdiguières s'en empare en 1587 et le fort tombe presque à l'abandon par la suite. Il retrouve de l'intérêt au moment où les troupes du duc de Savoie menacent cette frontière, à partir de 1690. Elles sont repoussées deux ans plus tard grâce à la résistance de la garnison du fort, mais c'est au prix d'un stratagème qui entraîne la destruction du village par les flammes. Quelques mois plus tard, **Vauban** est envoyé sur place pour

**POURQUOI LES MÉLÈZES BRUNISSENT-ILS EN ÉTÉ ?**
Le randonneur estival traverse parfois des forêts de mélèzes et des minutes d'angoisse : les rois du Queyras agoniseraient-ils sous ses yeux ?
Non. Le responsable de ces rougeurs spectaculaires qui s'observent tous les dix ans est une chenille répondant au doux nom de « tordeuse grise du mélèze ». Dès son éclosion, la gentille petite bête pénètre les bourgeons terminant les bouquets d'aiguilles. Au bout de cinq générations et autant d'années, elle dévore une partie des aiguilles et rejette les autres qui se dessèchent dans des toiles de soie, lesquelles donnent aux mélèzes atta-… la couleur brunâtre caractéristique. Repue et bouffie, la gloutonne … urvit.

… 1700. Il dote alors le fort … demi-lune. Il le conçoit … ennemi, pour permettre … ttaque. Entre-temps, la … e duc de Savoie renou- … urs aux habitants, dont … une (dans l'**armoire aux** … Vieille). On pardonnera … ux.

… un inextricable dédale … constructions et autres … uivez le parcours fléché … *fort).*

… vous aurez une superbe …

… *voiture près de la rivière,* … *46 88 20 - juil.-août : tlj sf* …

… des Alpes est expliquée … tiation (orchestrée par le … comprendre les phéno- … entirez une odeur vieille de 170 millions d'années en frappant des galets : celle d'algues décomposées dans de la vase.

## À proximité Carte de microrégion

★ **Sommet Bucher** B2

*11 km au sud de Château-Queyras – Comptez environ 1h AR.*
Ombragée de pins et de mélèzes, la route en lacet offre de jolies échappées sur le site de Château-Queyras. Au bout, montez aux tables d'orientation, de chaque côté d'un bâtiment militaire : très beau **panorama** qu'on boira des yeux avec le mont Viso et St-Véran à l'est, le pic de la Font Sancte au sud, le massif Pelvoux-Écrins à l'ouest et le grand pic de Rochebrune au nord.

3

# Circuits conseillés Carte de microrégion

## ★★ ROUTE DE SAINT-VÉRAN BC2

*Circuit 2 tracé sur la carte de microrégion (p. 156) – 15 km de Château-Queyras à St-Véran – Comptez environ 30mn. Quittez Château-Queyras par la D 947 vers l'est. Voir p. 159.*

## LE HAUT QUEYRAS B2/C1

*Circuit 3 tracé sur la carte de microrégion (p. 156) – 30 km de Château-Queyras aux belvédères du mont Viso – Comptez environ 1h. Voir p. 162.*

## ★★ ROUTE DU COL DE L'IZOARD B1-2

*Circuit 4 tracé sur la carte de microrégion (p. 156) – 22 km de Château-Queyras au col de l'Izoard.*

### ★★ Casse Déserte B1

Ce site étrange est parfaitement désolé : roches déchiquetées et éboulis étonnamment fins composent tout le paysage. En effet, l'érosion a isolé des paquets de roche plus dure et constitué des groupes d'aiguilles. Quelques pins font de touchants efforts pour s'accrocher au pierrier.

### ★★ Col de l'Izoard B1

Un monument témoigne de la reconnaissance envers l'armée des Alpes qui a construit ce passage, le plus élevé de la route des Grandes Alpes après le Galibier.

**Musée-relais** – *04 92 46 76 18.* Il retrace l'épopée du cyclisme ; remarquez un curieux vélocipède de 1869. Deux plaques commémorent les héros rivaux du vélo : Fausto Coppi, vainqueur du Tour de France en 1952, et Louison Bobet, qui triompha en 1953, 1954 et 1955.

### Table d'orientation

*15mn AR. Montez aux pupitres d'orientation placés légèrement au-dessus de la route.*

**Panorama** sauvage et beau, au nord sur les montagnes du Briançonnais et en arrière-plan sur le Thabor, au sud sur les sommets du Queyras, les pics des Houerts et de la Font Sancte et le massif de Chambeyron.

Possibilité de poursuivre le circuit jusqu'à Briançon *(voir p. 90).*

## NOS ADRESSES À CHÂTEAU-QUEYRAS

### TRANSPORT

En saison, une navette payante assure la liaison entre les villages (de Château-Queyras à La Monta-L'Échalp). Le transport est gratuit pour les porteurs de la Carte d'hôte.

### VISITE

**Visite guidée du fort** – *04 92 21 98 58 - juil.-août : tlj sf sam. 10h30, 14h30 et 16h30 ; reste de l'année : sur réserv.*

### ACTIVITÉS

#### Randonnée

**Sentier écologique des Astragales** depuis Ville-Vieille, avec possibilité de prolonger, en passant par la Pierre Fiche (menhir), jusqu'à Meyries et de redescendre sur Château-Queyras *(livret en vente à l'office de tourisme)*. D'autres parcours de randonnées accessibles, notamment en liaison avec les GR 5 et 58.

#### VTT

Nombreux circuits VTT dans les environs *(se rens.)*. Topoguides en vente à l'office de tourisme *(7 €)*.

### AGENDA

**La vie à Fort-Queyras au Moyen Âge** – *Fort Queyras - rens. à l'office de tourisme*. En août, le temps d'un week-end, replongez-vous dans l'ambiance médiévale du fort avec ses combats, son folklore, sans oublier sa taverne. Le tout animé par la troupe Les Voyageurs du Temps.

3

# Saint-Véran

★★

296 Sanvéranais – Hautes-Alpes (05)

NOS ADRESSES PAGE 183

**S'INFORMER**

**Office du tourisme de St-Véran** – *05350 St-Véran - ☏ 04 92 45 82 21 - www.saintveran.com - juil.-août : 9h-12h, 15h-18h30 ; reste de l'année : se rens.*

**SE REPÉRER**

Carte de microrégion C2 (p. 156) – *carte Michelin Départements 334 J4.*
2,5 km après Château-Queyras, prenez la D 5 qui mène au pied de St-Véran, 11 km plus loin. Les maisons occupent une prairie en pente douce, au fin fond du Queyras. En hiver, un domaine skiable assez facile et très ensoleillé est relié à celui de Molines.

**SE GARER**

Voitures interdites en été, sauf pour les séjournants. Parking payant à l'entrée du village.

**ORGANISER SON TEMPS**

Comptez environ 3h pour la découverte du village et la visite du musée du Soum.

**AVEC LES ENFANTS**

Le musée du Soum.

**Prenez de l'altitude ! Bien sûr, St-Véran est « la plus haute commune où se mange le pain de Dieu », comme le rappelle l'un de ses 15 cadrans solaires. Mais il ne faut pas la regarder comme une simple curiosité. Si la présence des hommes à 2 040 m d'altitude exerce une indéniable fascination, c'est donc eux qu'il faut rencontrer pour comprendre la vie qu'ils menaient, avant que leurs fameux chalets à fustes – beautés fatales – ne transforment le village entier en musée…**

## Se promener

### ★★ Vieux village

C'est à pied qu'il se découvre. Intégralement construit en bois et en pierre, c'est l'un des plus beaux de France. En remontant la rue principale, vous accéderez à la place centrale, à l'église et à l'office de tourisme.

Les **chalets**, exposés plein sud sur une ligne de 1 km, présentent, en avant de leurs greniers à fourrage, de longues galeries (fustes) où les céréales finissent de mûrir. Les six quartiers (les Fontettes, les Forannes, le Châtelet, la Ville, Pierre-Belle et le Villard), bien isolés les uns des autres contre l'incendie, possèdent

**LES DIABLES VERTS**

Tel était le surnom des mineurs empoussiérés de vert-de-gris qui exploitaient encore la mine pendant la dernière guerre. Entre la rudesse du climat à 2 500 m et le rationnement, leurs conditions de travail étaient implacables.

Saint-Véran.
*G. Labriet / Photononstop*

une fontaine en bois, une croix de la Passion *(voir le Queyras, p. 161)* et un four à pain (celui des Forannes abrite une exposition sur l'ancienne mine de cuivre, celui de la Ville une ancienne pompe à incendie).

## Église

Entourée par son cimetière, elle fut construite au 17e s. Elle est gardée par deux très vieux lions bien fatigués, provenant d'une église antérieure. Affectueux (ou féroce ?), celui de gauche tient un enfant entre ses pattes. L'intérieur surprend par l'ampleur insoupçonnable de la nef où trône un magnifique **retable baroque★** : que seraient les églises des Alpes sans les artistes italiens ?



## ★★ Musée du Soum

*Le Soum, quartier des Forannes - ✆ 04 92 45 86 42 - 4 juil.-29 août : 9h30-18h30 ; reste de l'année : se rens. - possibilité de visite guidée (1h, sur réserv. 3 j. av.) - 3,80 € (6-16 ans 1,90 €).*

*Soum* signifie « extrémité », en l'occurrence celle du quartier des Forannes. Une chance que cet emplacement ! Il permit à cette maison, construite en 1641, d'échapper aux incendies, plaie de St-Véran. C'est aujourd'hui la plus ancienne du village et son **architecture** en fait le symbole de la maison du haut Queyras. Le Parc naturel régional du Queyras, soucieux de la sauvegarde du patrimoine, l'a achetée.

Des éléments sont propres à St-Véran : dans la cour et l'entrée, sol de billots de bois formant un beau pavage rond ; « chambre du berger » destinée aux saisonniers piémontais en été : vu la taille du lit, ces hommes n'étaient pas bien grands ou dormaient assis. Puis vous découvrirez tous les aspects de la vie paysanne au fil d'une extraordinaire suite de pièces dont les meubles, en pin cembro, sont plus beaux les uns que les autres. La **pièce commune**, au rez-de-chaussée, était si commune qu'hommes et bêtes y cohabitaient (râtelier à fourrage). Les vaches fournissaient la chaleur, et le lit clos accueillait plusieurs membres de la famille. Au 1er étage, sur le cadre du lit de la chambre à coucher, a été gravée une belle maxime : « Aimer, créer, oublier ». Au 2e étage, avant la fuste (série de balcons superposés) et les greniers, **ateliers reconstitués** du menuisier, du bourrelier et du lapidaire.

### Ancienne maison traditionnelle

*04 92 45 82 39 - 10h-12h, 14h-18h - possibilité de visite guidée sur demande - 2,50 €.*
Elle a été habitée avec les animaux jusqu'en 1976. Sa visite est guidée par la famille qui y a vécu, un témoignage bien vivant donc.

## Randonnées Carte de microrégion

### ★ Route des Amoureux C2

*Comptez 2h.*
Au départ de St-Véran, elle offre des vues sur les versants nord de la vallée et sur le pic de Rochebrune, puis s'enfonce dans les mélèzes et débouche sur le hameau de **Pierre-Grosse**.

### Chapelle N.-D.-de-Clausis C2

*De juin à août, route interdite à la circulation. Accès à pied 3h AR ou, mieux, en navette payante (20mn puis 15mn de marche sur la fin).*
Alt. 2 390 m. Vous passez près d'anciennes carrières de marbre et de **mines de cuivre**. Dans les prairies environnantes, vous pourrez peut-être observer des **marmottes** se dorant au soleil.
La chapelle se trouve au centre d'un vaste cirque d'où l'on voit la montagne de Beauregard, le pic Traversier, le Queyron (2 930 m), la Tête des Toillies (3 176 m) et, dans l'axe de la vallée, les sommets dominant Château-Queyras et Arvieux.

### ★★ Tour de la Tête des Toillies C2

*Comptez 5h30 de marche sans les pauses. Partez tôt : prenez la navette de la chapelle de Clausis au plus tard à 10h. Remarquable randonnée, aux paysages variés, nécessitant de l'endurance. Dénivelé 1 050 m.*
Dans le lacet précédant la chapelle, quittez la route et prenez un chemin conduisant au lac et au refuge du Blanchet.
Avant le refuge, bifurquez à droite *(panneau)* vers le **col de la Noire** (alt. 2 955 m). Montée raide à travers les rochers *(balisage jaune)*. Du col, **panorama★** sur la masse rocheuse de la pointe des Toillies, le Pain de Sucre, le Brec et l'aiguille de Chambeyron.
Descente rapide vers le **lac de la Noire**, face au Bric de Rubren. 10mn après le lac, quittez le sentier qui se dirige vers la droite. Prenez à gauche et repérez au bout de quelques mètres un sentier qui descend de façon rapide vers le fond de vallée et présente un court passage délicat dans les rochers. Il évolue ensuite à flanc de montagne dans la direction du lac Longet. Sur la fin, il se perd : rejoignez à vue le sentier, bien visible, en provenance de la « cabane du Col ». On parvient enfin au **col Longet** : très beau cadre sauvage, agrémenté par plusieurs lacs.

#### LE CHASSEUR DE DRAGON

**Véran**, patron des bergers, fut archevêque de Cavaillon. Au 6e s., un dragon terrorisait le pays. Saint Véran l'attaqua. Le dragon blessé s'envola vers la Provence, jalonnant son parcours de douze gouttes de sang. Chacune symbolisa ensuite l'une des étapes des transhumants qui menaient leurs troupeaux du Luberon vers le Queyras.

Descendez 10mn et, dans un lacet à droite, bifurquez à gauche en direction du **col du Blanchet** *(inscription sur un rocher)*. Comptez 45mn de montée sur un bon sentier tracé dans les alpages Du col, **panorama**★★ saisissant sur la pointe des Toillies, élancée vers le ciel, le Pelvoux, le pic de Rochebrune, le Viso et les Alpes italiennes (lac Bleu). Comptez 1h15 de descente pour rejoindre la navette.

### ★★ Col de St-Véran et pic de Caramantran C2

*Comptez 3h30. Dénivelé 700 m. Prenez la navette de la chapelle de Clausis. Marchez sur la route pendant 5mn. Avant un pont, empruntez le GR 58 (panneau).*

En 1h30, vous serez au col de St-Véran : **vue**★ sur le Viso et le lac Castello (en Italie). Suivez à gauche les crêtes qui mènent en 30mn au **pic de Caramantran** (alt. 3 026 m), composé de deux buttes séparées par un court passage un peu délicat. Il porte le nom d'un personnage du carnaval provençal, brûlé habituellement le soir du mercredi des Cendres. **Panorama**★★ magnifique sur le mont Viso, la pointe des Toillies, le massif de Chambeyron, le Pelvoux, le pic de Châteaurenard, le pic de Rochebrune et le Grand Queyras. Prenez entre les deux buttes un sentier descendant en 15mn au **col de Chamoussière**★, d'où vous verrez le Pain de Sucre. Descente vers la navette en 1h15 en suivant le GR balisé.

## NOS ADRESSES À SAINT-VÉRAN

### HÉBERGEMENT

UNE FOLIE

**Hôtel L'Astragale** – ✆ 04 92 45 87 00 - *www.astragale.eu - ouvert 18 juin-31 août et 18 déc.-31 mars - ♿ P - Wifi - 21 ch. 102/258 € - ☕ 15 €, demi-pension possible - ✕ 26 €.* Décor de bois d'esprit montagnard, grandes chambres confortables et bien équipées, vue sur les sommets, sauna et piscine couverte : ce robuste chalet ne manque pas de charme. Chaleureuse salle à manger dotée d'une cheminée ; salon de thé.

### ACTIVITÉS

**Sports d'hiver**

Le domaine St-Véran/Molines offre 36 km de pistes pour le ski alpin, 25 km pour le ski de fond, 3 pistes de raquettes et 2 pistes de randonnée nordique.

3

# Abriès

★

377 Abriessois – Hautes-Alpes (05)

NOS ADRESSES PAGE 186

**S'INFORMER**

**Office du tourisme d'Abriès** – *Quartier Le Bourg - 05460 Abriès - 04 92 46 72 26 - www.queyras-montagne.com - horaires selon la sais. : se rens.*

**SE REPÉRER**

Carte de microrégion C1 (p. 156) – *carte Michelin Départements 334 J4.* Pour atteindre Abriès, au fin fond du Queyras, il faut suivre la D 947 et remonter jusqu'au bout la vallée du Guil. En saison, une navette *(payante)* circule entre Château-Queyras et La Monta.

**ORGANISER SON TEMPS**

Comptez 2h de visite dans le village et une demi-journée si vous effectuez en plus la montée au hameau d'alpage ainsi que l'ascension en télésiège vers la Colette de Gilly.

**AVEC LES ENFANTS**

La Maison de la nature à Ristolas.

**Grande pionnière de l'alpinisme du haut Queyras, Abriès est aujourd'hui une station-village aux portes de la Réserve naturelle de la haute vallée du Guil. Vous ne manquerez ni son marché haut en couleur du mercredi ni les sommets frontaliers qui, tout autour, forment un grand terrain de sport naturel…**

## Se promener

Le village fut victime de plusieurs incendies et inondations. La crue de 1728 emporta le cimetière, le porche de l'église et les lions, retrouvés nageant dans le torrent ! Le cadran solaire vous le rappelle : « Il est plus tard que vous ne croyez. ». Faites donc vite le **circuit des Pierres écrites**, suivant les pierres gravées d'inscriptions qui jalonnent les rues et l'histoire d'Abriès. *Guide édité par le Parc en vente à l'office de tourisme (4,50 €) - visite guidée en saison : merc. 18h.*

**Maison du costume d'autrefois** – *04 92 46 87 32 - www.maisonducostume.com - - tlj sf w.-end et j. fériés 14h-18h - vac.scol. 10h-12h, 15h-19h - possibilité de visite guidée (1h, sur réserv. 7 j. av.) - 3 € (-6 ans gratuit).* Sise dans les caves de l'ancien presbytère, elle présente les vêtements traditionnels du Queyras (18e-20e s.).

## À proximité Carte de microrégion

**Valpreveyre** C1

Montez à ce hameau d'alpage aujourd'hui abandonné : c'est une agréable petite excursion de 6 km le long du torrent du Bouchet. Vous découvrirez des vieilles maisons qui ont conservé leur superbe authenticité.

### Maison de la nature à Ristolas C1

*Au sud-est d'Abriès par la D 947.*
*Se rens. au 04 92 46 88 20.* Dans une ancienne ferme, une exposition (en partenariat avec le Parc naturel régional du Queyras) dévoile les richesses naturelles du haut Guil qu'il convient de protéger : présentation de la géologie, de la faune et de la flore, puis de l intervention humaine au sein de cette nature. Cette sensibilisation s'achève sur un puits d'images.

## Randonnées Carte de microrégion

### ★ Colette de Gilly C1

*Prendre le télésiège de Gilly, en quittant Abriès en direction de Ristolas.*
*04 92 46 72 26 - - juil.-août : se rens. pour les horaires - 5,50 €.*
À l'arrivée (alt. 2 150 m), prenez en face de vous le GR 58 *(balisage blanc et rouge)* et montez en 45mn à la Colette de Gilly. Encore 15mn, et vous arriverez au sommet de Gilly (alt. 2 467 m), pour admirer le **panorama★** sur la Tête du Pelvas, le Bric Bouchet et le Grand Queyron, ainsi que sur les pics Ségure et du Fond de Peynin.

### ★★ Tour du Bric Bouchet D1

*8h environ, circuit entièrement balisé; nuit au refuge du Lago Verde (Italie).*
La **première variante**, la plus courte et la plus sportive (réalisable également à ski de randonnée), permet d'atteindre le col frontalier de Valpreveyre qui offre des vues rapprochées du Bric Bouchet (alt. 2 997 m). Descendez vers le refuge du Lago Verde. La suite du circuit est commune à la seconde variante.
L'**autre possibilité**, plus longue, permet d'apprécier la diversité des paysages et le caractère affirmé des constructions rencontrées. Au départ de **Valpreveyre**, dirigez-vous vers le hameau du **Roux** en aval, puis rejoignez les chalets du Pra Roubaud (belle fontaine en bois) avant d'atteindre le col frontalier d'Abriès ou de St-Martin (alt. 2 657 m) en 4h de marche facile. Superbe **vue★★** sur le **Val Germanisca** (Italie) et le sommet bien détaché du Bric Bouchet. En 1h de marche, vous arrivez au refuge du Lago Verde (alt. 2 583 m). Au nord, la **cime du Grand Queyron** (alt. 3 060 m) se détache nettement des crêtes.
Après un bon repas, vous profiterez de cette incursion dans la vallée italienne de Pignerol pour visiter **Prali** et son musée d'Ethnologie du Val Germanisca. Reprenez le sentier jusqu'au Bout du Col, où s'amorce une route revêtue. Ne l'empruntez pas, mais suivez à gauche le sentier le long de la berge du torrent jusqu'aux premières habitations de Pomieri. Vous parvenez à Ghigo di Prali en 2h30. Plusieurs solutions s'offrent à vous pour revenir sur le Queyras, par le col de la Croix ou par le col d'Urine en contournant la Tête du Pelvas *(voir ci-après)*. Ces circuits impliquent une ou deux nuitées dans les refuges italiens, à Villanova ou au refuge Jervis *(à proximité du col de la Croix)*.

### ★★ Circuit des cols de la Croix et d'Urine par Ciabot del Pra (Italie) D1

*2 jours, avec une nuit au refuge Jervis.*
Au départ de **La Monta**, 2h de marche mènent au col de la Croix (alt. 2 299 m) : prenez le GR 58$^{C}$ qui conduit à un bois, en remontant la rive droite du torrent de Combe Morelle. Remarquez l'ancienne borne frontière arborant, sur la face France, la fleur de lys. Après 1h30 de marche, vous atteignez le refuge Jervis *(possibilité de se restaurer en saison)*. Le sentier raide descend à **Ciabot**

**del Pra** : juste à la sortie, prenez à droite vers le nord le sentier qui contourne une petite hauteur avant de déboucher sur une combe.
Vous arrivez en 3h maximum au **col frontière d'Urine** (alt. 2 525 m). À gauche, la masse imposante de la **Tête du Pelvas** (alt. 2 929 m) domine la passe et le vallon qui la prolonge vers l'ouest. Descendez celui-ci, en laissant sur la gauche la variante qui se dirige vers la Colette de Gilly, et débouchez à la sortie d'un bois sur la vallée de Valpreveyre (2h depuis le col). Possibilité de poursuivre sur le GR 58[B] jusqu'à Abriès (30mn supplémentaires).

## NOS ADRESSES À ABRIÈS

### ACHATS

**Le Plantivore** – *Au Roux - ✆ 04 92 46 76 54 - www.plantivore.fr - sais. : 8h-11h45, 14h-17h, w.-end 8h-11h45.* Le « Plantivore » connaît mieux que personne les plantes de sa montagne et les aime comme des compagnes. Ses confitures ont beaucoup de succès, mais c'est surtout avec les fameuses liqueurs d'hysope, de mélèze, de genièvre, de queyrassine et de génépi, ainsi que les apéritifs baptisés « amours », qu'il fait chavirer les têtes.

### ACTIVITÉS

**Randonnée et VTT**

Les offices du tourisme d'Aiguilles et d'Abriès disposent d'une documentation précise sur les circuits pédestres et VTT et sur la nécessité de réserver dans les refuges.

**Sports d'hiver**

30 km de pistes pour le ski alpin, 40 km pour le ski de fond (en liaison avec la station du Ristolas), le tout relié aux autres domaines skiables du Queyras par des navettes. Sentier piéton-raquettes le long du Guil (entre Ville-Vieille et la Roche Écroulée). Quatre circuits raquettes au départ du télésiège d'Abriès.

# Vars

599 Varsincs – Hautes-Alpes (05)

## NOS ADRESSES PAGE 190

### S'INFORMER

**Office du tourisme de Vars** – *Cours Fontanarosa - 05560 Vars - ☏ 04 92 46 51 31 - www.vars-ski.com - de déb. déc. à mi-avr. et vac. scol. : 9h-12h30, 13h30-18h30 ; reste de l'année : se rens.*

### SE REPÉRER

Carte de microrégion B3 (p. 156) – *carte Michelin Départements 334 I5.*
La station se répartit sur trois hameaux étagés de 1 630 à 1 830 m (Ste-Marie, St-Marcellin, le plus ancien, et Ste-Catherine) et Les Claux, plus moderne.

### À NE PAS MANQUER

Le paysage sauvage du col de Vars ; la Réserve naturelle du Val d'Escreins.

### ORGANISER SON TEMPS

Prévoyez de consacrer une demi-journée au val d'Escreins, car il serait dommage de ne pas passer quelques heures à vous promener sur les sentiers de la Réserve naturelle du Val d'Escreins.

**Entre Queyras et Ubaye, Vars est une grande station des Alpes du Sud. Ensoleillement, environnement intact de la Réserve du Val d'Escreins, équipements dernier cri : un tiercé gagnant en toute saison.**

3

## Découvrir

Les immeubles et chalets se dispersent dans les mélèzes, **Les Claux** constituant le cœur de la station. Des Claux et Ste-Marie, accès direct aux pistes.

### Domaine skiable

Avec **Risoul** *(voir Guillestre, p. 167)*, auquel il est relié, il constitue le domaine de la **Forêt Blanche**, fort de 185 km de pistes. Ses champs de neige variés comblent les amateurs de beaux paysages. Le caractère sportif de Vars a été renforcé par l'ouverture d'un centre du **kilomètre lancé** et par l'accueil de la Coupe du monde du ski de vitesse.

Outre la glisse sous toutes ses formes (ski alpin, *snowboard*, *freeride*, etc.) et la randonnée, Vars propose, en hiver, patinoire, balades panoramiques en chenillette, randonnées à scooter des neiges.

En **été**, c'est le royaume du **VTT**, avec la plus longue descente d'Europe : 32 km de pur bonheur (1 800 m de dénivelé entre Vars et

#### KILOMÈTRE LANCÉ

Véritable piste aux records, la **piste de Chabrières** est la plus impressionnante du monde. 1 400 m de pente à 52 % en moyenne et 98 % au maximum ! On comprend que, dans sa partie basse, l'aire de décélération et de freinage fasse 850 m… C'est dans cette section que, vous aussi, vous pourrez vous initier au ski de vitesse.

Pour plus de détails : www.vars.com.

Embrun). En outre, les remontées mécaniques permettent d'accéder à de nombreux circuits. Vars est aussi un excellent centre de randonnées pédestres, à mi-chemin entre le Queyras et l'Ubaye. En toute saison, parapente, squash, piscine, etc.

## Circuits conseillés Carte de microrégion

### ★ ROUTE DU COL DE VARS B3

*Circuit tracé en vert sur la carte de microrégion (p. 156) – 9 km de Vars au col de Vars – Comptez environ 30mn.*

**Bon à savoir** – Attention : de décembre à avril, le col de Vars risque d'être obstrué par la neige.

De Vars au col, le parcours se déroule au pied des pentes rases, équipées de remontées mécaniques depuis Ste-Marie jusqu'au **refuge Napoléon**.

#### ★ Col de Vars

Alt. 2 109 m. Dans un paysage désolé de prairies et de blocs de grès, un monument commémore la restauration de la route par les troupes alpines.

### VAL D'ESCREINS B3

*Circuit tracé en vert sur la carte de microrégion (p. 156) – 7 km de Vars à la Réserve – Comptez environ 1h. Descendez la D 902 et prenez à droite.*

#### St-Marcellin

Ce hameau ancien a conservé son aspect montagnard. Il était autrefois dominé par un **château**. Surveillant la vallée et les passages vers l'Italie, il gênait donc les troupes du duc de Savoie, qui l'ont démoli. Vous pouvez accéder aux ruines.

*1h30 AR, circuit court mais raide.* Rendez-vous à l'église et longez-la par la droite. Le sentier est balisé de points jaunes. Au premier lacet sur la gauche, continuez tout droit *(ne pas se diriger vers une maison à droite en hauteur)*. Après une petite route, poursuivez jusqu'au sommet (panneau explicatif sur les ruines du fort). **Panorama★** étendu sur Vars, Mont-Dauphin et Guillestre.

*Reprenez la D 902 en direction de Guillestre et tournez à droite.*

#### ★★ Réserve naturelle du Val d'Escreins

*04 92 46 51 31 - www.vars-ski.com - mai-oct. : se rens.*

La vallée de Rif Bel, inaccessible huit mois par an, est une réserve naturelle depuis 1964. Rattachée au **Parc naturel régional du Queyras** *(voir le Queyras, p. 158)*, elle occupe un tiers du territoire de la commune de Vars, soit 2 500 ha.

Au bout de la vallée, les versants couverts de mélèzes cèdent la place à de hauts sommets dénudés, dont le **pic de la Font Sancte** (alt. 3 387 m). Une légende est attachée à ce nom qui signifie « fontaine sainte ». En suivant sa chèvre blanche qui disparaissait chaque jour dans le creux d'un rocher, une bergère découvrit une source et demanda à être enterrée à proximité. Par la suite, en cas de sécheresse, les Varsincs y partaient vers minuit en pèlerinage. Les randonneurs expérimentés ont pris le relais pour admirer du sommet l'un des plus beaux panoramas des Alpes du Sud.

La Réserve, très riche en flore et en faune, offre 37 km de sentiers balisés reliant cette vallée à celles de Ceillac dans le Queyras, du Maurin dans l'Ubaye

Le col de Vars.
*P. Jacques / hemis.fr*

et de Vars. Les bons marcheurs pourront accéder au col des Houerts *(guide des randonnées en vente à l'office de tourisme).*

Un **sentier botanique** *(600 m)* et le **sentier de découverte des Tétras** *(1h15, brochure en vente à l'office de tourisme)* offrent une promenade didactique.

Hébergement et camping possibles *(caravanes interdites)* au refuge de **Basse Rua** *(réserv. conseillée - 06 09 31 62 18 - www.basserua.com).*

3

## Randonnées Carte de microrégion

### ★★ Pic de Chabrières A3

*3h30 AR. Accès par la télécabine de Chabrières - 04 92 46 51 04 - www.sedev.fr - horaires : se rens. - fermé de mi-avr. à déb.-juil. - 5 € (tarif été 2010). On peut également y monter en hiver par le télésiège de Crévoux et le téléski de Chabrières ; en été, à pied.*

La télécabine de Chabrières arrive au pied de la piste du kilomètre lancé. Impressionnante ! Vue sur les villages, la Tête de Paneyron, les crêtes de l'Eyssina, etc.

Au **pic de Chabrières** (alt. 2 746 m), superbe **panorama★★** sur la « Forêt Blanche », le Pelvoux, le Queyras, le mont Blanc, le pic de la Font Sancte et les montagnes entourant le lac de Serre-Ponçon, visible depuis le **col de Crévoux★**.

### ★★ Tête de Paneyron B3

*3h30 AR du col de Vars. Dénivelé 677 m. Chaussures de montagne et prudence recommandées. La partie terminale est raide et parfois vertigineuse.*

Alt. 2 787 m. Descendez sur la route de Barcelonnette et prenez à gauche un large chemin. Après 20mn, en vue d'une bergerie, repérez à droite, légèrement en hauteur, des cairns qui indiquent le circuit. Vous traversez le petit lac asséché de Pra Gela recouvert de verdure. Puis, par deux fois, le circuit monte d'abord face à la pente puis présente un bref replat *(bifurcation à droite à angle droit, marquée par un cairn)*. Après 10mn de marche dans la prairie, vous rejoignez un sentier qui suit la crête du vallon des Prises. Très beau **panorama★★** sur le domaine de Vars, des crêtes de l'Eyssina au val d'Escreins, et de Guillestre à l'Ubaye. En arrière-plan, Pelvoux et mont Blanc au nord, Brec de Chambeyron à l'est et Grand Parpaillon au sud.

## POUR ÊTRE INCOLLABLE SUR LES RÉSINEUX

En haute Provence, il n'y a que cinq espèces à connaître :
– le **pin noir d'Autriche** sert aux reboisements. On le reconnaît à ses aiguilles vert foncé d'une dizaine de centimètres de longueur, dures et piquantes, et à ses bourgeons résineux ;
– le **pin à crochets** doit son nom aux crochets recourbés qui ornent ses cônes. Ses aiguilles sont courtes, luisantes et rigides ;
– le **pin d'Alep**, à l'écorce brun-rouge, au tronc tortueux, adore les sols secs, mais pas à plus de 500 m d'altitude. Ses aiguilles vert clair, persistantes et souples, sont groupées par deux ;
– le **pin sylvestre** pousse à l'état naturel, surtout en altitude. L'écorce s'écaille en lamelles minces, et ses aiguilles persistantes, groupées par deux et souvent tordues, sont d'un vert très sombre ;
– le **mélèze**, à l'écorce rougeâtre et crevassée, est le seul à s'enflammer en automne et à perdre ses aiguilles en hiver. Douces au toucher, celles-ci sont groupées en rosaces vert clair.

## NOS ADRESSES À VARS

### HÉBERGEMENT

#### BUDGET MOYEN

#### À proximité

**Hôtel Alpage** – *05560 Ste-Marie-de-Vars - ✆ 04 92 46 50 52 - www.hotel-alpage.com - ouvert 15 juin-1er septembre et 15 décembre-15 avril -* P *- 17 ch. 70/148 € ☕, demi-pension possible -* ✕ *20/26 €*. Vieille ferme de village rénovée en chalet-hôtel. Les chambres, spacieuses et agréables à vivre, arborent une mignonne décoration régionale. Une sympathique cuisine traditionnelle vous attend au restaurant, logé sous les voûtes de l'ancienne étable.

**Hôtel Le Vallon** – *05560 Ste-Marie-de-Vars - ✆ 04 92 46 54 72 - www.hotelvallon.com - ouvert juillet-août et 19 décembre-19 avril -* P *- Wifi - 34 ch. 62/107 € - ☕ 8 €, demi-pension possible -* ✕ *formule déj. 13 € - 18/22 €*. Un séjour tout schuss ! Emplacement idéal au pied des pistes, accueil convivial, ambiance et décor montagnards, chambres ouvertes sur la nature, billard et ping-pong. Le restaurant, égayé de photos représentant le pays, propose des plats traditionnels.

**Hôtel Les Escondus** – *05560 Les Claux - ✆ 04 92 46 67 00 - www.hotel-les-escondus.com - ouvert 1er juillet-31 août et 1er décembre-30 avril -* P *- Wifi - 22 ch. 68/118 €, demi-pension seult -* ✕ *20/29 €*. Tout pour se ressourcer : accès direct aux pistes, espace détente, piano-bar et chambres pratiques. Les amateurs d'insolite choisiront celle occupant une cabane dans les arbres ! Plats traditionnels dans la grande salle lambrissée ou en terrasse, côté forêt.

POUR SE FAIRE PLAISIR

**Hôtel L'Écureuil** – *Les Claux - ✆ 04 92 46 50 72 - www.hotelecureil.com - ouvert 18 juin-12 septembre et 12 décembre-24 avril* - P - Wifi - *21 ch. 102/198 €* ☕. À 150 m des pistes, chalet dans le plus pur style savoyard. Bois omniprésent depuis le chaleureux salon-cheminée jusqu'aux chambres feutrées (la plupart avec balcon). Sauna.

### RESTAURATION

PREMIER PRIX

**La Passerelle** – *Les Claux - ✆ 04 92 46 53 28 - passerelle05560@free.fr - ouvert déc.-avr. et juil.-août* - ♿ - *12,50/35 €*. Pour déguster spécialités montagnardes, pierrades, fondues et pizzas, rendez-vous dans ce bar-restaurant disposant d'une agréable terrasse ensoleillée tournée vers les pistes de ski. Carte de type snack à l'heure du déjeuner.

BUDGET MOYEN

**Chez Plumot** – *✆ 04 92 46 52 12 - dominique.lallez@wanadoo.fr - ouvert juillet-août et décembre-avril - 20/30 €*. Un incontournable de la station. Le cadre rustique s'accorde bien avec les plats traditionnels proposés ici. Carte allégée à midi, en hiver (snack, spécialités du Sud-Ouest).

### ACTIVITÉS

**Indiana Forest** – *La Charpenterie - ✆ 06 09 52 35 62 - www.indianaforest.com - juin-août : 9h-19h - 19€ parcours adulte - (- 13 ans 14€ : parcours junior)*. Clin d'œil à l'aventurier Indiana Jones, cette attraction propose, à travers les arbres, un parcours semé d'obstacles tels que pont de singe, échelle de trappeur, tyrolienne, échelle de corde et autres passerelles. Accueil des enfants à partir de 2 ans. Frissons garantis !

# Lac de Serre-Ponçon, Gapençais et Dévoluy 4

Carte Michelin Départements 334 – Hautes-Alpes (05) et Isère (38)



Embrun, sur la rive droite de la Durance.

*F. Guiziou / hemis.fr*

# LAC DE SERRE-PONÇON, GAPENÇAIS ET DÉVOLUY

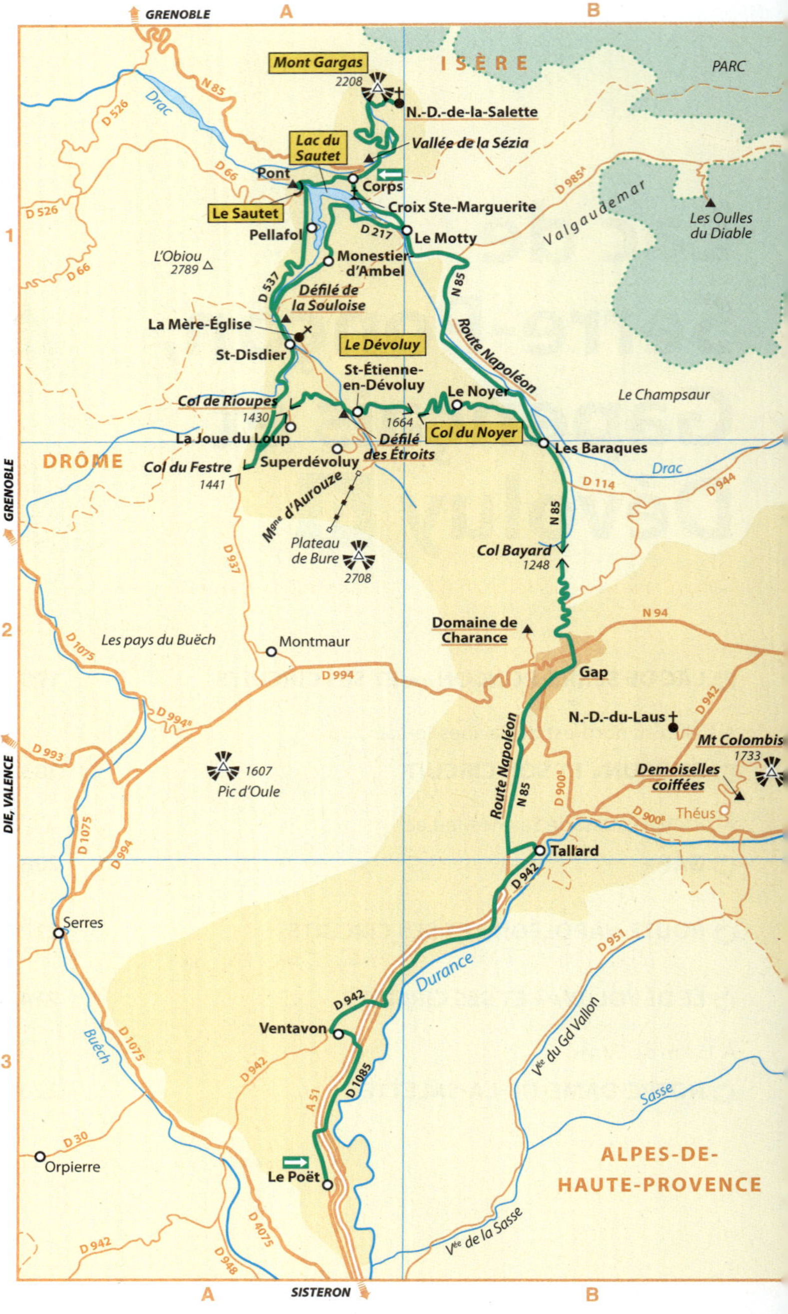

C
D
LAC DE SERRE-PONÇON, GAPENÇAY ET DÉVOLUY
0 6 km
1
2
3
NATIONAL
DES
ÉCRINS
PARC
NATUREL
RÉGIONAL
DU
QUEYRAS
CHÂTEAU-QUEYRAS
CUNEO
DIGNE-LES-BAINS
L'Argentière-la-Bessée
N 94
Gyronde
D 238
Biaisse
D 38
Drac Blanc
Col de Prelles
2808
Le Drouvet
2655
Orcières-Merlette
Drac Noir
D 902
Combe du Queyras
Mont-Dauphin
Guillestre
HAUTES-ALPES
Belvre de l'Homme de Pierre
2361
Risoul 1850
Réserve naturelle du Val d'Escreins
Vars
Réallon
Mont Guillaume
2552
Durance
Pic St-André
2857
Pic de Chabrières
2746
Lac de St-Apollinaire
Avance
Embrun
St-Apollinaire
Col de Crévoux
2650
Crévoux
D 39
Chorges
D 9
Pont de Savines
Serre-Ponçon
Col de Vars
2109
Baie St-Michel
Le Méale
2419
D 40
Crots
D 3
N 94
Savines-le-Lac
Les Orres
de
Col Lebraut
1110
Baie des Moulettes
Abbe de Boscodon
Pic de Morgon
2327
Pic de Boussolenc
2832
D 902
Forêt de Boscodon
Lac
D 954
Demoiselles coiffées
Belvre du Bragousse
D 954
L'Ubaye
Serre-Ponçon
Belvre I. Wilhem
Cade de Costeplane
La Montagne aux Marmottes
Pont roman
Le Lauzet-Ubaye
D 900
D 900
Blanche
Barcelonnette
Ubaye
Le Sauze
D 109
Pra-Loup
Super Sauze
D 900
2685
Le Chapeau de Gendarme
Seyne
Col du Fanget
1459
D 7
D 900
D 900A
Bès
N
Le Dévoluy
Embrun
Savines-le-Lac
★★ Mérite un détour
★ Intéressant
À voir
Circuit conseillé avec ville de départ

# Lac de Serre-Ponçon

★★

Hautes-Alpes (05)

NOS ADRESSES PAGE 202

**S'INFORMER**

**Office du tourisme de Savines-le-Lac** – *9 av. de la Combe-d'Or - 05160 Savines-le-Lac - ✆ 04 92 44 31 00 - juil.-août : 9h-13h, 15h-19h ; reste de l'année : 10h-12h, 14h-18h.*

**Office du tourisme de Réallon** – *Pra-Prunier - 05160 Réallon - ✆ 04 92 44 25 67 - www.otisavinois.fr - mi-déc.-fin mars : tlj sf lun. 9h-12h, 14h-17h ; horaires d'été : se rens. - fermé de sept. à mi-déc.*

**SE REPÉRER**

Carte de microrégion C2 (p. 194) – *carte Michelin départements 334 F6.* Desservi par la N 94, le lac est à mi-chemin entre Gap et Barcelonnette.

**À NE PAS MANQUER**

Le barrage gigantesque ; l'environnement majestueux du lac que l'on peut admirer depuis le belvédère Ivan-Wilhem et depuis Le Sauze-du-Lac ; les demoiselles coiffées de Théus et de Pontis ; la belle forêt de Boscodon.

**ORGANISER SON TEMPS**

Comptez au moins une journée pour profiter du lac et de ses environs.

**AVEC LES ENFANTS**

Une baignade dans le lac, bien sûr ; le parc animalier La Montagne aux Marmottes ; le Muséoscope du lac.

**Ennemis des lacs artificiels, la beauté de la deuxième plus grande retenue d'Europe va vous faire plonger. Des routes superbes contournent le lac de Serre-Ponçon. Leurs lacets semblent s'éloigner de ses rives et s'enfoncer dans les collines. Et voilà que soudain le tournant suivant offre un panorama enchanteur : une branche inconnue de l'immense lac bleu, une crique secrète, des voiles blanches qui voguent au loin sous le soleil, en vue des plus hauts sommets.**

Lac de Serre-Ponçon.
*Studio Berthier/Office de tourismes des Orres*

# Découvrir

## MÉTAMORPHOSE D'UNE VALLÉE

En 1957, la Durance est en colère, des crues torrentielles dévastent la région. Preuve est faite de la nécessité des travaux entamés en 1955. Ils rendront moins inondables les régions en aval, permettront l'irrigation de la Provence, en eau pour les cultures, en électricité pour l'industrie.

### ★★ Barrage

Cet étrange titan mérite d'être vu. C'est une digue en terre à noyau central d'argile étanche, premier exemple en France, à cette échelle, d'une technique très répandue aux États-Unis : 14 millions de m³ de matériaux alluvionnaires extraits du lit de la Durance, 600 m de pente, 123 m de haut et une épaisseur à la base de 650 m !

### La Maison des énergies

*℘ 04 92 54 58 11 - www.ot-serreponcon.com - juil.-août : 9h-12h30, 13h30-17h ; reste de l'année : sur RV - gratuit.*

Au pied du barrage, cet espace d'exposition présente l'ouvrage, son histoire et son fonctionnement. Souterraine, aménagée dans le rocher de la rive gauche, la centrale électrique peut produire 720 millions de kWh par an. Pour régulariser le débit de la Durance en aval du barrage, un bassin de compensation a été créé là où les alluvions ont été prélevées ; d'une surface de 100 ha, il retient 6,7 millions de m³ d'eau. D'autres aménagements, équipant la Durance de Serre-Ponçon à la Méditerranée, portent sa productibilité totale à 6 milliards de kWh par an.

### ★★ Le lac

Mis en eau en 1960, il couvre 3 000 ha – plus que le lac d'Annecy –, mesure au maximum 3 km de large, mais atteint 20 km d'Embrun à Espinasses, pour une capacité de 1 270 millions de m³ d'eau.

Avec sa forme allongée en croissant (l'éperon du Sauze marquant le confluent de la Durance et de l'Ubaye), le lac s'est parfaitement intégré au paysage. À 80 m d'altitude, il offre son vaste plan d'eau aux amateurs de sports nautiques (écoles de voile, de ski nautique) dans le décor rude des terres noires ravinées des Alpes du Sud.

**UNE RETENUE NOMMÉE DÉSIR**
Lors de l'inauguration du barrage, à l'aube des années 1960, le lac de Serre-Ponçon n'avait aucune vocation touristique et la bande de 800 m autour de ses eaux – gérée alors par EDF – était inconstructible. La fonction hydroélectrique du barrage a sauvé ses rives plus sûrement des spéculateurs que n'importe quel plan d'aménagement ou de protection n'aurait pu le faire ! Avec ses 80 km de rivages préservés et ses eaux à 23° C en été, il s'est peu à peu métamorphosé en paradis pour les baigneurs et les amateurs de sports nautiques : six plages sont surveillées et le lac ne compte pas moins de 800 anneaux pour la plaisance. Les pêcheurs ne sont pas en reste, puisque la pêche est désormais autorisée toute l'année : la plus grosse prise à ce jour est un brochet de plus de 10 kg. En 2010, le lac a joyeusement fêté ses 50 ans, avec spectacle pyrotechnique, concours artistiques, expositions, etc.

## À proximité Carte de microrégion

### ★ Demoiselles coiffées de Théus B2

*Du barrage, prendre la D 900B vers Tallard, puis à droite vers Théus. Poursuivre sur 5 km, jusqu'au parking. Le sentier, aménagé mais parfois raide, part à droite, 50 m plus loin.*

Cette curiosité géologique constitue l'un des spectacles les plus étranges des Alpes du Sud. La **salle de bal★** des demoiselles offre la plus grande concentration de colonnes. De là, vous pouvez gagner *(à 3,5 km)* le sommet du **mont Colombis★** (alt. 1 733 m), d'où le **panorama** embrasse tout le lac.

### ★ Abbaye de Boscodon C2

*Entre Savines et Embrun, prendre à droite la D 568. 04 92 43 14 45 - http://abbayedeboscodon.fr - juin-août : lun.-sam. 10h30-12h, 14h30-18h30, dim. 14h30-18h30 ; reste de l'année : se rens. - possibilité de visite guidée (1h30, sur réserv.) - 6 € (-12 ans gratuit).*

L'**abbatiale★** est proche de l'art cistercien primitif. Cette architecture de pierre blonde frappe par son dépouillement, sa pureté, la luminosité et la simplicité de sa nef unique. La salle capitulaire restaurée sert de lieu d'accueil. L'ancien chauffoir et le réfectoire (17e s.) abritent des expositions. Des sœurs dominicaines assurent l'animation spirituelle du lieu.

### ★★ Forêt de Boscodon C2

*De l'abbaye, prendre la route de la Fontaine-de-l'Ours.*

Ancien domaine de l'abbaye, elle s'étend au-delà des bâtiments sur 850 ha. Ses belles futaies et ses sentiers balisés en font un haut lieu de la promenade dominicale. Un chalet abrite un **plan** de tous les sentiers de la forêt.

Au bout de 600 m, à la Pépinière, un **sentier botanique** permet de reconnaître 24 espèces d'arbres et arbustes locaux à l'aide de panonceaux explicatifs. Vous découvrirez ici le sorbier des oiseleurs, le camérisier à balai, la viorne obier, l'érable sycomore, le cytise, le merisier, le cornouiller sanguin, l'alisier blanc.

Du **belvédère du Bragousse★**, vue sur l'étonnant cirque raviné du Bragousse, torrent aux crues estivales redoutables, assagi par une succession de barrages forestiers. Explications claires sur la géologie du cirque.

*Au terme de la route.* Le sentier de la Charance mène en 2h30 au **cirque de Morgon** *(dénivelé 530 m).*

# LAC DE SERRE-PONÇON

## Circuits conseillés Carte de microrégion

### DU PIED DU BARRAGE À EMBRUN C2

*Circuit 1 tracé sur le schéma ci-dessous et sur la carte de microrégion (p. 194) – 39 km – Comptez environ 1h30.*

La D 3 *(vers Chorges)* longe d'abord le bassin de compensation, dans un cadre de roches rougeâtres à vif, puis s'élève rudement en vue du gigantesque talus.

### ★★ Belvédère Ivan-Wilhem

Alt. 847 m. Élevé dans l'axe du barrage que Wilhem conçut dès le 19e s., il offre une vue d'ensemble de la digue.

### Muséoscope du lac

*Belvédère de Serre-Ponçon - 04 92 54 50 00 - www.museoscope-du-lac.com - visite guidée (1h) : se rens. - fermé 1er janv., 1er et 11 Nov. et 25 déc. - 9 € (6-15 ans 7,10 €).*

Il fait ressurgir la mémoire des villages engloutis à travers une muséographie moderne : maquettes, films sur l'avant et l'après barrage.

### Col Lebraut

Alt. 1 110 m. Du col même, vue en avant sur le bassin de Gap, puis sur la retenue vers Embrun.

Environ 1 km plus loin, dans un virage à gauche, le **panorama★** s'étend à toute la branche nord-est du lac ; presque aussitôt apparaît en contrebas l'étroite **baie des Moulettes** dont la situation abritée est favorable au ski nautique.

### Chorges

Ce village conserve quelques maisons anciennes *(suivre le circuit aménagé)*. De la **place Lesdiguières**, ornée d'une jolie fontaine du 16e s., vous accéderez à l'**église** érigée sur une butte. À droite du porche du 12e s., une imposante stèle de marbre rose, dite « pierre de Néron », serait le socle d'une statue romaine.

Plage de la **baie St-Michel** surveillée en été.

Après Chorges, sur le **pont de Savines**, la N 94 file au ras de l'eau sur plus de 900 m.

### Savines-le-Lac

La construction du barrage et la disparition des villages de Savines et Ubaye ont inspiré *L'Eau vive*, film réalisé en 1956 par F. Villiers, sur un scénario de Giono. L'**église St-Florent** (1962), œuvre de l'architecte De Panaskhet, est remarquable pour ses vitraux et conserve la croix de l'ancienne église engloutie par le barrage.

Le village reconstruit se consacre aux sports nautiques. Plage surveillée en été. C'est aussi la principale base de départ des **excursions en bateau** *(voir « Activités » dans « Nos adresses au lac de Serre-Ponçon »).*

### Crots

Ce village ancien conserve une église du 14e s. Il est dominé par l'élégant **château de Picomtal**, flanqué de quatre tours, du 13e s. et agrandi au 16e s.

Plage surveillée en été.

Avant Embrun, la route franchit la Durance à proximité du **plan d'eau** établi pour la baignade et les sports nautiques.

### ★ Embrun

*Voir p. 203.*

## VALLÉE DE RÉALLON C2

*Circuit 2 tracé sur le schéma page précédente et sur la carte de microrégion (p. 194) – 18 km – Comptez 1h. À la hauteur du pont de Savines, on peut prendre la D 41, mais il est préférable de partir de Chorges.*

La D 9 s'élève au-dessus du lac et atteint le village de **St-Apollinaire**, perché en balcon, qui compose un joli tableau avec l'église qui le domine. Ce circuit figure parfois au programme du rallye de Monte-Carlo.

En bifurquant à gauche avant les habitations, vous pouvez accéder au champêtre **lac de St-Apollinaire** (alt. 1 452 m), prisé des pêcheurs à la mouche.

La route contourne ensuite le pic de Chabrières.

### Réallon

Réallon est un site archéologique renommé depuis la découverte d'un trésor datant de l'âge du bronze, dont une magnifique parure exposée au musée de Gap.

Ce village, aux portes sud du Parc national des Écrins *(voir p. 150)*, a conservé un fort caractère alpin. Il est devenu une station familiale de sports d'hiver et d'été. Toute l'année, un **télésiège panoramique** mène à 2 135 m *(table d'orientation)*.

**Domaine skiable** – Alt. 1 560-2 135 m. 19 pistes de ski alpin et 25 km balisés pour le ski nordique vous attendent.

Aux beaux jours, les amateurs de VTT se régaleront en dévalant les pentes, les nombreux circuits de randonnées *(topoguide en vente à l'office de tourisme)* raviront les marcheurs, tandis que la piscine comblera de joie les enfants.
Le camping municipal abrite une **base de loisirs** accessible à tous.

**DE SAVINES-LE-LAC AU LAUZET-UBAYE** C2-3

*Circuit 3 tracé sur le schéma p. 199 et sur la carte de microrégion (p. 194) – 25 km – Comptez environ 1h.*

### Savines-le-Lac

Au départ de Savines, la D 954 épouse une rive escarpée du lac, procurant une **vue★** sur le bassin de Gap et les montagnes du Dévoluy.
*À gauche, une petite route monte au village de Pontis.*

### Pontis

**Musée de la Vallée** – *L'église - 05160 Pontis - 04 92 44 26 94 - www.ubaye.com/musees - 6 juil.-31 août : 10h-12h, 14h30-19h ; reste de l'année : se rens. - fermé 1er janv., 1er et 8 Mai et 25 déc. - 3,30 € (-10 ans gratuit, 10-20 ans 1,80 €).* Aménagé dans l'ancienne école communale, il reconstitue une classe du 19e s. Les bancs de bois, le poêle, l'encre violette, autant d'objets émouvants qui permettent de saisir l'importance de l'instruction publique en Ubaye à cette époque.
*Faites demi-tour pour rejoindre la D 954.*

### ★ Demoiselles coiffées de Pontis

*30mn AR.* Un sentier monte, sous bois, jusqu'aux demoiselles. Appelées ailleurs « cheminées de fées », les demoiselles sont des moraines glaciaires préservées de l'érosion par un bloc rocheux faisant parapluie. Il tasse les couches sous-jacentes et renforce la résistance. Une demoiselle meurt donc en perdant sa coiffe.

### Sauze-du-Lac

Entrez dans le village et gagnez une terrasse au ras des falaises, **belvédère★★** vertical sur le lac, au confluent des vallées noyées de la Durance et de l'Ubaye. Au café, on jouira tranquillement de cette vue.
Plage du **port St-Pierre** surveillée en été.
De la route, beau coup d'œil en arrière sur le **site★** du Sauze.
Dans un lacet à droite (calvaire), le **panorama** se dégage à nouveau sur le lac et sa branche de l'Ubaye. En face, dans un paysage farouche, les ravinements plongent à pic dans les eaux, découpant des sortes de calanques.

### La Montagne aux Marmottes

*Rte de Barcelonnette. Domaine des Grisons - 04 92 44 32 00 - www.parc-animalier-montagnemarmottes.com - - juil.-août : 10h-19h ; mai, juin et sept. : tlj sf mar. 10h-18h ; oct. et nov. : tlj sf mar. 11h-17h30 - fermé janv.-mars et déc. - 13 € (-15 ans 9 €).*
C'est un parc animalier très pédagogique qui recueille et étudie des animaux, parfois blessés ou abandonnés, confiés par les parcs naturels ou des particuliers. À certaines heures, présentation de **rapaces en vol** et de **marmottes**. Mais aussi vingt autres espèces, une ruche vitrée, une petite grotte préhistorique, des collections de minéraux, fossiles et beaux papillons, un musée de la Faune de montagne et des aires de pique-nique.
Après **Ubaye** (le cimetière et l'église étant les seuls témoins du village submergé), la D 94 franchit sur un pont la baie extrême du lac. Lorsque la gorge se desserre apparaissent les Séolanes. À l'intersection avec la D 900 se découvre à gauche la **cascade de Costeplane**.

*Poursuivez par la D 900 vers Barcelonnette.*

### Le Lauzet-Ubaye

Ce village tire son nom du petit **lac** (*lauzet*, en patois) dans lequel il se mire et où vous pourrez vous baigner ou louer un canoë.

Au centre du village, une petite antenne du **musée de la Vallée** évoque la chasse et la cueillette des plantes. *Pl. Marie-Castinel - ✆ 04 92 81 00 22 - horaires : se rens. - 2 € (-16 ans gratuit).*

En poursuivant après l'église, un chemin mène à un **pont romain** qui franchit la rivière, parallèlement à un ouvrage moderne.

*Du Lauzet-Ubaye, possibilité de rejoindre Barcelonnette en empruntant le circuit « La basse Ubaye » (voir la description à l'Ubaye, p. 234).*

## NOS ADRESSES AU LAC DE SERRE-PONÇON

### HÉBERGEMENT

BUDGET MOYEN

#### À La Bréole

**Chambre d'hôte de L'Arnica** – *Rte du col des Fillys - 04340 La Bréole - 3 km au sud du col des Fillys par D 7 - ✆ 04 92 85 54 81 - www.chambres-hotes-arnica.com - fermé 15 nov.-15 déc. -* P *- 4 ch. 62/65 € , demi-pension possible.* Cette ancienne bergerie joliment restaurée domine la rive la plus sauvage du lac. Les chambres, aménagées sous les combles, mêlent opportunément meubles anciens et modernes ; les salles de bains sont bien pensées. Cuisine « bio » traditionnelle ou végétarienne, confitures et pain maison.

### ACTIVITÉS

Le lac de Serre-Ponçon avec ses 3 000 ha est une destination unique en Europe pour la pratique des sports nautiques. De nombreux prestataires situés à Embrun, Crots et Savines-le-Lac proposent de multiples activités : canoë, ski nautique, planche à voile, kitesurf, jet-ski, etc.

Plus calme, des petites **croisières commentées** sont organisées au départ de Savines-le-Lac.

Pour acheter des topoguides détaillés des randonnées et pour connaître toutes les autres possibilités de la station, adressez-vous aux offices de tourisme de Savines-le-Lac ou de Réallon *(voir p. 196).*

#### Randonnées

Neuf « sentiers du tour du lac » ont été créés en 2000. Longs de 1 à 19 km, fléchés, ils permettent tous, sauf un qui s'en éloigne, de se promener et de découvrir les rives du lac. Une brochure les décrivant est disponible dans les offices de tourisme. D'autres sentiers aménagés autour de Savines-le-Lac font découvrir la forêt du Morgon, de jour comme de nuit, avec le circuit de « La Mère des Fontaines » éclairé entre 21h et minuit.

#### VTT

Pour les amateurs de VTT, 500 km de circuits sont balisés, soit 41 circuits autour du lac.

L'office du tourisme de Savines-le-Lac vend le topoguide du centre VTT/FFC Embrunais-Savinois, qui comprend l'ensemble des circuits autour du lac et leurs fiches détaillées.

L'office du tourisme de Chorges abrite l'Espace VTT/FFC (*✆ 04 92 50 64 25*) des vallées du Gapençais : 600 km d'itinéraires variés.

# Embrun

★

6 345 Embrunois – Hautes-Alpes (05)

## NOS ADRESSES PAGE 206

### S'INFORMER

**Office du tourisme d'Embrun** – *Pl. du Gén.-Dosse - 05200 Embrun - ✆ 04 92 43 72 72 - www.ot-embrun.fr - juil.-août : lun.-sam. et j. fériés 8h30-19h, dim. 10h-12h30, 16h-19h ; reste de l'année : tlj sf dim. 8h30-12h, 14h-18h30, j. fériés se rens.*

**Visite guidée de la ville** – *✆ 04 92 43 72 72 - possibilité de visite guidée : se rens. à l'office de tourisme - 3 € (-12 ans 1,50 €).*

### SE REPÉRER

Carte de microrégion C2 (p. 194) – *carte Michelin Départements 334 G5.*
Situé à proximité du lac de Serre-Ponçon, Embrun est à 24 km au sud de Guillestre et à 41 km à l'est de Gap, par la N 94.

### ORGANISER SON TEMPS

Comptez 1h de promenade en ville et 2h de visite pour la cathédrale et la tour Brune.

### AVEC LES ENFANTS

La tour Brune ; la station des Orres, labellisée « Famille Plus Montagne ».

**On l'appelait déjà la « Nice des Alpes » pour son soleil… Il ne manquait plus que la mer, qui est arrivée avec l'une des plus importantes retenues d'Europe, l'immense lac de Serre-Ponçon : miracle à l'archevêché ! Juchée sur le Roc, promontoire de 80 m de haut, la belle cathédrale, jadis bergère de la Durance et de ses radeliers, est aujourd'hui le point de mire des sportifs, kayakistes ou amateurs de voile, ainsi que des skieurs des Orres ou de Crévoux.**



### LA MÉTROPOLE ECCLÉSIASTIQUE

Ebrudunum était un petit village gaulois qui résistait à César. Finalement vaincu, il fut quand même promu capitale des Alpes maritimes sous Néron. Siège d'un évêché fondé par saint Marcellin, Embrun lutta durant les siècles d'invasion. Plus tard, la ville fut rattachée au Saint Empire romain germanique. Les évêques, entre-temps devenus archevêques, obtinrent le titre de princes d'Embrun. Ils eurent droit de battre monnaie et furent les seigneurs temporels de la ville, conjointement aux dauphins. À partir du 14e s., le pèlerinage à N.-D.-du-Réal attira les foules et les rois Louis XI et Louis XIII. La dignité de chanoine conférée à Louis XI lors de sa visite fut transmise à tous ses successeurs, jusqu'aux actuels présidents de la République, Mitterrand, Chirac, Sarkozy… Après la Révolution, l'archevêché devint évêché suffragant d'Aix, puis il disparut en 1802.

# Se promener

Si l'on arrive du Queyras, quel changement d'atmosphère ! Placettes et fontaines, crépis colorés, profusion de balcons et d'ouvertures, la vieille ville donne une impression de Provence et baigne dans les gazouillements d'oiseaux.

## ★ Cathédrale N.-D.-du-Réal

*Voir l'ABC d'architecture p. 78-79. ✆ 04 92 43 72 72 - www.ot-embrun.fr - possibilité de visite guidée - juil.-août : trésor des archevêques : dim. 15h30 - cathédrale et trésor des archevêques : mar. 21h et jeu. 10h - 4,30 € (-12 ans 2,30 €).*
Jadis, cette cathédrale s'appelait N.-D.-des-Rois à cause de la fresque miraculeuse de l'Adoration des Rois mages, détruite par les protestants en 1585.

★ **Portail « le Réal »** – C'est un remarquable spécimen de l'art lombard. À l'arrière, des colonnettes sont soutenues par des atlantes assis. Entre celles de gauche, un petit personnage est emprisonné ; ce serait le prévôt du chapitre de la cathédrale qui refusait de payer les ouvriers. Au tympan, le bas-relief était autrefois recouvert d'une peinture représentant l'Adoration des Rois mages. Une mosaïque la reproduit à l'intérieur, dans le bas-côté droit.

**Intérieur** – Les pierres noires et blanches forment des lignes qui convergent vers les croisées d'ogives. Cela donne à la voûte un étonnant mouvement. Don de Louis XI, les **orgues** de la fin du 15e s. comptent parmi les plus anciennes de France. Accrochées à un pilier, elles s'élancent à l'assaut des voûtes, soutenues par un chapiteau où de petits personnages ploient sous l'effort. En face, l'interminable liste des morts de 1914-1918 est enchâssée dans de beaux panneaux anciens et sculptés ; au-dessus, une Mise au tombeau peinte au 16e s.

★ **Le trésor** – *✆ 04 92 43 72 72 - possibilité de visite guidée (1h15) : se rens. à l'office de tourisme - 4,30 € (-12 ans 3 €).* C'était l'un des plus riches de France, avant d'être pillé au 16e s. par les protestants du duc de Lesdiguières. Cela reste une belle collection avec le missel d'Embrun, les antiphonaires enluminés et une statue de la Vierge… enceinte.

### Place de l'Archevêché

De cette terrasse-jardin à droite de la cathédrale, **belvédère** sur la jolie vallée maraîchère et les montagnes *(tables d'orientation)*.
À gauche de la cathédrale, la belle **maison des Chanonges** (chanoines), du 13e s., est l'une des rares maisons romanes connues en France. Sur la façade, sculpté en ronde bosse, un lion dévore une chèvre.

## ★ Tour Brune (ou tour du Paysage)

*✆ 04 92 43 49 48 - de mi-juin à mi-sept. : tlj sf dim. mat. et lun. 10h-12h, 15h-19h ; vac. scol., w.-end et j. fériés de mai : se rens. - gratuit.*
Cette tour du 12e s. est un ancien donjon du palais des archevêques. Après avoir été prison, arsenal et citerne d'eau, elle abrite un **musée consacré au Parc national des Écrins**. Chacun des quatre étages de salles voûtées présente de façon pédagogique un thème : la géologie, la climatologie, la mémoire des lieux et les activités humaines, avant d'atteindre la terrasse, qui réserve une belle vue panoramique sur la ville et les environs. Des panneaux explicatifs permettent de lire ce paysage.

## ★ Rue de la Liberté et rue Clovis-Hugues

Piétonnes et commerçantes, ces rues sont très animées en été. Au no 6 rue de la Liberté s'ouvre le beau **portail Renaissance★** du palais des gouverneurs, surmonté d'un lion en ronde bosse. Place Mazelière, une vieille **tour** fait le guet. Rue Clovis-Hugues, la façade qui se trouve entre les nos 29 et 31

Cathédrale Notre-Dame du Réal, lion du portail « Le Réal ».
*Office de tourisme d'Embrun*

présente sept arcatures et un lion sculpté (12e s.). Belle **fontaine** du 16e s. en marbre rose sur la place St-Marcellin et intéressantes maisons à encorbellement du 14e s. rue Caffe.

### Chapelles des Cordeliers

*Pl. du Gén.-Dosse. ✆ 04 92 43 72 72 - ♿ - juil.-août : lun.-sam. et j. fériés 8h30-19h, dim. 10h-12h30, 16h-19h ; reste de l'année : lun.-sam. et j. fériés 8h30-12h, 14h-18h30, dim. se rens. - fermé 1er Mai. C'est le siège de l'office de tourisme.*

De l'église du 15e s. ne subsistent que les chapelles décorées de **peintures murales★**. Dans la deuxième, vous observerez la vie de saint Antoine de Padoue, le franciscain le plus célèbre après saint François.

4

## À proximité Carte de microrégion

### Les Orres D2

*17 km au sud-est d'Embrun. Quittez Embrun par la N 94 (route de Gap) et, à 2 km, prenez à gauche la D 40. La route sinueuse remonte la vallée de l'Eyssalette.*

*05200 Les Orres - ✆ 04 92 44 01 61 - 9h-12h30, 13h30-19h.*

Empruntant son nom au village ancien situé sur le versant opposé, la **station** des Orres (alt. 1 650 m), en balcon du lac de Serre-Ponçon, étage à mi-pente ses chalets-résidences et ses hôtels aux façades de bois. Labellisée « Famille Plus Montagne », elle est très appréciée des familles.

L'hiver, vous y pratiquerez la glisse sous toutes ses formes : ski alpin (88 km de pistes), surf, ski de fond et raquettes sur le plateau de Charance. L'été, toute une gamme d'activités est proposée : VTT, via ferrata, piscine, sports aériens, etc.

★ **Télésièges de Prelongis et Fontaine** – *✆ 04 92 44 00 39 - www.lesorres.com - 26 juin-29 août et w.-end des 4-5, 11-12 et 18-19 sept. - pour les piétons et vététistes (forfait journée 17 €).*

Alt. 2 408 m. Belles vues sur le lac de Serre-Ponçon, l'Embrunais et le domaine skiable, tracé dans une forêt de mélèzes et de pins à crochets, et dominé par le **pic de Boussolenc**.

**Crévoux** D2

*13 km à l'est d'Embrun. Quittez Embrun à l'est, devant une usine, par la route du Coin ; rejoignez la route du col de Parpaillon.*
Ce village apparaît serré entre les pentes de la **montagne du Méale** et la formidable paroi rocheuse du **pic St-André**, striée de cascatelles. C'est une petite station familiale comptant 13 pistes de ski alpin et 45 km de pistes de fond.

## Circuit conseillé Carte de microrégion

### DU PIED DU BARRAGE À EMBRUN C2

*Circuit* 1 *tracé sur le schéma p. 199 et sur la carte de microrégion (p. 194) – 39 km – Comptez environ 1h30. Voir p. 199.*

## Randonnée

### Belvédères de l'Embrunais

*L'office du tourisme d'Embrun vend des topoguides détaillant les itinéraires des belvédères de l'Embrunais.*
Le magnifique lac de Serre-Ponçon est ceinturé de sommets aisément accessibles qui ménagent autant de remarquables belvédères.
En 3h de marche, vous atteindrez le **mont Guillaume** (alt. 2 552 m), coiffé d'une petite chapelle, qui offre un panorama sur la Durance et le lac.
En suivant la route de Boscodon *(départ du parking de l'Ours)*, vous arriverez en 2h30 au **pic de Morgon** (alt. 2 324 m) : très belle vue sur le lac de Serre-Ponçon.

## NOS ADRESSES À EMBRUN

### HÉBERGEMENT

PREMIER PRIX

**À proximité**

**Camping Le Verger** – *Chemin de Jouglar - 05200 Baratier - sortie ouest, pour caravanes, accès conseillé par le village - ✆ 04 92 43 15 87 - www.campingleverger.fr - permanent - 110 empl. 20,10 €.*
Vous choisirez Le Verger pour son parc locatif de chalets toutes catégories, bien espacés, avec ou sans cheminée. Emplacements ombragés. Piscine climatisée et jeux pour enfants.

**Camping Les Esparons** – *Rte de la Madeleine - 05200 Baratier - sortie nord par D 40 et D 340 - ✆ 04 92 43 02 73 - www.lesesparons.com - de mi-juin à fin août - ♿ - 83 empl.*

Détendez-vous sous l'ombre des pommiers d'un ancien verger. Dans ce camping tout simple, les emplacements sont spacieux et bien délimités par les arbres. Piscine, jeux pour grands et petits. Et au village, situé à 700 m, tennis et sport équestre.

### BUDGET MOYEN

**Hôtel Notre-Dame** – *Av. du Gén.-Nicolas - ✆ 04 92 43 08 36 - www.hotel-notredame-embrun fr - 7 ch. 50/54 € - ☕ 7 €.* Cet hôtel familial, situé à l'écart du centre, est dissimulé derrière une grande haie et un jardin fleuri. Petites chambres fonctionnelles et très bien tenues. Espace fitness en accès libre.

### POUR SE FAIRE PLAISIR

**Hôtel Les Bartavelles** – *Clos des Pommiers - ✆ 04 92 43 20 69 - www.bartavelles.com - fermé 3-18 janv. - P - Wifi - 42 ch. 78/98 € - ☕ 10 €, demi-pension possible - ✕ formule déj. 15 € - 24/48 €.* Mélèze sculpté et pierres sèches locales : décor typé dans cette maison et ses trois bungalows qui abritent chambres ou duplex. Jardin et spa avec large choix de soins. Repas classiques sous la rotonde (colonne de Guillestre) ou sur la terrasse bordant la piscine.

## RESTAURATION

### PREMIER PRIX

**Salon de thé Le Co'case** – *Bd Pasteur (pl. du Gén.-Dosse ) - ✆ 04 92 43 06 68 - fermé de déb. sept. à mi-mai. - ♿ - 10/20 €.* Vous avez envie d'un cocktail avant de vous restaurer ? Installez-vous ici et entamez ensuite la lecture de la carte où se mélangent salades bio, produits régionaux, crêpes, et un très grand choix de glaces et sorbets maison, à damner les gourmands. Service dans une cour ombragée.

### À proximité

**Les Manins** – *Boissel-les-Manins - 05200 St-Sauveur - 8,5 km au sud-est d'Embrun par N 94, D 40 puis à gauche dir. « Les Manins » - ✆ 04 92 43 09 27 - eric.boissel@free.fr - ouv. tlj juil.-août : le soir, vend. midi et dim. midi - fermé de mi-sept. à fin oct. - P ▭ - 12/25 €.* Vue imprenable sur le lac de Serre-Ponçon depuis la terrasse de ce chalet montagnard. Toute couverte de bois, la petite salle à manger a aussi son charme. Côté cuisine, l'éclectisme est de mise : charcuteries, pizzas, mezzés, crêpes et desserts maison. Réservation obligatoire hors juillet-août.

## ACHATS

**Marché** – *Merc. et sam. mat.*

## ACTIVITÉS

**Plan d'eau d'Embrun** – *Av. du Lac - ✆ 04 92 43 72 72.* Il se trouve à 2 km du centre-ville. Vous viendrez vous baigner en toute tranquillité (navigation à moteur interdite) ou pratiquer des activités nautiques.

**Via ferrata des Orres** – Deux voies différentes et deux niveaux de difficulté s'offrent à vous. La via ferrata de la Marcelinas, la plus accessible (avec toutefois quelques séquences « vertige »), offre une jolie vue sur le village des Orres ; la via ferrata de la Cascade est réservée aux grimpeurs chevronnés.

# Gap

★

37 785 Gapençais – Hautes-Alpes (05)

NOS ADRESSES PAGE 210

### S'INFORMER

**Office du tourisme de Gap** – *2a cours Frédéric-Mistral - 05002 Gap - ✆ 04 92 52 56 56 - www.gap-tourisme.fr - juil.-août : lun.-sam. 9h-19h, dim. et j. fériés 10h-13h ; reste de l'année : tlj sf dim. et j. fériés 9h-12h, 14h-18h.*

**Parc national des Écrins** – *Domaine de Charance - 05000 Gap - ✆ 04 92 40 20 10 - www.les-ecrins-parc-national.fr.* Plusieurs centres et maisons d'accueil sont ouverts sur l'ensemble du territoire du parc.

**Visite guidée de la ville** – *✆ 04 92 52 56 56 - juil.-août : mar. 10h, merc. 18h et jeu. 14h30 - 4 € (-12 ans gratuit).*

### SE REPÉRER

Carte de microrégion B2 (p. 194) – *carte Michelin Départements 334 E5.* Gap est au carrefour de la route Napoléon (Grasse-Grenoble) et de la D 994 (Valence-Briançon). Au nord, le Champsaur ; à l'ouest, les pays du Buëch ; à l'est, le lac de Serre-Ponçon ; au sud, Sisteron.

### À NE PAS MANQUER

Le Musée départemental pour la culture et le domaine de Charance pour la nature.

### ORGANISER SON TEMPS

Comptez 1h pour flâner en ville ; ajoutez au moins 1h pour la visite du musée et encore 1h pour celle du domaine de Charance.

### AVEC LES ENFANTS

Le domaine de Charance, le stade nautique de Fontreyne *(voir « Activités » dans « Nos adresses à Gap »).*

**Oubliées les vallées encaissées et austères. Quand on descend sur Gap, du col Bayard ou du seuil de la Freissinouse, on est d'abord happé par l'un des plus vastes bassins des Alpes. Et si la neige brille longtemps sur les hauts sommets alentour, les horizons bleutés s'éloignent presque à l'infini vers la Provence. La ville la plus animée des Alpes du Sud n'offre pas de monument spectaculaire, sinon l'atmosphère déjà méridionale de ses rues piétonnes, de ses places et de ses maisons colorées. Si l'on en sort, c'est pour d'autres réjouissances : l'immense lac de Serre-Ponçon et les nombreuses stations de ski.**

## Se promener

Malgré une histoire très ancienne, Gap présente très peu de vestiges architecturaux. La ville fut en effet détruite à plusieurs reprises, entre autres pendant les guerres de Religion et en 1692, lorsque les troupes d'Amédée de Savoie s'en emparèrent.

### ★ Vieille ville

D'abord, il faut vous perdre dans le réseau de ruelles piétonnes dont la structure est restée médiévale. Peu importe que les maisons ne soient pas si anciennes, l'harmonie de leurs teintes pastel commence à agir. L'ambiance vous plaît déjà, mais elle est encore plus méditerranéenne le samedi, jour de marché, autour de la fontaine de la place Jean-Marcellin.

La **cathédrale** est une parfaite copie 19ᵉ s. du style roman provençal, avec une flèche haute de 77 m. L'**hôtel de ville** a conservé une jolie façade du 18ᵉ s.

### ★ Musée départemental

*6 av. Mar.-Foch - ✆ 04 92 51 01 58 - www.cg05.fr/dyn/museum - ♿ - de déb. juil. à mi-sept. : mat. et apr.-midi ; reste de l'année : tlj sf mar. apr.-midi - fermé j. fériés (sf 14 Juil., 15 août) - 3 € (enf. 1,50 €).*

Situé dans l'agréable **parc de la Pépinière** *(à l'entrée du centre-ville en venant de la N 94)*, ce musée possède de belles collections. D'archéologie, d'abord, au sous-sol où nous accueille un **double buste de Jupiter Ammon★**, témoignage du culte porté à Jupiter au 2ᵉ s. Les yeux, tournés vers le haut, étaient probablement incrustés d'argent ou de pierres précieuses. Admirez ensuite la **stèle★** dite « de Briançon », beau bas-relief romain, et les exceptionnelles **parures★** en bronze datant de 1200 à 700 av. J.-C., découvertes à Bénévent, Réallon et Guillestre. Moins ancienne mais non moins fragile, la céramique est illustrée par une belle collection de pièces de Manisès (15ᵉ-18ᵉ s.), de Nevers et surtout de Moustiers.

La mémoire de la vie quotidienne en **Queyras** ressurgit à travers une **collection de superbes meubles sculptés★★** et des objets de la vie courante, finement décorés. D'autres espaces sont consacrés à la peinture européenne, du 14ᵉ s. italien au 19ᵉ s. français, à l'histoire naturelle, aux armes anciennes et à des expositions temporaires. Ne manquez pas le **mausolée★** de François de Bonne, duc de Lesdiguières, sculpté par Jacob Richier (1585-1640). Il comprend quatre bas-reliefs décrivant la prise de Grenoble, la victoire de Pontcharra, la rencontre des Moulettes et la prise de Barraux.

## À proximité Carte de microrégion

### ★ Domaine de Charance B2

*▶ 3 km à l'ouest de Gap. Sortez de Gap par la D 994 (direction Veynes) et tournez à droite. En juil.-août, possibilité de s'y rendre avec la navette « Linea » - possibilité de visite guidée (1h30) : se rens. à l'office de tourisme - ✆ 04 92 52 56 56 - 5 € (-12 ans gratuit).*

Dominant la vallée, ce site exceptionnel s'étend sur 220 ha. Des sentiers sont aménagés : vous pourrez faire le tour du lac en 30mn, parcourir en famille deux sentiers de découverte ou grimper jusqu'au pic de Charance en 3h.

Depuis les beaux **jardins en terrasses**, la vue embrasse les Alpes alentour.

Dans une belle demeure de plaisance du 18ᵉ s., le **centre de documentation du Parc national des Écrins** répond à toutes vos questions, et le **Conservatoire botanique alpin** propose expositions et visites guidées parmi les plantes rares et les roses. Il veille sur les arbres fruitiers et la flore sauvage, et protège les espèces menacées. Les générations futures seront un jour ravies de venir croquer la pomme à Gap, après l'avoir choisie ici entre 550 variétés.

4

# Route Napoléon

★

Hautes-Alpes (05)

### S'INFORMER

**ANERN** – *Palais des Congrès - 22 cours H.-Cresp - 06130 Grasse - ✆ 04 93 40 04 34 - www.route-napoleon.com.* 42 communes situées sur le trajet de l'Empereur se sont réunies au sein de l'Association nationale des élus pour la route Napoléon (ANERN). Ce regroupement favorise les actions en faveur du tourisme. Des « Relais Information Service », ainsi qu'une signalisation routière « Aigle » à l'entrée des villes et à la sortie des autoroutes aident les voyageurs à s'y retrouver.

### SE REPÉRER

Carte de microrégion AB1-3 (p. 194) – *carte Michelin Départements 341 A/B5 et 334 D/H 3/10.* Nous décrivons ici le circuit allant du Poët à Corps. La première partie du trajet de l'Empereur, de Golfe-Juan au col de Valferrière, est décrite dans *Le Guide Vert Côte d'Azur.* La deuxième partie du trajet de l'Empereur, de Castellane au Poët est décrite p. 324. Et la dernière partie du trajet de l'Empereur, de la sortie de Corps à Grenoble, est détaillée dans *Le Guide Vert Alpes du Nord.*

### À NE PAS MANQUER

La halte à Gap est incontournable; mais on se doit de faire également connaissance avec ces beaux villages que sont Ventavon et Tallard, dont les églises, châteaux, vergers ou points de vue sont remarquables.

### ORGANISER SON TEMPS

Vous pourrez survoler le circuit en une demi-journée, mais comptez une journée entière de Castellane à Corps.

**Vous roulez sur les traces de Napoléon : saviez-vous qu'en son temps cette voie n'était pas carrossable, qu'il a franchi tous ces cols à cheval et à pied ? Aujourd'hui, si le parcours est plus facile, les paysages ont à peine changé : on traverse le Gapençais et on jouit de grandes perspectives sur les vallées de la Durance et du Drac, bien loin des paysages étroits des Préalpes de Digne.**

## Circuits conseillés Carte de microrégion

### LE FRANCHISSEMENT DES PRÉALPES DE DIGNE

*Circuit de 100 km de Castellane au Poët – Comptez une demi-journée. Voir p. 324.*

### LA TRAVERSÉE DU GAPENÇAIS AB1-3

*Circuit tracé en vert sur la carte de microrégion (p. 194) – 79 km du Poët à Corps – Comptez une demi-journée.*

### Le Poët A3

*15mn.* À la sortie du village du **Poët** (sur l'ancien tracé de la N 85), faites une halte à la **table d'orientation** pour détailler le superbe panorama sur les sommets du Gapençais, de l'Embrunais et des Écrins.

*Revenez sur la N 85. À l'entrée de Valenty, tournez à gauche sur la D 21.*

**Ventavon** A3

Bâti sur les vestiges d'une forteresse du 11e s., ce paisible village perché présente un style provençal homogène, avec ses vieilles maisons et son petit château du 15e s.

Du sommet du beffroi moderne *(58 marches, table d'orientation)*, **panorama★** sur les toits de tuiles roses, sur la trouée de la Durance que ferment les monts de l'Embrunais au nord-est, le pic d'Aujour et la crête des Selles au nord-ouest, et les montagnes de Gache et de Lure au sud.

*Reprenez la N 85 dans la direction de Gap.*

**Tallard** B2

Le vieux village est entouré de cultures fruitières et de vignobles produisant un « blanc de pays » estimé.

**Église St-Grégoire** – Reconstruite au 17e s., elle s'ouvre par trois portes aux beaux vantaux; la principale, datée de 1549 sur son linteau aux entrelacs gothiques, est décorée de médaillons Renaissance figurant des femmes, des enfants et des hommes d'armes. À l'intérieur, chaire du 17e s. et **cuve baptismale** du 15e s. supportée par des lions.

**Château** – *1er juil.-15 sept. : 10h30-12h30, 14h-18h ; reste de l'année : se rens. - possibilité de visite guidée (1h, sur réserv. à la mairie au ✆ 04 92 54 10 14 ou à l'office de tourisme, le matin, au ✆ 04 92 54 04 29) - 4,50 € (-18 ans 2,50 €).*

Il dresse ses tours démantelées sur un éperon à pic au-dessus de la Durance. Construit aux 14e et 16e s., il subit de graves dommages en 1692 quand les troupes de Savoie s'emparèrent de la région. Il a été bien restauré. Le **corps de logis** Renaissance présente de belles fenêtres à meneaux torsadés. Dans la **chapelle** de style flamboyant, belles clés de voûte, chapiteaux sculptés et cheminées.

**Pèlerinage arménien**

Pour fuir l'Arménie et les persécutions, **saint Grégoire** part en pèlerinage à Jérusalem. Plus tard, il rend visite à saint Martin, évêque de Tours. Reparti vers Rome, il évangélise Tallard au passage et y meurt le 21 septembre 404. C'est pourquoi un pèlerinage arménien a lieu ici, le 3e dimanche de septembre.

★ **Gap** B2

*Voir p. 208.*

Après Gap, la N 85 monte au **col Bayard** (alt. 1 248 m). Belle vue sur le bassin de Gap. La route entre ensuite dans le **Champsaur** *(voir p. 140)*.

**Les Baraques** B1-2

Le 6 mars 1815, l'Empereur y déclina l'offre que les paysans lui firent de se joindre à ses troupes. À partir des Baraques, la **vue★** est superbe : vous admirerez les escarpements du Dévoluy (montagne de Féraud), puis les cimes de l'Olan, dans la trouée du **Valgaudemar** *(voir p. 149)*, et de l'Obiou, citadelle dominant le lac du **Sautet**.

*Poursuivez vers Corps en traversant Chauffayer.*

**Corps** A1

*Voir p. 215.*

4

# Le Dévoluy

★★

Hautes-Alpes (05)

NOS ADRESSES PAGE 218

**S'INFORMER**

**Maison du Dévoluy** – *05250 St-Étienne-en-Dévoluy - 04 92 58 91 91 - www.ledevoluy.com - juil.-août et de mi-déc. à mi-avr. : 9h-12h, 14h-18h ; reste de l'année : tlj sf dim. et j. fériés 9h-12h, 14h-18h.*

**Office du tourisme du pays de Corps** – *Rte Napoléon - 38970 Corps - 04 76 30 03 85 - www.paysdecorps.fr - juil.-août : 9h-12h30, 13h30-17h ; reste de l'année : tlj sf dim., lun. et j. fériés 9h-12h30, 13h30-17h.*

**SE REPÉRER**

Carte de microrégion AB1 (p. 194) – *carte Michelin Départements 334 D4.*
Le Dévoluy est un massif calcaire isolé entre Buëch et Champsaur. Si vous y entrez par le défilé de la Souloise, inutile de risquer l'accident : ces parois sont trop gigantesques pour que vous arriviez à en voir le sommet. Regardez plutôt la route. Le Code de la route invite, sur les chemins difficiles de montagne, à laisser passer la voiture montante sauf si celle-ci se trouve à proximité d'une place d'évitement.

**À NE PAS MANQUER**

Le barrage du Sautet et son lac artificiel ; les cols du Noyer et de Rioupes ; les impressionnants défilés de la Souloise et des Étroits.

**ORGANISER SON TEMPS**

La route des Cols et le tour du lac de Sautet vous occuperont une journée.

**Culminant à près de 3 000 m, le Dévoluy impressionne. La légende raconte que l'Obiou, le Grand Ferrand, le pic de Bure et le Féraud s'affrontèrent à coups de rochers pour bâtir ce massif sauvage et isolé. Aujourd'hui, ces quatre monts aux escarpements ravagés par les siècles se refont une beauté dans leur miroir, le lac du Sautet. Cachottiers, ils dissimulent une vallée préservée où quelques villages et deux stations de ski accueillent les visiteurs.**

## Découvrir

### Stations

**Superdévoluy**, semblable à un « paquebot des neiges », se distingue par sa conception architecturale. Habitat et commerces forment un ensemble unique à deux niveaux qui serpente sur la montagne d'Aurouze, exposant au sud-ouest ses balcons de bois. **La Joue-du-Loup** présente le charme d'une station-village.

### Domaine skiable

Alt. 1 500 à 2 510 m. **100 km** de pistes de ski alpin s'étendent entre les deux stations et trois restaurants d'altitude se situent sur le parcours. Stade de slalom, *boardercross* et *snowscoot* : les **nouvelles glisses** sont également au programme.

Avec 35 km de pistes (14 circuits), les fondeurs et les marcheurs, avec ou sans raquettes, sont vraiment gâtés.

La station propose également, pour les bambins, le poney-luge *(se renseigner à l'office de tourisme)*.

## Circuits conseillés Carte de microrégion

### ★ ROUTE DES COLS A1-2/B1

*Circuit 1 tracé sur le schéma ci-dessous et sur la carte de microrégion (p. 194) – 81 km au départ de Corps – Comptez 3h30.*

Les routes du Dévoluy traversent souvent, surtout celle du col du Noyer, une nature sans arbres, sans cours d'eau, brûlée de soleil, en vue de pics déchiquetés aux versants pelés noyés dans les éboulis.

#### Corps A1

Balcon dominant un **paysage somptueux★★**, c'est la capitale du Beaumont, petit « pays » historique de la vallée moyenne du Drac. Cette dépression bien cultivée, profondément entaillée par le Drac, est dominée par la très photogénique citadelle de l'Obiou (alt 2789 m).

Situé sur la **route Napoléon** *(voir p. 212)*, Corps est un lieu qu'anime en été l'affluence des pèlerins montant à **N.-D.-de-la-Salette** *(voir p. 220)*. Arrêtez-vous pour parcourir ses ruelles qui ont conservé leur caractère médiéval et longer les vestiges de remparts derrière lesquels s'abritent de jolis jardinets. *Plan-guide disponible à l'office de tourisme.*

*15mn AR.* À l'extrémité du village en direction de Gap *(au niveau de la station-essence)*, une petite route sur la droite mène à la **chapelle St-Roch** qui domine le lac du Sautet.

*Quittez Corps par la D 537 à l'ouest.*

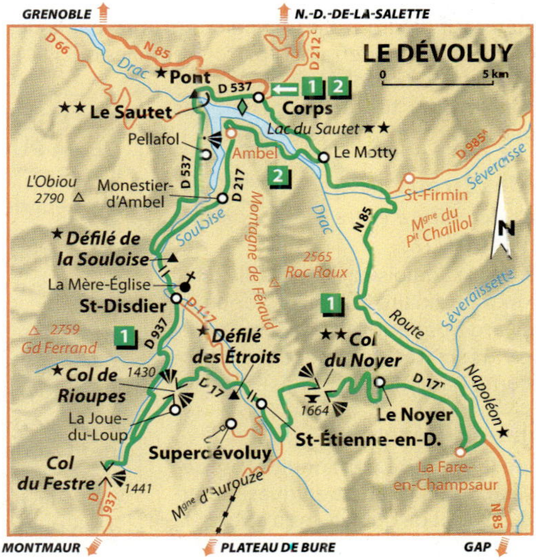


4

Avant le **pont du Sautet** *(voir le circuit 2)*, faites une halte sur les rives du lac, perle du Dévoluy qui scintille dans son écrin de montagnes.
*Au sortir du barrage, continuez sur la D 537.*
Vous aurez une vision fugitive, à l'ouest, de l'imposante **tête de l'Obiou** dominant la vallée du Drac.

### ★ Défilé de la Souloise A1

Vous vous faufilez entre de superbes escarpements calcaires.
*Poursuivez sur la D 937.*

### St-Disdier A1

*Garez-vous au centre du village et poursuivez à pied.*
*20mn de montée.* La **Mère-Église** (11e s.) est la première église du Dévoluy (classée Monument historique). Un toit de lauzes recouvre sa nef, tandis que celui de l'abside est en chaume. À l'intérieur, au fond de l'église, remarquez les fleurs de lys de la royauté (1783) et les signes des Templiers : soleil, lune et croix de Malte. Chaque été, ses pierres vibrent au son d'un festival de musique.
*À 7 km, prenez à droite vers Gap.*

### Col du Festre A2

Alt. 1 441 m. Il s'ouvre au pied des croupes désolées de la **montagne d'Aurouze**. Beau panorama.
Du col du Festre, vous pouvez descendre vers **Montmaur** *(voir les pays du Buëch, p. 258)* en suivant la vallée de la Béoux dans un paysage désertique. Dépaysement assuré. Au défilé de Potrachon, belle vue à gauche sur la bordure ouest du plateau de Bure.
*Faites demi-tour et prenez à droite la D 17.*
La route serpente parmi les mélèzes.

### ★ Col de Rioupes A1

Il réserve des **vues** superbes sur un vaste cirque de montagnes dénudées : les crêtes des Aiguilles, le Grand Ferrand, l'Obiou et la montagne de Féraud, séparée du massif d'Aurouze, truffé de **chourums**, par la dépression du col du Noyer. Ces cavités souterraines, parfois remplies de glace, sont les sœurs des « scialets » du Vercors et des « avens » des Causses. Le Dévoluy, terrain d'élection des spéléologues, en compte plus de 400 !

### ★ Défilé des Étroits A1

*Descendez de voiture entre les deux ponts empruntés par la D 17.*
On surplombe la Souloise qui s'est taillé dans le roc une extraordinaire fissure, profonde de 40 à 60 m, large par endroits de 2 m seulement. Une **via ferrata** y est aménagée : émotion et sécurité garanties.

### St-Étienne-en-Dévoluy A1

La vallée de la Souloise s'épanouit brusquement. Les habitants vivaient en quasi-autarcie, quand, au bout de quinze ans d'efforts, la route fut ouverte en 1872.

#### LA LÉGENDE DE LA PUCELLE

Il y a trois siècles, le seigneur de Malmort voulut abuser d'une jeune Dévoluarde à la veille de ses noces. Terrorisée mais téméraire, elle lui échappa en bondissant au-dessus du passage le plus resserré des Étroits de la Souloise : ce point des gorges s'appelle depuis le **saut de la Pucelle.**

Domaine skiable du Dévoluy.
*Office de tourisme du Dévoluy*

### ★★ Col du Noyer B1

**Bon à savoir** – Le col est fermé de début novembre à la mi-mai.
*Table d'orientation à 100 m au sud-ouest de l'ancien refuge Napoléon.*
Alt. 1 664 m. Le contraste est saisissant : d'un côté les crêtes arides du Dévoluy, de l'autre l'ample vallée du Drac (bas Champsaur), patchwork de cultures encadrées par les cimes du massif du Vieux Chaillol et les montagnes du Gapençais. Au loin se profilent les hauts sommets et les glaciers du massif des Écrins.

### Le Noyer B1

**Maison de la botanique** – *04 92 23 28 02 - juil.-août : 14h-18h ; vac.scol. (sf. vac.de Noël) : merc. 14h-18h ; reste de l'année : se renseigner - 3 € (enf. 2 €).*
Située derrière l'église, encadrée d'un jardinet de curé, cette « maison » est l'un des écomusées du Champsaur-Valgaudemar. Vous y découvrirez la flore et la faune du Champsaur et du Valgaudemar, mais aussi Dominique Villars, botaniste reconnu du 18e s., natif du Noyer.
*La route qui descend vers le Drac est des plus sportives, surtout dans les cinq premiers kilomètres. Elle atteint La Fare-en-Champsaur sur la D 1085 qui ramène à Corps.*

### ★★ TOUR DU LAC DU SAUTET A1

*Circuit 2 tracé sur le schéma p. 215 et sur la carte de microrégion (p. 194) – 35 km au départ de Corps (voir le circuit 1) – Comptez environ 2h. Sortez de Corps vers Gap par la D 1085.*
Cette **route magnifique** domine le lac. Au **Motty**, prenez à droite la D 217 qui, après un pont sur le Drac, s'élève sur la rive sud du lac. Dans un virage à gauche, ainsi que depuis la terrasse de l'église d'Ambel, **vue★** magnifique, de gauche à droite, sur l'Obiou, le Vercors, Corps, les hauteurs de la Salette et les monts dominant l'entrée du Valgaudemar. Après **Monestier-d'Ambel**, la route descend au fond de la vallée de la Souloise que grossissent, à 4 km, les résurgences des « gillardes » : eaux souterraines que les « chourums » des plateaux supérieurs ont englouties.

4

*15mn.* Garez-vous et suivez le sentier en sous-bois pour arriver aux sources.

*1 km après le pont sur la Souloise, prenez à droite la D 537 qui sort du défilé.*

Après **Pellafol**, jolie vue à droite sur l'éperon qui porte le village d'Ambel ; franchissant ensuite le **pont du Sautet★** qui lance son aérienne arche de béton, longue de 86 m, à 160 m de hauteur, la route ramène à Corps.

### ★★ Barrage du Sautet

Juste après le pont, arrêtez-vous au **kiosque touristique** et descendez quelques marches pour vous approcher de cette voûte de 126 m de hauteur. Elle retient 115 millions de m³ d'eau dans un canyon du Drac, profond de 200 m, parfois large de 7 m seulement. Ce barrage a joint l'utile à l'agréable en créant le lac.

## NOS ADRESSES DANS LE DÉVOLUY

### HÉBERGEMENT

#### PREMIER PRIX

#### À St-Étienne-en-Dévoluy

**Gîte Le Beau Rêve** – *Le Pré - 05250 St-Étienne-en-Dévoluy - ☏ 04 92 58 96 38 - www.lebeaureve.com - P - 4 ch. 34/38 € - 6 €.* Ces quatre gîtes qui se trouvent aux portes du village, à proximité de Superdévoluy, possèdent chacun une capacité d'accueil de 2 à 8 personnes. Les jeux pour enfants et les tables de pique-nique sont les petits « plus » qui font de cette adresse un lieu de séjour idéal à prix attractif pour les familles. Abri à skis et garage à vélos. Petit-déjeuner possible, sur réservation.

#### À Corps

**Hôtel Le Napoléon** – *Pl. Napoléon - 38970 Corps - ☏ 04 76 30 00 42 - www.hotel-napoleon-38.fr - fermé nov.-mars - 20 ch. 37/49 € - 6,50 €.* Cet hôtel occupe une vaste bâtisse située au pied du village. Petites chambres claires ravivées, équipées d'un mobilier de facture artisanale. Salle du petit-déjeuner au décor montagnard, avec lambris et tableaux de paysages alpestres. En soirée, le bar propose quelques mets traditionnels (charcuteries, fromages, etc.).

#### BUDGET MOYEN

#### À Corps

**Hôtel du Tilleul** – *R. des Fosses - 38970 Corps - ☏ 04 76 30 00 43 - www.hotel-restaurant-du-tilleul.com - fermé 1er nov.-20 déc. - P - Wifi - 18 ch. 48/61 € - 8 €, demi-pension possible - ✕ formule déj. 14 € - 16/37 €.* Sur l'impériale route Napoléon et au cœur du vieux village fort animé en été. Chambres fraîches et bien tenues, plus calmes à l'annexe. Accueil charmant. Salle de restaurant un peu sombre, mais sympathique ambiance campagnarde. Cuisine traditionnelle.

#### À St-Étienne-en-Dévoluy

**Chambre d'hôte La Tourtette** – *Rte du Pin - 05250 St-Étienne-en-Dévoluy -*

*☎ 04 92 58 82 01 - http://latourtette.chez.com/ - P - 5 ch. 50/55 € ☕, demi-pension possible.* Cette ancienne ferme de pays blottie au cœur du village possède quatre confortables chambres joliment agrémentées de boiseries et un studio pour 4 personnes, avec kitchenette. Une chaleureuse ambiance montagnarde que l'on retrouve également à la table de cette adresse, bien située pour rayonner dans les environs.

POUR SE FAIRE PLAISIR

### À St-Disdier

**Hôtel La Neyrette** – *05250 St-Disdier - ☎ 04 92 58 81 17 - www.la-neyrette.com - ouvert 6 fév.-12 avr. et 25 avr.-10 oct. - P - 12 ch. 71/84 € - ☕ 9 €, demi-pension possible - ✕ formule déj. 22 € - 26/32 €.* Sympathique petite auberge dans un jardin avec plan d'eau où l'on peut ferrer sa truite pour le dîner ! Chambres décorées sur le thème des fleurs de montagne. La salle à manger rustique occupe les murs d'un ancien moulin. Copieuse cuisine du terroir.

## RESTAURATION

BUDGET MOYEN

### À Aspres-lès-Corps

**Château d'Aspres** – *05800 Aspres-lès-Corps - ☎ 04 92 55 28 90 - www.chateau-d-aspres.com - ouvert 1er mars-12 nov. et fête fin d'année, fermé dim. soir sf j. fériés - ♿ - 22/38 € - 7 ch. 88/140 € - ☕ 12 €, demi-pension possible.* Des portraits d'ancêtres accompagnent votre repas dans l'élégante salle à manger. Cuisine traditionnelle. Cette demeure seigneuriale (12e-17e s.) domine la vallée du Champsaur. Chambres de caractère, garnies de beaux meubles anciens.

## ACTIVITÉS

### Activités nautiques

**Base nautique du pays de Corps** – *Lac du Sautet - 38970 Corps - ☎ 04 76 30 02 01 - www.lacdusautet.com - de mi-juin à mi-sept. - 15 €/h bateau électrique 4-5 pers. (-12 ans 5 €).* Environnement naturel époustouflant pour cette base de loisirs bordant un lac aux eaux turquoise entouré de hauts sommets. Au programme : croisière écologique, voile, canoë-kayak, ski nautique et location de bateaux sans permis à bord desquels vous pourrez remonter les gorges de la Souloise et rejoindre la via ferrata.

### Randonnée

Un toporandonnée, *Sur les sentiers du Dévoluy*, est en vente dans les offices du tourisme de Superdévoluy, Joue-du-Loup et St-Étienne-en-Dévoluy. 17 circuits balisés, soit au total 200 km.

### VTT

Nouveau topoguide VTT en cours d'édition. Pour les familles : « kit clapucine » avec trois énigmes thématiques.
Pour les amateurs de sensations fortes, la station de Superdévoluy propose six pistes de descente.

# Notre-Dame-de-la-Salette

★

Isère (38)

## NOS ADRESSES CI-CONTRE

**S'INFORMER**
**Mairie** - *38970 La Salette-Fallavaux - ✆ 04 76 30 01 72 - merc. 9h-12h.*

**SE REPÉRER**
Carte de microrégion A1 (p. 194) – *carte Michelin Départements 333 I8.*
À 15 km au nord de Corps. La route peut être fermée l'hiver.

**SE GARER**
Vastes parkings à l'arrivée au sanctuaire (alt. 1 770 m).

**À NE PAS MANQUER**
Sur le site même : outre la visite de la basilique, la belle vue depuis l'éminence surmontée d'une croix ; le panorama depuis le mont Gargas.

**ORGANISER SON TEMPS**
Comptez environ 1h de visite et de promenade sur le Planeau ; la randonnée sur le mont Gargas prend quant à elle 2h.

**La bonne nouvelle, c'est que cette basilique, haut lieu de pèlerinage marial, s'élève dans un site grandiose : un cirque d'alpage dont les sentiers montent vers le ciel, sans être des chemins de croix…**

## Circuit conseillé Carte de microrégion

### DE CORPS À NOTRE-DAME-DE-LA-SALETTE A1

*Circuit tracé en vert sur la carte de microrégion (p. 194) – 15 km – Comptez environ 1h.*

### Corps

*Voir le Dévoluy, p. 215.*
*Quittez Corps au nord-est par la D 21.*
Entre Corps et La Salette-Village, vous remontez la fraîche et profonde **vallée de la Sézia**. La route longe l'enclos où sont groupées, depuis 1954, les sépultures des Canadiens passagers de l'avion qui percuta l'Obiou le 13 novembre 1950.
Entre La Salette-Village et le sanctuaire, la route s'élève rapidement face à la majestueuse **cime de l'Obiou**★★ (alt. 2 789 m).

### ★ N.-D.-de-la-Salette

*✆ 04 76 30 00 11 - http://lasalette.cef.fr - ♿ - 4 avr.-mi-nov. - possibilité de visite guidée (30mn) : se rens. - fermé mi-nov.-mi-mars - gratuit.*
Le 19 septembre 1846, sous les traits d'une femme en pleurs, la Vierge apparaît à deux enfants : Maximin Giraud, 11 ans, et Mélanie Calvat, 14 ans, qui gardent les vaches. Elle leur parle en français et en patois, puis disparaît dans un halo de lumière. Après cinq ans d'enquêtes, polémiques et procès, l'Église ratifie

le témoignage des deux enfants qui confessent avoir vu la Vierge leur apparaître, ainsi que le message de conversion et de réconciliation apporté par la « Belle Dame ». Une basilique est érigée. Aujourd'hui, le sanctuaire reçoit 150 000 à 200 000 pèlerins par an.

Outre l'audiovisuel relatant l'apparition, à 9h et 14h, les cérémonies sont : la messe à la basilique à 10h45, les rencontres entre pèlerins à 15h, le chapelet à 18h et la procession aux flambeaux à 20h30.

De nombreux pèlerinages sont organisés *(on peut coucher à l'hôtellerie, voir ci-dessous)*, les principaux ayant lieu le 15 août et le 19 septembre.

# Randonnée

En faisant le tour du Planeau, éminence surmontée d'une croix, vous aurez une belle **vue★** circulaire sur l'Oisans, le Dévoluy et le Beaumont.

### ★★ Mont Gargas

*2h AR.* Grimpez vers le nord, par les sentiers balisés sur les pentes dominant le sanctuaire, jusqu'au col de l'Éterpat ; de là, suivez la crête, à gauche. Au sommet, une table d'orientation indique les grandes destinations des pèlerinages chrétiens (Lourdes, Jérusalem, etc.), mais aussi Lhassa ! **Panorama★★** superbe.

## NOS ADRESSES À N.-D.-DE-LA-SALETTE

### HÉBERGEMENT

PREMIER PRIX

**À Salette-Fallavaux**

**Hôtellerie du Sanctuaire** – *Sanctuaire de La Salette - 38970 Salette-Fallavaux - ✆ 04 76 30 32 90 - http://lasalette.cef.fr - fermé 15 oct.-4 mai -* ♿ P *- 228 ch. 29/50 € -* ☕ *4 €.* Pour réserver, écrire ou téléphoner au service Réception.

# L'UBAYE

L'UBAYE
0 4 km
Pont du Châtelet ★★ Mérite un détour
Barcelonnette ★ Intéressant
Le Martinet À voir
Circuit conseillé avec ville de départ
Limite et zone décrites
N
PARC NATUREL RÉGIONAL DU QUEYRAS
Réserve naturelle du Val d'Escreins
Col Girardin
2699
Maurin
La Barge
D 25
Lac des Neuf-Couleurs
Tête de Paneyron
2787
2746
Pic de Chabrières
D 902
Col de la Gypière
Fouillouse
3389
Brec de Chambeyron
Embrun
Lac de Serre-Ponçon
D 39
Crévoux
Col de Vars
2109
St-Paul-sur-Ubaye
N 94
Pont du Châtelet
HAUTES-ALPES
Pas de la Reyssole
ITALIA
GAP
Abbe de Boscodon
Forêt de Boscodon
Redoute de Berwick
Via Ferrata
St-Ours
Tunnel du Parpaillon
Gleizolles
Tournoux
Certamussat
Ouvrage de Roche-la-Croix
Larche
Ste-Anne La Condamine
3048
Gd Bérard
La Condamine-Châtelard
D 900
Col de la Pare
2655
Pas de Grégoire
Abriès
1948
Col de Larche
Le Lauzet-Ubaye
2408
Tête de Louis XVI
Le Tréou
Jausiers
Vallon du Riou Bourdoux
Faucon-de-B.
St-Pons
Vallon du Lauzannier
CUNEO
Lans
Ubaye
Les Thuiles
Le Martinet
Méolans
Barcelonnette
Lac des Sagnes
D 64
Ubayette
GR 5
Pra-Loup
Le Sauze
Super Sauze
Pas de la Cavalle
2671
Gd Riou
Pte Séolane
2854
Casernes
2794
Restefond
2376
Col des Thuiles
D 908
2685
Le Chapeau de Gendarme
2860
Gde Séolane
2909
Bachelard
D 902
Gges du Bachelard
CIME DE LA BONETTE
Mgne de la Blanche
ALPES-DE-HAUTE-PROVENCE
2247
Col d'Allos
PARC NATIONAL DU MERCANTOUR
ALPES-MARITIMES
A
B
1
2

# L'Ubaye 5

Carte Michelin Départements 334 – Alpes-de-Haute-Provence (04)

# Barcelonnette

★

2 766 Barcelonnettes – Alpes-de-Haute-Provence (04)

NOS ADRESSES PAGE 228

### S'INFORMER

**Office du tourisme de Barcelonnette** – *Pl. Frédéric-Mistral - BP 4 - 04400 Barcelonnette - ✆ 04 92 81 04 71 - www.barcelonnette.com - vac. de fév. : 9h-12h, 14h-18h ; juil.-août : 9h-12h30, 13h30-19h30 ; reste de l'année : 9h-12h, 14h-18h - fermé dim. et j. fériés.*

**Maison du Parc national du Mercantour** – *Voir « La villa La Sapinière » dans « Se promener ».*

### SE REPÉRER

Carte de microrégion A2 (p. 222) – *carte Michelin Départements 334 H6.*
Vers cette ville enclavée, l'accès le plus facile se fait par la D 900 depuis Gap (69 km à l'ouest) et Serre-Ponçon *(voir le circuit 1 de l'Ubaye)*. Les autres routes passent par de très hauts cols fermés l'hiver.

### SE GARER

Plusieurs parkings bordent le centre piétonnier.

### À NE PAS MANQUER

Le charme de la très vivante place Manuel et la villa La Sapinière qui accueille le musée de la Vallée.

### ORGANISER SON TEMPS

Comptez au moins 1h pour flâner dans la ville et 1h pour la visite du musée de la Vallée.

### AVEC LES ENFANTS

La Maison du rafting propose des activités aux enfants *(voir « Activités » dans « Nos adresses à Barcelonnette »).*

**Au cœur d'un large bassin où prospèrent vergers et prairies, Barcelonnette présente de multiples facettes : alpine, provençale, mais aussi... mexicaine. Elle est cernée par les pentes rocailleuses et blanches des hautes cimes de l'Ubaye, où l'ombre portée de nuages dessine parfois une mouvante peau de léopard.**

### UNE CITÉ CONVOITÉE

**Raymond Bérenger V**, comte de Barcelone et de Provence, fonda en 1231 une bastide qu'il baptisa « Barcelone ». Elle ne devint Barcelonnette que cinq siècles plus tard. En 1713, lors du traité d'Utrecht, le **maréchal de Berwick**, qui avait arpenté les champs de bataille des Alpes, comprit l'intérêt stratégique de la vallée de l'Ubaye et de Barcelonnette, alors terres de Savoie. Il réussit à convaincre Louis XIV de rattacher la vallée et Barcelonnette au royaume de France en échange d'une partie du Dauphiné.

Vue sur Barcelonnette.
F. Guiziou / hemis.fr

## Se promener

### Place Manuel

Habitants et estivants se retrouvent à la terrasse de cafés aux façades colorées, autour d'un kiosque où les concerts sont presque quotidiens. Sur la **fontaine,** un médaillon de David d'Angers représente J.-A. Manuel. La belle **tour Cardinalis** (15e s.) est l'ancien clocher d'un couvent de dominicains qui occupait l'actuelle place.

### Villa La Sapinière

*10 av. de la Libération - ✆ 04 92 81 27 15 - 7 juil.-31 août : 10h-12h, 14h30-19h ; 2 janv.-30 juin : merc.-sam. 14h30-18h - fermé dim.-mar. et j. fériés - 3,30 € (-20 ans 1,80 €).*

Elle fut bâtie entre 1878 et 1883 pour le père de l'homme d'État Paul Reynaud (1878-1966), après fortune faite au Mexique.

Elle abrite le **musée de la Vallée★** *(visite guidée conseillée)* qui fait ressurgir ici toute la mémoire de l'Ubaye, des rites funéraires de l'âge du fer à l'épopée des « Mexicains », en passant par la charte de la fondation de Barcelonnette en 1231 et la vie rurale au 19e s. Vous y verrez également une collection de peintures, dont les caricatures et paysages (1913-1960) des sœurs Reynaud, et les tableaux en fleurs séchées et en plumes d'Émile Chabrand (globe-trotter du 19e s.). Enfin, le lieu s'ouvre à l'art contemporain et organise des expositions temporaires.

En saison, au rez-de-chaussée *(entrée latérale)*, informations et belles photos de montagne à la **Maison du Parc national du Mercantour**. *✆ 04 92 81 21 31 - www.parc-mercantour.com - ♿ - juil.-août : 10h-12h, 15h-19h ; 15-30 juin et 1er-15 sept. : 15h-18h30 - gratuit.*

### L'ÉPOPÉE DES BARCELONNETTES AU MEXIQUE

Tout débute en 1805 à Jausiers. Les **frères Arnaud** renoncent à la filature de soie familiale et vont tenter leur chance d'abord en Louisiane où Jacques fonde un domaine agricole, puis à Mexico où Marc-Antoine ouvre un magasin de tissus à l'enseigne *El Cajon de Ropas de las Siete Puertas*. C'est un succès. Il y associe ses frères Jacques et Dominique, puis deux amis de Jausiers : en 1845, ils rapportent un joli magot de piastres d'or. C'est l'émoi dans la vallée et la ruée vers le Mexique. En 1893, la moitié des jeunes de l'Ubaye y sont installés et les Barcelonnettes - nom des habitants de Barcelonnette - tiennent plus de cent magasins de tissus. On se diversifie (industrie du papier, finance, etc.), on administre même la Banque de Londres et du Mexique.

L'âge d'or s'achève avec la révolution mexicaine de 1910 et la guerre de 1914-1918, où beaucoup s'engagent. L'émigration s'éteint en 1950. Son originalité tenait aux racines paysannes des émigrants : très attachés au pays natal, ils y rentraient finir leurs jours (sauf les frères Arnaud) dans de somptueuses villas.

Les **villas « mexicaines »** des Barcelonnettes furent construites entre 1880 et 1930, à Barcelonnette et à Jausiers. L'éclectisme architectural semblait la règle, et ces villas cossues d'inspiration italienne, « tyrolienne », baroque ou troubadour, n'avaient en fait rien de mexicain. Vous les apercevrez en empruntant la rue derrière la Poste, puis le long de l'avenue de la Libération jusqu'au cimetière. Parmi les dernières édifiées, la Villa bleue (1931), avenue Porfirio-Diaz, innove avec son grand vide central, décoré d'un vitrail bleu représentant les usines textiles mexicaines du propriétaire.

### Cimetière

Les caveaux réalisés par des artistes italiens frappent par leur taille et leur variété : temples, mausolées, chapelle et même véritable pavillon où la pierre de la haute Ubaye rivalise avec les somptueux drapés en marbre de Carrare.

## À proximité Carte de microrégion

### ★ Église de St-Pons A2

*2 km à l'ouest par la D 9 ou la D 900.*

Le **portail ouest**, du 12e s., est orné d'une frise de personnages. Le **portail sud★**, du 15e s., donnait autrefois accès au cimetière. Son iconographie primitive se rapporte à la mort, présentant des scènes réconfortantes pour l'âme au moment du trépas : Christ en Croix entre deux étoiles, gage de salut, et résurrection avec un personnage sortant d'un sarcophage. Au tympan est peinte une Adoration des Mages, réalisation pleine d'harmonie témoignant d'un art raffiné.

## Circuits conseillés Carte de microrégion

### LE BASSIN DE BARCELONNETTE AB2

*Circuit 2 tracé sur la carte de microrégion (p. 222) – 15 km de Barcelonnette à Gleizolles – Comptez environ 1h. Voir p. 235.*

## ★★ ROUTE DU COL D'ALLOS A2

*Voir la carte de microrégion (p. 222) – 20 km de Barcelonnette au col d'Allos – Comptez environ 1h. Quittez Barcelonnette par la D 902 vers le sud (direction Castellane).*

**Bon à savoir** – La plus extrême prudence est de mise : les croisements sont difficiles et le col d'Allos est obstrué par la neige de novembre à mai.

Entre Barcelonnette et la haute vallée du Verdon, cette route de liaison terriblement étroite ressemble plutôt à un sentier accroché on ne sait comment à des parois quasi verticales. Ses innombrables lacets s'élèvent dans des paysages sauvages et inhabités.

La route s'élève en corniche au-dessus des **gorges du Bachelard★**. Après le pont du Fau, vous reconnaîtrez, dans l'enfilade de la haute Ubaye, le sommet en marches d'escalier du Brec de Chambeyron. La D 908 fait ensuite un long détour dans le vallon des Agneliers, fermé en amont par les imposantes barres rocheuses de la **Grande Séolane** (alt. 2909 m). Revenant au-dessus de la vallée de Bachelard, elle offre des vues plongeantes sur le vertigineux abîme où coule le torrent. Terrifiant !

### ★★ Col d'Allos

*Voir p. 390.*

*Possibilité de poursuivre le circuit jusqu'à Colmars (voir p. 384).*

## ★★★ CIME DE LA BONETTE B2

*Voir la carte de microrégion (p. 222) – 31 km de Barcelonnette à la cime de la Bonette – Comptez environ 1h30. Quittez Barcelonnette par la D 900 vers l'Italie.*

### Jausiers

*Voir p. 235.*

*À la sortie de Jausiers, prenez à droite la route de Nice.*

La route laisse à sa gauche le petit vallon de l'Abriès, puis s'élève en lacet sur les **pentes du Restefond**, passant devant les **casernes**, ensemble fortifié par Maginot dès 1931.

Après le site du seuil de Restefond, tellement sauvage qu'il ferait presque peur, vous montez encore au-delà du **col de la Bonette** (alt. 2715 m), pour culminer à 2802 m au pied de la cime de la Bonette que vous contournez.

### ★★★ Cime de la Bonette

*Voir p. 434.*

*Possibilité de poursuivre le circuit jusqu'a Saint-Étienne-de-Tinée (voir p. 429).*

# Randonnées Carte de microrégion

### ★ Vallon du Riou Bourdoux A2

*Prenez la D 900 vers Gap, puis à droite la D 609 vers La Frâche. Longez l'aérodrome, laissez à gauche l'accès à la Frâche et traversez le Riou Bourdoux. Sur la route forestière, on longe des constructions qui retiennent les boues noires dont le torrent tire son nom.*

*Depuis la maison forestière du Tréou, circuit pédestre de 3h.* Continuez à pied sur le **sentier de découverte** *(topoguide en vente à l'office de tourisme).* Le long du parcours, des panneaux vous disent tout sur la maîtrise du torrent. Belle **vue** sur le barrage de 1880, les ravinements et les plantations inclinées par les glissements de terrain ; la vallée en amont est barrée par le col de la Pare et la cime de la Grande Épervière. Dans le sous-bois, vestiges de **Cervière**, village abandonné au siècle dernier ; la croix dans un enclos marque l'emplacement du cimetière.

### ★ Col de la Pare

*Du Tréou (voir ci-dessus), continuez jusqu'au parking des Dalis.*

*4h30 AR depuis la maison forestière des Dalis. Dénivelé 800 m.* À droite, empruntez le sentier fléché. Poursuivez à pied pendant 45mn au milieu des mélèzes et pins à crochets. Après le gîte de la Pare, un sentier s'élève jusqu'à 2 000 m et traverse des éboulis jusqu'au col de la Pare (alt. 2 655 m) : paysage minéral, surplombé à gauche par le sommet de la Grande Épervière (alt. 2 884 m). De là, une belle **vue**★ s'offre sur l'ensemble du bassin de Barcelonnette et des massifs qui le ceinturent. Derrière vous, la vallée plus sauvage du Parpaillon est dominée par la masse imposante du **Grand Bérard** (alt. 3 048 m). Ce secteur est riche d'une faune préservée : des mouflons gambadant seront la récompense du promeneur endurant.

**UN TORRENT DOMPTÉ**

En 1866, le **Riou Bourdoux** était le plus redoutable torrent de l'Ubaye. Contre ses crues dévastatrices, on réalisa 1 264 barrages de pierres sèches et 40 seuils de rupture de pente ; les ravines d'altitude furent ainsi maîtrisées et les boues fixées, le torrent calibré et le cône de déjection stabilisé. Il fallut près de trente ans !

## NOS ADRESSES À BARCELONNETTE

**TRANSPORTS**

Au départ de Barcelonnette, les **navettes inter-stations** (gratuites) permettent d'aller skier dans toute la vallée de l'Ubaye.

**HÉBERGEMENT**

**BUDGET MOYEN**

**Chambre d'hôte Le Bosquet** – *2 av. Mme Watton-de-Ferry - ☎ 04 92 81 41 28 - www.ubaye.com - fermé de fin oct. à déb. fév. - ♿ P - 3 ch. 55 € ☕.* Cette maison abrite de grandes chambres garnies de meubles anciens, chinés dans les brocantes ou provenant de la famille des propriétaires. Réfrigérateur et micro-ondes à disposition, dans une salle commune. Ping-pong et jardin agrémenté d'une terrasse avec barbecue. Accueil sympathique.

**Hôtel Azteca** – *3 r. François-Arnaud - ☎ 04 92 81 46 36 - www.azteca-hotel.fr - fermé 11 Nov.-6 déc. - 27 ch. 62/112 € - ☕ 12 €.* Jolie villa où meubles et objets artisanaux mexicains composent un décor original évoquant l'épopée des « Barcelonnettes » au Mexique. Trois chambres déclinent ce thème.

**RESTAURATION**

**BUDGET MOYEN**

**Le Gaudissart** – *Pl. Aimé-Gassier - ☎ 04 92 81 00 45 - ♿ P - 17/25 €.* Cette brasserie est souvent bondée à midi. Il faut dire que le plat du jour et le premier menu sont d'un excellent rapport qualité-prix. Agréables salle à manger rénovée et terrasse sous pergola. Le parking situé en face est très pratique.

**Le Passe-Montagne** – *À 3 km, rte du col de la Cayolle - ✆ 04 92 81 08 58 - fermé 5-30 juin, 18-24 oct., 12 nov.-22 déc., à midi en hiver sf le dim., mar. et merc. - P - formule déj. 21 € - 25/30 €.* Ambiance conviviale et cadre rustique alpin en ce petit chalet implanté à l'orée d'une pinède. Cuisine régionale sans chichi : montagnarde l'hiver et provençale l'été.

## ACHATS

**Marché** – *Pl. Aimé-Gassier - merc. et sam. mat.* Ce marché à vocation essentiellement alimentaire propose de nombreux étals de **produits régionaux**, comme les produits laitiers de la vallée de l'Ubaye, la liqueur des Alpes, le génépi, toutes sortes de charcuteries, confitures et miels… Une promenade sur ce marché est souvent un enchantement des yeux et un régal du palais.

**La Baïta** – *Pl. Manuel - ✆ 04 92 81 24 55 - juil.-août et vac. scol. : 9h30-20h ; reste de l'année : tlj sf dim. et lun. 15h-19h.* Artisanat mexicain.

**Le Pain de Sucre** – *13 r. Manuel - ✆ 04 92 81 01 59 - fermé 2 sem. en juin et merc. ; ouv. tlj pdt vac. scol.* Dans cette boutique au style « rétro », comment ne pas craquer devant les entremets, vendus en parts individuelles ou en grand gâteau, à l'instar de la spécialité maison, le « Pain de sucre ». Ce dessert se compose d'un macaron aux amandes accompagné d'une crème caramel, de poires émincées et d'une crème chiboust qui le rend très léger.

## EN SOIRÉE

**Place Manuel** – *✆ 04 92 81 04 71.* Grâce à un petit kiosque à musique où il n'est pas rare de voir se produire des groupes locaux en été, il règne sur cette place, occupée par les terrasses de nombreux bars, une atmosphère chaleureuse et vivante.

## ACTIVITÉS

### Randonnée

**Bureau des guides de l'Ubaye** – *R. Manuel - 04400 Barcelonnette - ✆ 06 80 25 51 68 ou 06 84 97 87 30.* Canyoning, alpinisme, escalade et via ferrata. Le bureau des guides organise tout cela.

**Montagnes d'Ubaye « Randonnées et activités nature »** – *37 r. Manuel - ✆ 04 92 81 29 97 - www.ecole-aventure.com - fermé nov.* Diverses randonnées à thème dans le Mercantour : aquatiques, nocturnes, gastronomiques, dédiées aux enfants, etc.

**Découvertes pédestres accompagnées** – *Juil.-août et pdt les vac. scol. d'hiver et de printemps. Se rens. à la Maison du Parc national du Mercantour.* Randonnées thématiques au départ de Barcelonnette vers les hautes vallées de l'Ubaye, avec des accompagnateurs du parc national. Thèmes principaux : chamois-bouquetins, flore de montagne, lacs de montagne.

### Cyclotourisme

**Brevet des 7 cols** – *✆ 04 92 81 04 71 - 12 €.* À l'office du tourisme de Barcelonnette, le cycliste achète un carnet (et le t-shirt consacré) : à composter aux cols de Vars, de Larche, de Restefond-la-Bonette, de la Cayolle, d'Allos, de Pontis et St-Jean. Ces 7 exploits lui vaudront un brevet.

### Sports d'hiver

Pensez au **Ski-Pass 3 stations** : Le Sauze, Pra-loup et Ste-Anne-La Condamine soit 280 km de pistes !

# Le Sauze et Super Sauze

Alpes-de-Haute-Provence (04)

## NOS ADRESSES CI-CONTRE

### S'INFORMER

**Office du tourisme du Sauze** – *Immeuble Le Perce-Neige - 04400 Le Sauze - 04 92 81 05 61 - www.sauze.com - horaires : se rens. - fermé 1er et 8 Mai, jeu. de l'Ascension, dim. et lun. de Pentecôte.*

### SE REPÉRER

Carte de microrégion B2 (p. 222) – *carte Michelin Départements 334 I6.*
La station s'étage au-dessus de la haute Ubaye. Le Sauze (alt. 1 400 m) est à 5 km au sud-est de Barcelonnette ; Super Sauze (alt. 1 700 m) se situe 5 km plus loin.

### AVEC LES ENFANTS

La station est labellisée « Famille Plus Montagne » *(voir p. 31).*

**Le Sauze et Super Sauze s'abritent au pied du Chapeau de Gendarme et du Pain de Sucre. Ces noms amusants laissent deviner les formes étonnantes des cimes de l'Ubaye, mais peuvent aussi évoquer deux raisons de venir : la sécurité d'équipements modernes et les douceurs de l'accueil dans l'une des plus anciennes stations des Alpes.**

## Découvrir

**Carole Merle**, qui fit ses premiers slaloms sur « la Savonnette », décrocha six fois la Coupe du monde de super-géant.
**Domaine skiable** – Ambiance familiale, ensoleillement, activités pour les enfants, 65 km de pistes sur plus de 1 000 m de dénivelé, un *snowpark*, 4 circuits de raquettes à neige entre Le Sauze et Super Sauze : la station des années 1930 a su rester à la pointe des vacances et des sports d'hiver.
L'**été**, la proximité des sommets du Chapeau de Gendarme et du Pain de Sucre offre une belle gamme de randonnées.

## Randonnée

### ★★ Chapeau de Gendarme

*4h30 AR. Départ du parking de la Raquette.* À Super Sauze, un sentier balisé longe les pistes de ski au milieu des alpages. Dans le sous-bois, empruntez à droite un sentier à l'horizontale jusqu'à un **torrent** *(se réapprovisionner en eau ; au-delà, les points d'eau sont inexistants)*. Suivez-le, puis dirigez-vous plein ouest vers une crête dominant des robines de schiste noir. Suivez cette crête vers le sud-ouest en laissant à gauche les ruines d'une bergerie. Contournez au sud de la crête un éperon rocheux. Du Collet du Queiron, rejoignez le sentier venant du Vivier. Au-delà, un sentier bien tracé, plein sud, conduit à la falaise est du Chapeau de Gendarme. À la bifurcation en Y, prenez à droite jusqu'au col de Gyp. Superbe **vue★** sur la vallée du Bachelard et la chaîne du Cimet. Montez à vue au sommet du Chapeau (alt. 2 685 m). **Panorama★★** sur l'ensemble du bassin de Barcelonnette et sur les gorges du Bachelard.

## NOS ADRESSES AUX SAUZE ET SUPER SAUZE

### HÉBERGEMENT

BUDGET MOYEN

**Au Super Sauze**

**Les Flocons** – *Super Sauze - 04400 Le Sauze - ✆ 04 92 81 05 03 - www.lesflocons.com - ouv. vac. de Noël - 15 avr. et 15 juin-15 sept. - P - 17 ch. 60/85 € - ☕ 8 €.* Vous trouverez cet établissement avec sa salle de restaurant donnant sur la vallée juste à l'entrée du village. Chambres lambrissées et de bon confort, non fumeurs, pouvant accueillir de 2 à 6 personnes. En hiver, agréable bain hydromassant (sur réservation).

### ACTIVITÉS

**Rafting sur neige** – Contenu dans un couloir de neige, le raft glisse à flanc de montagne. Sensations assurées !

# Pra-Loup

Alpes-de-Haute-Provence (04)

## NOS ADRESSES PAGE 233

**S'INFORMER**

**Office du tourisme de Pra-Loup** – *La Maison de Pra-Loup - 04400 Pra- Loup - ✆ 04 92 84 10 04 - www.praloup.com - mai-nov. : lun.-vend. 9h-12h, 14h-18h ; déc.-avr. : 9h-19h.*

**SE REPÉRER**

Carte de microrégion A2 (p. 222) – *carte Michelin Départements 334 H6.* Pra-Loup est à 1 500 et 1 600 m d'altitude, à 8,5 km de Barcelonnette par la D 902 et la D 109 : en cours de route, remarquez les jolies vues sur le bassin de Barcelonnette et les sommets environnants.

**AVEC LES ENFANTS**

La station est labellisée « Famille Plus Montagne » *(voir p. 31).*

**Ce n'est pas un hasard si, entre toutes les stations des Alpes-de-Haute-Provence, Pra-Loup a un tel succès... C'est d'abord un balcon tapissé de mélèzes, d'où la vue sur l'Ubaye est fabuleuse, puis l'un des plus vastes domaines skiables des Alpes, où les adeptes des nouvelles glisses sont particulièrement choyés.**

## Découvrir

Pra-Loup 1500 est résidentiel et conserve une architecture relativement traditionnelle. À l'arrivée à la station 1600, la statue du « loup hurlant » (Pra-Loup signifie « pré aux loups ») semble monter la garde. En poursuivant la montée, vous arrivez au centre de la station matérialisé par une patinoire très animée, encadrée d'une galerie commerciale. Les deux stations sont reliées par une navette gratuite.

**Station**

**Honoré Bonnet**, illustre entraîneur de l'équipe de France de ski, a dirigé la station jusqu'en 1980.

Le **domaine skiable** forme avec La Foux-d'Allos *(voir Val d'Allos, p. 390)* l'**Espace Lumière** : 50 remontées mécaniques et 180 km de pistes. Des canons à neige assurent les descentes jusqu'au bas de la station.

Les champs de ski, en pente presque toujours modérée, ont été aménagés sur la face nord de la Grande Séolane, impressionnante masse rocheuse que l'on découvre du haut des pistes.

Pra-Loup propose aux surfeurs le plus spectaculaire *big air* de France et un *snowpark* sonorisé. Et surtout, pour le *freeride*, quatre zones en bordure des pistes, sans risque d'avalanche, mais où la neige reste à l'état brut.

En **été**, Pra-Loup propose toute une palette d'activités : descente à VTT, sports d'eaux vives sur l'Ubaye, parapente, randonnées balisées… Et l'office de tourisme concocte un programme spécial d'animations pour les « P'tits Loups ».

## Randonnée

### ★ Col des Thuiles

*Départ à côté de l'office de tourisme. Circuit réservé à des marcheurs endurants (6h AR avec 800 m de dénivelé positif). Suivez le balisage jaune. Passages à fortes pentes le long des pistes de ski. Consultez la météo et prévoyez assez d'eau (un seul point d'eau, à la Grande Cabane). Le retour se fait par le lac, puis éventuellement par la télécabine.*

Alt. 2 376 m. Le circuit est à flanc de montagne : beau **panorama**★ sur le secteur des Agneliers, les gorges du Bachelard, le Cimet et le Chapeau de Gendarme. Parfois vertigineux, il débouche sur le col au pied de la Grande Séolane.

Prenez la direction du rocher Jaumas, traversez le torrent de Langail et suivez le balisage jaune. À l'intersection avec une piste forestière très en pente, suivez-la sur une centaine de mètres puis prenez à droite un sentier franchissant le torrent des Bruns. Vous traversez une forêt de sapins avant de reprendre une piste forestière qui conduit au pas Lapeine (alt. 1 765 m). En traversant la forêt de la Gimette, remarquez l'étagement de la végétation : sapins, mélèzes, alpages. Vous franchissez le torrent de la Gimette et, après une halte à la Grande Cabane (alt. 2 138 m), la Grande Séolane apparaît devant vous ; en continuant, vous atteignez le col des Thuiles (alt. 2 376 m). Le retour se fera par le domaine skiable en suivant le sentier qui traverse le vallon des Agneliers, à l'opposé de la Grande Cabane, pour atteindre le lac de Pra-Loup.

## NOS ADRESSES À PRA-LOUP

### HÉBERGEMENT

#### BUDGET MOYEN

**Chambre d'hôte La Ferme du Couvent** – *Les Molanès - ☏ 04 92 84 05 05 - www.ferme-du-couvent.com - fermé 1 sem. en juin - P - 5 ch. 60 € ☕, demi-pension possible.* Fenêtres étroites, portes basses, sol en rondins de mélèze, pièces fraîches : tout ici rappelle l'ancienneté de cette ferme bâtie au 14e s. Les chambres, rénovées en 2007, disposent d'une terrasse avec vue sur la vallée et les montagnes. Repas au coin du feu.

#### POUR SE FAIRE PLAISIR

**Hôtel Le Prieuré des Molanès** – *Les Molanès - ☏ 04 92 84 11 43 - www.prieure-praloup.com - ouvert 5 juin-21 sept. et 15 déc.-20 av. - P - 13 ch. 65/75 € - ☕ 9 €, demi-pension possible - ✕ formule déj. 14 € - 20/26 €.* Près du télécabine, ex-prieuré devenu une hôtellerie familiale, estimée pour son atmosphère montagnarde et ses chambres sobres et rustiques. Repas régional axé terroir, dans un cadre agreste et chaleureux (poutres, cheminée, outils paysans).

### ACTIVITÉS

La station de Pra-Loup est surtout connue pour son vaste domaine skiable qui atteint même La Foux-d'Allos. L'été, c'est une station qui bouge à partir de mi-juil. De nombreuses activités sportives sont proposées : sports d'eaux vives, randonnées pédestres ou à VTT, parapente… Côté sorties, tout se concentre dans la galerie marchande : commerces divers, artisanat et produits régionaux, bars et discothèques.

**Nathy-Loisirs** – *Le Bois du Fau - ☏ 06 10 23 11 52 - www.snowscootpraloup.com - juil.-août et déc.-mars : tlj 9h-12h30, 14h-19h - fermé avr.-juin et sept.-nov. - 15 €/2h* snowscoot *(enf. 7 €/10mn quad enfants).* Le paradis des loisirs pour les enfants de 3 à 15 ans. Bambin ou ado, la graine de sportif peut s'adonner à de nombreuses activités estivales (quad, VTT, poney, 4x4 électrique, etc.) ou hivernales (quad sur neige et *snowscoot*).

#### Randonnée

Dix circuits au départ de Pra-Loup. Renseignements et documentation à l'office de tourisme.

#### Pêche

En été, pêche gratuite et sans permis au **lac de Costebelle** (accès par la télécabine puis 1h de marche environ ou 3h45 AR à pied au départ de la station).

# L'Ubaye

★★

Alpes-de-Haute-Provence (04)

NOS ADRESSES PAGE 240

### S'INFORMER

**Office du tourisme de Barcelonnette** – *Pl. Frédéric-Mistral - BP 4 - 04400 Barcelonnette - ✆ 04 92 81 04 71 - www.barcelonnette.com - vac. de fév. : 9h-12h, 14h-18h ; juil.-août : 9h-12h30, 13h30-19h30 ; reste de l'année : 9h-12h, 14h-18h - fermé dim. et j. fériés.*

**Office du tourisme de Jausiers** – *R. Principale - 04850 Jausiers - ✆ 04 92 81 21 45 - www.jausiers.com - juil.-août : lun.-sam. et j. fériés 8h30-12h30, 14h30-19h, dim. 9h30-12h30 ; reste de l'année : tlj sf dim. et j. fériés 8h30-12h, 14h30-18h.*

### SE REPÉRER

Carte de microrégion (p. 222) – *carte Michelin Départements 334 H/I 5/6.* Dans le bassin de Barcelonnette se croisent le trajet international Gap-Cuneo (D 900-S 21) et la route des Grandes Alpes, entre le col de Vars et le col de la Cayolle.

### À NE PAS MANQUER

Les antennes du musée de la Vallée ; le fort de Tournoux ; l'impressionnant pont du Châtelet.

### ORGANISER SON TEMPS

Comptez une journée pour effectuer tous les circuits de découverte.

**Il n'y a pas si longtemps, cette vallée reculée était coupée du reste de la France : la D 900 n'atteignit Barcelonnette qu'en 1883. Jusque-là, c'était par de périlleux chemins muletiers qu'on franchissait, entre des sommets à la silhouette étrange, les cols de Vars, de Larche et d'Allos, tardivement enneigés. Cet enclavement a influé sur l'histoire politique de la vallée. Elle communiquait plus facilement avec le Piémont et resta du 14e au 18e s. entre les mains des comtes de Savoie. À l'Ubaye d'aujourd'hui, ce rude passé a légué une nature intacte, paradis de la randonnée, du ski et des sports d'eaux vives.**

## Circuits conseillés Carte de microrégion

### LA BASSE UBAYE A2

*Circuit 1 tracé sur la carte de microrégion (p. 222) – 21 km du Lauzet-Ubaye à Barcelonnette – Comptez 30mn.*

Fini les vastes horizons de Serre-Ponçon. Les gorges se resserrent et l'esprit du paysage change entièrement. Après un tournant, premier choc : au loin se dressent les Séolanes et la Roche Bénite. Ces trois pics étranges semblent parfaitement indifférents aux rafteurs et kayakistes qui affrontent les remous de l'Ubaye. Peu avant le Martinet, à gauche, un sommet rocheux bien nommé s'appelle « la Tête de Louis XVI ».

*Prenez à droite.*

### Le Martinet

On entrevoit à droite, derrière le pont sur le Grand Riou, le vallon que ferme à l'horizon la montagne de la Blanche. Avant le pont, une route rejoint l'une des grandes bases régionales de sports d'eaux vives.

Après Le Martinet, la vallée est si encaissée que **Méolans**, à l'ubac, reste à l'ombre quatre mois par an ! Seul le clocher, sur un rocher isolé, accroche les rayons du soleil.

**SOMBRES EAUX**

Ubaye vient d'*opaca*, « sombre », comme la rivière aux eaux parfois troublées qui bouillonne dans la vallée.

Aux **Thuiles**, le paysage s'ouvre sur le bassin de Barcelonnette. À droite, perchée sur les pentes abruptes du Péguieu, la station-balcon de **Pra-Loup** *(voir p. 231)* ; derrière pointe le cône du Pain de Sucre. La route passe ensuite entre les vallées affluentes du Riou Bourdoux *(voir Barcelonnette, p. 227)* et du Bachelard à droite.

## LE BASSIN DE BARCELONNETTE AB2

*Circuit 2 tracé sur la carte de microrégion (p. 222) – 15 km de Barcelonnette à Gleizolles – Comptez environ 1h.*

La D 900 traverse le bassin de Barcelonnette à travers les cultures et les cônes de déjection aux cailloutis épars.

### Faucon-de-Barcelonnette

Occupé depuis l'Antiquité, c'est le plus ancien village de la vallée. Son nom viendrait des oiseaux de proie qui le fréquentaient. C'est la patrie de saint Jean de Matha qui fonda en 1198 l'ordre des Trinitaires, chargé de racheter les chrétiens prisonniers des musulmans. Leur couvent sert de lieu de retraite.

La **tour de l'Horloge** (12e s.) domine le village. Remarquez à droite du porche de l'église un couvercle de sarcophage gallo-romain recouvert d'écailles sculptées.

### Jausiers

C'est d'ici qu'en 1805 partirent les **frères Arnaud**, pionniers de l'émigration vers le Mexique *(voir Barcelonnette, p. 226)*. Une plaque est apposée sur la façade de la maison natale des frères Arnaud, à l'angle de la place d'Arnaudville où se trouve le parking principal. Jausiers est jumelé avec Arnaudville, en Louisiane, où **Jacques Arnaud** s'était installé. Plusieurs demeures témoignent de la réussite des enfants du pays, comme la villa Morélia ou la villa Manon. Le peintre **Jean Caire** (1855-1935) était également originaire de Jausiers et c'est dans la maison familiale qu'il s'installa définitivement en 1899 avec sa compagne, l'artiste **Marie Tonoir** (1860-1934). Une partie de leurs œuvres est exposée à la villa La Sapinière à Barcelonnette *(voir p. 225)*.

À l'entrée du village, les gourmands feront un arrêt à la **Maison des produits de pays** *(voir la rubrique « Achats » dans « Nos adresses dans l'Ubaye »)*.

Passé sa belle porte en mélèze sculpté, l'intérieur de l'**église** de Jausiers présente un beau décor baroque, avec un drôle d'autel des morts : il est orné de sculptures représentant des crânes et des os humains…

Comme à Méolans, un **campanile** isolé surplombe le village depuis son rocher, à l'emplacement d'une ancienne église. En suivant le chemin de croix, vous y accéderez en 45mn. De là, vous apprécierez la vue panoramique *(table d'orientation)*.

À la sortie, le **plan d'eau de Siguret** est agréablement aménagé pour la baignade, l'escalade et les pique-nique *(voir la rubrique « Activités » dans « Nos adresses dans l'Ubaye »)*.

★ **Musée de la Vallée - Mémoire de la Terre** – *04 92 84 63 56 - www.ubaye.com/musees - juil.-août : 14h30-18h30 ; vac. de Printemps et de la Toussaint : mar.-sam. 14h30-18h - reste de l'année : se rens. - fermé 1er janv., 1er Mai, 25 déc. et nov. - 2 € (-16 ans 1 €) ; billet unique pour 7 sites à 7 € ; passeport des musées du 04, valable dans tous les musées du 04 : 1re entrée plein tarif, 2 suivantes à demi-tarif et la 4e gratuite.* L'un des six musées de la vallée. Dans une maison rénovée donnant sur la place centrale sont présentés : la **géologie** de la vallée, à travers une belle collection de fossiles et minéraux (remarquez ces labyrinthes sculptés qui sont en fait des traces de vers) ; la vie d'autrefois et les sports d'hiver (pas moins de huit mots pour dire « neige » en patois gavot !) ; enfin l'eau vive, destructrice ou apprivoisée : on se souvient ici des crues catastrophiques, une des causes de l'émigration au Mexique. C'est ainsi qu'en 2007, une exposition est revenue sur les inondations de 1957, 50 ans après, à travers notamment la presse de l'époque.

★ **Moulin d'Abriès** – *À la sortie de Jausiers, prenez la D 64 vers Restefond, puis la rue à droite à 600 m. 04 92 81 11 42 - http://robert.martin9.free.fr - juin-août : mar. et vend. 16h-17h ; avr. : vend. des vac. scol. 14h-15h ; reste de l'année : se rens. - visite guidée (1h) - fermé 15 déc.-15 mars - 5,50 € (-7 ans gratuit).* Retraité, le fils du meunier a voulu sentir à nouveau sur ses mains le contact de la farine moulue. Alors, il a fait revivre cette merveilleuse machinerie en bois mue par l'eau ; de la meule au grenier (étonnants tamis de soie), il guide les visiteurs qui pourront repartir avec un paquet de farine maison.

*Revenez sur la D 900 et tournez à droite.*

Vous passez dans le **pas de Grégoire**. Avec le **pas de la Reyssole**, il formait un passage dont l'intérêt stratégique justifia la construction du fort de Tournoux. Celui-ci apparaît à cheval sur une crête après La Condamine-Châtelard.

*Prenez à gauche.*

## Ste-Anne-La Condamine

Alt. 1 800-2 400 m. Vous avez opté pour le « Ski-Pass 3 stations » *(voir la rubrique « Activités » dans « Nos adresses à Barcelonnette », p. 229)* et vous souhaitez godiller tranquillement dans un cadre superbe ? Cette petite station de sports d'hiver offrant 30 km de pistes de ski alpin est tout indiquée.

*Revenez sur la D 900. 1 km après La Condamine-Châtelard, prenez à gauche avant le pont ; garez-vous sur le terre-plein.*

## ★ Fort de Tournoux

*La montée au fort ne peut s'effectuer que les jours de visite guidée. S'équiper de chaussures de marche. 06 87 35 93 99 - inscription obligatoire à l'office de tourisme au 04 92 81 03 68 - www.ubaye.com - juil.-août : mar., jeu.-sam. 10h et 14h30, merc., dim. et j. fériés 14h30 ; de mi-juin à fin juin et de déb. sept. à mi-sept. : mar. et sam. 14h30, j. fériés se rens. - possibilité de visite guidée (1h30) sur demande - 6,50 € (-12 ans 3,50 €).*

Vous resterez bouche bée devant ces fortifications construites entre 1843 et 1865 : accrochées aux parois verticales, elles se confondent presque avec les escarpements rocheux. Du casernement bordant le lit de l'Ubaye jusqu'au fortin supérieur à 2 000 m, les fortifications s'étagent sur 700 m de dénivelé. Les batteries (la plus basse est creusée dans le roc) sont reliées par des souterrains, dont un escalier de 808 marches. Jusqu'en 1940, ce fut la pièce maîtresse de la défense du bassin de Barcelonnette. Le fort supérieur présente une façade en marbre rose de Serennes. Des batteries supérieures, superbe **vue★** sur les deux vallées et les ouvrages défensifs coiffant les sommets des alentours.

*Revenez sur la D 900 et prenez à droite une route forestière, juste avant la bifurcation vers la haute Ubaye.*

L'Ubaye se prête au rafting
*D. Pazery / MICHELIN*

### Ouvrage de Roche-la-Croix

*✆ 04 92 81 03 68 ou 06 87 35 93 99 (M. Noyez) - www.ubaye.com - juil.- août : lun. 10h et 14h30, vend. 14h30 ; de mi-juin à fin juin et de déb. sept. à mi-sept. : vend. 14h30 ; j. fériés : se rens. - visite guidée (1h30) - 6,50 € (-12 ans 3,50 €).*

Intégré au **système Maginot** de défense des Alpes en 1940, cet ouvrage était conçu pour une autarcie semblable à celle des sous-marins. La visite retrace l'historique des combats qui s'y sont déroulés en 1940 et 1945.

Après le fort, la D 900 s'enfonce dans la vallée de l'Ubayette, et la D 902 se dirige vers la haute Ubaye. Ce confluent offre un condensé d'histoire de l'architecture militaire.

## ★L'UBAYETTE B1-2

*Circuit 3 tracé sur la carte de microrégion (p. 222) – 17 km de Gleizolles au col de Larche – Comptez environ 30mn.*

La D 900 remonte la vallée de l'Ubayette. Les villages, détruits en 1944 par l'armée allemande, ont été reconstruits. Seul Certamussat est abandonné.

5

### St-Ours B1

*3 km en boucle au départ du village.* Suivez le **circuit des fortifications**.

**Fort de St-Ours-Haut** – *✆ 04 92 81 03 68 ou 06 87 35 93 99 (M. Noyez) - www.ubaye.com - visite guidée (1h30) sur demande - juil.-août : merc. 10h et 14h30 ; de mi-juin à fin juin et de déb. sept. à mi-sept. : merc. 14h30 - 6,50 € (6-12 ans 3,50 €, -6 ans gratuit).* Cet ouvrage défensif (infanterie et cavalerie) complétait le fort de Roche-la-Croix pour verrouiller le col de Larche. À St-Ours-Bas, dans un ouvrage de la ligne Maginot, est installé une antenne du **musée de la Vallée★** qui relate la vie militaire.

**Via ferrata de St-Ours** – Sur la face nord du rocher de St-Ours *(parking à l'extrémité du village)*, un sentier donne accès à la base de la via ferrata qui propose deux variantes d'escalade (*l'Ourson* et *l'Aiguille de Luce*).

## Larche B2

Dans la zone périphérique du Parc national du Mercantour, au confluent du Louchouse et de l'Ubayette, c'est le dernier village français avant la frontière italienne. En hiver, cet **espace nordique** (alt. 1 700 m) offre 30 km de pistes et deux parcours raquettes. En été, c'est le point de départ de belles randonnées *(voir « Randonnées »).*

Passez la frontière au **col de Larche** (alt. 1 948 m) et poursuivez jusqu'au joli lac italien de la Madeleine.

## ★★ LA HAUTE UBAYE B1

*Circuit 4 tracé sur la carte de microrégion (p. 222) – 21 km de Gleizolles à Maurin – Comptez environ 3h.*

La D 902 remonte la vallée de l'Ubaye vers Briançon. Peu après l'embranchement avec la D 900 s'élève la **redoute dite « de Berwick »**, vestige du dispositif aménagé par ce maréchal en 1707-1709 pour préparer le rattachement de l'Ubaye à la France. Le torrent et la route s'enfoncent ensuite dans le défilé du **pas de la Reyssole**.

### ★ St-Paul-sur-Ubaye

Son **église★** est un bel exemple de l'art roman tardif des vallées alpines : portail sculpté, rosace trilobée, clocher carré et ses quatre pyramidions à gargouilles. Une série de tableaux du 16e s. rappelle le rôle de capitale des hautes vallées que St-Paul jouait autrefois.

★ **Musée de la Vallée - Gestes et outils dans les champs, à l'atelier, à la maison** – *Maison Arnaud - Le Village - 04530 St-Paul-sur-Ubaye - ✆ 04 92 84 36 23 - juil.-août : 14h30-18h30 ; juin et sept. : mar.-sam. 14h30-18h30 ; vac. de Pâques : mar.-sam. 15h-18h - visite guidée sur demande préalable au musée ou ✆ 04 92 81 00 22 - 2 € (-10 ans gratuit).* La vaste grange de l'ancienne maison Arnaud abrite des outils et des machines agricoles collectés en Ubaye. Tout y est. Des maquettes animées construites par Albert Manuel, le dernier forgeron de la vallée, perpétuent les gestes traditionnels : scieur de long, moulin à eau, transport du bois, travail du chanvre et de la laine, etc. Reconstitution d'une ancienne cuisine, petites collections de vêtements anciens et d'animaux alpins naturalisés.

En hiver, les amateurs de ski de fond apprécieront l'**espace nordique** (alt. 1 400 m) comptant 17 km de pistes et un parcours raquettes de 3 km.

*Engagez-vous par la D 25 dans la vallée du Maurin. Après Serennes, prenez à droite.*

### ★★ Pont du Châtelet

Lancée à 100 m au-dessus de la gorge, l'arche unique du pont du Châtelet semble maintenir écartées les parois rocheuses. Cet audacieux ouvrage a été réalisé en 1880. Superbes échappées sur les bassins de St-Paul et de Maurin.

Dans la montée, **vues★★** de l'autre côté de l'Ubaye sur la Tête de Paneyron (alt. 2 787 m) et le pic de la Font Sancte (alt. 3 387 m).

### Fouillouse

À l'entrée d'un cirque désolé dominé par le **Brec de Chambeyron** (alt. 3 389 m), 24 maisons constituent le hameau, peuplé de cinq habitants permanents.

C'est le point de départ de nombreuses randonnées *(voir ci-dessous).*

*Revenez à la vallée de l'Ubaye.*

La route passe un défilé et, parvenue au sommet de la montée, découvre soudain une magnifique perspective sur la vallée encadrée de pentes rocheuses. Dans des solitudes alpines dont la lumière du Midi avive l'extraordinaire désolation, elle traverse les hameaux de La Barge et Maljasset, d'où les randonneurs peuvent accéder en 3h au **col Girardin★★**. Les maisons se distinguent par leurs hautes cheminées et leurs couvertures en lauzes, schistes plats et gris reposant sur de fortes charpentes en mélèze.

### Maurin

Dans le mystère d'un site silencieux et solitaire se dresse l'**église** St-Antoine entourée par son vieux cimetière. Une inscription en provençal rappelle qu'une avalanche emporta en 1531 l'édifice du 12e s.

## Randonnées Carte de microrégion

### ★ Vallon du Chambeyron et lac des Neuf-Couleurs B1

*6h AR. Laissez la voiture à l'entrée de Fouillouse. Peut se faire sur 2 jours en réservant sa nuit au refuge du Chambeyron. Passages éventuels de névés à l'ubac : prudence et chaussures non glissantes sont conseillées!*

Traversez le village, puis empruntez à gauche le sentier qui s'amorce en creux ; montez jusqu'à la crête au travers d'un bois de pin. Le sentier bien tracé débouche sur un replat. Après 2h de marche et le franchissement de plusieurs éperons rocheux, on accède aux **refuges du Chambeyron** et Jean-Coste (nom d'un des promoteurs de l'alpinisme en Ubaye) sur un épaulement herbeux dominant le lac Premier. Les aiguilles du Chambeyron au nord, sommet de l'Ubaye à 3 412 m, et le Brec de Chambeyron (alt. 3 389 m) composent un majestueux paysage. Ce dernier sommet, longtemps réputé invincible, sera vaincu en 1878 par deux habitants de Fouillouse, avant d'être dompté l'année suivante par le célèbre alpiniste britannique **Coolidge**.

Au-delà du refuge, vers le nord-est, le sentier s'approche du lac Long que l'on peut longer sur une centaine de mètres. Au prix de l'ascension d'un talus supplémentaire sur la gauche, on contemple aussi le lac Noir. Rejoignez le sentier qui passe ensuite à proximité du lac de l'Étoile avant d'atteindre le magnifique **lac des Neuf-Couleurs★★** (alt. 2 834 m). Pour les randonneurs aguerris à la marche sur des éboulis raides, possibilité de monter en 1h au **col de la Gypière** (alt. 2 927 m), lorsque la visibilité reste bonne. Retour à Fouillouse par le même circuit.

### ★ Vallon du Lauzanier B2

*2h aller jusqu'au lac du Lauzanier par le GR 5-56. À Larche, prenez à droite après le poste frontière. Départ du parking du Pont-Rouge (alt. 1 907 m), à 6 km.*

Le vallon du Lauzanier, classé Réserve naturelle dès 1938, fait partie maintenant du Parc national du Mercantour. Le long du sentier se dispersent des cabanes d'alpage. La prairie attire de nombreux troupeaux de moutons qui transhument depuis la Provence.

Suivez le vallon boisé jusqu'aux premières cascades pour parvenir au **lac** (alt. 2 284 m), qui occupe l'une des plus belles auges glaciai-

**BEAUTÉ FRAGILE**

Ni végétaux ni matières en suspension : par beau temps, les eaux d'un **lac d'altitude**, véritable miroir, deviennent turquoise. Mais attention ! En l'absence d'oxygène, la dégradation des déchets que l'on y jette peut prendre plusieurs années. Un lac d'altitude est donc très vulnérable aux agressions.

res de cette partie des Alpes. La petite chapelle faisait autrefois l'objet d'un pèlerinage le 2 juillet. Tous les habitants de Larche venaient y prier pour la protection de leurs récoltes et de leur bétail.
Les bons marcheurs passeront par le lac de Derrière-la-Croix et gagneront le **pas de la Cavalle★★** *(2h de plus AR. Voir route de la Bonette, p. 433).*

### ★ Circuit du Parpaillon à VTT AB2

*1 000 m de dénivelé sur environ 30 km. Départ de la station de Ste-Anne en direction de la chapelle Ste-Anne et du pont Bérard.*
Ce circuit sportif sera un moment fort de votre vie de vététiste, car il emprunte la route militaire du Parpaillon, creusée par les chasseurs alpins à la fin du 19e s. et complétée par le percement du fameux **tunnel du Parpaillon**, long de 500 m. Non revêtue, elle relie les vallées de la haute Ubaye et de l'Embrunais, de La Condamine-Châtelard à Crévoux, puis Embrun. Plusieurs auberges de Crévoux conservent un livre d'or : vous aussi, inscrivez vos exploits de valeureux cycliste !

## NOS ADRESSES DANS L'UBAYE

### TRANSPORTS

La vallée de l'Ubaye propose un service de **navettes** inter-stations (gratuites) au départ de Barcelonnette.

### VISITE

**Passeport des musées des Alpes-de-Haute-Provence** – Les musées de la Vallée sont inscrits dans ce réseau.

### HÉBERGEMENT

#### BUDGET MOYEN

**À St-Paul-sur-Ubaye**

**Bourillon « Les Granges » Gîte-Auberge** – *Fouillouse - 04530 St-Paul-sur-Ubaye - 7,5 km au nord-est de St-Paul-sur-Ubaye par D 25 et GR 5 - ✆ 04 92 84 31 16 - www.gitelesgranges.com - fermé 3 nov.-12 janv. et en mai - P - 5 ch. 50/60 € ☕, demi-pension possible.* Arrivé à cette ancienne bergerie restaurée, on se sent comme parachuté au bout du monde, surtout après avoir parcouru la route étroite qui y mène… Belle vue sur le Brec du Chambeyron et nombreux sentiers de randonnée dans les alentours. Hébergement en dortoir ou en chambre. Cuisine et accueil familiaux.

#### POUR SE FAIRE PLAISIR

**À Méolans-Revel**

**Chambre d'hôte Les Méans** – *Les Méans - 04340 Méolans-Revel - 4 km du Martinet sur D 900, rte de Gap - ✆ 04 92 81 03 91 - www.les-means.com - fermé déc.-avr. - P - 5 ch. 65/85 € ☕.* Repos garanti dans cette charmante ferme du 16e s. nichée à 1 000 m d'altitude, au cœur de la vallée de l'Ubaye. Chambres spacieuses et très douillettes, parfois dotées d'un balcon ou d'une terrasse privative ; trois d'entre elles disposent d'une cuisine. Bain nordique installé dans le jardin.

UNE FOLIE

### À Jausiers

**Villa Morelia** – *04850 Jausiers - ✆ 04 92 84 67 78 - www.villa-morelia.com - fermé 28 mars-30 avr. et 14 nov.-27 déc. - 68 € - 24 ch. 150/350 € - ☕ 20 €.* Construite en 1900, cette fière villa « mexicaine » a gardé son cachet. Chambres soignées, jolie salle à manger et terrasse sur l'arrière face au jardin. Cuisine du marché assez inventive.

## RESTAURATION

Au café-gîte-auberge qui occupe en partie une ancienne bergerie à l'entrée de **Fouillouse** *(voir la rubrique « Hébergement », ci-dessus)*, possibilité de se restaurer et de prendre le soleil sur la terrasse.

## ACHATS

### À Jausiers

**Maison des Produits de Pays** – *Rte de Barcelonnette - 04850 Jausiers - ✆ 04 92 84 63 88 - www.produitsdepays.fr - 10h-12h, 14h30-18h30.* Gérée par un groupe de 52 artisans, producteurs et agriculteurs de la vallée de l'Ubaye, cette maison donne un bel aperçu des richesses locales : confitures et miels, génépi, absinthe, fromages de chèvre et de brebis, charcuteries, vêtements en laine, jouets en bois, etc.

## ACTIVITÉS

### Randonnée

Une carte proposant 27 balades et randonnées dans toute la vallée est en vente dans les offices de tourisme *(1,50 €).*

### Cyclotourisme et VTT

*Guide VTT de 20 circuits en Ubaye (8 €),* en vente dans les librairies de la vallée. Pour les amateurs de cyclotourisme, demandez aux offices de tourisme le guide *Vallée de l'Ubaye, faire ou ne rien faire*, comprenant une rubrique détaillée sur le vélo ; pour les vététistes, les offices de tourisme délivrent une carte détaillant l'ensemble des circuits de la vallée.

### Parc de loisirs

**Jungle Parc** – *Plan d'eau de Seguret - 04850 Jausiers - ✆ 06 14 41 12 26 - www.jungle-parc.fr - 16 € parcours X-plor (enf. 12 €).* Idéalement situé dans la base de loisirs du plan d'eau de Seguret, ce parc propose des parcours conçus pour les enfants de 4 à 12 ans et régulièrement, des nouveautés, parmi lesquelles « l'aqua-jump ». Les adultes peuvent quant à eux s'adonner aux plaisirs de l'accrobranche non loin de là, au Jungle Parc de Saint-Pons.

## AGENDA

**St-Paul-sur-Ubaye** – Le premier dimanche après le 15 août, la **Journée du musée vivant** est animée par des bénévoles qui reproduisent les gestes d'autrefois. À cette occasion, un marché fermier permet de goûter miels du pays, pains d'épices, ou de découvrir l'artisanat du bois du cuir.

HOTEL
Les ARCADES
Le LION D'OR

# Le Diois, le Buëch et les Baronnies 6

Carte Michelin Départements 332 et 334 – Hautes-Alpes (05) et Drôme (26)



Buis-les-Baronnies.

*C. Moirenc / hemis.fr*

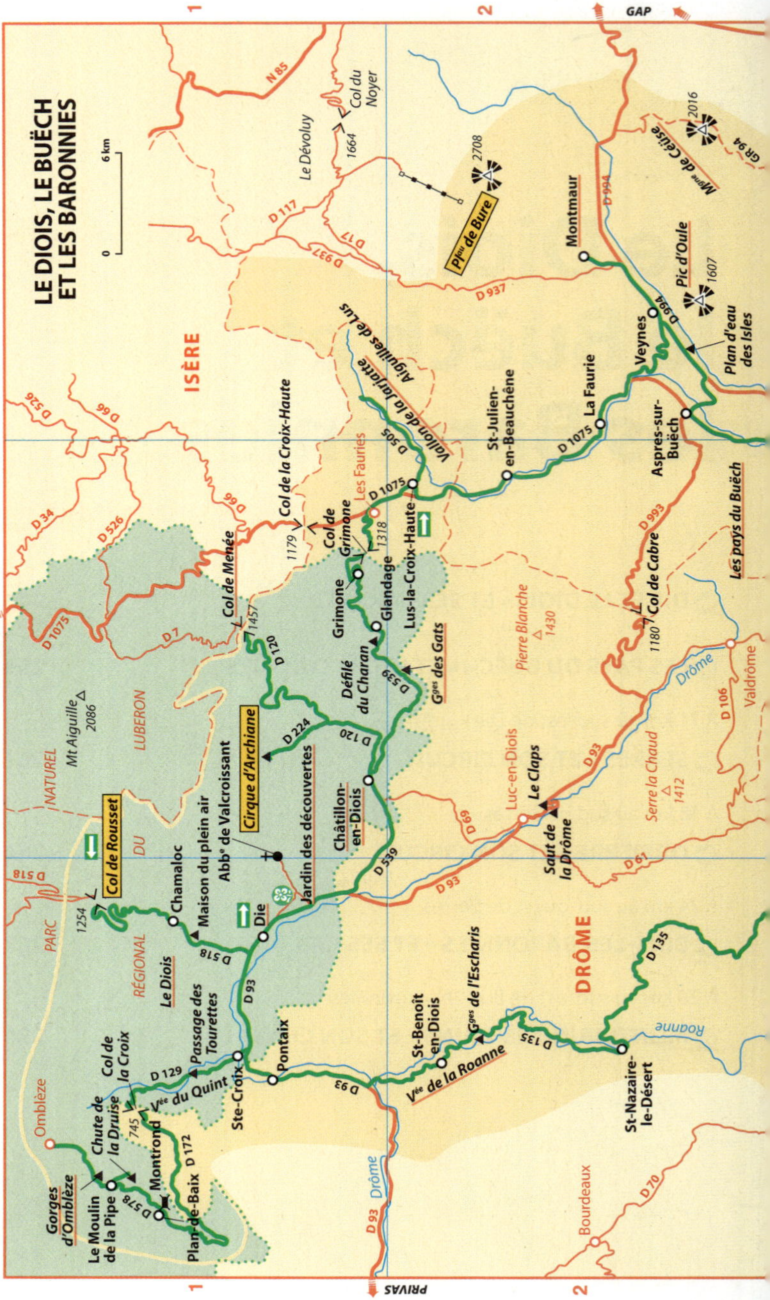
LE DIOIS, LE BUËCH ET LES BARONNIES
0
6 km
ISÈRE
DRÔME
PARC NATUREL RÉGIONAL DU LUBERON
GRENOBLE
GAP
PRIVAS
Col de Rousset
1254
Chamaloc
Maison du plein air
Abbe de Valcroissant
Cirque d'Archiane
Jardin des découvertes
Die
Châtillon-en-Diois
Mt Aiguille
2086
Col de Menée
1457
Col de la Croix-Haute
1179
Col de Grimone
1318
Les Fauries
Grimone
Glandage
Lus-la-Croix-Haute
Défilé du Charan
Gges des Gats
Vallon de la Jarjatte
Aiguilles de Lus
Le Dévoluy
Col du Noyer
1664
Plau de Bure
2708
Montmaur
Mgne de Céüse
2016
Pic d'Oule
1607
Plan d'eau des Isles
Veynes
La Faurie
St-Julien-en-Beauchêne
Aspres-sur-Buëch
Les pays du Buëch
Col de Cabre
1180
Pierre Blanche
1430
Luc-en-Diois
Le Claps
Saut de la Drôme
Serre la Chaud
1412
Valdrôme
Drôme
Roanne
St-Nazaire-le-Désert
Gges de l'Escharis
St-Benoît-en-Diois
Vée de la Roanne
Pontaix
Ste-Croix
Vée du Quint
Passage des Tourettes
Le Diois
Col de la Croix
745
Chute de la Druise
Montrond
Plan-de-Baix
Le Moulin de la Pipe
Gorges d'Omblèze
Omblèze
Bourdeaux
N 85
D 117
D 17
D 937
D 526
D 66
D 34
D 1075
D 7
D 120
D 224
D 539
D 505
D 518
D 93
D 129
D 578
D 172
D 135
D 61
D 69
D 993
D 994
D 106
D 70
GR 94
A
B
C
1
2

HAUTES-ALPES
ALPES-DE-HAUTE-PROVENCE
La-Motte-Chalancon
Le Pas des Ondes
1606 Montagne d'Angèle
Gges de l'Eygues
St-May
Rémuzat
Vée de l'Eygues
Sahune
Les Baronnies
Le Poët-Sigillat
994 Col de Soubeyrand
Verclause
Rosans
St-André-de-Rosans
Ribeyret
L'Épine
Pont la Barque
Serres
Montmorin
Buëch
Eygues
Eyguians
Saléon
Lagrand
Gorges du St-Cyrice
Orpierre
Vée du Céans
Vée de l'Ennuye
Ste-Jalle
Rochebrune
Nyons
Col d'Ey
718
Gorges d'Ubrieux
Buis-les-Baronnies
La Roche-sur-le-Buis
Vée du Menon
Maison de l'art vivant
Pierrelongue
Mollans-sur-Ouvèze
St-Auban-sur-l'Ouvèze
Vée de l'Armalauze
Col de Perty
1302
Montguers
Ouvèze
Laborel
Col St-Jean
1158
Pomet
Barret-sur-Méouge
Gges de la Méouge
Aulan
Gges du Toulourenc
Séderon
1068
Col de Macuègne
Montbrun-les-Bains
Jabron
Sisteron
Durance
Route Napoléon
Signal de Lure
1826
Montagne de Lure
D 70
D 538
D 94
D 94
D 61
D 64
D 568A
D 162
D 116
D 546
D 65
D 994
D 26
D 1075
D 949
D 942
D 30
D 942
D 948
D 1085
D 4075
D 4
D 951
D 542
D 546
D 359
D 938
D 46
D 5
D 13
D 40
D 946
D 4085
A 51
N 85
ORANGE
CAVAILLON
AIX-EN-PROVENCE
A
B
C
3
4
N
Col de Rousset ★★ Mérite un détour
Orpière ★ Intéressant
Pierrelongue À voir
Circuit conseillé avec ville de départ
Limite et zone décrites

# Die et le Diois

★

4 375 Diois – Drôme (26)

## NOS ADRESSES PAGE 254

### S'INFORMER

**Office du tourisme de Die** – *R. des Jardins - 26150 Die - ✆ 04 75 22 03 03 - www.diois-tourisme.com - de mi-juil. à mi-août : lun.-sam. 9h-19h, dim. et j. fériés 9h30-12h30, 15h-18h ; reste de l'année : lun.-sam. 9h-12h, 14h-18h, dim. et j. fériés se rens.* L'office de tourisme propose un dépliant gratuit avec une visite historique de Die.

**Relais d'informatoin du Parc naturel régional du Vercors** – *Office du tourisme de Crest - pl. Dr-Maurice-Rozier - 26400 Crest - ✆ 04 75 25 11 38 - mat. et apr.-midi.*

### SE REPÉRER

Carte de microrégion AB1 (p. 244) – *carte Michelin Départements 332 F5.* Die est bâtie en légère pente au cœur d'une vaste vallée cultivée ceinte de montagnes. Pour venir, les plus belles routes descendent du nord et de l'est : D 520, D 120 ou D 539. En poursuivant au-delà du circuit 3, vous rejoindrez la vallée du haut Buëch *(voir les pays du Buëch, p. 256).*

### SE GARER

Laissez votre véhicule dans l'un des parkings près des remparts pour aller découvrir le centre ancien à pied. Un grand parking se trouve en face de l'office de tourisme.

### À NE PAS MANQUER

La Fête de la transhumance en juin et la Fête de la clairette en septembre.

### ORGANISER SON TEMPS

Comptez une demi-journée pour apprécier les charmes de la ville et au moins une journée et demie pour effectuer les circuits recommandés ci-dessous.

### AVEC LES ENFANTS

Une visite au Jardin des découvertes, pour voir voler des centaines de papillons !

**Tapie au creux de montagnes et de hautes collines, la cité de la clairette, qui fait partie du Parc naturel régional du Vercors, pétille à l'écart des foules : son accès n'est facile que par l'ouest, en remontant la sinueuse vallée de la Drôme. Mais tentez plutôt les petites routes en lacet. Par les cols de la Chaudière, du Rousset ou de Menée, vous atteindrez le Diois, beau pays de vignes, de fruits et de lavande auquel Die a donné son nom.**

# Se promener

### Remparts romains

Au 3e s., ces murs de 3 m d'épaisseur atteignaient 2 km de long : un vrai travail de Romain, qu'Obélix lui-même admirait, d'autant plus qu'aux moellons et galets leur construction mêlait des bouts de monuments, aujourd'hui réfugiés au musée. Vous en longerez les vestiges au nord-est de la ville, de l'office de tourisme à la porte St-Marcel.

### Porte St-Marcel

Cette porte romaine fortifiée fut érigée avec les remparts. Pour la bâtir, on réutilisa un arc honorifique décoré d'entrelacs et de rosaces. Sur les frises, des motifs évoquaient la prospérité sous la paix romaine : lionne apprivoisée, scènes de danse…

### Cathédrale

En arrivant à Die, vous remarquerez la jolie silhouette de son campanile en fer forgé. Les portails sont ornés de chapiteaux représentant au nord des scènes bibliques (Caïn et Abel, le sacrifice d'Abraham), à l'ouest et au sud des combats symboliques (hommes et griffon, ondine et crocodile). À l'intérieur, vous serez frappé par la chaire du 17e s. : les personnages sont sculptés avec réalisme.

À côté, rue St-Vincent, la **maison du chanoine Faure de Vercors** montre une belle façade Renaissance.

**UN ANCIEN ÉVÊCHÉ**

En 1217, un évêque accorde une charte municipale. Moins inspiré, son successeur prétend revenir sur cette mesure. Belle idée ! C'est devant la cathédrale que ses ouailles le massacrent. Au 16e s., c'est au tour des églises d'être démolies, quand les protestants conquièrent la ville. En 1604, Die devient le siège d'une académie protestante. Mais Louis XIV la supprime et rétablit l'évêché qui n'existait plus depuis cinq siècles.

### Ancien hôtel de ville

*Aujourd'hui devenu Espace social et culturel de Die et du Diois.*

Encore de l'art animalier dans l'ancien palais épiscopal.

**Chapelle St-Nicolas** – *✆ 04 75 22 03 03 - avr.-sept. : merc. 11h, sam. 14h30 ; oct.-déc. : tlj sf dim. et j. fériés 9h-12h, 14h-18h ; reste de l'année : merc. 11h - visite guidée (30mn) sur RV - 2 € (-12 ans gratuit).* À l'intérieur de la chapelle, oratoire privé du 11e s. ; ne manquez pas d'admirer la finesse des motifs de la **mosaïque★** du 12e s. qui représente l'univers. Autour d'un motif central, l'étoile Polaire, coulent les quatre fleuves du paradis terrestre (têtes de taureaux). Deux des points cardinaux sont illustrés par des têtes de vents. Dans l'angle nord-est, on reconnaît le monde marin, dans la partie sud-est la végétation et les oiseaux, et dans la partie ouest les animaux. Sur les murs, des fresques du Moyen Âge subsistent, ainsi que les papiers imprimés et peints à la gouache que firent poser les évêques au 18e s.



### Musée d'Histoire et d'Archéologie

*11 r. Camille-Buffardel - ✆ 04 75 22 40 05 - juil.-août : tlj sf dim. et j. fériés 14h30-17h30 ; avr.-juin et sept.-mi-oct. : merc. et sam. 14h-17h ; reste de l'année : se rens. - possibilité de visite guidée (1h10) - fermé de mi-oct. à fin déc. et j. fériés - 3 € (-16 ans gratuit).*

Un hôtel particulier du 18e s. abrite ce musée, dont les collections disparates recèlent quelques pièces de grand intérêt. La période gallo-romaine, la plus riche, s'illustre par des **stèles tauroboliques**. Une salle est consacrée à la vie d'autrefois, une autre aux sculptures romanes provenant de la cathédrale.

**TRANSHUMANCES D'HIER ET D'AUJOURD'HUI**
Aujourd'hui, Die ne connaît pas d'autre transhumance estivale que celle des moutons : le flot des voitures passe ailleurs. La ville antique était pourtant un carrefour important sur la voie Milan-Vienne. Un culte à la déesse d'origine orientale Cybèle, lié à celui de Bacchus, y attirait de nombreux visiteurs venus assister aux cérémonies où l'on sacrifiait un taureau et un bélier sur des **stèles tauroboliques**. Couteaux et instruments de musique se distinguent sur ces stèles. Au musée, plusieurs d'entre elles témoignent de ce culte.

# À proximité Carte de microrégion

### ★ Jardin des découvertes A1

*3 km au sud-est sur la route de Gap.*
*Ferme aux papillons - rte de Gap - 04 75 22 17 90 - www.jardin-decouvertes.com - - mai-juin : 10h-12h, 14h-17h ; juil.-août : 10h-18h - 6,50 € (-10 ans 4 €).*
Sous ces 1 000 m² de serres, des plantes exotiques sont cultivées hors sol : à l'abri de la pluie et du vent, vous passez au milieu de centaines de beaux **papillons en liberté**, dont le plus grand du monde (à vous de deviner sa taille, elle est surprenante). Au long du parcours, les panneaux explicatifs vous apprendront tout sur la vie des lépidoptères.

### Abbaye de Valcroissant AB1

*6 km par la D 93 vers Sisteron, puis suivez une route à gauche.*
*04 75 22 12 70 - juil.-août : lun., merc. et vend. 17h ; mai : vend. 17h ; juin et sept. : merc. 17h - visite guidée sur demande 3 € (-12 ans gratuit).*
La route remonte une gorge pour arriver dans un cirque au pied des falaises du Vercors. C'est ce site impressionnant et isolé que les cisterciens ont choisi en 1188 pour fonder une abbaye.

### Le Claps B2

*20 km au sud-est par la D 93 et Luc-en-Diois.*
Du 15e s., le Diois conserve non seulement églises et maisons, mais aussi ce **chaos naturel** dû à un gigantesque éboulement. C'est au-dessus du viaduc ferroviaire qu'il est le plus impressionnant. Plus haut, la route franchit une barre rocheuse percée d'un petit tunnel artificiel où la rivière s'engouffre pour venir bondir sur les rochers dans un nuage d'écume. C'est le **saut de la Drôme**.

# Circuits conseillés

Schéma ci-dessous et carte de microrégion

Avec ses affluents, Bez, Rif, Boulc et les autres, la Drôme dévale les pentes parfois arides du Diois et irrigue la jolie

plaine qui en verdoie de plaisir. Au fil des gorges et des routes, remontez ces petites vallées où l'atmosphère déjà provençale adoucit la sauvagerie des paysages.
Maisons décorées de lauriers blancs et roses, esplanades ombragées de platanes : tout dans les villages et les hameaux, parfois perchés à plus de 1 000 m, vous invite à la flânerie, entre deux excursions impressionnantes.

## DU COL DE ROUSSET À DIE A1

*Circuit 1 tracé sur le schéma ci-dessous et sur la carte de microrégion (p. 244) – 22 km – Comptez environ 1h.*

### ★★ Col de Rousset

Ce col marque la limite climatique des Alpes du Nord et du Sud. Quel choc en sortant du tunnel qui franchit le col à 1 254 m d'altitude ! On vient de l'ombre des forêts, des fraîches prairies du Vercors où souvent s'attardent des brumes et, soudain, c'est toute la magie du Grand Sud : roches et lumière éclatantes, infini de collines bleutées dans le lointain. Pour un peu, tout au fond, on croirait voir la mer. La route en contrebas se replie en immenses lacets, accentuant l'impression de profondeur.
La **station** du col de Rousset offre 25 pistes de ski, 35 km pour le ski de fond et 15 km pour les marcheurs ou amateurs de raquettes.

### Chamaloc

Ses maisons de pierres claires patinées, ses tuiles romaines lui donnent déjà une allure provençale.
Après Chamaloc, la ferme de Baise accueille la **Maison du plein air** *(voir « Nos adresses à Die et dans le Diois »)* avec un sentier botanique. Peut-être verrez-vous voler certains des vautours fauves qui ont été réintroduits en 1999.
*La route débouche dans le chaud bassin de Die.*

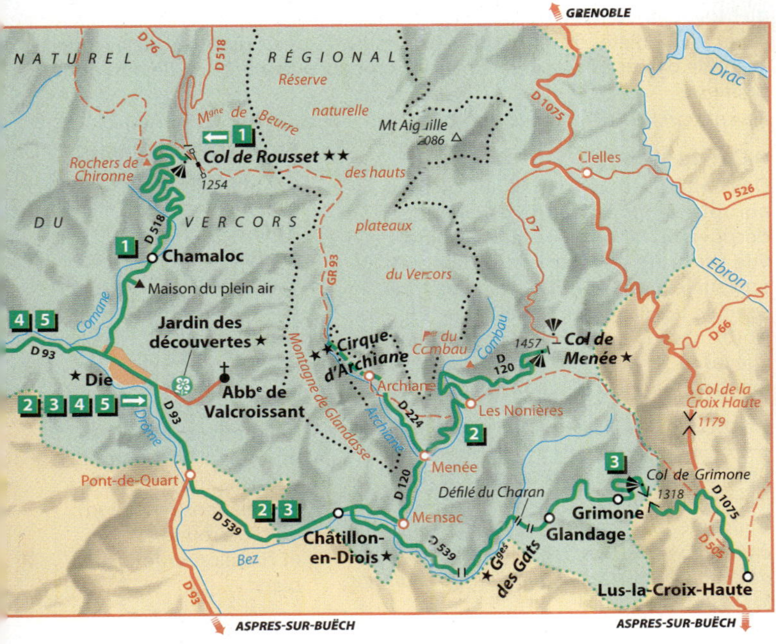

## ★★ ROUTE DU COL DE MENEE B1

*Circuit 2 tracé sur le schéma page précédente et sur la carte de microrégion (p. 244) – 45 km de Die au col de Menée – Comptez 2h. Quittez Die par la D 93 vers Gap.*

**Bon à savoir** – La neige obstrue le col de décembre à mars. Le reste du temps, les chutes de pierres sont fréquentes.

Vous traversez le bassin de Die parmi les vignobles que surplombent les falaises calcaires de la montagne de Glandasse.

*À Pont-de-Quart, prenez la D 539 à gauche.*

### ★ Châtillon-en-Diois

*Sq. Jean-Giono - 04 75 21 10 07 - www.chatillon-en-diois.fr - juin-août : lun.-sam. 9h30-12h, 15h-19h, dim. 9h30-12h - reste de l'année : se rens.*

Édifié autour d'un château disparu qui lui donna son nom, ce village conserve une allure médiévale. De la **place Reviron**, dominée par la tour de l'Horloge, part un réseau de rues reliées entre elles par des ruelles appelées « viols » en Diois. C'est aussi un « village botanique » qui compte plus d'une centaine de plantes grimpantes, où il faut venir au printemps, en été ou à la fin de l'automne, pour en apprécier la floraison.

*Après Châtillon, tournez à gauche dans la D 120 vers le col de Menée. À Menée, prenez la D 224 vers Archiane.*

### ★★ Cirque d'Archiane

Ces magnifiques falaises ferment une vallée entaillée dans la montagne de Glandasse. Allez-y en fin d'après-midi, quand le soleil déclinant dore la roche nue. Le gigantesque promontoire du **Jardin du Roi** partage en deux le fond du cirque, au pied duquel se niche le hameau d'Archiane dont l'entrée est abondamment ornée de buis taillés. Ces arbustes, plantés le long des routes du Diois, embaument.

Après les Nonières, la route sinue sur des flancs pelés piquetés de lavande, avant de passer au pied du rocher de Combau, puis au milieu de bois et de prairies.

*Revenez sur la D 120 et prenez à gauche.*

### ★ Col de Menée

De l'entrée sud du tunnel (alt. 1 402 m), les abrupts de la montagne de Glandasse se découvrent à l'horizon. À la sortie nord, belle vue sur toute une partie des Alpes, et surtout sur le **mont Aiguille**. Cet extraordinaire sommet tabulaire *(voir* Le Guide Vert Alpes du Nord*)*, bastion avancé du Vercors, domine le Trièves. À sa vue, on comprend qu'il se soit longtemps appelé le « mont Inaccessible » !

## ★ SUR LES TRACES DE LA VIE D'ANTAN B1-2

*Circuit 3 tracé sur le schéma p. 248 et sur la carte de microrégion (p. 244) – 14 km de Die à Lus-la-Croix-Haute – Comptez 1h30. De Die à Châtillon-en-Diois, reportez-vous au début du circuit 2. Sortez de Châtillon-en-Diois par la D 539.*

**LE VIGNOBLE DIOIS**

La **clairette de Die** est un blanc doux champagnisé issu de deux cépages : la clairette et le muscat. Le **crémant de Die** (vin brut) et le **coteau de Die** (vin blanc sec) sont vinifiés à partir de la clairette uniquement. Châtillon-en-Diois affiche les trois couleurs sous deux appellations : châtillon-en-diois rouge et rosé et châtillon-en-diois blanc.

Un vignoble de la clairette de Die.
*Noak-Fonds/Ot Pays Diois*

### ★ Gorges des Gats B2

Avant que la route ne soit terminée, en 1865, il fallait passer plusieurs gués, les « gats », pour remonter ce défilé, véritable coup de sabre de quelques mètres de large, mais de plus de 100 m de hauteur… Vous traversez ensuite le **défilé du Charan** : quatre tunnels percent la roche.

### Glandage et Grimone B1

Elles disent la vie rude d'autrefois, ces maisons massives serrées les unes contre les autres et coiffées de grands toits à forte pente pour faire glisser la neige. Des jeunes venus s'y installer ont rendu vie à ces villages jadis abandonnés. L'église de Glandage, d'un roman naïf, mérite un regard.

Après Glandage, la végétation méridionale cède la place aux chênes et aux pins noirs. Une fois passé le **col de Grimone** (alt. 1 318 m) se détachent au sud-est les élégantes découpures de la montagne de Garnesier et de la crête des Aiguilles.
*Prenez la D 1075 vers le sud.*

### Lus-la-Croix-Haute B2

*Voir les pays du Buëch, p. 256.*

## ★ GORGES D'OMBLÈZE A1

*Circuit 4 tracé sur le schéma p. 248 et sur la carte de microrégion (p. 244) – 48 km de Die à Omblèze – Comptez 2h30. Quittez Die par la D 93 vers Crest, puis tournez à droite sur la D 129 vers Ste-Croix.*

6

### Ste-Croix

Sur une étroite arête entre la Drôme et la Suse, le village est dominé par les ruines de tours du 13e s. L'église ancienne a été divisée en deux pour recevoir le culte catholique (transept, abside) et le culte protestant (nef).

L'ancien monastère (exposition en saison) possède un **jardin** composé de plantes médicinales et aromatiques. Vous pourrez prolonger votre visite en suivant le **sentier botanique** dans le parc (*1h30*).

La route remonte la **vallée du Quint** et traverse l'étroit **passage des Tourettes**.
*Tournez à gauche sur la D 172.*
Cette route étroite et en lacet mène à travers les pins et les chênes jusqu'au **col de la Croix** (alt. 745 m), puis descend rapidement jusqu'à Escoulin dans la vallée de la Sépie.

### Beaufort-sur-Gervanne

L'arrivée sur Beaufort est spectaculaire. Les restes de fortifications, aménagés en promenade, sont bien visibles.
*Prenez la D 70 vers Plan-de-Baix.*

### Plan-de-Baix

Entre le col de Bacchus et la vallée de la Gervanne, le village est dominé par une haute falaise calcaire, la montagne de Vellan, où ont été trouvés les vestiges d'une place forte romaine. Du **château de Montrond** (13e et 14e s.), on aperçoit les tours rondes dominant la vallée.
La D 578 surplombe d'abord de très haut la profonde vallée de la Gervanne. Puis commence la longue descente. Soudain, une tour rocheuse se détache : vous pénétrez dans les gorges, portes étroites ouvrant sur les solitudes du Sud Vercors.

### Chute de la Druise

*1h AR, avec des chaussures de marche. Prudence ! Les chutes de pierres sont fréquentes. Au Moulin de la Pipe, prenez à droite, sur 1 km, la route d'Ansage (parc de stationnement).*
Un chemin signalé conduit en haut de la chute de la Druise ; vous pouvez atteindre le bas par un sentier rocailleux en forte pente.
Après le **Moulin de la Pipe**, le circuit pénètre dans les **gorges d'Omblèze★**, imposantes murailles calcaires surplombant la route. On passe près des cascades de la Petite et de la Grande Pissoire *(cette dernière souvent à sec en été)*. Quand les parois s'écartent, on découvre le **haut bassin d'Omblèze**, méridional par ses fonds plantés de vignes et de peupliers, mais alpin par son cadre de hauts sommets gazonnés entre lesquels on distingue le col de la Bataille.

## ★ DU DIOIS AUX BARONNIES A1-2-3

*Circuit 5 tracé sur le schéma p. 248 et sur la carte de microrégion (p. 244) – 78 km de Die à Rémuzat – Comptez environ 4h. Sortez de Die par la D 93 à l'ouest, direction Valence.*
Cette lente traversée du cœur de la Drôme ravira les amateurs de routes désertes, de coins perdus, de beautés authentiques : fermes isolées s'accrochant aux pentes ravinées, taches jaunes des genêts rehaussant les strates rocheuses colorées, robines et montagnes en enfilade... Si vous ne faites pas halte à la ferme ou en chambre d'hôte, du moins y trouverez-vous à volonté fromages de chèvre, bouquets et essence de lavande, miels, noix et confitures...

### Pontaix A1

Bâti dans un **site★** superbe, ce village vigneron charme par sa grand-rue voûtée et par ses maisons des 15e et 16e s. Surplombant de 70 m la Drôme, le puissant **donjon** date du 13e s. Le **temple** abrite des peintures des 15e et 17e s.
*Poursuivez sur la D 93 et à 6 km prenez la direction de St-Nazaire-le-Désert.*
La D 135 s'élève au-dessus de la **vallée de la Roanne★**.

## St-Benoît-en-Diois A2

Montez à pied jusqu'à l'**église**, l'une des plus touchantes qui soient, perchée au beau milieu de la vallée sur une arête rocheuse. Caché derrière, le village est dans l'enfilade, arborant des **linteaux** du Moyen Âge.
Après St-Benoît, la route se rapproche du torrent et traverse les **gorges de l'Escharis**. L'été, c'est un lieu de baignade assez paradisiaque.

## St-Nazaire-le-Désert A2

*R. de la Poste - 26340 St-Nazaire-le-Désert - 04 75 27 53 10 - www.vallee-roanne.com - juil.-août : tlj sf dim. et j. fériés 9h-13h30, 16h-18h ; reste de l'année : tlj sf merc., dim. et j. fériés 9h-12h30.*
Les rues fleuries aux linteaux datés et décorés de cœurs, la chapelle St-Joseph (dont le bénitier porte une inscription en grec qui se lit dans les deux sens et signifie : « Lave tes fautes et non seulement ton extérieur »), les petits jardins clos, les boutiques d'artisanat, tout invite ici à une halte.
*À la sortie de St-Nazaire, reprenez à gauche la D 135 ; ne pas traverser le pont de métal.*
La route quitte la vallée et part à l'assaut des collines, des lavandes cultivées ou sauvageonnes, dans une ambiance à la Giono. Au col de Guillens (802 m), la **montagne des Trois-Becs** est votre point de mire à l'ouest, et après Volvent, au col des Roustans (1 028 m), c'est la **montagne d'Angèle** qui accroche la lumière et le regard. Juste avant Chalancon, charmant village blotti sous son roc pointu, **vue★** à l'entrée des gorges sur les montagnes d'Oule et des Ruelles.

## La Motte-Chalancon A3

*Pl. du Bourg - 26470 La Motte-Chalancon - 04 75 27 24 67 - www.lamotte chalancon.com - juil.-août : lun.-merc., vend.-sam. 9h30-12h, 15h-18h, jeu. 15h-18h ; reste de l'année : lun. et vend. 9h30-12h ; j. fériés : se rens.*
Retour à la civilisation, mais sans ses inconvénients, dans ce bourg circulaire qui est la petite capitale des environs. Partout des treilles et des roses, des tilleuls et des fontaines. En se promenant par les **calades**, ces ruelles aux noms pittoresques où abondent les porches voûtés, les façades à génoise et les belles portes en bois du 18e s., on monte jusqu'à l'église, vestige d'un ancien fort. Belle **vue★** sur les toits de tuiles romaines et la campagne alentour. À l'intérieur, au-dessus de l'autel, intéressant vitrail bleu.
*Quittez La Motte par la D 61 à l'ouest.*
La route longe la vallée de l'Oule. À 2,5 km, le **Pas des Ondes** est l'un des rares plans d'eau de la région (*baignade surveillée mais payante en juil.-août).*

## Rémuzat A3

*Pl. du Champ-de-Mars - 04 75 27 85 71 - www.remuzat.com - avr.-juin, sept. et vac. scol. : tlj sf lun. et jeu. mat. 10h-12h, 14h30-17h ; juil.-août : tlj sf lun. apr.-midi et jeu. mat. 10h-12h, 14h30-18h - gratuit.*
L'association **Vautours en Baronnies** présente une exposition à l'office de tourisme et organise des sorties pour découvrir les grands rapaces nichant dans le rocher du Caire, dont les falaises surplombent le village.

## NOS ADRESSES À DIE ET DANS LE DIOIS

### VISITE

**Musée de la Clairette** – *04 75 21 73 77 - www.cave-carod.com.* Il se trouve dans les caves Carod installées en bordure de la D 93.

**Les sorties nature dans la Drôme – FRAPNA Drôme** – *Galerie du Polygone - 38 av. de Verdun - 26000 Valence - 04 75 81 12 44 - www.frapna.org.* Sorties à la journée, week-ends et séjours à la découverte de la nature organisés par la Fédération Rhône-Alpes de protection de la nature Drôme qui diffuse un calendrier gratuit de ses activités et publie un bimestriel sur l'actualité de la nature dans la Drôme, *Le Courrier des épines drômoises*, en vente en kiosque.

**Routes de la lavande** – *Voir p. 23.*

### HÉBERGEMENT

#### PREMIER PRIX

**Camping Le Glandasse** – *Quartier de la Maldrerie - 1 km au sud-est de Die par la D 93 (rte de Gap), puis chemin à dr. - 04 75 22 02 50 - www.camping-glandasse.com - de déb. avr. à fin sept. - ♿ - 120 empl. 20,40 €.*

#### À proximité

**Camping L'Hirondelle** – *Bois de Saint-Ferréol - 26410 Menglon - 2,8 km au nord-ouest par D 214 et D 140 (rte de Die), près de la D 539 (accès conseillé) - 04 75 21 82 08 - www.campinghirondelle.com - de fin avr. à mi-sept. - ♿ - 100 empl. 34,10 €.* Apprécié pour son calme, ses places spacieuses entre sous-bois et soleil et sa piscine d'eau salée, ce camping est installé sur le versant sud du Vercors. Dans une nature généreuse, vous partagerez votre temps entre exploration et activités sportives.

#### BUDGET MOYEN

**Hôtel St-Domingue** – *44 r. Camille-Buffardel - 04 75 22 03 08 - http://hotelsaintdomingue.com/ - P - 20 ch. 46/51 € - 8 €, demi-pension possible.* Cet hôtel-restaurant simple et confortable borde la rue commerçante du village. Accueil chaleureux et cadre rustique dans la salle à manger où l'on propose quatre menus : « étape », « découverte », « terroir » et « gourmand ». Agréable terrasse à l'arrière pour les beaux jours.

### ACHATS

**Cave de Die Jaillance** – *Av. de la Clairette - 04 75 22 30 15 - www.caveau-jaillance.com - 9h-12h30, 14h-18h30 ; 14 Juil.-15 août : 9h-19h - fermé 1er janv. et 25 déc.* Par le choix et la qualité des bouteilles qu'elle propose, cette adresse séduira tous les amateurs de clairette de Die, mais aussi de crémant de Die et de vins de Châtillon-en-Diois. Pour les néophytes, la visite guidée des caves suivie d'une dégustation sera l'occasion de les découvrir.

#### À proximité

**Blache Provence Senteurs** – *Pl. de la Fontaine - 26340 St-Nazaire-le-Désert - 04 75 27 51 08.* Vente de produits à base de lavande. Possibilité de visiter la distillerie de lavande en saison.

### ACTIVITÉS

**Bon à savoir** – Les offices de tourisme du Diois publient le bimensuel *L'Agenda des festivités* où sont recensés les manifestations, les sorties et les spectacles.

## Activités de pleine nature

**Aloa'venture** – *Les Chaussières - 26410 Châtillon-en-Diois - ✆ 04 75 21 13 63 - www.aloaventure.com*. Pour découvrir la région sportivement. Avec le concours de moniteurs diplômés, descendez le Rio Sourd et les Écouges en canoë-kayak, explorez les grottes du massif de Pellebit ou escaladez le vallon de Baïn en toute sécurité. Formules à la demi-journée ou à la journée.

**Maison du plein air** – *Ferme de Baise - 26150 Chamaloc - ✆ 04 75 22 11 82 - http://maisondupleinair.new.fr*. Pour la pratique de toutes les activités sportives vous permettant de découvrir la région.

## Parc de loisirs

**Acro'Parc Aventure** – *Centre du Martouret - ✆ 06 79 37 18 38 - www.acroconcept.fr - fermé nov.-mars*. L'aventure vous attend dans ce parc aménagé en pleine forêt, près du centre de vacances du Martouret. Sept parcours ludiques, 600 m de tyroliennes et nombreux ateliers. Les bambins pourront s'initier aux joies de l'équilibre, dès trois ans, grâce à l'Acro-Kid entièrement conçu pour eux.

## Randonnée

Die et le Diois sont le paradis des randonneurs à pied, en VTT et à cheval. La proximité du Parc naturel régional du Vercors y contribue grandement en offrant de très nombreuses possibilités, notamment les **Grandes traversées du Vercors** (GTV), qui s'ajoutent aux circuits locaux et aux GR. Cartes, guides et topoguides sont en vente dans les offices de tourisme.

**Sur les chemins de la clairette** – Carte gratuite des balades dans le vignoble diois disponible dans les offices de tourisme de la région. Elle recense huit sentiers viticoles au départ de Suze-sur-Crest, St-Sauveur-en-Diois, Vercheny, Barsac, Ponet et St-Auban, Die, Barnave et Châtillon-en-Diois (de 35mn à 1h20 suivant les circuits).

### AGENDA

**Transhumances de Die au Vercors** – *Se renseigner à l'office du tourisme de Die*. En juin : manifestations sur trois jours dans différents lieux de la région autour de la transhumance des troupeaux.

**Sur les chemins de la transhumance/Semaine de la Transdioise** – *Rens. et inscription à l'office du tourisme de Die ou auprès des hébergeurs partenaires*. Randonnée accompagnée d'une semaine, en juin, à la rencontre des bergers dans les alpages.

# Les pays du Buëch

★

Hautes-Alpes (05)

NOS ADRESSES PAGE 260

### S'INFORMER

**Office du tourisme d'Aspres-sur-Buëch** – *Av. de la Gare - 05140 Aspres-sur-Buëch - ✆ 04 92 58 68 88 - www.buech.com - juil.-août : lun.-sam. 9h30-12h30, 16h30-19h, dim. et j.fériés 10h-12h ; reste de l'année : 9h30-12h30 - fermé w.-end et j. fériés.*

**Office du tourisme de Veynes** – *Av. Cdt-Dumont - 05400 Veynes - ✆ 04 92 57 27 43 - www.tourisme-veynois.com - juil.-août : lun.-sam. 9h-12h, 14h-18h, dim. et j. fériés 10h-12h ; reste de l'année : lun.-vend. 9h-12h, 14h-17h, sam. 9h-12h - fermé dim. et j. fériés.*

### SE REPÉRER

Carte de microrégion BC2-3 (p. 244) – *carte Michelin Départements 334 C5/6.*
Le Buëch est un affluent de la Durance. Les pays du Buëch comprennent le Veynois et le Haut-Buëch, le Serrois et le Rosanais *(voir Serres, p. 261)*, l'Orpierrois et les gorges de la Méouge *(voir Orpierre, p. 264)*.
De Lus-la-Croix-Haute, vous pourrez rejoindre **Die** *(voir p. 251, suivre en sens inverse le circuit 3)*.

### ORGANISER SON TEMPS

Prévoyez une demi-journée pour profiter pleinement du Veynois.

**Loin des villes et des foules, les pays du Buëch sont injustement méconnus. Leurs vertes vallées sont pourtant des oasis où les hommes ont préservé la nature et le sens de l'accueil, souvent familial. On passe ici des Alpes en Provence, le ciel bascule dans la couleur turquoise de l'« empire du soleil » cher à Mistral. Les crêtes tranchantes et les cimes décharnées voisinent avec les haies d'arbres fruitiers et les champs de lavande.**

## Circuits conseillés Carte de microrégion

### LE HAUT-BUËCH ET LE VEYNOIS BC2/B3

*Circuit tracé en vert sur la carte de microrégion (p. 244) – 52 km de Lus-la-Croix-Haute à Serres – Comptez environ 2h.*
Juste au-dessus de Lus, le **col de la Croix-Haute** marque une frontière : climats et paysages changent insensiblement ; on passe des Alpes du Nord, humides et vertes, aux Alpes du Sud, sèches et dénudées.
C'est seulement aux abords de **La Faurie**, l'un des 22 hameaux de la commune de Lus, que l'aridité du paysage et le caractère provençal de la végétation commencent à s'affirmer.

### Lus-la-Croix-Haute B2

Le village s'est développé dans un vaste bassin alpestre traversé par le haut Buëch. Rendez-vous à la **Maison du patrimoine** qui relate la vie d'autrefois à travers des expositions thématiques. *✆ 04 92 58 52 94 - juil.-août : 10h-12h, 16h-19h - fermé mar. et dim. apr.-midi.*

La **station** (alt. 1 150 m) se trouve près de la Jarjatte *(voir ci-après).*

*De la Grand-Place, poursuivez à l'est sur la D 505.*

### ★ Vallon de la Jarjatte BC2

La route pénètre dans la haute vallée du Buëch, bientôt resserrée entre de belles pentes forestières. Près de la Jarjatte, la **station de sports d'hiver** offre sur 6 pistes de ski alpin, 18 km balisés pour le ski nordique et un sentier raquette.

Vous commencez à découvrir les **aiguilles de Lus** aux découpures acérées. La **vue★★** s'attache alors aux silhouettes prenantes des cimes dénudées comprises entre le sommet de Vachères (alt. 2 400 m) et la Tête de Garnesier (alt. 2 368 m).

Le chemin se poursuit sous des bouquets de pins jusqu'à un **cirque** au bout de la vallée du Buëch. De sauvages escarpements surplombent de sombres forêts de sapins.

*Revenez sur la D 1075.*

La D 1075 serpente autour du lit caillouteux du Buëch, sous les hauteurs du Diois : à droite, les **serres**, longues crêtes décharnées, se succèdent. À gauche s'élèvent bientôt les pentes boisées de la montagne Durbonas.

Au-delà de **St-Julien-en-Beauchêne**, les monts aux flancs ravinés, piquetés de pins et de chênes, se coiffent d'aiguilles rocheuses que surmonte parfois une ruine féodale, comme à La Rochette, vestige d'un château fort du 12e s.

*4 km après La Faurie, prenez à gauche la D 994B.*

La route, superbe, passe un petit col.

### Veynes C2

Située sur l'axe Gap-Die, cette ancienne place forte souffrit beaucoup des passages successifs des huguenots et des troupes du duc de Savoie. En 1875, l'arrivée du rail fait de Veynes un nœud ferroviaire important dans le réseau alpin et favorise le développement industriel de la localité. Cent ans après, c'est le chauffage des maisons à l'énergie solaire qui a pris le relais de l'innovation.

#### « LA LUMIÈRE D'EN HAUT TE DIT D'ALLER PLUS HAUT »

Cette énergique devise est celle d'un des 400 cadrans solaires des Hautes-Alpes, illustrations d'une imagination populaire vive et d'un art pictural actif dans la région aux 18e et 19e s. Ils abondent en Queyras et en Briançonnais, mais les pays du Buëch en possèdent aussi de beaux exemplaires.

À **St-Julien-en-Beauchêne**, la maison forestière de la forêt de Durbon affiche deux cadrans du 18e s. La mairie d'**Aspres-sur-Buëch** en arbore un contemporain réalisé par des moines orthodoxes. Près de La Beaume, au **col de Cabre**, un cadran sculpté à même le rocher à la sortie ouest du tunnel perpétue sur 32 m$^2$ la mémoire de Ladoucette, premier préfet des Hautes-Alpes. Enfin, l'école primaire de **Serres** expose une méridienne indiquant la course du Soleil et les positions de l'équinoxe.

**Écomusée** – *R. du Jeu-de-Paume - ✆ 04 92 58 00 49 - www.ecomusee-cheminot.com - ♿ - juin-sept. : merc.-sam. 15h-19h ; vac. scol. : merc.-sam. 14h-18h - 3,50 € (-4 ans gratuit, -12 ans 1,50 €).* Il retrace la vie des cheminots, que l'on suit sur le chemin de fer de leurs souvenirs.

Après avoir exploré les ravissantes ruelles du **vieux village**, perché en lisière de garrigue, et admiré les façades peintes, vous pourrez partir pour de belles randonnées à pied ou à cheval et plonger dans le **plan d'eau des Isles** : sur ses 5,5 ha se pratiquent de nombreux sports nautiques.

*Quittez Veynes par la D 994 à l'est. À 2 km, prenez à gauche la D 937.*

### ★ Montmaur C2

Autrefois puissante place forte et baronnie du Dauphiné, ce village est aujourd'hui blotti dans la verdure, au pied des murailles protectrices de la montagne d'Aurouze et du pic de Bure. Derrière une façade austère, l'insolite règne dans son château.

**Château** – *✆ 04 92 58 02 42 - juil.-août : merc. et vend. 15h-18h - possibilité de visite guidée (1h30) : mar., jeu. et sam. 15h et 17h - 4 € (enf. 2 €).* Au 14e s., les Montauban élèvent une forteresse flanquée de quatre tours et entourée de remparts. Au 16e s., la famille de Flotte l'agrandit et la décore dans le style Renaissance. Mais les deux étages du haut brûlent en 1688. Celui du bas sera enterré au 19e s.

Malgré ses deux tours rondes, le château a perdu son aspect sévère de forteresse. Derrière ses fenêtres à meneaux et sa belle porte à bossages du 17e s., vous songerez à la vie de château dans quatre salles d'apparat : cheminées monumentales portant des chimères hermaphrodites, plafonds à la française aux poutres décorées, fresques et frises guerrières ou mythologiques. Des portes sculptées de représentations symboliques, des gypseries, des trompe-l'œil ajoutent au charme de cette demeure.

En 1930, un Anglais y installe une pension végétarienne baptisée Renova. Dans ce centre de remise en forme avant l'heure, on croise Giono, le roi des Belges ou le metteur en scène Henri-Georges Clouzot. En 1942-1944, le château abritera « la Chaîne », le réseau de résistance du commandant Mauduit.

*Revenez sur la D 994 et retraversez Veynes. À 5 km, prenez à droite la D 994A.*

### Aspres-sur-Buëch C2

Ce bourg actif au caractère déjà provençal s'enroule en escargot autour d'une ancienne motte féodale surmontée d'une tour-horloge. De là, **vue** sur l'originale composition du village et le cirque montagneux qui l'entoure.

Des thermiques vigoureux font d'Aspres un repaire des adeptes du **vol à voile** et du deltaplane : levez le nez, il y en a plein le ciel.

Après **Pont-la-Barque** où le petit Buëch rejoint son grand frère, la vallée s'étrangle dans le court défilé du pas de la Ruelle masquant l'entrée de Serres.

### ★ Serres B3

*Voir p. 261.*

## LE ROSANNAIS B3

▶ *Circuit tracé en vert sur la carte de microrégion (p. 244) – 93 km de Serres à Orpierre – Comptez 3h. Voir Serres, p. 262.*

## L'ORPIERROIS ET LES GORGES DE LA MÉOUGE B3/C4

▶ *Circuit tracé en vert sur la carte de microrégion (p. 244) – 61 km entre Orpierre et les gorges – Comptez environ 1h30. Voir Orpierre, p. 265.*

Le village de Serres blotti contre son rocher
*H. Lenain / hemis.fr*

## Randonnées Carte de microrégion

### ★ Pic d'Oule C2

*Montée 3h. Dénivelé 800 m.* De Veynes, traversez au sud le petit Buëch sur le pont de la Morelle puis empruntez le sentier qui mène à des fermes et franchit un petit torrent. S'élevant plein sud jusqu'au col d'Oule, le sentier traverse une belle forêt d'érables et de hêtres. On atteint le sommet en suivant la ligne de crête. Du sommet (alt. 1 607 m) s'offre un superbe **panorama★★** sur le val d'Oze et le massif de Bure.

### ★ Montagne de Céüse C2

Le relief tabulaire et isolé de la montagne de Céüse est étonnant. Plusieurs points de départ existent.

*De Veynes : à la sortie nord, empruntez la D 20 vers Châteauneuf-d'Oze puis, à la bifurcation, prenez à gauche la route forestière vers le col des Guérins.*

Rejoignez le tracé du **GR 94** qui contourne la montagne de Céüse par l'est. Ce circuit qui suit en partie une route forestière mène à Manteyer sur le versant nord-est.

*De la station de Céüse 2000 : prenez face à l'hôtel la piste qui atteint un replat, puis suivez la piste très raide du téléski des Marseillais jusqu'à son terme.*

Remontez vers le téléski du Torrent jusqu'à un poteau fléché et prenez un sentier longeant une croupe. Du pic de Céüse, magnifique **panorama★★** au nord sur le massif des Écrins et celui de Bure, et à l'est sur l'Ubaye.

Le retour peut s'effectuer par une variante vers l'ouest qui passe au sommet du site d'escalade, puis par le vallon d'Aiguebelle. Ensuite, suivez le parcours fléché « Céüse 2000 » jusqu'au point de départ.

### ★★ Plateau de Bure C2

*4h30 de montée. De Montmaur, prenez la D 320 en direction du col de Gaspardon (5 km). Garez-vous à la maison forestière des Sauvas (alt. 1 320 m).*

Un large chemin empierré s'élève au nord vers les falaises de Bure, sur la rive droite du torrent. En une heure, vous arrivez au roc des Hirondelles au pied de la combe d'Aurouze d'où part un sentier balisé en bleu. Après un petit col, vous atteignez le plateau de Bure (en tout, 3h30 de marche). En poursuivant vers l'est, vous gagnez en 45mn le sommet du pic de Bure (alt. 2708 m). Par temps dégagé, c'est l'un des plus beaux **panoramas★★★** des Alpes, depuis les contreforts du mont Blanc au nord-est jusqu'aux Cévennes *(à droite du mont Ventoux)* et aux massifs italiens.

## NOS ADRESSES DANS LES PAYS DU BUËCH

### VISITE

**Routes de la lavande** – *Voir p. 23.*

### HÉBERGEMENT

BUDGET MOYEN

**À Aspres-sur-Buëch**

**Chambre d'hôte Le Relais de St-Géraud** – *Rte de Grenoble - 05140 Aspres-sur-Buëch - 04 92 58 76 55 - www.relaisdesaintgeraud.com - P - 4 ch. 60 € , demi-pension possible.* Le propriétaire, également sculpteur, a restauré ce vieux relais de poste (1830) et y a aménagé de belles chambres d'hôte qui portent les noms des quatre éléments. Les repas sont servis au coin du feu l'hiver, ou dans la salle à manger d'été installée dans l'ancienne écurie.

### RESTAURATION

BUDGET MOYEN

**À Veynes**

**La Sérafine** – *Les Paroirs - 05400 Veynes - 2 km à l'est par rte de Gap et D 20 - 04 92 58 06 00 - fermé lun. et mar. - 25/32 €.* Jolie bâtisse (18e s.) où vous serez reçu comme à la maison. Cuisine du marché proposée oralement (deux menus changés chaque jour), accompagnée de bons vins. Terrasse en saison.

### ACHATS

**Bon à savoir** – On dit à Veynes qu'il fait « seille » lorsque l'aigre vent du nord redouble ses efforts. Curieusement, la **Seille** est aussi une douceur !

**À Veynes**

**Pâtisserie Gondre** – *Pl. de la République - 05400 Veynes - 04 92 57 26 12 - tlj sf lun. 9h-12h, 15h-19h, dim. 9h-12h - fermé mi-sept. à déb. oct.* Cette entreprise familiale jouit d'une solide réputation depuis sa création en 1841. Vérifiez vous-même la qualité de ses produits en goûtant des spécialités telles que la Seille (amande, miel et lavande), le Pic de Bure (clémentine confite et chocolat noir) ou les succulentes nouveautés régulièrement imaginées sur place. Un grand choix de chocolats au goût subtil.

### ACTIVITÉS

**À Aspres-sur-Buëch**

**Base du Chevalet** – *Aérodrome - 05140 Aspres-sur-Buëch - 04 92 58 61 22.* Tous les plaisirs du vol à voile sont réunis sur le site de l'aérodrome d'Aspres. Initiation ou perfectionnement à bord d'un biplace sous différentes formules, allant de l'heure de vol au stage de plusieurs jours. Le village de la base propose un hébergement en bungalows ou en camping, des restaurants et une piscine.

# Serres

★

1 322 Serrois – Hautes-Alpes (05)

NOS ADRESSES PAGE 263

### S'INFORMER

**Office du tourisme de Serres** – *Pl. du Lac - 05700 Serres - ✆ 04 92 67 00 67 - www.montagne-en-provence.com - juil.-août : lun.-sam. 9h30-18h30, dim. 9h30-12h ; reste de l'année : lun.-vend. 10h-12h30, 14h-17h30, sam. 9h30-12h, fermé dim. et j. fériés.*

### SE REPÉRER

Carte de microrégion B3 (p. 244) – *carte Michelin départements 334 C6.* Entre Gap (à 41 km au nord-est par la D 994) et Sisteron (à 34 km au sud-est par la D 1075).

### SE GARER

Un parking se trouve près du Buëch, à côté de l'office de tourisme.

### ORGANISER SON TEMPS

Comptez environ 1h30 de promenade.

**Un des villages les mieux préservés des pays du Buëch : Serres, à l'abri sous le rocher pointu de la Pignolette, étage ses façades colorées. En arpentant son dédale de fraîches ruelles et de passages, sur les traces de Lesdiguières, on replonge dans son passé mouvementé.**

## Se promener

**Bon à savoir** – Un plan-guide de Serres est disponible à l'office de tourisme.

Du parking, suivez à gauche la rue Varanfrain jusqu'à la **placette de la Fontaine** aux belles arcades. Prenez à droite pour aller admirer la façade de la **mairie** de style Renaissance, avec son parement de galets roulés tirés du Buëch. Son porche, du 17e s., s'orne d'une superbe porte en bois, d'un rouge cuivré. Dans le hall, belles voûtes du 16e s.

### Rue Henri-Peuzin

Sur la droite, le beffroi carré surmonté d'un campanile est appelé le **Portalet**. Le long de la rue s'ouvrent des **portes** ouvragées du 15e au 18e s. ; remarquez



### UN BASTION PROTESTANT

En 1576, le protestant **François de Bonne, duc de Lesdiguières**, achète la seigneurie de Serres. Il y installe son quartier général, son arsenal, sa fonderie et fait construire de belles demeures. Après la mort d'Henri IV, les luttes religieuses reprennent et en 1633 Richelieu ordonne la destruction de la citadelle et des remparts de Serres. Les protestants, subissant les dragonnades, se convertissent ou s'exilent.

surtout celle du n° 56, surmontée d'un balcon de pierre, et encore deux autres bien joliment sculptées sur le flanc sud de l'église.

Au n° 39, ne manquez pas la **maison de Lesdiguières★**. Sur la façade Renaissance, portrait sculpté de Marie Vignon, maîtresse puis épouse pour qui cet ami intime d'Henri IV fit rénover cette maison médiévale en 1585. Caractéristiques des riches demeures protestantes, les rustications (imitations de rochers) sont incrustées de galène pour faire étinceler la façade au couchant. La galène était extraite des mines de Sigotier, dont Lesdiguières tirait le plomb de ses boulets de canon.

**LE NAUFRAGÉ DE SERRES**

Le *Radeau de la Méduse* fut peint par Géricault en 1819. Parmi les rescapés de ce tragique naufrage, on reconnaît **Alexandre Corréard**, géographe né rue du Portail à Serres et ami du peintre.

### Ancien quartier juif

Face à l'église, un passage s'enfonce sous les maisons et se ramifie. Dans ce quartier presque souterrain, notez la hauteur des maisons dont certaines comptent six niveaux.

*Regagnez le parking par la rue des Remparts.*

*15mn.* De l'église, continuez la montée pour atteindre le haut du village. Passé la chapelle de Bonsecours, vous arrivez au **tombeau du Juif** (14e s., inscription en hébreu : « Rabbi Joseph, fils de Rabbi Natanel, d'heureuse mémoire »).

En poursuivant *(30mn)*, vous arrivez au **rocher de la Pignolette**, d'où la vue porte au loin.

## Circuit conseillé Carte de microrégion

**LE ROSANNAIS** B3

*Circuit tracé en vert sur la carte de microrégion (p. 244) – 93 km de Serres à Orpierre – Comptez 3h. Quittez Serres par la D 994.*

### L'Épine

Ce petit village, le long de la route, conserve quelques traces de son passé dans la rue principale à travers des linteaux et des « soustets ». Sur la butte où se trouvait un château est aujourd'hui posté un moulin à vent datant de 1800.

### Ribeyret

Petit bourg provençal. Avez-vous trouvé son cadran solaire sur la place du village ?

### Rosans

*R. Aristide-Briand - 05150 Rosans - ✆ 04 92 66 66 66 - www.rosans.com - juil.-août : lun.-merc. et vend. 10h-12h30, 15h-19h, w.-end 10h-12h ; avr.-juin et sept.-oct. : lun., merc. et vend. 9h30-12h30, 14h-17h ; nov.-mars : merc. et vend. 9h30-12h30 ; j. fériés : se rens.*

Le village le plus à l'ouest des Hautes-Alpes a l'air nettement provençal. Ses maisons des 16e et 17e s. se serrent en colimaçon au pied d'un imposant **donjon** carré du 13e s. *(Visite guidée en saison : se rens. au ✆ 04 92 66 66 66).*
*Sortez à l'est par la D 994 et prenez la D 949 à droite.*

### St-André-de-Rosans

Sur une voie de liaison entre Rhône et Durance, un important prieuré clunisien fut fondé à la fin du 10e s. Les guerres de Religion n'en ont laissé que les ruines d'une **église**, où les éléments d'un riche décor antiquisant rappellent ceux que l'on trouve dans la vallée du Rhône.

*Revenez à Rosans et poursuivez sur la D 994.*

### Verclause

Ce bourg fortifié, fief des dauphins au 13e s., occupe un site perché. Parmi les ruines, remarquez le puissant clocher et le donjon. Au bout du promontoire, **vue**★ exaltante sur la vallée de l'Eygues et la montagne de la Clavelière.

*Quittez Verclause par le sud (D 116).*

La route suit le lit de l'Eygues. Juste après Laux-Montaux, dans un virage, point de vue sur la **vallée de l'Armalauze**. Ensuite s'ouvrent les **gorges boisées du St-Cyrice.**

### ★ Orpierre

*Voir p. 264.*

*Poursuivez sur la D 30 pour rejoindre Eyguians et revenez à Serres par la D 1075.*

## NOS ADRESSES À SERRES

#### VISITE

**Routes des cadrans solaires** – *Voir p. 22.*

#### HÉBERGEMENT ET RESTAURATION

PREMIER PRIX

**Camping Domaine des Deux Soleils** – *05700 Serres - 0,8 km au sud-est par N 75 (rte de Sisteron), puis 1 km par rte à gauche, à Super-Serres - ✆ 04 92 67 01 33 - http://perso.wanadoo.fr/2soleils -* ♿ *- 72 empl. 21,25 €.* Ce camping dispose de bien des atouts pour un séjour agréable : un bel espace aquatique, une situation calme qui offre une vue exceptionnelle sur les montagnes et la vallée du Buëch. Location de mobile homes et de chalets. Piscine.

BUDGET MOYEN

**Hôtel des Alpes** – *R. du Lac - ✆ 04 92 67 00 18 - http://hoteldesalpes05.fr - fermé 11 Nov.-15 déc. - P - 6 ch. 49/60 € ☕, demi-pension possible.* Petit hôtel familial bordant la traversée du bourg. Chambres simples et calmes, garnies d'un mobilier quelque peu désuet, et restaurant proposant des menus à prix très raisonnables (crêpes salées, grandes assiettes du pays). Une adresse qui dépanne et présente l'avantage non négligeable d'être ouverte toute l'année.

#### ACTIVITÉS

**Domaine de Germanette** – *Rte de Sisteron - 3 km au sud de Serres par D 1075 puis D 50A - ✆ 04 92 67 03 77 - http://germanette.over-blog.com - juin-août : 10h-18h30.* Ce très joli plan d'eau entouré d'aires de pique-nique propose de nombreuses activités nautiques. Les enfants s'y sentiront comme « des poissons dans l'eau » : initiation à la mouche fouettée, jeux aquatiques, spectacles de clowns. Baignade gratuite jusqu'à 7 ans.

**Randonnée et VTT**

Des topoguides de randonnée pédestre et de circuits à vélo sont en vente à l'office du tourisme.

# Orpierre

★

323 Orpierrois – Hautes-Alpes (05)

NOS ADRESSES PAGE 266

### S'INFORMER

**Office du tourisme intercommunal des Baronnies** – *Pl. du Village - 05700 Orpierre - ✆ 04 92 66 30 45 - www.orpierre.fr - mar.-sam. : 10h-13h, 16h-19h.*

**Office du tourisme Laragnais-Gorges de la Méouge** – *Pl. des Aires - 05300 Laragne-Montéglin - ✆ 04 91 65 09 38 - www.ot-laragne.fr - juil.-août : lun.-vend. 9h-12h, 13h30-18h30, sam. et j. fériés 10h-12h30 ; reste de l'année : lun.-vend. 9h-12h, 13h30-17h30, sam. 10h-12h30 - fermé dim. et j. fériés.*

### SE REPÉRER

Carte de microrégion B3 (p. 244) – *carte Michelin Départements 334 C7.*
Au bord du Céans, à l'extrême est des Baronnies, Orpierre est dominé par le Suillet (alt. 1 324 m) et le Grand Puy. À 19 km au sud de Serres, d'où l'on peut rejoindre la vallée du Buëch.

### SE GARER

Parking près de l'église ou à proximité du torrent du Belleric.

### ORGANISER SON TEMPS

Comptez 1h de flânerie.

### AVEC LES ENFANTS

Des initiations à l'escalade sont proposées à la falaise de Quatre-Heures du Quiquillon *(voir « Nos adresses à Orpierre »).*

**À la vue de ce village situé entre Buëch et Baronnies, Giono s'enthousiasmait : « Orpierre que des pierres d'or portent sous un ciel de lavande ». Sous la protection du Quiquillon et de ses falaises appréciées des grimpeurs, vieilles ruelles et maisons restaurées nous racontent un pan d'histoire de France.**

## Se promener

Il fait bon arpenter le **vieux village**, dédale de rues, de placettes et de **drailles**, passages étroits et couverts. En partant du Café des Alpes, remontez la **Grand-Rue**, qui a gardé de belles portes, vestiges d'hôtels de la Renaissance des Chalon-Arlay, Autard de Bragard, Bozonier. Revenez sur vos pas et descendez à droite sous la voûte des Cassettes Boureynaud, draille menant au quartier juif. De là, vous atteignez la place de la Fontronde où se trouve une jolie **fontaine** octogonale du Moyen Âge.
En prenant à gauche, vous arrivez au bas du village. Traversez le Céans sur une passerelle menant à des vergers fleuris, puis longez la rivière pour revenir sur l'autre rive par un pont en bois. En face, vous regagnez la Grand-Rue puis la **Bourgade**, quartier construit après la Saint-Barthélemy (1572). Au bout, une route à droite monte au-dessus du village : de là, vous pourrez contempler l'enchevêtrement des toits de tuiles romaines.

**UN BARON CATHOLIQUE EN PAYS PROTESTANT**

Au 13e s., le dauphin donne Orpierre à Jean Chalon, seigneur d'Orange, qui érige son nouveau fief en baronnie. Les Nassau, qui régneront sur la Hollande, succèdent aux Chalon. Leur héritier, **Guillaume le Taciturne**, élevé dans la foi catholique, tente en vain d'enrayer les progrès de la Réforme. Finalement, c'est lui qui doit se déclarer protestant. En 1713, par le traité d'Utrecht, la baronnie d'Orpierre réintègre le domaine royal. Une page d'histoire est tournée, mais l'axe de communication avec Orange conserve le nom de « route des Princes d'Orange ».

**Sentier botanique** – *Au départ du village en direction de la cascade du Belleric, à proximité du torrent, au pied du Quiquillon.* Une cinquantaine d'essences différentes d'arbres et d'arbustes sont présentes ici.

# À proximité

### Les danseurs des cimes

Sur les parois d'Orpierre se déploient de véritables chorégraphies, car les 400 voies (du niveau 3 au 8c) attirent de loin les amateurs d'escalade. La proue vigoureuse du **Quiquillon★** offre plus de 200 voies équipées, dont les noms sont à l'image des sensations ressenties : « jungle en folie », « terreur du chien fou », etc. Les promeneurs pourront pousser jusqu'à la **cascade de Belleric**, autre site d'évolution exposé plein sud, qui dispose de voies d'initiation sur la partie gauche.

# Circuit conseillé Carte de microrégion

### L'ORPIERROIS ET LES GORGES DE LA MÉOUGE BC3-4

*Circuit tracé en vert sur la carte de microrégion (p. 244) – 61 km entre Orpierre et les gorges – Comptez environ 1h30. Prenez la D 30 en direction d'Eyguians.*
Après quelques défilés, la **vallée du Céans** s'élargit brusquement : voici Lagrand, dominant du haut d'un petit plateau le confluent du Buëch, du Céans et de la Blaisance.
*Tournez à gauche.*

### Lagrand

La jolie mairie est typique des bastides provençales du 18e s.
**Église romane** – *04 92 66 25 35 - juil.-sept. : tte la journée.* C'est tout ce qui subsiste d'un important prieuré relevant de l'ordre du Saint-Sépulcre-de-Jérusalem, puis de l'ordre de Cluny. Dans une niche à droite, remarquez un tabernacle en bois doré.
*Reprenez la D 30.*

### Eyguians

C'est une ancienne seigneurie des barons de Mevouillon qui tenaient toutes les Baronnies. Ne manquez pas sur l'ancien relais de poste le **cadran solaire**, l'un des nombreux que compte la région du Laragnais !
*Revenez sur la D 30, traversez Pont Lagrand jusqu'au rond-point et prenez la sortie vers Saléon.*

### Saléon

Ce petit bourg offre une **vue** imprenable sur la vallée du Buëch et ses terres agricoles. Il doit son nom à une fontaine salée.

*Prenez D 330 puis, à proximité de Laragne-Montéglin, tournez à droite sur la D 942. Traversez Le Plan et continuez sur la D 942.*

### ★ Gorges de la Méouge

Cet affluent du Buëch a creusé des gorges vertigineuses sur plus de 4 km. Cascades et trous d'eau s'y succèdent pour la plus grande joie des baigneurs et des kayakistes. Joli coup d'œil sur les gorges à hauteur de **Pomet**.

À **Barret-sur-Méouge**, à la sortie ouest des gorges, montez à droite jusqu'à Barret-le-Haut et les vestiges d'une chapelle du 11e s. d'où vous admirerez le point de vue sur les gorges. Avant de quitter ce village, prenez le temps de regarder le cadran solaire sur le mur de l'école communale et de méditer sa devise : « Certains resteront, d'autres choisiront l'illusoire chemin du partir ».

Le « chemin du partir » justement consiste pour vous à aller jusqu'au hameau de la Calandre puis à prendre à droite la D 170 en montée vers le **col St-Jean**. Vous atteignez à **Laborel** la vallée du Céans que vous descendrez jusqu'à Orpierre.

Au sortir des gorges, vous pouvez également poursuivre vers **Montbrun-les-Bains** *(voir p. 274)*.

## NOS ADRESSES À ORPIERRE

### VISITES

**Routes de la lavande** – *Voir p. 23.*

### HÉBERGEMENT

#### PREMIER PRIX

**Camping Les Princes d'Orange** – *Lieu-dit Le Flonsaine - 300 m au sud du bourg, à 150 m du Céans - 04 92 66 22 53 - www.campingorpierre.com - de déb. avr. à mi-oct. - - 100 empl. 27,60 €.* Perché à 700 m d'altitude, ce camping plaira surtout aux amoureux de la nature et aux amateurs d'escalade. Piscine avec toboggan. Caravanes et chalets à louer.

#### BUDGET MOYEN

**Hôtel Le Céans** – *Rte des Princes d'Orange - 04 92 66 24 22 - www.le-ceans.fr.st - ouvert 15 mars-1er nov. et fermé merc. d'oct. au 15 avr. - P - Wifi - 21 ch. 46/90 € - 10 €, demi-pension possible - 16/37 €.* Au sein d'un hameau du massif des Baronnies, petites chambres et pavillons familiaux dispersés dans un parc agreste descendant jusqu'à la rivière. À table, ambiance pension de famille et cuisine ménagère d'inspiration régionale. Terrasse côté rue.

### ACTIVITÉS

**Randonnée et VTT**

Plusieurs circuits pédestres et circuits VTT partent d'Orpierre ou des environs. Guides et topoguides sont en vente dans les offices de tourisme.

**Escalade**

Au nord du Quiquillon, la falaise de Quatre-Heures permet un bon apprentissage de l'escalade dans des conditions de sécurité maximales.

# Buis-les-Baronnies

★

2 290 Buxois – Drôme (26)

NOS ADRESSES PAGE 272

**S'INFORMER**
**Office du tourisme de Buis-les-Baronnies** – *18 bd Michel-Eysseric - 26170 Buis-les-Baronnies - ☏ 04 75 28 04 59 - www.buislesbaronnies.com - mai-sept. : lun.-sam. 9h-12h, 14h30-18h, dim. et j. fériés 10h-12h30, 15h-17h30 ; reste de l'année : lun.-sam. 9h-12h, 14h-17h30 - fermé dim. et j. fériés.*

**SE REPÉRER**
Carte de microrégion A3-4 (p. 244) – *carte Michelin Départements 332 E8.*
À la sortie des gorges d'Ubrieux, Buis groupe ses maisons à l'écart de la vallée du Rhône, juste ce qu'il faut pour échapper à l'agitation des hommes et du mistral tout en restant facile d'accès. L'A 7 est à 60 km à l'ouest.

**ORGANISER SON TEMPS**
Comptez 2h de promenade en ville et 3h pour le circuit des Baronnies de Buis : bref, vous y passerez au moins la journée. Entre le 10 juin et le 10 juillet, selon l'altitude, la cueillette familiale du tilleul offre un joli spectacle avec les grandes échelles dressées dans les arbres.

**Parties de pétanque, anisettes en terrasse, cigales... Buis et toutes les Baronnies, c'est le charme du Midi authentique avec le mont Ventoux comme horizon. Les petites routes serpentent entre oliviers, abricotiers, cerisiers et lavande. Et sous les platanes, sur la digue bordant l'Ouvèze, Buis devient chaque année le « Wall Street de l'infusion » en accueillant le plus grand marché au tilleul d'Europe.**

## Se promener

La ville serait née à l'ombre d'un grand buis, voisin d'une source. Peut-être est-ce à ces temps lointains que remonte l'origine de sa passion arboricole... Car à Buis-les-Baronnies, on aime les arbres. La confrérie des Chevaliers du Tilleul, comme celle des Chevaliers de l'Olivier, s'attache farouchement, et avec humour, à sauvegarder ces essences merveilleuses.

### ★ VIEILLE VILLE

*Circuit au départ de l'allée des Platanes – Comptez 2h.*

**Esplanade**
Rien de plus typiquement provençal que ce long cours ombragé de platanes, surtout le mercredi matin quand le **marché** déploie ses étals aux couleurs parfumées.
En face du cours, sur la rive gauche, se dresse le **rocher St-Julien** (767 m), piton calcaire et site d'escalade réputé.
*Passez sous la porte de Ste-Euphémie et laissez à votre gauche la place du Marché.*

*Reprenez la D 568 jusqu'à la D 162 et tournez à droite vers St-Sauveur-Gouvernet.*

À la descente, la vue s'étend sur le massif du Ventoux. Remarquez sur la gauche la longue échine rocheuse de la montagne de Grimagne.

*Après St-Sauveur-Gouvernet, poursuivez sur la D 64 en direction de St-Auban-sur-l'Ouvèze (voir Montbrun-les-Bains, p. 274) que vous apercevrez en face de vous au moment de prendre, à droite, la D 546 qui ramène à Buis-les-Baronnies.*

La D 546 franchit les pittoresques **gorges d'Ubrieux**.

### HAUTE VALLÉE DU TOULOURENC B3-4

*Voir la carte de microrégion (p. 244) – 80 km – Comptez environ 2h30. Voir Montbrun-les-Bains, p. 275.*

## NOS ADRESSES À BUIS-LES-BARONNIES

### VISITES

**Routes de l'olivier** – *Voir p. 23.* Dépliant « Route de l'olivier en Baronnies » disponible sur Internet.

**Routes de la lavande** – *Voir p. 23.* Au cœur du circuit « Les Préalpes provençales, les Baronnies du Buëch » décrit dans le guide *Les Routes de la lavande,* mis à disposition gratuitement dans les offices de tourisme.

### HÉBERGEMENT

#### PREMIER PRIX

**Camping Les Éphélides** – *Quartier Tuves - 1,4 km au sud-ouest par av. de Rieuchaud - ☎ 04 75 28 10 15 - www.ephelides.com - de mi-mai à déb. sept. - ♿ - 40 empl.* Vous serez accueilli chaleureusement par la propriétaire de ce camping, niché au creux de la vallée de l'Ouvèze, en bordure de rivière. Piscine. Location de chalets, bungalows et caravanes.

#### POUR SE FAIRE PLAISIR

**Hôtel Les Arcades-Le Lion d'Or** – *Pl. du Marché - ☎ 04 75 28 11 31 - www.hotelarcades.fr - ouvert mars-nov. - Wifi - 15 ch. 55/74 € - ☕ 8,50 €.* L'entrée de l'hôtel se fait sous les belles arcades (15e s.) de la place centrale. Chambres rénovées, joliment personnalisées. Le charmant jardin intérieur vaut le coup d'œil.

**Chambre d'hôte L'Ancienne Cure** – *2 r. du Paroir - ✆ 04 75 28 22 08 - www.ancienne-cure.com - fermé 16 nov.-22 déc. et 6-30 janv. - P ⊭ - 5 ch. 75/120 € ☕, demi-pension possible.* Cette demeure du 16e s., ancienne propriété de l'évêché de Valence, affiche une décoration des plus raffinées, à l'extérieur comme à l'intérieur. La cour ombragée d'un tilleul et son jacuzzi participent au charme des lieux et vous invitent à une totale relaxation.

ACHATS

**Bernard Laget** – *Pl. aux Herbes - ✆ 04 75 28 16 42 - www.bernardlaget.com - fermé janv.-fév., j. fériés, mar. hors saison, dim. en juil.-août.* Vous trouverez dans cette boutique des plantes aromatiques, des huiles essentielles, des infusions, des épices rares, des produits cosmétiques naturels, etc.

EN SOIRÉE

### À proximité

**Le Canard en Bois** – *Le Village - 26510 Montréal-les-Sources - 5 km à l'est de Sahure par D 205 - ✆ 04 75 27 42 04 - http://lecanardenbois.over-blog.com - horaires : se rens. - 12 € (-12 ans 8 €).* Dans un cadre sylvestre, ce cabaret dédie sa scène à la découverte de nouveaux talents en matière de chanson française, de théâtre et de musique acoustique. À l'issue des représentations, le patron, Marcel Moratal, fait couler le vin à flot et la discussion ne tarde pas à s'engager avec les artistes.

ACTIVITÉS

### Escalade

Buis-les-Baronnies est un haut lieu historique de l'escalade en France, de renommée internationale. Le rocher St-Julien ainsi que les gorges d'Ubrieux disposent de nombreuses voies équipées.

### Randonnées et VTT

Plusieurs circuits pédestres sont proposés au départ du Buis. Quatre circuits VTT balisés autour de Buis. Possibilité de randonnées accompagnées. Guides et topoguides sont en vente à l'office de tourisme.

AGENDA

**Tilleul en Baronnies** – Cette manifestation prend la suite de la traditionnelle Foire au tilleul. Elle s'organise à la mi-juillet autour du marché au tilleul et du Salon du livre des plantes. Elle rappelle, s'il en était besoin, le rôle emblématique du tilleul dans la région.

# Montbrun-les-Bains

★

448 Montbrunois – Drôme (26)

NOS ADRESSES PAGE 276

### S'INFORMER

**Office du tourisme de Montbrun** – *L'Autin - 26570 Montbrun-les-Bains - 04 75 28 82 49 - www.montbrunlesbainsofficedutourisme.fr - lun.-sam. 9h-12h, 13h30-18h, dim. et j. fériés 10h-12h - fermé 1er janv. et 25 déc.*

**Routes de la lavande** – *Voir p. 23.*

### SE REPÉRER

Carte de microrégion B4 (p. 244) – *carte Michelin Départements 332 F8.* Montbrun est bâti sur les contreforts du Ventoux, au sortir des gorges du Toulourenc. Sault n'est qu'à 12 km au sud par la D 942.

### ORGANISER SON TEMPS

Prévoyez une demi-journée, circuit compris.

**De la Provence, ce village qui compte parmi les plus beaux de France n'a gardé que le meilleur : autour de ses hautes maisons flottent des parfums ensoleillés de lavande et d'aromates, spécialités locales. Mais ici ni mistral ni canicule. Entre Lure et Ventoux, le village médiéval est bien à l'abri, dans un havre de verdure qui contraste avec les paysages arides de la région.**

## Se promener

### Place du Beffroi

Le beffroi, ou **tour de l'Horloge** (14e s.), haute tour crénelée, était l'une des quatre portes fortifiées de la ville. De la terrasse qui la précède, **vue** étendue sur la vallée de l'Anary, le village perché de Reilhannette et la silhouette blanche du Ventoux.

### Église

*04 75 28 82 49 - possibilité de visite guidée sur RV - gratuit.*

Avec un extérieur si sobre, comment soupçonnerait-on la richesse de l'intérieur ? Admirez la luxuriante décoration du 17e s., l'éclat des couleurs et des dorures rajeunies par une restauration, les murs plaqués de panneaux de bois traités en faux marbre rose et gris, et le superbe **retable★**, œuvre de la célèbre famille d'artisans des Bernus.

### EAUX DE JOUVENCE

Déjà exploitées par les Romains, les **sources sulfureuses** de Montbrun sont excellentes pour le traitement des rhumatismes, pour les cures ORL ou pour se remettre en forme. Montbrun fut une station thermale réputée du 16e s. à la Première Guerre mondiale. Son activité a repris en 1987 *(voir « Nos adresses à Montbrun-les-Bains »).*

### Château

Ce qu'il en reste, les ruines et les quatre tours rondes, permet de se représenter l'énorme taille de cette forteresse qui pouvait loger à leur aise 200 hommes et leurs chevaux. Élevé au 14e s., démantelé puis reconstruit en 1564, il possède une belle porte d'entrée Renaissance.

## Circuit conseillé Carte de microrégion

### HAUTE VALLÉE DU TOULOURENC B3-4

*Circuit tracé en vert sur la carte de microrégion (p. 244) – 80 km – Comptez environ 2h30. Quittez Montbrun pour rejoindre la D 159.*
La route traverse une fertile vallée pleine de vergers.

### ★ Gorges du Toulourenc B4

Entre les montagnes de l'Ubac et du Buc, le Toulourenc a taillé des gorges profondes où il bondit de roche en roche, formant un bel escalier d'eau. Au débouché des gorges apparaît la majestueuse silhouette du château d'Aulan.
*Prenez à gauche la D 359.*

### Aulan B4

**Château** – *04 75 28 80 00 ou 06 37 25 90 24 - juil.-août : 10h-12h, 14h-18h ; mai-juin et sept. : w.-end et j. fériés 16h et 17h ; reste de l'année : se rens. - visite guidée (40mn) - fermé nov. et déc. - 4,50 € (-13 ans 2,50 €).*
Déjà au 12e s., un château défendait ici le territoire des Mévouillon, mais ses bâtiments ont été détruits. Les Suarez d'Aulan le remontèrent complètement au 19e s., avec son corps de logis flanqué d'un puissant donjon et d'une tour ronde. À l'intérieur, beau mobilier et très nombreux portraits et souvenirs de la famille Suarez d'Aulan : proustien en diable ! Belle Adoration des Mages peinte par Léonard Bramer (école flamande du 17e s.).
**Église** – *04 75 28 80 00 - visite guidée sur demande (2 j. av.) - juil.-août la visite de l'église est comprise dans celle du château.* Bien que remaniée, elle conserve son abside du 12e s. À l'intérieur, autel baroque (18e s.).
*Continuez sur la D 359, puis prenez à gauche la D 546.*
Après Aulan, la route traverse un paysage rude et sec où les champs de lavande épousent les courbes de niveau.

### St-Auban-sur-l'Ouvèze B3

Ce vieux village fortifié, bâti sur un promontoire rocheux, s'est spécialisé dans les plantes médicinales (tilleul, sauge, camomille) et aromatiques. Montez à la **place Péquin** : fascinante vue sur la faille du rocher du Rang en forme de V, la montagne de la Clavelière et les fermes disséminées alentour.
Tout près, le **serre de Rioms** invite à randonner au cœur d'une châtaigneraie.
*Revenez sur la D 65, prenez à droite vers le col de Perty.*
En passant à **Montguers**, jetez un œil sur la charmante chapelle isolée sur le plateau. Après les hameaux de Ruissas et de la Combe aux maisons massives, la route s'élève en lacet au milieu d'un paysage sauvage, avec des **vues** merveilleuses sur l'ensemble des Baronnies.

### ★ Col de Perty B3

*10mn AR. Un sentier à droite mène à la table d'orientation.*

### UNE FORTE TÊTE

En 1530 naît au château **Charles Dupuy-Montbrun**. Intrépide et cruel, gagné au calvinisme, il en devient l'un des chefs les plus connus, d'abord sous les ordres du redoutable baron des Adrets. Sa vie n'est qu'une suite de combats entrecoupés de trêves. En 1564, au moment de la paix d'Amboise, il rentre chez lui et retrouve son château démantelé par les catholiques. Il le fait aussitôt reconstruire. Après le massacre de la Saint-Barthélemy (1572), les guerres de Religion reprennent de plus belle. Sillonnant les Baronnies, le seigneur de Montbrun y impose sa loi et massacre les catholiques. Finalement capturé, il est condamné par la cour de justice de Grenoble et décapité le 13 août 1575.

Alt. 1 302 m. Beau **panorama** sur le bassin de la Durance et les Alpes du Sud à l'est, la vallée de l'Ouvèze et le massif du Ventoux à l'ouest, et par temps clair sur les Cévennes et le mont Lozère.

La descente vers Laborel suit le **vallon du Céans**.

*Tournez à droite à Laborel et prenez la D 170.*

Montée vers le **col St-Jean** avec, en perspective, à l'ouest la montagne d'Herc et à l'est celle de Chabre.

*Prenez à droite la D 542.*

Passé **Séderon**, paisible bourg à l'allure montagnarde dominé par la montagne de Bergiès (1 367 m), vous arrivez au **col de Macuègne** (alt. 1 068 m), puis revenez à Montbrun par le vallon de l'Anary, hérissé de pitons.

## NOS ADRESSES À MONTBRUN-LES-BAINS

### ACTIVITÉS

**Établissement thermal Valvital** – *Route de Ferrassières - 26570 Montbrun-les-Bains - ✆ 04 75 28 80 75 - www.valvital.fr - fermé de mi-nov. à mi-mars.* Reconstruits en 1987, les thermes de Montbrun sont spécialisés dans le traitement des voies respiratoires et la rhumatologie. Centre de remise en forme et espace détente (piscine thermale, hammam, sauna, terrasse panoramique avec jacuzzi, etc).

Montbrun-les-Bains

*Nicolas T./hemis.fr*

**N°1 mondial des pneumatiques avec 17,1 % du marché**

**Une présence commerciale dans plus de 170 pays**

## Une implantation industrielle au cœur des marchés

**68** sites industriels dans **19** pays ont produit en 2008 :

- **177** millions de pneus
- **16** millions de cartes et guides

## Des équipes très internationales

Plus de **117 500** *employés* de toutes cultures sur tous les continents dont* **6 000** personnes employés dans les centres de R&D en Europe, aux Etats-Unis, en Asie.

*110 252 en équivalents temps plein

# Le groupe Michelin en un coup d'œil

## Michelin présent en compétition

A fin 2008

- **24h du Mans**
  11 années de victoires consécutives
- **Endurance 2008**
  - 5 victoires sur 5 épreuves en Le Mans Series
  - 10 victoires sur 10 épreuves en American Le Mans Series
- **Paris-Dakar**
  Depuis le début de l'épreuve, le groupe Michelin remporte toutes les catégories
- **Moto GP**
  26 titres de champion du monde des pilotes en catégorie reine
- **Trial**
  Tous les titres de champion du monde depuis 1981 (sauf 1992)

# Michelin, implanté près de ses clients

**68 sites de production dans 19 pays**

- Algérie
- Allemagne
- Brésil
- Canada
- Chine
- Colombie
- Espagne
- Etats-Unis
- France
- Hongrie
- Italie
- Japon
- Mexique
- Pologne
- Roumanie
- Royaume-Uni
- Russie
- Serbie

**Un centre de Technologies réparti sur 3 continents**

- Amérique du Nord
- Asie
- Europe

**2 plantations d'hévéa**

- Brésil

## Notre mission

Contribuer, de manière durable, au progrès de la mobilité des personnes et des biens en facilitant la liberté, la sécurité, l'efficacité et aussi le plaisir de se déplacer.

# Michelin s'engage pour l'environnement

**Michelin, 1er producteur mondial de pneus à basse résistance au roulement, contribue à la diminution de la consommation de carburant et des émissions de gaz par les véhicules.**

Michelin développe, pour ses produits, les technologies les plus avancées afin de :

- diminuer la consommation de carburant, tout en améliorant les autres performances du pneumatique ;
- allonger la durée de vie pour réduire le nombre de pneus à traiter en fin de vie ;
- privilégier les matières premières à faible impact sur l'environnement.

Par ailleurs, à fin 2008, 99,5 % de la production de pneumatiques en tonnage est réalisé dans des usines certifiées ISO 14001*.

Michelin est engagé dans la mise en œuvre de filières de valorisation des pneus en fin de vie.

* certification environnementale

VOLVO
VOLVO

**Deux roues** **Distribution**

**Partenaire des constructeurs, à l'écoute des utilisateurs, présent en compétition et dans tous les circuits de distribution, Michelin ne cesse d'innover pour servir la mobilité d'aujourd'hui et inventer celle de demain.**

**Cartes et Guides**

**ViaMichelin,** des services d'aide au voyage

**Michelin Lifestyle,** des accessoires pour vos déplacements

# MICHELIN
# joue l'équilibre des performances

- **Longévité des pneumatiques**
- **Economies de carburant**
- **Sécurité sur la route**

... les pneus MICHELIN vous offrent les meilleures performances, sans en sacrifier aucune.

# Le pneu MICHELIN
# un concentré de technologie

**1 Bande de roulement**
Une épaisse couche de gomme assure le contact avec le sol. Elle doit évacuer l'eau et durer très longtemps.

**2 Armature de sommet**
Cette double ou triple ceinture armée est à la fois souple verticalement et très rigide transversalement. Elle procure la puissance de guidage.

**3 Flancs**
Ils recouvrent et protègent la carcasse textile dont le rôle est de relier la bande de roulement du pneu à la jante.

**4 Talons d'accrochage à la jante**
Grâce aux tringles internes, ils serrent solidement le pneu à la jante pour les rendre solidaires.

**5 Gomme intérieure d'étanchéité**
Elle procure au pneu l'étanchéité qui maintient le gonflage à la bonne pression.

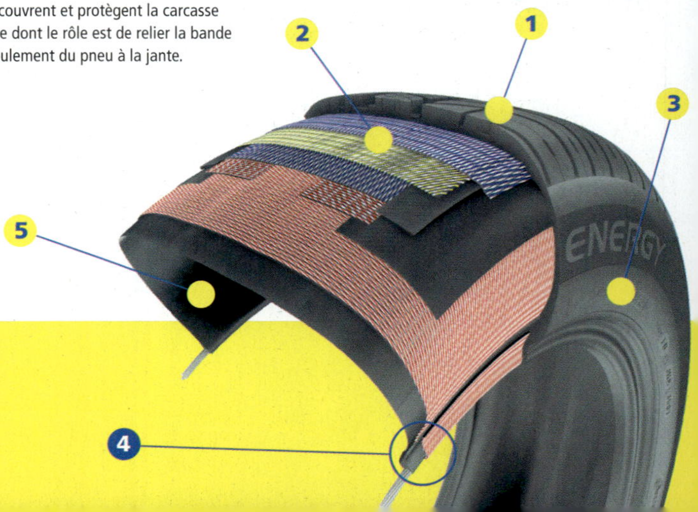

# Suivez les conseils du bonhomme MICHELIN

**Pour gagner en sécurité**

- Je roule avec une pression adaptée
- Je vérifie ma pression tous les mois
- Je fais contrôler régulièrement mon véhicule
- Je contrôle régulièrement l'aspect de mes pneus (usure, déformations)
- J'adopte une conduite souple
- J'adapte mes pneus à la saison

www.michelin.com
www.michelin.(votre extension pays - ex : fr pour France)

# La moyenne Durance et les Préalpes de Digne 7

Carte Michelin Départements 334 – Alpes-de-Haute-Provence (04)



Les Pénitents des Mées.

*F. Guiziou / hemis.fr*

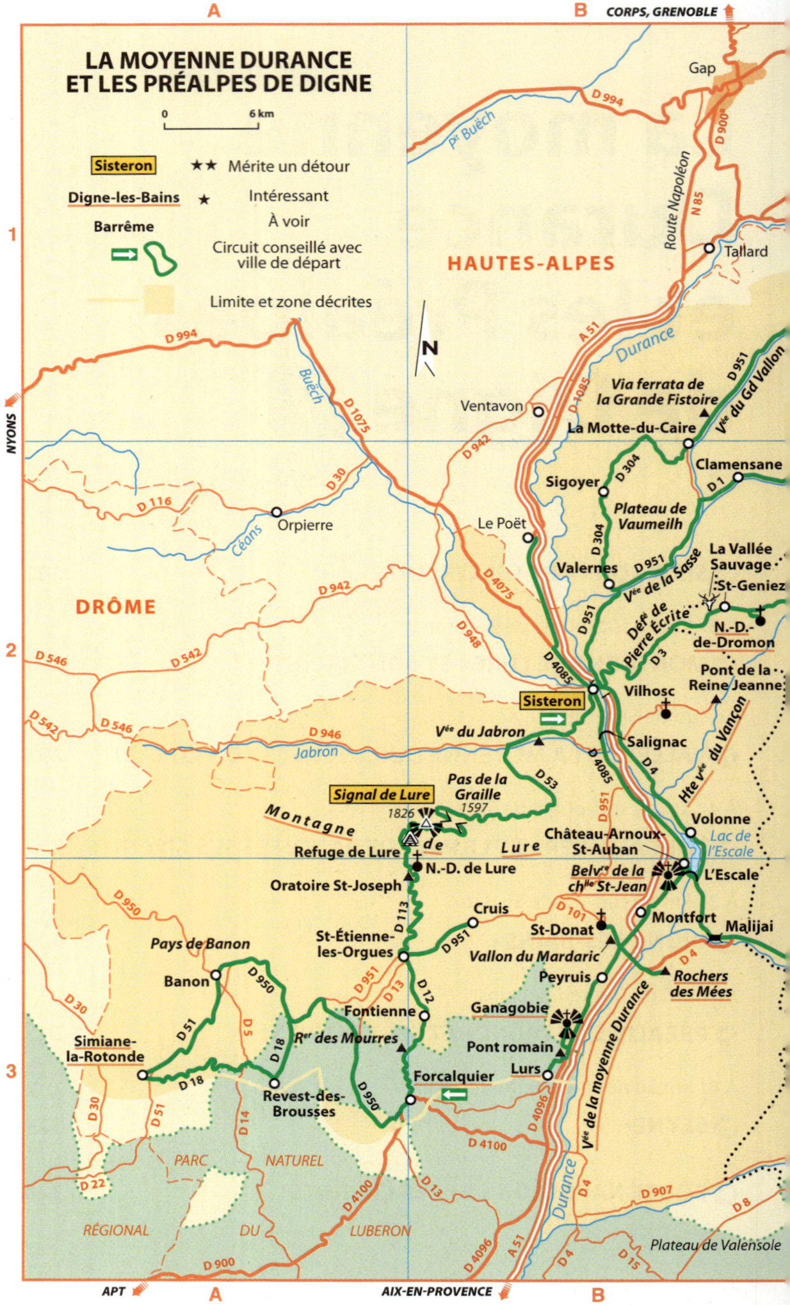
LA MOYENNE DURANCE ET LES PRÉALPES DE DIGNE
0
6 km
Sisteron
★★ Mérite un détour
Digne-les-Bains
★ Intéressant
Barrême
À voir
Circuit conseillé avec ville de départ
Limite et zone décrites
N
A
B
CORPS, GRENOBLE
NYONS
APT
AIX-EN-PROVENCE
1
2
3
HAUTES-ALPES
DRÔME
Gap
D 994
Pt Buëch
D 900
Route Napoléon
N 85
Tallard
Durance
A 51
D 951
Via ferrata de la Grande Fistoire
Vée du Gd Vallon
Ventavon
D 1085
La Motte-du-Caire
Clamensane
Sigoyer
D 304
D 1
Plateau de Vaumeilh
Le Poët
Valernes
La Vallée Sauvage
Vée de la Sasse
St-Geniez
Défé de Pierre Écrite
N.-D.-de-Dromon
D 3
Pont de la Reine Jeanne
Vilhosc
Sisteron
Salignac
Vée du Jabron
D 946
Jabron
D 4085
D 4
Hte Vée du Vançon
Pas de la Graille
1597
Signal de Lure
1826
Montagne de Lure
D 53
Refuge de Lure
N.-D. de Lure
Oratoire St-Joseph
Volonne
Château-Arnoux-St-Auban
Lac de l'Escale
Belvre de la chlle St-Jean
L'Escale
Montfort
Malijai
D 101
Cruis
St-Donat
D 113
St-Étienne-les-Orgues
Vallon du Mardaric
D 4
Rochers des Mées
Peyruis
Pays de Banon
Banon
D 950
D 12
D 13
Fontienne
Ganagobie
Vée de la moyenne Durance
Rer des Mourres
Pont romain
Simiane-la-Rotonde
D 51
D 5
D 18
Lurs
Forcalquier
Revest-des-Brousses
D 4096
D 4100
D 30
D 14
D 22
PARC
NATUREL
RÉGIONAL
DU
LUBERON
D 907
D 8
Plateau de Valensole
D 15
D 900
D 994
Buëch
D 1075
D 30
D 116
Orpierre
Céans
D 942
D 4075
D 948
D 546
D 542

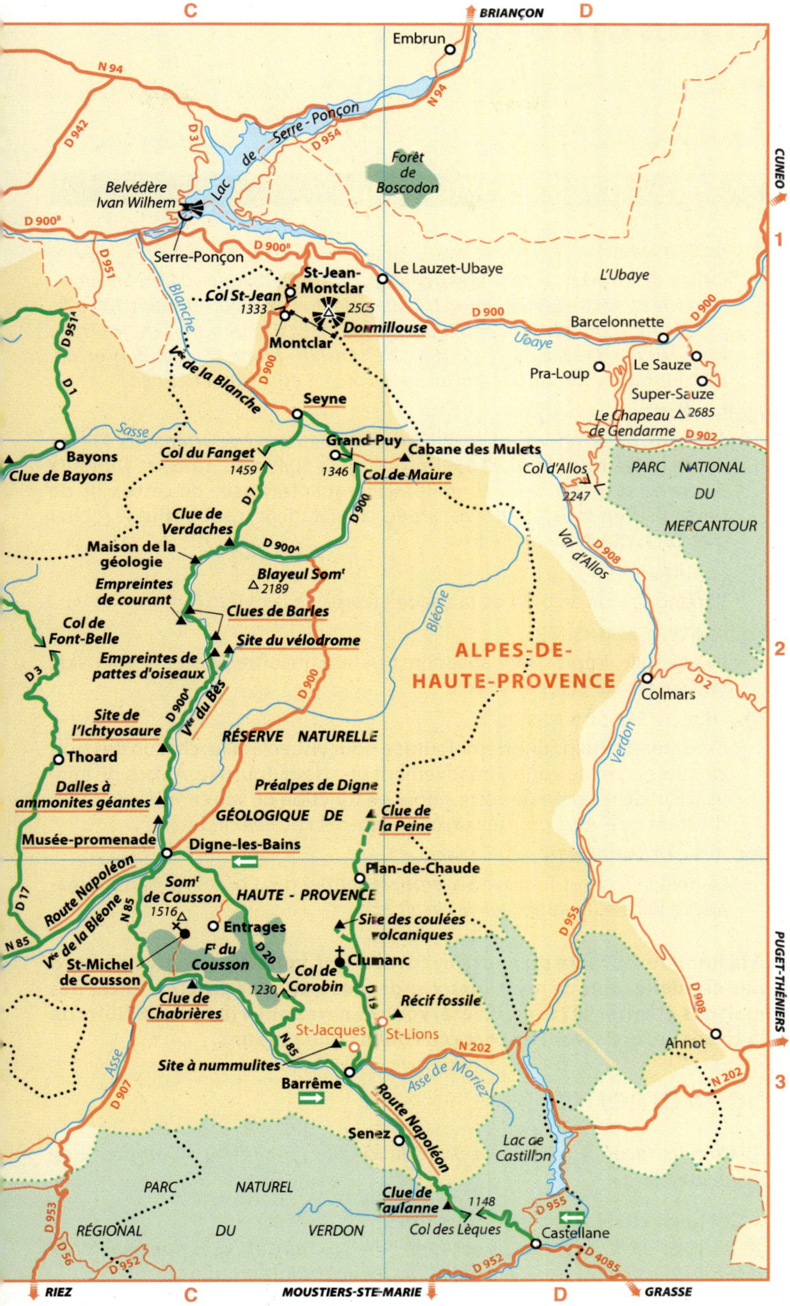
C
BRIANÇON
D
Embrun
N 94
Lac de Serre-Ponçon
D 942
D 3
D 954
Forêt de Boscodon
CUNEO
Belvédère Ivan Wilhem
D 900B
Serre-Ponçon
D 951
1
St-Jean-Montclar
Le Lauzet-Ubaye
L'Ubaye
Col St-Jean
1333
2565
Domillouse
Montclar
D 900
Barcelonnette
Ubaye
Blanche
Vée de la Blanche
Pra-Loup
Le Sauze
Super-Sauze
D 951A
D 1
Seyne
Le Chapeau de Gendarme
2685
Sasse
Grand-Puy
Cabane des Mulets
D 902
Bayons
Clue de Bayons
Col du Fanget
1459
1346
Col de Maure
Col d'Allos
2247
PARC NATIONAL DU MERCANTOUR
D 7
Clue de Verdaches
Maison de la géologie
D 900A
Val d'Allos
D 908
Blayeul Somt
2189
Empreintes de courant
Clues de Barles
Col de Font-Belle
Site du vélodrome
Bléone
ALPES-DE-HAUTE-PROVENCE
2
Empreintes de pattes d'oiseaux
D 3
D 2
Colmars
Vée du Bès
Site de l'Ichtyosaure
RÉSERVE NATURELLE
Verdon
Thoard
Dalles à ammonites géantes
Préalpes de Digne
GÉOLOGIQUE DE
Clue de la Peine
Musée-promenade
Digne-les-Bains
Route Napoléon
Somt de Cousson
1516
HAUTE - PROVENCE
Plan-de-Chaude
D 17
D 955
N 85
Vée de la Bléone
Entrages
Site des coulées volcaniques
Ft du Cousson
St-Michel de Cousson
Clumanc
Col de Corobin
1230
D 20
PUGET-THÉNIERS
Clue de Chabrières
Récif fossile
D 19
St-Jacques
St-Lions
Annot
N 202
Site à nummulites
Asse
Barrême
Asse de Moriez
3
D 907
Senez
Lac de Castillon
PARC NATUREL RÉGIONAL DU VERDON
Clue de Taulanne
1148
Col des Lèques
D 955
D 953
Castellane
D 56
D 952
D 4085
RIEZ
MOUSTIERS-STE-MARIE
GRASSE

# Sisteron

★★

7 288 Sisteronais – Alpes-de-Haute-Provence (04)

NOS ADRESSES PAGE 290

### S'INFORMER

**Office du tourisme de Sisteron** – *1 pl. de la République - 04200 Sisteron - ✆ 04 92 61 36 50 - www.sisteron.fr - juil.-août : lun.-sam. 9h-19h, dim. 10h-17h, j. fériés 10h-12h, 14h-17h ; mars-juin et sept.-oct. : tlj sf dim. 9h-12h, 14h-18h ; janv.-fév. et nov.-déc. : tlj sf dim. 9h-12h, 14h-17h - fermé 1er janv., dim. et lun. de Pâques, 1er Mai, dim. et lun. de Pentecôte, 1er et 11 Nov. et 25 déc.*

### SE REPÉRER

Carte de microrégion B2 (p. 280) – *carte Michelin Départements 334 D7.* Sur la route Napoléon (N 85) entre Gap (à 50 km au nord) et Digne (à 39 km au sud-est). Deux tunnels facilitent la traversée de cette ville de passage : l'un sous la butte escarpée et la citadelle, l'autre sous le rocher d'en face, que franchit l'A 51.

### SE GARER

Parking gratuit au pied de la citadelle, près de la rivière.

### À NE PAS MANQUER

La citadelle, impressionnante construction qui offre plusieurs points de vue sur la ville et les environs.

### ORGANISER SON TEMPS

Comptez au moins une demi-journée pour visiter la ville ; chacun des trois circuits nécessite approximativement une demi-journée. À vous de faire le calcul de la durée de votre séjour en fonction de vos centres d'intérêt, d'autant que vous pourrez rayonner au-delà de ces circuits.

### AVEC LES ENFANTS

Le musée Terre et Temps à Sisteron ; le sentier des Contes ; le parc animalier La Vallée Sauvage *(voir le circuit 1)*.

**À la lumière vibrante du haut pays provençal, vous découvrirez d'abord une citadelle, puis de mystérieux andrônes que vous gravirez entre des maisons étroites et roses. En été, vous flânerez ainsi jusqu'aux Nuits de la citadelle, qui seront encore plus belles que ce jour…**

## Se promener Plan de ville

*Circuit tracé en vert sur le plan de la ville (ci-contre) – Comptez une demi-journée.*

### ★ Cathédrale N.-D.-des-Pommiers

*✆ 04 92 61 36 50 - avr.-oct. : mar.-sam. 9h-12h, 14h-18h, dim.-lun. et j. fériés 15h-18h - possibilité de visite guidée (1h) - fermé 1er Mai - gratuit.*

La cathédrale a été construite dans les *pomoerii* (mot latin déformé en « pommiers »), c'est-à-dire entre les murs de la ville, entre 1160 et 1220.

# SISTERON

## SISTERON M'ÉTAIT CONTÉ...

Village préhistorique il y a 4000 ans, étape des Romains sur la **voie Domitienne** qui reliait l'Italie au delta du Rhône, évêché au 6e s., place forte des comtes de Forcalquier au 11e s., Sisteron a vu du beau monde signer le livre d'or de sa longue histoire. Propriété ensuite des comtes de Provence, elle est pour eux la frontière du nord. Léguée à Louis XI, elle rejoint en 1483 le royaume de France. Les guerres de Religion (1562 à 1594) voient protestants et catholiques se disputer la forteresse. C'est alors que l'ingénieur **Jean Errard** la renforce et imagine la citadelle actuelle, dont l'un des premiers pensionnaires sera le prince Jean Casimir de Pologne, enfermé en 1639 sur ordre de Richelieu.

En 1815, Napoléon déjeune à Sisteron. Les royalistes ne vont-ils pas détruire le pont sur la Durance ? Soulagement le 4 mars : la garnison a été éloignée et l'évadé de l'île d'Elbe quitte Sisteron, mais sans acclamations sur son passage.

Le 15 août 1944, l'aviation franco-américaine bombarde les deux ponts sur la Durance, endommageant la citadelle et la cité, et faisant plus de 300 victimes. Les troupes américaines de la 45e division, débarquées sur les côtes du Var, la libèrent le 22 août 1944. Depuis, la ville meurtrie a pansé ses blessures et relevé ses maisons. De son plan d'eau de 5 600 $m^2$ bordé de **plages**, on a une vue superbe sur la citadelle. L'aménagement de la Durance, achevé en 1977, comprend l'usine souterraine de Sisteron, le barrage de Salignac, sa retenue de 118 ha et son usine hydroélectrique.

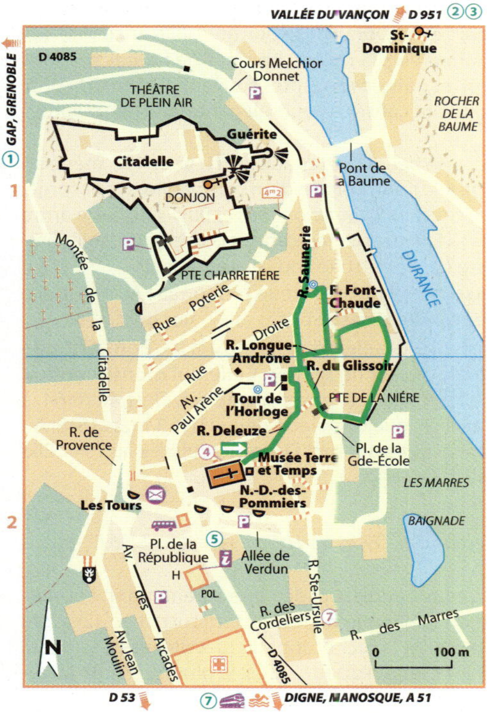


## SISTERON

SE LOGER

- Chardavon (Chambre d'hôte)............... ②
- Chênes (Hôtel Les)................ ①
- Domaine des Rayes (Chambre d'hôte)............... ③
- Grand Hôtel du Cours.......... ⑤
- Mas du Figuier (Chambre d'hôte)............... ⑦

SE RESTAURER

- Brasero (Le)............................. ④
- Villa d'Este................................ ⑦

7

Avec ses trois nefs, elle est l'un des plus grands édifices religieux de Provence. Sur le portail, l'alternance de blocs noirs et blancs est d'inspiration lombarde. Regardez bien reliefs et chapiteaux : ils forment une frise pleine de drôles d'animaux. À l'intérieur, tableaux de Mignard, Van Loo, Coypel, entre autres.

### Tours

Trois sont visibles allée de Verdun, la quatrième près de la Poste, et la cinquième au pied de la citadelle. Construites vers 1370 pour protéger la ville des Grandes Compagnies qui envahissaient la Provence, leurs noms en disent long : portes « Sauve » (car des protestants s'enfuirent par là), « des Gens-d'Armes », « N.-D.-du-Fort » et « de la Médisance » (car les femmes aimaient à s'y retrouver pour quelques potins et autres ragots !).

### ★ Musée Terre et Temps

*6 pl. du Gén.-de-Gaulle - ✆ 04 92 61 61 30 - fév.-nov. : mar.-sam. 9h-12h, 14h-18h - possibilité de visite guidée (30mn) - fermé déc., janv. et 1er Mai - gratuit.*

**Bon à savoir** – Un « circuit du temps » (1h15) part du musée.

Dans la belle chapelle des Visitandines, derrière la cathédrale, ce musée créé par la **Réserve géologique de Haute-Provence** est le point de départ de la Route du temps *(voir circuit 1)*. À travers objets, instruments de mesure et documents, il retrace l'évolution de la notion du temps, du temps géologique à celui des horloges et des hommes. Un **pendule de Foucault** permet de démontrer la rotation de la Terre.

### ★ Vieux Sisteron

**Bon à savoir** – Un parcours fléché (1h) s'amorce à gauche de l'église N.-D. Autrement, l'office de tourisme organise des visites guidées en saison.

Entre la rue Droite et les bords de la Durance se blottit la ville ancienne aux ruelles étroites qui dégringolent vers la rivière, bordées de hautes maisons parfois reliées par des **andrônes**, rampes abruptes souvent voûtées (du grec *andron*, « passage »). Beaucoup ont conservé leurs élégantes portes sculptées des 16e, 17e et 18e s.

La rue **Deleuze** (2), qui arbore de belles portes aux nos 11, 41 et 152, mène au pied de la **tour de l'Horloge★** (2), surmontée d'un campanile de fer forgé. Elle porte haut la devise de Sisteron : *« Tuta montibus et fluviis »* (« Sûre entre ses montagnes et ses fleuves »). Entre la rue Mercerie et la rue du Glissoir s'embranche la **Longue-Andrône** (1), très étroite sous des arcades.

Continuez par la rue du **Glissoir** (2) : l'hiver, c'est un toboggan ! Au no 5, belle façade romane du 13e s. avec quatre arceaux brisés aux baies géminées.

Après une place, suivez la rue Basse-des-Remparts jusqu'à la rue **Font-Chaude** (1) où un double couvert laisse passer deux rues. Celle qui monte conduit à la rue **Saunerie** (1), nom lié à d'anciens entrepôts de sel. C'est au no 64, à l'ancienne hostellerie du Bras d'Or, que Napoléon déjeuna le 5 mars 1815. Au no 2 de la rue Mercerie s'ouvre la belle **porte d'Ornano** sculptée au 16e s. Elle affiche les armes de la famille d'Ornano.

### ★ Citadelle

*✆ 04 92 61 27 57 - www.sisteron.com - 27 mars-11 Nov. : 9h-18h - 5,80 € (-14 ans 2,60 €).*

Déjà de la ville, on en admire les hautes arcades de soutènement. Les parties les plus anciennes (donjon et chemin de ronde) remontent au 12e s. Les fortifications du 16e s. qui enserrent le rocher sont du précurseur de Vauban, Jean Errard, ingénieur d'Henri IV, lequel disait : « C'est la plus puissante forte-

Sisteron, la citadelle dominant la Durance.
*P. & G. Bowater / Tips/Photononstop*

resse de mon royaume. » En 1692, après la pénétration des armées de Savoie, Vauban fit le plan de nouvelles défenses, en partie réalisées. Après le bombardement d'août 1944, la citadelle et la chapelle, fortement endommagées, ont été restaurées.

**Bon à savoir** – Des silhouettes historiques inspirées des images d'Épinal animent le parcours de visite *(fléché)*, sur lequel vous verrez également différents modèles de **voitures à bras**. Enfin, vous pourrez entendre des informations historiques en activant des points sonorisés.

Installé dans une casemate de la première enceinte de la citadelle, le **musée** évoque le retour de Napoléon de l'île d'Elbe.

Par une série d'escaliers et de terrasses, vous parviendrez à la crête du **chemin de ronde**. Passant sous le donjon qui servit de prison à Jean Casimir de Pologne, vous arriverez à la terrasse *(table d'orientation)*, d'où la **vue★** plonge sur la ville basse, le lac du barrage et, au nord, jusqu'aux montagnes de Laup et d'Aujour qui ferment le bassin de Laragne.

Rendez-vous ensuite à la **chapelle** (15e s.), amplement reconstruite, éclairée par des vitraux modernes du maître verrier Claude Courageux. Elle sert de cadre à des expositions.

Gagnez la face nord de la citadelle et la **guérite du Diable** d'où la **vue★** sur le rocher de la Baume, ce « cauchemar pétrifié », est ahurissante. Descendez alors les premières marches d'un grand **escalier souterrain** creusé dans le roc en 1841 pour relier la forteresse à l'ancienne porte du Dauphiné (détruite en 1944). En regagnant la sortie, vous verrez le théâtre des Nuits de la citadelle.

## Église St-Dominique

*✆ 04 92 51 54 50 - juil.-août : 10h, 14h et 16h - visite guidée de la ville qui se termine par l'église (1h30) - fermé lun. et mar. mat. et j. fériés.*

De l'autre côté de la rivière, sous le rocher de la Baume, elle accueille en été des concerts et des soirées littéraires. C'est de là qu'on a la plus belle **vue★** sur la citadelle.

**BELLES PLUMES**
Monté à Paris, le jeune **Paul Arène** mène la vie de bohème, écrit pour les journaux et rencontre Anaïs : c'est l'amour fou, mais le père de cette jolie Provençale refuse le mariage. Désespéré, Paul regagne Sisteron pour en chanter les charmes dans des contes : *La Chèvre d'or, Domnine, Jean des Figues* et tant d'autres. C'est à Sisteron qu'il repose, sous un amandier.
L'intrigue du *Secret des andrônes*, roman du Manosquin **Pierre Magnan**, se déroule dans la citadelle : « Par les bastions, les redoutes et les poternes en forme de baïonnette, suant et soufflant, mais quand même la cigarette aux lèvres, Laviolette entreprit de se hisser jusqu'au donjon. L'air vif lui fouetta le visage lorsqu'il y parvint. Du sommet de Lure au pic d'Olan, des collines de la Drôme au Brec de Chambeyron, cent kilomètres d'horizon balayés par le vent se déployaient à la ronde. »

# À proximité Carte de microrégion

## Prieuré de Vilhosc B2

*10 km à l'est par la D 4 (direction Volonne). Après 5 km, tournez à gauche sur la D 217 et 4 km plus loin, après avoir franchi le Riou de Jabron, prenez à droite le chemin signalé.*
*Renseignez-vous à la maison d'à côté ou au ✆ 04 92 61 26 70 - visite guidée (15mn) sur RV - fermé j. fériés - gratuit.*
Tout près de la rivière, sous les bâtiments d'une ferme, subsiste une curieuse **crypte** à trois nefs, restes d'un ancien prieuré et témoin du tout premier art roman du 11e s.
En poursuivant la D 217 sur 5 km, vous arrivez au **pont de la Reine-Jeanne** qui lance au milieu des pins son arche unique au-dessus du Vançon.

# Circuits conseillés Schéma et carte de microrégion

### ★ HAUTE VALLÉE DU VANÇON BC2

*Circuit 1 tracé sur le schéma ci-contre et sur la carte de microrégion (p. 280) – 92 km – Comptez environ 3h. Quittez Sisteron par le pont sur la Durance, prenez la D 951 au nord-est puis la D 3.*
Ce circuit suit une partie de la **Route du temps**, créée par la Réserve géologique de Haute-Provence, qui est fléchée au départ de Sisteron et jalonnée de sentiers pédestres et de points de vue remarquables (des parkings sont aménagés au bord de la route). Vous pourrez poursuivre au sud après Thoard si le circuit vous intéresse dans sa totalité.
Dans la montée du premier col, **vues★★** les plus belles sur le site de Sisteron : au sud-ouest, les longues croupes de la montagne de Lure ; au premier plan, le bassin de Laragne où coule le Buëch. Après le col se profilent les falaises de la Gache et la vallée du Riou de Jabron qui, sorti du défilé de Pierre Écrite, s'échappe par une clue et va rejoindre la Durance.

## Défilé de Pierre Écrite B2

Une paroi à gauche de la route, à hauteur d'un pont, porte une longue **inscription romaine** en l'honneur de C. P. Dardanus, préfet des Gaules, qui aurait ouvert ce passage au début du 5e s. Le texte rappelle que, converti au christianisme, il y aurait fondé une « cité de Dieu », Théopolis, dont les vestiges n'ont toutefois pas été mis au jour.

**La Vallée Sauvage** B2

*✆ 04 92 61 52 85 - www.lavalleesauvage.com - vac. scol. : 10h-19h ; de déb. avr. à déb. nov. : mar.-merc., w.-end et j. fériés 10h-19h - 9,80 € (-16 ans 7,90 €).*

À la sortie du défilé, ce parc animalier permet d'observer et parfois de nourrir sangliers, daims, mouflons, cerfs et animaux de la ferme, sur un parcours de 2 km. Possibilités de pique-nique et de promenade à dos d'âne ou de poney.

Vous arrivez ensuite à un **plateau d'alpage**, où l'atmosphère montagnarde marquée surprend si près de Sisteron.

Dépassant **St-Geniez**, vous apercevez à droite la curieuse bosse du rocher de Dromon, au pied duquel s'élève une chapelle.

### ★ N.-D.-de-Dromon B2

*15mn AR. Laissez la voiture près d'une ferme et continuez à pied.*

Ce modeste édifice dont la voûte a été refaite au 17e s. fut un lieu de pèlerinage. **Vue** sur la montagne de Mélan en face, et à gauche sur les Monges, dont l'amphithéâtre culmine à 2 115 m.

La route domine le fond de la haute vallée du Vançon. La **vue** se porte au loin sur le Luberon et la montagne Ste-Victoire. Au-delà d'Authon, la route étroite passe par le **col de Font-Belle** (alt. 1 304 m), dans la forêt de Mélan. Belle vue sur l'impressionnante crête de calcaire blanc de Geruen et les robines torturées *(voir Puget-Théniers, p. 404)* en contrebas.

*Au Planas, prenez la petite route vers Thoard.*

### Thoard C2

Ce charmant village ancien conserve les restes d'une enceinte, et son donjon roman forme le clocher de l'église.

*De Thoard, rejoignez par la D 17 la N 85 et suivez la route Napoléon (voir p. 324) pour revenir à Sisteron.*

## PAYS DE LA MOTTE-TURRIERS BC1-2

*Circuit 2 tracé sur le schéma page précédente et sur la carte de microrégion (p. 280) – 85 km – Comptez environ 3h. Quittez Sisteron par la D 951 au nord.*

Au nord-est de Sisteron, dans la **vallée de la Sasse**, vous retrouvez l'aspect originel de la planète avant l'apparition de l'homme. Son relief façonné par l'érosion n'est qu'une suite de vallons ravinés, de clues étroites, de montagnes creusées par l'eau et le vent. Vous entrez ici dans un petit univers à part, qui réunit plusieurs plateaux et jolies vallées.

### ★ Sentier des Contes B2

En famille, vous pourrez découvrir la vallée de la Sasse en suivant trois aventures sur la « Route des rochers qui parlent », qui en compte huit. Cette réalisation très originale concilie tourisme et culture : muni d'un « livret magique », dont l'écriture et les dessins sont nourris d'un sérieux travail historique sur le Moyen Âge et la Renaissance *(vendu dans les offices de tourisme, hôtels et mairies, voir la rubrique « Visite » dans « Nos adresses à Sisteron »)*, vous vous déplacez en voiture puis à pied vers de faux rochers qui délivrent des indices pour continuer l'histoire et le parcours. Après les gorges de la Sasse, vous passez au pied de Châteaufort et de Nibles.

*Prenez ensuite la D 1 à droite.*

Passé **Clamensane**, village perché sur un éperon rocheux, le paysage devient de plus en plus sauvage. Après la **clue de Bayons**, la route pénètre dans un bassin évasé.

### Bayons C2

L'église des 12e et 13e s. présente un savant mélange d'art roman et gothique. À l'intérieur, la clé du chœur est un bel *agnus dei*.

*Après Bayons, prenez à gauche la route vers Turriers.*

Une série de lacets très raides, les célèbres **tourniquets**, mènent au col de Sagnes au milieu de montagnes ravinées. Vous redescendez ensuite sur Turriers et Bellafaire, qui conserve un château du 18e s.

*Après Bellafaire, tournez à gauche sur la D 951.*

La vallée du **Grand Vallon**, réputée pour ses pommes, poires et pêches, joue les contrastes : de vastes vergers succèdent à de beaux paysages minéraux et ravinés.

### La Motte-du-Caire B1-2

En provençal, *caïre* signifie « rocher » ; celui qui domine le village en impose.
**Via ferrata de la Grande Fistoire** – *2 km avant le village, sur la droite. Longueur du parcours 500 m. La clue de la Fistoire - ✆ 04 92 68 40 39 - www.viaferrata-alpes.com ou www.hautesterresprovence.com - juil.-août : 8h30-17h30 ; reste de l'année : 8h30-12h, 14h-17h30, j. fériés 8h30-17h30 - possibilité de visite guidée ou de réserv. du matériel sur demande préalable (7 j. av.) - 5,50 €.* Elle permet de s'initier en toute sécurité à l'escalade.

*Après La Motte-du-Caire, prenez la D 104 vers Melve, puis tournez à gauche sur la D 304.*

La route traverse un plateau et les **vues** deviennent presque aériennes, portant jusqu'au Champsaur au nord.

### Sigoyer B2

Des terrasses du château du 15e s. *(seules accessibles)*, **vue★★** étendue sur la Durance, les Baronnies et la montagne de Lure. Sur la porte latérale de l'église, une **borne informatique** à écran tactile permet une visite virtuelle du château reconstitué en trois dimensions ; à la rubrique « donjon », table d'orientation virtuelle.

Le vaste **plateau de Vaumeilh**, sur la gauche de la route, est un haut lieu du vol à voile, dominé par le pic Pied de Hongrie.

Vous descendez vers **Valernes** à travers les champs de lavande. Ce village perché a conservé des vestiges de ses remparts. **Vue** sur la vallée de la Sasse.

*La D 951 ramène à Sisteron.*

## ★ AU FIL DE LA VALLÉE

*Circuit de 33 km de Sisteron à Lurs – Comptez 2h.* *Voir circuit 1 p. 295.*

## ★ LE PAYS DU « CONTADOUR »

*Circuit de 74 km de Forcalquier à Sisteron – Comptez 2h.* *Voir circuit 2 p. 293.*

## NOS ADRESSES À SISTERON

### TRANSPORTS

**Citadelle** – On accède à la porte charretière (entrée de la citadelle) en voiture et à pied.

De mi-mai à fin sept., un **petit train touristique** relie la mairie à la citadelle - *✆ 04 92 61 36 11 - tlj sf sam. mat. 10h-12h, 14h-18h - aller simple 5 € (enf. 3 €), AR 5,50 € (-12 ans 3,50 €).*

### VISITE

**Le sentier des Contes sur « la Route des rochers qui parlent »** – *La clue de la Fistoire - www.sentierdescontes.com - www.hautesterresprovence.com - de mi-mars à mi-déc. : tte la journée - se procurer les livrets à l'Office intercommunal de tourisme du pays de La Motte-Turriers (✆ 04 92*

*68 40 39).* Ces 10 parcours de découverte en voiture vous transportent de village en village, de panorama en cascade, de pont médiéval en légende. Choisissez votre parcours parmi 11 livrets magiques (20 €/livret).

**Routes de la lavande** – *Voir p. 23.*

## HÉBERGEMENT

### BUDGET MOYEN

**Hôtel Les Chênes** – *300 rte de Gap - 2 km au nord-ouest par D 4085 - ✆ 04 92 61 13 67 - leschenes.hotel@wanadoo.fr - fermé 24 déc.-31 janv., sam. sf d'avr. à sept. et dim. sf de juin à sept. - 23 ch. 56/74 € - ☕ 8,50 €, demi-pension possible - ✕ formule déj. 16 € - 19/25 €.* Adresse pratique pour une étape non loin de la Durance. Les chambres, petites et fonctionnelles, sont insonorisées. Sur l'arrière, piscine et jardin planté de vieux chênes. Recettes traditionnelles à déguster dans un cadre sobre ou sur la terrasse ombragée.

#### À proximité

**Chambre d'hôte Chardavon** – *04200 Saint-Geniez - 17 km au nord-est de Sisteron par D 3 - ✆ 04 92 61 29 04 - www.chardavon.be - P ⌧ - 5 ch. 52 € ☕.* Perdue dans la vallée du Riou de Jabron, cette ancienne bergerie du 18e s., située sur la Route du temps, a été patiemment rénovée par un couple de Belges, installés ici depuis une dizaine d'années. À l'étage, grandes chambres aux murs en pierre apparente, simples et bien tenues, dont deux de plain-pied. Au rez-de-chaussée, succession de salles voûtées et impressionnant alambic d'essence de lavande, qui sert désormais de chauffage.

**Chambre d'hôte Mas du Figuier** – *La Fontaine - 04200 Bevons - 7 km à l'ouest de Sisteron par D 4085, D 946 et D 553 - ✆ 04 92 62 81 28 - www.masdufiguier.fr - fermé nov.-janv. - P ⌧ - 5 ch. 60/75 € ☕, demi-pension possible.* Perdu dans la nature, ce joli mas du 17e s. dissimule, derrière ses murs ocre, un champ de lavande. Plaisantes chambres provençales avec chauds coloris, tomettes et poutres. Les salles de bains arborent quant à elles un décor de style mauresque. Pour un séjour insolite, réservez l'étonnante cabane perchée dans un chêne centenaire…

### POUR SE FAIRE PLAISIR

**Grand Hôtel du Cours** – *Pl. de l'Église - ✆ 04 92 61 04 51 - www.hotel-lecours.com - ouvert 1er mars-5 nov. - ♿ - Wifi - 45 ch. 75/90 € - ☕ 10 €, demi-pension possible - ✕ formule déj. 15 € - 25/32 €.* Tenu par la même famille depuis 1932, cet hôtel se trouve en plein centre historique, tout près des tours d'enceinte du 14e s. Chambres refaites, plus spacieuses et calmes sur l'arrière. Véranda et terrasse ombragée côté place. Spécialité d'agneau de Sisteron.

#### À proximité

**Chambre d'hôte Domaine des Rayes** – *Domaine des Rayes - 04200 St-Geniez - 17 km au nord-est de Sisteron, rte de St-Geniez par D 3 - ✆ 04 92 61 22 76 - www.lesrayes.fr - fermé oct.-mai sf vac. scol. - ♿ P - 5 ch. 72/79 € ☕ - ✕ 19 €.* Exceptionnel ! Difficile de trouver meilleur adjectif pour qualifier le site de cette bergerie du 17e s. parfaitement restaurée. Vastes chambres aux tons provençaux, beaux salons voûtés, grand espace de jeux pour les enfants et vue époustouflante partout. Table d'hôte sur réservation uniquement.

## RESTAURATION

### PREMIER PRIX

**Le Brasero** – *✆ 04 92 61 56 79 - ♿ - formule déj. 10 € - 16/22 €.* Murs lambrissés en pin brut, buste de chef indien, drapeau américain, attrapeur de rêves suspendu au plafond. Dans un décor digne du Far West, cette adresse conviviale propose un vaste choix de viandes (quantité au choix). La spécialité : la braserade, de fines lamelles de viande à griller soi-même (2 pers. mini.). Salle à l'étage avec vue sur les toits de la vieille ville.

### BUDGET MOYEN

**Villa d'Este** – *✆ 04 92 31 86 76 - ♿ - 16/25 €.* Ici, pas de terrasse, mais une superbe vue panoramique sur la montagne de la Baume, située sur la rive gauche de la Durance. Belles assiettes généreusement garnies : grande salade italienne, pâtes, pizza au feu de bois, entrecôte aux cèpes… À déguster dans un décor soigné et moderne, aux tons pastel.

## ACHATS

**Bon à savoir** – À Sisteron, les pieds et paquets (spécialité à base de pieds d'agneau et de panses farcies accompagnés d'une sauce tomate et d'herbes) font partie des incontournables. Vous pourrez les acheter dans la fameuse boutique de l'entreprise familiale Richaud et Badet *(voir ci-dessous)*.

**Pâtisserie Les Amandines** – *131 r. de Provence - ✆ 04 92 61 02 49 - 7h-12h30, 14h30-19h30, dim. 7h-13h - fermé lun.* Les spécialités de la maison ? Brioche sisteronnaise aux fruits confits, Canteperdrillons (biscuit aux amandes parfumé à l'orange), croquettes Aujoras (biscuit aux amandes grillées) et Amandines (cake à base d'amandes et de miel). Plus classiques, mais flattant tout autant les papilles, nougats, calissons et liqueur de génépi. Gâteaux Citadelle et « tranche d'ananas ».

**Richaud et Badet** – *Parc d'activités Val Durance - ✆ 04 92 61 13 63 - lun. 8h-12h, 14h-16h15, mar.-vend. 8h-12h, 14h-17h, sam. 9h-12h - fermé j. fériés.* Ne passez surtout pas à côté du fleuron culinaire de Sisteron, les pieds et paquets, dont la recette se transmet depuis plusieurs générations dans cette entreprise familiale, reprise depuis 1989 par un ancien ouvrier de la maison.

## EN SOIRÉE

Il fait bon flâner par les rues de la vieille ville, particulièrement dans les rues **Droite** et **Saunerie**. Si la première se prête particulièrement bien aux joies impérissables du shopping moderne, la seconde regorge de petits bars logés sous des voûtes de pierre, de boutiques de produits régionaux et d'échoppes d'artisans.

## ACTIVITÉS

**Plan d'eau** – *Les Marres - www.sisteron.fr - gratuit.* Vous y viendrez pour nager *(baignade surveillée de mi-juin à mi-sept.)*, mais aussi pour vous dégourdir les jambes le long du parcours de santé ou simplement pique-niquer dans un cadre verdoyant.

**Parcours Aventures** – *Montée de la Citadelle - ✆ 06 18 67 50 34 - juil.-août : tlj sf dim. 9h-19h.* Ce parc d'aventures installé au pied de la citadelle propose quatre parcours de difficulté croissante, accessibles aux débutants comme aux plus aguerris. Voltige de branche en branche et tyroliennes promettent de bons moments en famille ou entre amis.

La D 113 traverse bientôt une forêt de pins et de cèdres. Après l'**oratoire St-Joseph**, une route empierrée se détache à droite vers N.-D.-de-Lure.

### N.-D.-de-Lure B3

*Visite sur demande à l'office de tourisme au ✆ 04 92 73 02 57.*

Au fond d'une combe, en pleine hêtraie à 1 236 m d'altitude, on retrouve la vocation forestière et pastorale de l'ordre de Chalais dans ce modeste monastère construit vers 1165 par les moines de Boscodon. Il n'en subsiste qu'une pièce voûtée, sous le petit ermitage plus récent.

Devenue chapelle de pèlerinage, l'abbatiale avait été défigurée par la décoration intérieure. Heureusement, elle a retrouvé son aspect initial lors d'une restauration. Son dépouillement s'accorde avec la sérénité du site, lieu de silence et de paix.

Devant la chapelle, une fontaine chante sous trois tilleuls et un noyer séculaires.

*Revenez à la D 113.*

La forêt disparaît et la vue se dégage. Dans ce cadre désertique, Jean Giono a tourné en 1960 les principales scènes de *Crésus*, notamment le banquet final.

### Refuge de Lure AB2

Cette petite **station de sports d'hiver** dotée de deux remontées mécaniques offre également un espace luge ainsi que des circuits de raquettes et de randonnée à ski. Du parking, la vue atteint toute son ampleur.

1,5 km plus loin se dresse, au bord de la route, une stèle à la mémoire de l'astronome belge **Wendelin** (17e s.), qui édifia ici le premier observatoire de France.

*Poursuivez jusqu'au relais (3,5 km).*

### ★★ Signal de Lure B2

**Bon à savoir** – *La route est fermée du 15 nov. au 31 mai de la station au versant nord et la route est dégagée sur le versant sud, toute l'année, c'est-à-dire en passant par St-Étienne-les-Orgues.*

À 1 826 m d'altitude, point culminant de la montagne, 300 km de paysage tournent autour de vous avec, dans les rôles principaux, le mont Viso, le Pelvoux, le Vercors, les Cévennes, le Ventoux et, parfois, la côte méditerranéenne.

Peu après, sur la gauche, par une échancrure dans la montagne, vue sur la vallée du Jabron, avec les Baronnies au loin. Au-delà du **pas de Graille** s'amorce la descente dans la magnifique hêtraie de la Fayée. Contournant les montagnes de Pélegrine et de Sumiou, la route s'engage au pied des calcaires rubanés du beau cirque de Valbelle. Le parcours continue en forêt jusqu'à la **vallée du Jabron**. Puis la D 53, à droite, mène à Sisteron.

# Vallée de la moyenne Durance

★

Alpes-de-Haute-Provence (04)

NOS ADRESSES PAGE 300

### S'INFORMER

**Office du tourisme du val de Durance** – *Ferme de Font-Robert - 04160 Château-Arnoux-St-Auban - 04 92 64 02 64 - www.valdedurance-tourisme.com - mai-sept. : tlj sf dim. 9h30-12h30, 15h-19h ; reste de l'année : tlj sf w.-end 9h-12h, 14h-18h - fermé j. fériés.*

**Office du tourisme d'Oraison** – *Pl. du Kiosque - 04700 Oraison - 04 92 78 60 80 - www.oraison.com - juil.-août : lun.-sam. 9h-12h30, 15h-19h, dim. et j. fériés 9h30-12h30 ; mars-juin et sept.-oct. lun.-sam. 9h-12h30, 14h30-18h ; janv.-fév. et nov.-déc. : lun.-sam. 9h-12h30, 14h-17h30 - fermé 1er janv., dim. et lun. de Pâques, 1er et 8 Mai, jeu. de l'Ascension, dim. et lun. de Pentecôte, 1er et 11 Nov. et 25 déc.*

### SE REPÉRER

Carte de microrégion B2-3 (p. 280) – *carte Carte Michelin Départements 334 B/C/D 8/9/10/11.* Ce large couloir alluvial de près de 100 km est bordé à l'est par les falaises du plateau de Valensole, et à l'ouest par les contreforts boisés de la montagne de Lure et du Luberon.

### À NE PAS MANQUER

Le panorama sur la région depuis le belvédère de la chapelle St-Jean ; l'église romane St-Donat ; les étonnants rochers des Mées ; la mosaïque et le point de vue du monastère de Ganagobie ; le village perché de Lurs.

### ORGANISER SON TEMPS

Comptez environ 2h pour suivre le circuit qui longe le cours de la Durance.

**Grande rivière fantasque, la Durance ouvre une large brèche lumineuse dans les montagnes des Alpes du Sud. Après avoir longuement nargué les ingénieurs chargés de la dompter, l'ancien « fléau de la Provence » est aujourd'hui source de fertilité pour les villages de la vallée, tournés vers l'avenir mais rêvant encore sur les ocres de leur riche passé.**

## Circuits conseillés Schéma et carte de microrégion

### ★ AU FIL DE LA VALLÉE

*Circuit 1 tracé sur le schéma page suivante et sur la carte de microrégion (p. 280) – 33 km de Sisteron à Lurs – Comptez environ 2h. Quittez Sisteron au sud par la N 85.*

La Durance est endiguée sur 3 km par le **barrage de Salignac**. La route la côtoie, traverse le Jabron à son confluent, se faufile entre la Durance et l'extrémité de la montagne de Lure, puis longe le **barrage du lac de l'Escale**.

### Château-Arnoux-St-Auban B2-3

La mairie occupe le **château** Renaissance construit par Pierre de Glandèves en 1515 (pendant que d'autres étaient à Marignan…). Le jardin est aménagé en parc qui mène à la ferme de Font-Robert *(siège de l'office de tourisme)*. Cette petite ville s'anime particulièrement le dimanche matin, jour de marché, et accueille des manifestations culturelles, dont un festival de jazz.

Appréciable **plan d'eau** (avec un toboggan) à St-Auban.

*2 km après Château-Arnoux Centre, sur la D 4096, prenez à droite la « route touristique de St-Jean ».*

### ★ Belvédère de la chapelle St-Jean B3

*15mn AR. Garez-vous au parking près de la chapelle.*

Gravissez le sentier jusqu'à une table d'orientation. **Panorama** sur la montagne de Lure à l'ouest, la vallée de la Durance et Sisteron au nord ; à l'est, vous dominez le barrage de l'Escale derrière lequel s'élèvent les Préalpes de Digne ; au sud s'alignent les rochers des Mées.

*Revenez sur la D 4096 et poursuivez vers le sud.*

En vue de St-Auban, on passe près de l'important complexe chimique d'Atochem et du **Centre national de vol à voile**. Au-delà, on aperçoit le confluent de la Bléone.

**LA DURANCE OU LA MÉGÈRE APPRIVOISÉE**

Malgré son air adorable à sa source, au col de Montgenèvre, Frédéric Mistral affirmait : « Le mistral, le Parlement et la Durance sont les trois fléaux de la Provence. » En effet, si cette opulente rivière de 324 km a besoin, pour étaler ses parties moyenne et basse, d'un lit large d'un kilomètre, ce sont les riverains qui se retrouvaient dans de beaux draps quand elle piquait ses coups de colère. On a donc calmé l'enragée par un remède de cheval, la saignée dérivative : depuis trente ans, son cours n'est plus alimenté que par un débit minimal. Des canaux ont endigué la majeure partie de ses eaux destinées à l'agriculture, aux usines hydroélectriques et aux buveurs d'eau. Des barrages sur son cours ou sur ses affluents ont su lui imposer un régime plus régulier. Et la sauvageonne radoucie a partagé son grand lit avec diverses essences d'arbres, nouveaux milieux biologiques attirant une faune originale, dont les **castors**.

### Montfort B3

Perché au-dessus de la Durance, ce village frappe par son **site★**. Ses rues en escaliers, bordées de maisons anciennes, montent vers le château du 16ᵉ s. Superbe vue sur les Pénitents des Mées et le plateau de Valensole.

*2 km après Montfort, prenez à droite la D 101.*

La route remonte le **vallon boisé du Mardaric** où passait autrefois la voie Domitienne. Curiosité qui vous consolera si la météo est diluvienne (c'est rare, mais cela arrive) : des centaines de sources jaillissent le long du ruisseau.

### ★ Église St-Donat B3

*Visite guidée uniquement pendant les Journées du patrimoine.*

Elle fut construite sur une caverne où saint Donat s'était retiré en ermite au 6ᵉ s., après avoir évangélisé le pays de Lure à l'appel de l'évêque de Sisteron. Comme les pèlerins affluaient, elle fut conçue comme une basilique, avec trois portes pour faciliter la circulation des fidèles. C'est sans doute un des plus anciens et des plus purs édifices romans de France. Laissée à l'abandon après avoir servi de bergerie, elle a failli s'effondrer… Elle ne manque pourtant pas d'équilibre avec ses volumes d'une extrême simplicité.

*Revenez sur la D 4096 et traversez-la pour prendre la D $4^A$ qui franchit la Durance.*

### ★ Rochers des Mées B3

Ils sont faits d'un poudingue très résistant, conglomérat de galets unis par un ciment naturel. Hauts d'une centaine de mètres, curieusement découpés par l'érosion (on les appelle aussi les « Pénitents des Mées » à cause de leur silhouette et de leur alignement), il faut les voir les nuits d'été quand ils sont éclairés.

*Revenez sur la D 4096 que l'on prend vers Manosque.*

### Peyruis B3

L'église présente des gargouilles à tête de lion. Après un petit tour dans le vieux quartier où murmurent six fontaines, montez aux ruines du château féodal.

*6 km après Peyruis, tournez à droite dans la D 30.*

Cette route s'élève, étroite et sinueuse, offrant quelques belles échappées sur la vallée de la Durance.

### UN LIEU DE RETRAITE MILLÉNAIRE

Avec ses abris sous roche, ses sources et sa végétation abondantes, le plateau de Ganagobie est un lieu privilégié par l'homme depuis la préhistoire : on a découvert sur place des monuments mégalithiques et les traces d'un oppidum romain sous les ruines d'un village médiéval abandonné au 15 e s. Les grottes dont sont percés les flancs du plateau ont également servi d'abri pendant les invasions sarrasines, et de cache pour les maquisards pendant la Seconde Guerre mondiale.

Un premier monastère est fondé au 10e s. par l'évêque de Sisteron qui en fit la donation en 965 à l'abbaye de **Cluny**. Au 14e s., période faste, 12 à 15 moines y vivaient des dons de la terre et de la forêt. Presque à l'abandon au 16e s., les bâtiments furent restaurés au 17e s. Après la Révolution, on ordonna la démolition de l'église. Déjà, le clocher et les absides avaient disparu quand les habitants du hameau demandèrent de la conserver comme église paroissiale. Au 19e s., les Malijai acquirent l'ensemble et cédèrent le prieuré aux bénédictins. Aujourd'hui, des bénédictins venus de Hautecombe (en Savoie) ont redonné vie aux pierres de Ganagobie. Ils vendent le produit de leur travail (lavande, olivier, confiseries, aromates), accueillent des retraitants et organisent des sessions de réflexion éthique.

### ★ Monastère de Ganagobie B3

*04 92 68 00 04 - www.ndganagobie.com - tlj sf lun. 15h-17h. Comptez environ 1h pour la visite du monastère et la promenade sur le plateau.*

*Comptez 15mn de marche depuis le parking aménagé.*

Montant de la vallée de la Durance, la petite route s'élève dans une odorante pinède et vous offre Ganagobie sur un plateau. Riche présent, somptueux passé. Au milieu d'une magnifique terrasse naturelle couverte de chênes verts, de genêts et de lavande, le prieuré millénaire vibre à nouveau au rythme des chants sacrés. Tout au fond de son église, écrin de pierre entre ciel et terre, vous serez saisi en découvrant l'une des plus belles mosaïques d'Occident.

**Église** – Au tympan du **portail★** règne un Christ en majesté *(voir l'ABC d'architecture p. 77)*. Son attitude hiératique tranche avec les formes mouvementées des symboles des évangélistes et d'anges adorateurs. Autre curiosité, l'église n'a qu'une nef, ce qui est courant, mais un transept double, ce qui l'est moins. Elle est désormais ornée de 9 **vitraux** réalisés par le frère Kim En Joong. Si l'intérieur étonne par son extrême sobriété, il faut l'imaginer tel qu'il était autrefois, rehaussé de draperies, de fresques et surtout d'admirables **mosaïques★★** polychromes du 12e s. Ce qui en subsiste dans le chœur et le transept est émouvant de beauté. Des animaux fabuleux abondent, cernés d'entrelacs. L'influence orientale sur ces mosaïques est évidente : elles trouvent leur inspiration dans les somptueux tissus rapportés par les croisés.

**Points de vue depuis le plateau** – À gauche de l'église, empruntez l'**allée des Moines**, car au bout, du rebord du plateau, la **vue★★** est fabuleuse sur la vallée de la Durance, le plateau de Valensole et les Préalpes de Digne ; par temps clair, les Grandes Alpes sont visibles au loin, du massif du Pelvoux au mont Viso.

Presque à l'opposé, longeant un mur de pierre, l'**allée de Forcalquier** mène au rebord ouest du plateau d'où s'offre une **vue★** étendue sur le bassin de Forcalquier et la montagne de Lure. Sur la gauche du chemin, remarquez des pierres levées et, à droite, des meules et des bassins creusés dans le roc, vestiges d'un habitat très ancien.

Monastère de Ganagobie.
Y. Talensac / Photononstop

*Revenez vers la D 4096 et, juste avant, prenez vers Lurs.*
Cette route boisée suit le tracé de l'ancienne voie Domitienne et franchit le Buès sur un **pont romain** du 2e s. Son arche unique a gaillardement résisté à toutes les crues.

### ★ Lurs B3

*Pl. de la Fontaine - 04700 Lurs - ✆ 04 92 79 10 20 - avr.-sept. : tlj sf merc. 14h-17h - fermé j. fériés.*
Cette puissante place forte au Moyen Âge compta jusqu'à 3 000 habitants. Les évêques de Sisteron portaient même fièrement le titre de « princes de Lurs ». Ici, ils prirent leurs quartiers d'été, puis firent édifier un séminaire. Déserté par ses derniers habitants au début du 20e s., tombé en ruine, Lurs semblait voué à la disparition… C'est après la dernière guerre que le village fut pourtant ressuscité par un groupe de graphistes emmené par **Jean Giono** et **Maximilien Vox** (un des meilleurs typographes de France, auteur des lettres du frontispice du *Larousse du XXe siècle*). Fascinés par les pleins et les déliés d'un site baigné de lumière, ils en tombèrent amoureux et le firent renaître. Depuis 1955, les **Rencontres internationales de Lure** (du nom de la montagne voisine) réunissent chaque été les professionnels de l'imprimerie.
Vous pénétrez dans ce village, intelligemment restauré, sans ostentation, par la **tour de l'Horloge** surmontée d'un campanile. On découvre d'abord l'**église** avec son clocher-arcade à trois baies, puis des ruelles fleuries de roses trémières, des maisons à encorbellement, des portes anciennes et les restes des remparts médiévaux.
De l'église, une ruelle à gauche conduit à la chancellerie des compagnons de Lure, point de ralliement des graphistes, et au théâtre de plein air. Une ruelle à droite mène au **prieuré**, devenu le centre culturel, et au **château** des princes-évêques, qui a été en partie relevé de ses ruines. Après avoir contourné le château, la **promenade des Évêques** bordée de 15 oratoires mène à la chapelle N.-D.-de-Vie. De là s'offre une vue panoramique : à l'est sur la vallée de la Durance, le plateau de Valensole et les Préalpes de Digne, à l'ouest sur la montagne de Lure et le bassin de Forcalquier.

**LES PÉNITENTS DES MÉES**

Au temps des invasions sarrasines, le seigneur de Bevons avait vaincu les Sarrasins retranchés sur une montagne proche de Sisteron, aujourd'hui encore appelée « Pierre Impie ». Les moines de la montagne de Lure s'éprirent des belles Mauresques qui avaient été faites prisonnières. Pour les punir de leur désir coupable et les aider à rester de marbre, saint Donat les pétrifia alors qu'ils sortaient en procession au bord de la Durance, la tête couverte de leur cagoule pointue.

## Randonnée

### ★ Marcher sur la tête des Pénitents des Mées B3

*3h. Après la chapelle N.-D.-de-la-Salette, sur la D 101, garez-vous au bord de la route pour partir du camping.*

Rejoignez le fond du vallon de la Combe. Franchissez le muret de la deuxième retenue pour atteindre la rive nord. De là, le sentier des Pénitents, balisé en vert, monte en lacet *(prendre toujours à droite)* jusqu'à la forêt domaniale des Pénitents où la végétation méditerranéenne est bien représentée (chêne vert, pin d'Alep, ciste de Montpellier, pistachier). Au col *(alt. 600 m)*, avant de vous engager dans les lacets de la descente, poussez vers la gauche pendant une centaine de mètres : points de vue inhabituels sur les Pénitents. Revenez au col et descendez *(quelques passages raides)* vers la barre rocheuse et le pied des Pénitents entre lesquels le chemin se faufile. Poursuivez vers la gauche *(en faisant face à la vallée de la Durance)* jusqu'à une route. On longe l'ancien aqueduc orné des effigies de la légende mauresque avant d'atteindre l'entrée du village des Mées.

## NOS ADRESSES DANS LA VALLÉE DE LA MOYENNE DURANCE

### HÉBERGEMENT

**BUDGET MOYEN**

**Aux Mées**

**Chambre d'hôte Campagne du Barri** – *La Croix - 04190 Les Mées - 2 km au nord-est des Mées par D 4 en dir. de Digne-les-Bains et chemin à gauche - ✆ 04 92 34 36 93 - www.guideweb.com/provence/bb/campagne-barri - P - 5 ch. 53/106 € ☕, demi-pension possible.* Cette maison bourgeoise du 18e s. a gardé trace de son passé : les papiers peints du salon datent de 1794 et la devise du fronton rend hommage à la République. Jolies chambres, dont la plupart sont décorées de mobilier ancien, et belle vue sur la montagne de Lure et les rochers des Mées. Piscine contiguë à la cour où trône deux platanes bicentenaires. Table d'hôte conviviale, concoctée avec les fruits et légumes du jardin, uniquement sur réservation de mi-nov. à mi-mars.

### À Cruis

**Auberge de l'Abbaye** – *04230 Cruis - ✆ 04 92 77 01 93 - http://monsite.wanadoo.fr/auberge-abbaye-cruis - fermé vac. de la Toussaint, de Noël et de février - 8 ch. 55/75 € - ☕ 10 €, demi-pension possible - ✕ formule déj. 25 € - 30/55 €.* Chambres simples et impeccablement tenues. Pain maison au petit-déjeuner. Sympathique auberge familiale dotée d'une agréable terrasse ombragée, sur la place du bourg ; cuisine dans la note régionale, à base de bons produits locaux.

## RESTAURATION

BUDGET MOYEN

### À Aubignosc

**La Magnanerie** – *04200 Aubignosc - 2 km au nord par N 85 - ✆ 04 92 62 60 11 - www.la-magnanerie.net - fermé 20-30 déc. - 19/43 € - 9 ch. 65/95 € - ☕ 9 €, demi-pension possible.* Belle magnanerie revisitée de A à Z : décor contemporain en accord avec l'inventive cuisine (produits du terroir, bio), bar, terrasse-jardin ombragée. Chambres modernes à thème.

### À Château-Arnoux-St-Auban

**Au Goût du Jour** – *14 av. Gén.-de-Gaulle - 04160 Château-Arnoux-St-Auban - ✆ 04 92 64 48 48 - goutdujour@bonneetape.com - fermé 3 janv.-11 fév. - formule déj. 18 € - 24 €.* Coquette salle à manger habillée aux couleurs de la Provence où l'on propose, dans un esprit bistrot, des petits plats du terroir affichés sur ardoise.

**L'Oustaou de la Foun** – *N 85 - 04160 Château-Arnoux-St-Auban - 1,5 km au nord de Château-Arnoux-St-Auban par N 85 - ✆ 04 92 62 65 30 - fermé 1er-9 janv., 22-30 juin, vac. de Toussaint, dim. soir et lun. - 20/60 €.* Cette accueillante maison située au bord de la route nationale abritait jadis une ferme puis un relais de poste. Cuisine régionale servie dans une salle à manger provençale voûtée et égayée de tableaux colorés ou dans une salle ouvrant sur le jardin.

## ACHATS

### À Oraison

**Moulin Paschetta-Henry** – *6 av. Charles-Richaud - 04700 Oraison - ✆ 04 92 78 61 02 - www.savonnerie-moulinahuilepaschettahenry.com - tlj sf dim. 8h30-12h, 14h-18h - fermé 15 j. en janv. et j. fériés.* La famille Paschetta-Henry reçoit depuis 1922 la production des oléiculteurs de la région. Boutique aménagée dans une jolie cave voûtée jouxtant l'atelier de fabrication : confitures, terrines, apéritifs locaux, amandes, savons à l'ancienne, etc.

**François Doucet confiseur** – *Zone artisanale - 04700 Oraison - ✆ 04 92 78 61 15 - www.francois-doucet.com - tlj sf w.-end 8h30-12h, 14h-18h - fermé j. fériés.* Le produit phare de cette confiserie installée dans le dernier cassoir d'amandes encore en service à Oraison est le Pralino (à base d'amande grillée, nougatine, herbes de Provence et vanille bourbon). Autres spécialités à découvrir : pâtes de fruits, noisettes du Midi, galets, Douce Marion, truffes à la framboise et aux pruneaux…

### À Peyruis

**Moulin à huile du Mardaric** – *Quartier de la Sève - 04310 Peyruis - ✆ 04 92 68 04 12 - www.savonnerie-moulinahuilepaschettahenry.com - tlj sf dim. 9h-17h30 - fermé 2 sem. en janv.* Comme la boutique est installée au sein de l'atelier de fabrication, vous pourrez assister en direct à l'élaboration de l'huile d'olive, entre fin nov. et début janv. La maison propose également différentes olives de table, de la tapenade, du savon à l'huile et une petite sélection de produits régionaux.

**ACTIVITÉS**

**Randonnée**
350 km de parcours pédestres et 550 km de sentiers VTT, ainsi que 5 parcours permanents d'orientation. Possibilité de faire le tour du lac pour les personnes à mobilité réduite et chemins adaptés pour les enfants. Les cartes pour les randonnées libres sont au tarif de 3 €, en vente à l'office de tourisme de Château-Arnoux *(voir « S'informer »)*.

**VTT**
Le val de Durance compte une base VTT *(www.vtt-valdurance.org)*, agréée par la Fédération française de cyclotourisme, au sein de l'office de tourisme de Château-Arnoux *(voir « S'informer »)*. Vous y trouverez le plan des circuits.

**Cyclotourisme**
Le circuit « Le pays de Forcalquier et la montagne de Lure à vélo » *(voir Forcalquier, p. 307)* comprend une boucle de 6 km autour de Lurs.

**Sports aériens**
Ensoleillement, formes du relief, vents porteurs : le ciel de haute Provence attire les passionnés de sports aériens. St-Auban est une plate-forme importante.

# Forcalquier et le pays de Banon

★

4 649 Forcalquiérins – Alpes-de-Haute-Provence (04)

## NOS ADRESSES PAGE 306

**S'INFORMER**
**Office de tourisme intercommunal. Pays de Forcalquier et montagne de Lure** – *13 pl. Bourguet - BP 15 - 04300 Forcalquier - ✆ 04 92 75 10 02 - www.forcalquier.com - juil.-août : lun.-sam. 9h-12h30, 14h30-18h30, dim. et j. fériés 10h-12h ; reste de l'année : tlj sf dim. 9h-12h, 14h-18h - fermé certains j. fériés (se rens.)*
**Visite guidée de la ville** – *Se renseigner à l'office de tourisme pour les horaires et tarifs.*

**SE REPÉRER**
Carte de microrégion AB3 (p. 280) – *carte Michelin Départements 334 C9.*
Situé 47 km au sud de Sisteron, Forcalquier est une ville idéale pour rayonner : vous pourrez rejoindre le plateau de Valensole (30 km au sud-ouest) et la montagne de Lure (35 km au nord).

# FORCALQUIER ET LE PAYS DE BANON

**À NE PAS MANQUER**
Le panorama de la terrasse de N.-D.-de-Provence, à Forcalquier ; la rotonde de Simiane ; les fromages de Banon ; les toits d'Oppedette.

**ORGANISER SON TEMPS**
Venez de préférence un lundi matin, jour du marché, l'un des plus importants de Provence. Ensuite, vous flânerez dans la ville et la matinée sera bouclée. Et prévoyez l'après-midi pour découvrir le « pays de Banon ».

**Jadis capitale d'un comté florissant, Forcalquier est aujourd'hui la capitale culturelle du pays : point de départ de mille escapades, elle a pourtant tout pour retenir ses visiteurs, amateurs de pierres anciennes ou mélomanes ; tous les étés, la cité vibre au son du jazz et de la musique de chambre. Les gourmands et les amoureux de belles plumes ne manqueront pas de faire un détour jusqu'au pays de Banon : perché sur de hauts plateaux, avec la montagne de Lure pour horizon, ce territoire agreste est réputé pour son fromage, sa charcuterie, ses biscuits et sa librairie.**

## Se promener

*Circuit au départ de la place du Bourguet – Comptez une demi-journée.*

### Cathédrale Notre-Dame

Sa curieuse silhouette blanche pleine de recoins oppose le côté massif de sa haute tour (d'allure romane, mais achevée au 17e s.) à la minceur du clocher couronné par un lanternon à baies. Le transept et le chœur, bâtis avant 1217, représentent le plus ancien exemple connu d'art gothique en pays d'oc. Au 17e s., on ajouta des bas-côtés s'harmonisant plutôt bien avec l'existant, ainsi que les **grandes orgues**, qui comptent parmi les meilleures de Provence.

### Musée municipal

*Pl. du Bourguet - ✆ 04 92 70 91 19 - fermé pour inventaire - pour les expositions temporaires : se renseigner.*
Il se trouve au dernier étage du couvent des Visitandines, en face de la cathédrale. Meubles anciens et objets de la vie quotidienne, faïences de Moustiers et d'Apt, fouilles archéologiques en constituent le fonds.
*Contournez la cathédrale par le bd des Martyrs et prenez en face du couvent des Cordeliers.*

**SI FORCALQUIER M'ÉTAIT COMTÉ…**
Le comté de Forcalquier, créé au 11e s., vit de façon souveraine. Le long de la Durance, son territoire a Manosque, Sisteron, Gap et Embrun pour places principales, et Forcalquier pour capitale. Ses comtes accroissent leur puissance, défiant même les comtes de Provence. L'église de Forcalquier reçoit le curieux titre de « concathédrale ». Ne pouvant supprimer l'évêché de Sisteron, on décide en 1065 de le couper en deux, créant ainsi une situation unique dans l'histoire de l'Église : un évêché sans évêque. En 1195, la rivalité entre les deux comtés voisins s'éteint dans la joie et les chants nuptiaux : Gersende de Sabran, comtesse de Forcalquier, épouse Alphonse II, comte de Provence. Leur fils **Raymond Bérenger V** hérite des deux comtés, finalement légués à la France en 1481.

### Couvent des Cordeliers

Les cordeliers s'installent à Forcalquier en 1236, fondant là l'un des premiers couvents de leur ordre en Provence. Très endommagés pendant les guerres de Religion et la Révolution, vendus comme biens nationaux et devenus exploitation agricole, les bâtiments médiévaux ont été restaurés. Le couvent abrite aujourd'hui un pôle de formation avec l'**Université européenne des saveurs et des senteurs** qui propose des journées et des ateliers ouverts à tous les publics. *✆ 04 92 72 50 68 - www.uess.fr.*

Le **cloître** abrite un joli jardin de buis taillés. Remarquez les arcades-tombeaux. Ces enfeus gothiques servaient de sépultures aux seigneurs de Forcalquier. Du côté de la salle capitulaire, de gracieuses baies géminées encadrent une porte romane.

### Cité comtale

Les rues très étroites, bordées de hautes maisons, ont été conçues pour protéger du mistral. Quel que soit le chemin emprunté pour la parcourir, ouvrez l'œil pour ne pas manquer les belles façades à baies géminées, les portes et portails gothiques, Renaissance ou classiques.

En passant sous la **porte des Cordeliers**, seul vestige subsistant de l'enceinte fortifiée, on pénètre dans les vieux quartiers. Au bout de la rue des Cordeliers, tournez à droite dans la rue Passère et poursuivez dans la rue St-Mari, où se trouve l'hôtel de Castellane-Adhémar du 17e s. (porte à arcature, sur la droite), pour escalader les pentes de la citadelle. Du château des comtes ne subsistent que quelques pierres. Au sommet, une **chapelle** octogonale dédiée à Notre-Dame-de-Provence a été érigée en 1875. De la terrasse s'ouvre un **panorama★** sur la ville et sur les montagnes voisines *(table d'orientation)*. Enfin, remarquez un **carillon** unique en son genre : il se joue à coups de poing, car il a conservé un clavier manuel permettant ce jeu traditionnel. Pour voir le carillonneur en action, rendez-vous sur la terrasse le dimanche à 11h30.

**LA CITÉ DES QUATRE REINES**

Les quatre filles de **Raymond Bérenger V** sont toutes devenues reines. Marguerite se maria avec Saint Louis, roi de France, Éléonore avec Henri III, roi d'Angleterre, Sanche avec Richard de Cornouailles, roi des Romains, et Beatrix avec Charles d'Anjou, roi des Deux-Siciles.

Redescendez vers la rue de la Citadelle. À l'angle de la rue Bérenger, prenez le bel **escalier** (19e s.) pour arriver place du Palais. De là, partez à droite pour atteindre la place St-Michel, où vous observerez les curieuses scènes sculptées d'une belle **fontaine Renaissance** en forme de pyramide, couronnée par un saint Michel terrassant le dragon. Par la rue Mercière, gagnez la place du Bourguet, centre de Forcalquier.

*Quittez le centre-ville par la D 16 au nord.*

### ★ Cimetière

Les ifs ont été taillés en arcade et forment d'étonnantes perspectives végétales.

Forcalquier et l cathédrale Notre-Dame.
*F. Guiziou / hemis.fr*

## Circuits conseillés Carte de microrégion

### ★ LE PAYS DU « CONTADOUR »

▶ *Circuit de 74 km de Forcalquier à Sisteron – Comptez 2h. Voir circuit 2 p. 293.*

### LE PAYS DE BANON A3

▶ *Circuit tracé en vert sur la carte de microrégion (p. 280) – Boucle de 69 km au départ de Forcalquier – Comptez environ 3h. De Forcalquier, prenez la direction « Avignon », puis la D 950 au rond-point situé à la sortie de la ville.*

### Banon

*Pl. de la République - 04150 Banon - ✆ 04 92 72 19 40 - horaires d'ouverture sur www.village-banon.fr.*

Dans le haut du village se trouve une belle **porte à machicoulis** du 14^e s. et l'hôtel-Dieu restauré. Au chevet de l'église s'offre une **vue** agréable sur la montagne de Lure et les toits de tuiles. Banon est réputé pour son **fromage de chèvre** du même nom, enveloppé dans des feuilles fraîches de châtaignier *(voir « Nos adresses à Forcalquier et au pays de Banon »).*

**Le Bleuet** – *Rue Saint-Just - 04150 Banon - ✆ 04 92 73 25 85 - tlj sf 1^er janv.* Une façade affichant deux bleuets géants peints et, sur le côté, une sculpture en bois de 4 m représentant des livres empilés… Vous ne pourrez pas manquer cette **librairie** lors de votre passage à Banon, bien qu'elle se trouve un peu en retrait. Mais sa richesse se trouve à l'intérieur avec ses 100 000 titres et ses 180 000 volumes ! Un fonds littéraire exceptionnel qui vaut le détour.

*En sortant de Banon, prenez la D 51 (direction Apt).*

### ★Simiane-la-Rotonde

*La Rotonde - 04150 Simiane-la-Rotonde - ✆ 04 92 73 11 34 - horaires d'ouverture sur www.simiane-la-rotonde.fr*

Des villages sur leur piton perchés, il y en a un sur deux en Provence. Les historiens ont longtemps cru que ces fortifications médiévales avaient à l'origine été érigées pour protéger les habitants des Sarrasins. Mais si l'habitat s'est blotti sous les remparts, c'est surtout qu'ainsi le seigneur pouvait plus facilement prélever sa part des récoltes et contrôler ses gens.

Simiane s'étage au bord du plateau d'Albion et baigne dans le parfum des champs de lavande. Ses hautes maisons dessinent une pyramide ; au sommet, la fameuse rotonde, vestige du château des comtes de Sault. Les rues sont jalonnées de belles portes sculptées des 17e et 18e s. De la **halle** couverte, **vue** étendue sur le pays de Forcalquier.

★ **La rotonde** – *✆ 04 92 73 11 34 - www.simiane-la-rotonde.fr - 1er mai-31 août : 10h30-13h, 13h30-19h ; 1e sept. - 11 nov. : tlj sf mar. 13h30-18h ; reste de l'année : se renseigner - 4 € (-18 ans 2 €).* Avant d'accéder à la célèbre rotonde, ne manquez pas de vous arrêter un instant dans la salle où sont présentés des vestiges archéologiques exhumés lors des fouilles de 2001. D'une incroyable originalité, cet ancien donjon du 12e s. trompe bien son monde : derrière ses murs lisses et fiers se révèle le beau décor sculpté d'une salle romane coiffée d'une coupole. À l'étage, admirez les douze niches rayonnantes décorées de feuillages et de têtes grimaçantes et, au-dessus, le raccordement hélicoïdal des douze nervures de pierre, symboles des douze mois de l'année ; elles soutiennent une voûte en coupole dotée d'un oculus central à collerette végétale. La salle accueille en saison un festival de musique ancienne *(voir « Nos adresses à Forcalquier et au pays de Banon »).*

Pour clore votre visite, faites une pause au **laboratoire d'aromathérapie**, situé à l'étage de l'aile sud, dans l'ancien appartement de la famille du seigneur des lieux. *Laboratoire Ste-Victoire – Château de la Rotonde - 04150 Simiane-la-Rotonde - ✆ 04 92 75 98 90 - www.laboratoiresaintevictoire.com.*

*Prenez la D 18 puis à droite en arrivant sur la D 5, jusqu'à Revest-des-Brousses (tournez à droite).*

Faites un détour à l'intérieur du village de **Revest-des-Brousses** *(garez-vous sur la place du village)*, où, du parvis de l'église, vous profiterez d'une très belle **vue** sur la haute vallée de la Largue et la montagne de Lure, en fond.

*En sortant du village, prenez la D 18 (dir. Ongles) puis tournez à droite en arrivant sur la D 950, jusqu'à Forcalquier.*

## NOS ADRESSES À FORCALQUIER ET AU PAYS DE BANON

### HÉBERGEMENT

#### BUDGET MOYEN

**Auberge Charembeau** – *Rte de Niozelles - ✆ 04 92 70 91 70 - www.charembeau.com - ouvert 1er mars-15 nov. - P - Wifi - 25 ch. 58/110 € - ☕ 9 €.* Ferme du 18e s. dans un charmant parc vallonné. Ce cadre avenant et la décoration provençale des vastes chambres vous plongeront dans un havre de quiétude.

### RESTAURATION

#### PREMIER PRIX

**La Tourette** – *20 bd Latourette - ✆ 04 92 75 14 00 - latourette04@free.fr - fermé 1er-15 nov. - formule déj. 12 € - 18/25 €.* L'accueil souriant, le décor aux couleurs du Midi, les petits plats traditionnels et provençaux vous donneront envie de revenir dans ce restaurant du centre-ville. La terrasse dressée sous un marronnier est très appréciable aux beaux jours.

**BUDGET MOYEN**

**L'Aïgo Blanco** – *5 pl. Vieille - Vieille Ville - ✆ 04 92 75 27 23 - fermé janv. et lun. soir (hors vac. scol.) - formule déj. 17 € - 24 €.* Restaurant situé au cœur de la vieille ville, derrière l'église Notre-Dame. Salle à manger de style provençal et terrasse dressée sur une placette aux beaux jours. Copieuse cuisine régionale et en hiver une carte de spécialités savoyardes. Service simple et sympathique.

**ACHATS**

**Charcuterie La Brindille-Melchio** – *Pl. de la République - ✆ 04 92 73 23 05 - www.charcuterie-melchio.fr - juil-août : tlj 8h-19h ; reste de l'année : tlj 8h-12h30, 14h30-19h - fermé 1er janv. et 25 déc.* Cette minuscule devanture ouvre sur un antre incontesté de la saucisse et du saucisson. Aux noix, à la sarriette, au piment, au chèvre, à l'ancienne : il y en a pour tous les goûts. Les autres charcuteries plaisent aussi, tout comme les fromages : on trouve ici le savoureux banon, de la tomme et du brebis.

**La Fontaine Sucrée** – *Pl. St-Michel - ✆ 04 92 75 02 50 - 8h-12h30, 15h30-19h30, dim. 8h-12h30, 16h-19h30, mar. 8h-12h30 - fermé merc. (sf juil.-août), fév. et oct.* Cette pâtisserie-confiserie compte parmi ses spécialités la Pierre du Luberon.

**Le marché** – *8h30-13h.* Le lundi matin, ce célèbre marché attire autant les habitants du pays que les nombreux touristes au cœur de la ville. Parmi les produits régionaux traditionnels, vous y trouverez le banon, fromage de chèvre artisanal enveloppé dans des feuilles de châtaigner. L'été, il est conseillé d'arriver très tôt pour éviter la foule.

**Distilleries et Domaines de Provence** – *9 av. St-Promasse - ✆ 04 92 75 15 41 - www.distilleries-provence.com - juil.-août : tlj sf dim. 9h-19h ; reste de l'année : lun., merc.-sam. 10h-12h30, 14h-19h - fermé janv.-mars.* Un alambic centenaire orne le cadre rustique de cette distillerie fondée en 1898, où le savoir-faire traditionnel est plus que jamais d'actualité… L'endroit rêvé pour découvrir les fameux alcools provençaux tels que le pastis Henri Barouin, l'apéritif Rinquinquin, la Farigoule ou l'Absente, liqueur à base d'absinthe.

**ACTIVITÉS**

**Vols en montgolfière - France Mongolfières** – *✆ 0 810 600 153 - www.france-montgolfiere.com - de mars à nov. - décollages tlj selon les conditions météorologiques. Se renseigner également à l'office de tourisme.*

**Vélo Loisirs en Luberon** – *13 bd des Martyrs - ✆ 04 92 79 05 82 - www.veloloisirluberon.com - lun.-vend. : 9h-18h .* Ce groupement de professionnels propose des services afin de faciliter les séjours à vélo en Luberon. Un guide gratuit édité chaque année recense tous les affiliés à la démarche (hébergements, loueurs, taxis, restaurants, sites culturels, caves, accompagnateurs, etc.) et détaille différents itinéraires.

# Digne-les-Bains

★

17 455 Dignois – Alpes-de-Haute-Provence (04)

NOS ADRESSES PAGE 313

**S'INFORMER**

**Office du tourisme de Digne** – *Place du Tampinet - 04000 Digne-les-Bains - ✆ 04 92 36 62 62 - www.ot-dignelesbains.fr - juil.-août : lun.-sam. 8h-19h, dim. 10h-12h, 15h-17h ; 1er sept.-15 oct. : lun.-sam. 9h-12h, 14h-18h, dim. 10h-12h, 15h-17h ; reste de l'année : se rens. - fermé 1er janv., dim. de Pâques, 1er et 8 Mai, dim. de Pentecôte, 1er et 11 Nov. et 25 déc.*

**Visite guidée** – *Mars-oct. : vend. apr.-midi - gratuit - inscription à l'office de tourisme - ✆ 04 92 36 62 62. Parcours dans la vieille ville.*

Depuis 2010, l'office de tourisme propose cinq parcours à faire à l'aide d'un guide numérique, le **Géo-guide**, dont trois à l'intérieur de la ville (audioguide) et deux dans le pays dignois (guidage GPS), pour une visite interactive de la région.

**SE REPÉRER**

Carte de microrégion C2 (p. 280) – *carte Michelin Départements 334 F8.* Située au confluent de trois vallées, Digne est une étape sur la route Napoléon (D 4085), entre Sisteron (à 39 km) et Castellane (à 52 km).

**SE GARER**

Les parkings en centre-ville sont payants *(voir le plan).*

**À NE PAS MANQUER**

Le musée Alexandra-David-Neel ; le musée Gassendi.

**ORGANISER SON TEMPS**

Comptez une demi-journée pour visiter la ville et un de ses musées.

**AVEC LES ENFANTS**

Le musée-promenade de la Réserve géologique de Haute-Provence ; le plan d'eau des Ferréols *(voir « Nos adresses à Digne-les-Bains »).*

**Digne d'intérêt, elle l'est à bien des titres. Cette station thermale s'est rénovée tout en préservant le charme de ses rues piétonnes. Capitale des « Alpes de la lavande », elle vit au cœur de montagnes bleutées, parfumées par cette fleur magique, dont un corso fleuri en août et une foire en septembre rappellent toute l'importance.**

## Se promener Plan de ville

*Circuit au départ de la place Charles-de-Gaulle – Comptez une demi-journée.* Digne fut dans l'Antiquité la capitale des *Bodiontici*. Siège d'un évêché, la ville se développa ensuite à l'emplacement du quartier de N.-D.-du-Bourg. Au 14e s., elle se déplaça sur la butte autour d'un château aujourd'hui disparu *(à l'emplacement de la prison actuelle)*. Les rues piétonnes et commerçantes au bas de la butte ont été repeintes de jolies teintes pastel. De nos jours, le centre d'animation de la ville est le large boulevard Gassendi, ombragé de platanes.

De 1983 à 1991, une manifestation internationale de sculpture révéla chaque année des talents. Les œuvres primées, en marbre de Carrare, ornent ronds-points, squares et jardins publics. À droite de l'hôtel de ville, remarquez la représentation d'une main très réaliste.

### Jardin botanique des Cordeliers B1

*Pl. des Cordeliers - ✆ 04 92 31 59 59 - ♿ - juil.-août : lun.-vend. 9h-12h, 15h-19h ; 15 mars-30 juin et 1er sept.-15 nov. : lun.-vend. 9h-12h, 14h-18h - fermé w.-end et j. fériés - gratuit.*

Établi dans l'enceinte d'un collège, ancien couvent des Cordeliers, il a retrouvé sa destination originelle de **jardin médiéval**, composé de parterres de simples, de plantes aromatiques ou de condiments et d'un potager. Un petit coin de paradis !

### ★ Musée Gassendi B1

*64 bd Gassendi - ✆ 04 92 31 45 29 - www.musee-gassendi.org - ♿ - avr.-sept. : 11h-19h ; reste de l'année : 13h30-17h30 - fermé mar., 1er janv., 11 Nov. et 25 déc. - 4 € (-21 ans gratuit) ; 1er dim. du mois gratuit.*

Fondé en 1889 par l'aquarelliste **Paul Martin**, il marie désormais sciences, peinture, art contemporain et histoire locale. Sa muséographie est originale : des cabinets assurent la transition d'une thématique à l'autre. Vous y

SE LOGER

Villa Gaïa (Hôtel) .................... ③

SE RESTAURER

Fleur de Sel (Crêperie La) .................... ②

France (Brasserie Le) .................... ④

Olivier (L') .................... ⑥

retrouverez les peintres de l'école provençale qui exaltent leur terroir et la lumière du Midi. Le fonds ancien est riche de peintures italiennes (*Vierge au missel* du 17e s. de Carlo Maratta), de tableaux des écoles vénitienne (*Le Vice et la Vertu* de Francesco Ruschi) et hollandaise (portraits de Frans Pourbus et de Van Ravesteyn) ; également quelques beaux dessins et lavis italiens ainsi que français.

À l'ère du cybermonde et des moteurs moléculaires, vous y apprécierez aussi 200 instruments scientifiques du 19e s., à la fois beaux et utiles, servant en hydrostatique, optique, électricité ou arpentage. Ils rappellent la présence de l'astronome **Pierre Gassendi**, dont Digne a suivi l'exemple. Parmi ces objets, remarquez la pendule cosmographique de ce savant. Elle fut brevetée en 1865, après vingt-deux ans de mise au point. Elle donne à la fois l'heure solaire et l'heure légale, l'estimation de l'ombre à la surface de la Terre et les périodes de lever et de coucher du soleil.

Enfin, dans une salle voûtée est présentée l'histoire locale à travers des objets archéologiques et la projection d'un film, très instructif, retraçant l'évolution de la physionomie de Digne.

Le musée Gassendi abrite également le **Cairn, centre d'art**, qui s'attache à mettre en valeur des artistes contemporains. Cela explique la présence, au milieu des collections permanentes du musée, d'œuvres récentes dûes à Andy Goldsworthy, Herman de Vries, Mark Dion, Joan Fontcuberta entre autres. Des artistes qui n'hésitent pas à installer leur travail dans des sites en pleine nature *(voir l'encadré p. 317)*.

### Grande Fontaine B1

Cette fontaine du 19e s., au bout du boulevard Gassendi, frappe par ses concrétions calcaires couvertes de mousse.

De là, vous pouvez rejoindre à pied (*10mn*) la cathédrale Notre-Dame-du-Bourg *(voir plus loin)*.

### PERSONNAGES DIGNOIS

Le philosophe, mathématicien et astronome **Pierre Gassendi** (1592-1655) est né près d'ici et les Dignois l'ont fourré partout. Lui qui ne dînait que de trois pruneaux trempés dans l'eau, un gâteau porte son nom, ainsi qu'un cirque lunaire. Pionnier de l'observation à la lunette et admirateur de Galilée, c'est surtout comme rival de Descartes qu'il connut la célébrité. Molière et Cyrano de Bergerac furent ses disciples.

L'évêque des *Misérables,* Mgr Bienvenu Myriel, a pour modèle celui de Digne, **Mgr de Miollis**, qui s'opposa à Napoléon lors du concile de Paris en 1811.

**Alphonse Beau de Rochas** (1815-1893), né à Digne, proposa un projet de tunnel sous la Manche et encouragea la résistance républicaine locale au coup d'État du 2 décembre 1851.

L'exploratrice-écrivain **Alexandra David-Néel** fut en 1924 la première Occidentale à entrer dans la capitale du Tibet interdit, Lhassa. À 56 ans, elle n'hésita pas à passer des mois déguisée en vieille mendiante tibétaine, le visage enduit de suie, pour traverser l'Himalaya au milieu de dangers de toutes sortes. Elle raconte ce périple dans *Voyage d'une Parisienne à Lhassa*.

Dalle à ammonites géantes
*H. Takei*

### Vieux quartiers

Au sud du boulevard Gassendi se déroule un réseau de ruelles tortueuses coupées d'escaliers, autour de la butte que domine l'**église St-Jérôme** (B1) et sa tour de l'Horloge, vestige de l'ancienne cathédrale, coiffée d'un campanile provençal. Vous pouvez y grimper par la pittoresque montée St-Charles et ses passages voûtés qui partent à droite de la rue de l'Hubac, face à la rue du Colonel-Payan.

### Musée d'Art religieux B1

*Pl. des Récollets - ✆ 04 92 32 35 37 - juil.-sept. : 10h-18h - gratuit.*

La **chapelle des Pénitents** abrite des objets venus des diverses paroisses du département, une exposition temporaire sur des thèmes religieux et un espace vidéo.

### Musée de la Seconde Guerre mondiale B1

*Pl. Paradis - ✆ 04 92 31 28 95 (Jacques Teyssier) - ♿ - juil.-août : lun.-jeu. 14h-18h, vend. 14h-17h30 ; reste de l'année : merc. 14h-17h sur RV - fermé j. fériés - gratuit.*

Dans un abri de la défense passive, documents et objets d'époque évoquent le rôle stratégique de Digne dans la défense alpine et les dégâts subis.

## À voir aussi Plan de ville

### ★ Cathédrale N.-D.-du-Bourg B1 en direction

*✆ 04 92 32 06 48 - 15 juin-15 sept. : 15h-18h - gratuit.*

Incroyablement grande pour une église romane provençale, elle fut bâtie de 1200 à 1330 et devint un modèle pour d'autres églises de la région, comme celle de Seyne *(voir p. 321)*. Elle fut néanmoins abandonnée dès la fin du 15e s., après des déprédations. On construisit l'église St-Jérôme sur la butte St-Charles, plus facile à défendre. Des fouilles ont révélé une construction du 1er s. et les bases de la première église du 5e s., qui surprend par son étendue.

À l'intérieur, **médaillons peints** et fragments de **peintures murales** (15e et 16e s.) : à droite, le Jugement dernier, le Paradis, l'Enfer, les Vertus (belles dames du Moyen Âge) et les Vices sur leurs montures avec, au-dessous, les châtiments leur correspondant.

**David Rabinowitch**, né au Canada en 1943, a conçu l'aménagement liturgique et les vitraux : en verre soufflé et teinté, leur couleur se modifie en fonction de la place de l'observateur. Dans le sol de la nef, des incrustations en cuivre symbolisent la chronologie de la parole divine depuis l'hébreu (le triangle hébraïque signifie « vigne ») jusqu'à l'hexagone moderne en français, en passant par le grec et le latin.

### ★ Musée Alexandra-David-Néel A1 en direction

*Sur la route de Nice, à gauche juste après la station-essence.*

*27 av. du Mar.-Juin - 04 92 31 32 38 - www.alexandra-david-neel.org - visite guidée (1h45) à 10h, 14h et 15h30 - gratuit.*

En 1927, Alexandra David-Néel achète cette maison, baptisée « Samten-Dzong » (« forteresse de la méditation »), et y entrepose ce qu'elle rapporte de ses périples en Asie qui durent parfois plus de dix ans. Les sacs de voyage hors d'âge, les bottes tibétaines, la table de camping, les appareils photo reprennent vie à l'évocation de l'exploratrice.

Dans la deuxième salle, des peintures religieuses tibétaines, des statues en bois, des lampes à beurre : on se croirait dans un sanctuaire bouddhiste himalayen ! Comme la chambre, le bureau est volontairement modeste ; le fauteuil en osier fait face à une simple table de camping sur laquelle furent écrits ses ouvrages.

Une **salle d'art du Tibet** est l'occasion de comprendre les liens qui unissent aujourd'hui la fondation à ce pays. Au milieu de belles photos du peuple tibétain, on pourra chercher la concentration devant un mandala de sable coloré, exceptionnel car ces œuvres sont normalement dispersées au souffle du vent. Enfin, vous pourrez faire quelques emplettes à la boutique d'artisanat.

## À proximité Carte de microrégion

L'activité paysanne traditionnelle a laissé son empreinte dans le paysage environnant : cabanes et murs de pierres sèches, canaux d'irrigation.

### ★ Musée-promenade de la Réserve géologique de Haute-Provence C2

*Voir p. 316.*

### ★ Chapelle St-Michel-de-Cousson C3

*11 km au sud de Digne. Sortez de Digne vers l'établissement thermal par la D 20 qui mène à Entrages.*

La route traverse les thermes, puis se poursuit vers le col de Corobin. Au confluent de deux torrents, prenez la D 120 à droite : elle quitte le vallon des Eaux-Chaudes et serpente en lacet vers **Entrages**. Les talus décorés de **buis taillés** annoncent ce charmant village qui surplombe le vallon des Eaux-Chaudes. Garez-vous à l'autre bout du village, devant l'église.

*2h de marche facile.* Le sentier longe d'abord le flanc de la montagne, au milieu d'une végétation clairsemée. Au pas d'Entrages, prenez à gauche le chemin de crête qui contourne la cuvette formée par les deux sommets du Cousson. Belle vue sur Entrages.

La **chapelle** s'élève dans un paysage désolé à l'extrémité sud de la falaise qui surplombe la vallée de l'Asse. D'ailleurs, l'espace dégagé a permis au savant Pierre Gassendi d'effectuer de nombreuses observations astronomiques. Recouverte de lauzes, la chapelle est agrémentée d'un fragment de sarcophage mérovingien utilisé en réemploi au-dessus de la porte.

Vers le sud, remarquable **vue★** sur la vallée de l'Asse, les clues de Chabrières et la vallée de la Bléone.

Possibilité de poursuivre vers le **sommet du Cousson** (alt. 1 516 m) que l'on contourne sur la gauche avant de rejoindre le circuit de l'aller au pas d'Entrages.

## NOS ADRESSES À DIGNE-LES-BAINS

### TRANSPORTS

**Train des Pignes** – *Voir p. 30.*

### VISITE

**Passeport des musées des Alpes-de-Haute-Provence** – Le musée Gassendi et le musée-promenade sont inscrits dans ce réseau.

### HÉBERGEMENT

#### POUR SE FAIRE PLAISIR

**Hôtel Villa Gaïa** – *24 rte de Nice - ✆ 04 92 31 21 60 - www.hotel-villagaia-digne.com - ouvert 15 avr.-4 juil. et 12 juil.-21 oct. - ♿ - 10 ch. 72/110 € - ☕ 10 €, demi-pension possible - ✕ 26 €.* Atmosphère familiale en cette accueillante maison de maître. Outre les salons, bibliothèque et chambres personnalisées (sans TV), découvrez l'original « bain romain » dans le parc arboré. Cuisine traditionnelle privilégiant les légumes et les fruits (le soir).

### RESTAURATION

#### PREMIER PRIX

**Brasserie Le France** – *54 bd Gassendi - ✆ 04 92 31 03 70 - fermé lun. sf en août - ♿ - formule déj. 14 € - 19/23 €.* Cette brasserie propose un beau choix de viandes, de poissons et quelques spécialités provençales servis dans une ambiance décontractée. Aux premiers rayons de soleil, quittez les banquettes de la salle pour vous attabler en terrasse.

**Crêperie La Fleur de Sel** – *✆ 04 92 35 32 69 - formule déj. 12 €.* Cette adresse discrète, située dans une ruelle du vieux Digne, est appréciée des locaux. Petite salle sobre et conviviale, avec poutres apparentes et grande voûte au centre. Bonnes crêpes de sarrasin, servies avec une petite salade, et insolite lasagne-crêpe aux épinards et au saumon. À relever à son goût, avec le sel de Guérande disposé sur chaque table.

#### BUDGET MOYEN

**L'Olivier** – *✆ 04 92 31 47 41 - www.resto-lolivier.fr - formule déj. 15 € - 20/32 €.* Une adresse de gourmets pour amateurs de saveurs provençales et méditerranéennes : on est ici aux petits soins pour vous conseiller et présenter les assiettes. Excellente tapenade accompagnée d'un bon pain de campagne, timbale d'aubergine, épaule d'agneau confite… Belle terrasse faisant face à la vieille ville et à l'église St-Jérôme.

## ACHATS

**Bon à savoir** – Plusieurs artisans, disséminés dans de petits hameaux des environs de Digne, produisent des articles originaux, parfois à base de produits régionaux. Ainsi à **Champtercier**, village des santons, on peut visiter un atelier. L'office de tourisme diffuse une brochure régulièrement mise à jour donnant les coordonnées de ces artisans.

**Marché** – *Espl. Charles-de-Gaulle - merc. et sam.* Ce marché aux accents de Provence déroule ses étals sur toute la surface de la vaste esplanade Charles-de-Gaulle. On y trouve de nombreux produits régionaux (miel de lavande, tissus provençaux). Marché de primeurs et vestimentaire.

**Saveurs et Couleurs** – *7 bd Gassendi - ✆ 04 92 36 04 06 - mar.-sam. 8h30-12h30, 14h-19h15, dim. 8h30-12h30 ; juil.-août : tlj sf dim. apr.-midi et lun. mat. 8h30-12h30, 14h-19h15.* De bons produits typiquement régionaux vous attendent dans cette boutique : calissons Manon, fruits confits, miels, macarons des Baronnies, olives, tapenade, « artichaunade », huiles d'olive, vinaigres, etc. Alcools (liqueur de génépi, apéritifs locaux), vins, tissus provençaux, sachets de lavande et savons élargissent l'offre.

## EN SOIRÉE

**Bon à savoir** – Pour se tenir au courant de l'actualité culturelle à Digne-les-Bains, demandez à l'office de tourisme le programme semestriel *Sortir à Digne*. Vous y trouverez toutes les infos concernant les festivals, les pièces de théâtre, les événements et les concerts.

**Le Grand Kfé** – *3 bd Gassendi - ✆ 04 92 31 00 05 - saison : 6h30-1h ; hors saison : 6h30-22h - fermé 25 déc. et 1er janv.* C'est un fait : le Grand Café plaît énormément et attire une clientèle nombreuse. Est-ce dû à sa double exposition, l'une donnant sur le boulevard Gassendi et l'autre sur la rue du Tampinet ? Ou bien est-ce pour son côté branché et animé ? On vous laissera seul juge…

## ACTIVITÉS

### Randonnée

Très nombreux circuits de randonnée pédestre autour de Digne. Guides et topoguides en vente à l'office de tourisme.

### Cyclotourisme

Le pays dignois, labellisé « site VTT/FFC », compte 200 km de sentiers et pistes balisés. Plans des parcours disponibles à l'office de tourisme.
Possibilité de balade accompagnée et formule « 3 jours/2 nuits » avec un programme sur mesure. Rens. à l'office de tourisme.

### Thermalisme

**Thermes de Digne-les-Bains** – *29 av. des Thermes - 3 km de Digne - ✆ 04 92 32 32 92 - www.thermesdignelesbains.com - tlj sf w.-end 10h-12h, 14h-18h - fermé de fin nov. à déb. mars.* Les eaux de Digne, sulfurées et fortement minéralisées, proviennent d'un forage profond de 850 m. Elles soulagent les voies respiratoires et les rhumatismes ; elles participent également aux soins de remise en forme et esthétiques (Institut du bien-être, ouvert toute l'année).

# Préalpes de Digne

★

Alpes-de-Haute-Provence (04)

## S'INFORMER

**Office du tourisme de Digne** – *Voir p. 308.*

**Réserve géologique de Haute-Provence** – *Montée Bernard-Dellacasagrande – ✆ 04 92 36 70 70 - www.resgeol04.org - horaires : voir musée-promenade p. 316.* Point d'accueil à l'entrée du site du musée-promenade de Digne-les-Bains. Plans de la réserve géologique et de ses trois circuits (*voir « Nos adresses à Digne-les-Bains »).*

**Les routes de la Réserve géologique de Haute-Provence** – Trois routes ont été imaginées par la Réserve pour en faire découvrir le territoire : le **Tour du massif du Blayeul** au départ de Digne-les-Bains; la **Route du temps** entre Sisteron *(voir p. 284)* et Beynes; la **Route des hautes vallées de l'Asse** depuis Barrême. Vous trouverez des plans et des informations sur la Réserve et ses circuits dans 3 musées – musée-promenade à **Digne**, musée Terre et Temps à **Sisteron**, et musée Sirènes et Fossiles à **Castellane –** et les offices de tourisme. Des ouvrages sont également disponibles à la vente.

## SE REPÉRER

Carte de microrégion C2-3 (p. 280) – *carte Michelin Départements 334 E/F/G 7/8.* Ces Préalpes-là s'étendent entre la Durance à l'ouest et le Verdon à l'est. On appelle Préalpes les massifs de transition entre les hautes montagnes alpines et les plaines du pourtour. De Digne, on les explore par des routes sinueuses, la D 900$^A$ vers le nord et la D 20 vers le sud.

## ORGANISER SON TEMPS

Avec les haltes, comptez une demi-journée pour la vallée du Bès. Vous enchaînerez les circuits 2 et 3 : la journée sera donc bien occupée!

**Les Préalpes de Digne sont-elles seulement les montagnes les plus pauvres et les moins peuplées des Alpes? Non, car elles sont aujourd'hui reboisées : mélèzes et hêtres y éclairent l'automne de leurs couleurs flamboyantes. Mais surtout, en quittant le monde des hommes, on y reprend contact avec la nature, qu'un immense musée à ciel ouvert, la Réserve géologique, nous aide à déchiffrer.**

## Circuits conseillés Carte de microrégion

**Bon à savoir** – Deux parcours thématiques sont proposés à l'aide d'un guide numérique, « Patrimoine provençal » et « Paysages alpins » *(voir « Nos adresses à Digne-les-Bains », p. 313).*

### ★ LA VALLÉE DU BÈS ET LE MASSIF DU BLAYEUL C2

*Circuit 1 tracé sur le schéma p. 319 et sur la carte de microrégion (p. 280) – 95 km – Comptez 3h sans les visites à pied. Des espaces de stationnement sont aménagés aux abords des sites. Quittez Digne-les-Bains au nord par la D 900$^A$ (direction Barles) et, juste après le pont, suivez la signalisation jusqu'au parking.*

## LA RÉSERVE GÉOLOGIQUE DE HAUTE-PROVENCE

Créée en 1984, la plus grande réserve géologique d'Europe s'étend sur 1 900 km² et 47 communes. On y protège les roches, fossiles et paysages qui racontent 300 millions d'années d'histoire de la Terre. C'est un lieu d'observation exceptionnel pour les géologues et d'ébahissement pour les visiteurs néophytes. Il ne faut pas se fier à l'air aride de la contrée, car à l'ère secondaire elle y servait de pataugeoire aux poissons, mollusques et autres récifs coralliens de la mer Alpine. On y trouve aussi les fossiles de végétaux du primaire et les traces de courants marins sur des fonds aujourd'hui redressés. Autres traces, celles du soulèvement des Alpes, avec des strates bien visibles dans les clues de Verdaches, Chabrières et Péroué, véritables livres ouverts où se lit la géologie régionale.

### ★ Musée-promenade de la Réserve géologique de Haute-Provence

*✆ 04 92 36 70 70 - www.resgeol04.org - juil.-août : lun.-vend. 10h-13h, 14h-19h, w.-end et j. fériés 10h30-12h30, 14h-19h ; avr.-juin et sept.-oct. : 9h-12h, 14h-17h30 (16h30 vend.) ; reste de l'année : se rens. - possibilité de visite guidée (1h30) - fermé 1er janv. et 25 déc. - 5 € (enf. 3 €). Bus : ligne 2 - arrêt Champourcin.*

Siège de la Réserve géologique de Haute-Provence, il retrace l'histoire de la géologie régionale et ouvre ses laboratoires aux chercheurs. C'est le point de départ du circuit de la vallée du Bès, jalonné de fossiles remarquables.

Le centre de géologie est installé dans une ancienne demeure décorée de fresques, au cœur du **parc St-Benoît** qui domine Digne. Le site est construit sur du tuf, roche formée par l'activité d'une **cascade pétrifiante★** dont on peut voir les spectaculaires concrétions.

Trois **sentiers** *(1 km, 70 m de dénivelé)* relient le parking au centre à travers le parc : le sentier de l'Eau, où l'on découvre des installations d'artistes ; le **sentier des Cairns**, créé en 1998 par A. Goldsworthy, spécialiste du land art ; le sentier des Remparts, qui gravit les murailles médiévales.

Le **musée** s'articule sur trois niveaux : le rez-de-chaussée présente le passé géologique sous la forme d'expositions temporaires, le 1er étage se consacre à la situation actuelle, et le 2e étage au futur, à l'aide d'un documentaire-fiction. Ce dernier expose également les découvertes effectuées sur la Réserve proprement dite : ne manquez pas l'étonnante salle de l'Imaginaire géologique, qui réunit des ammonites géantes déroulées et les tableaux de Georges Autard. Des **aquariums** montrent les derniers fossiles vivants (nautiles, limules) dans leur élément naturel.

Au niveau de l'entrée, dans le parc du musée, se trouve une exposition pédagogique originale, **Géodyssée**, voyage dans les fonds marins du jurassique illustré par le dessinateur de bandes dessinées Pierre Taranzano.

### Jardin des papillons

*Sur le site du musée-promenade. ✆ 04 92 31 83 34 - juil. : 11h, 14h30 et 16h ; août : 10h, 11h30, 14h30 et 16h ; reste de l'année : se rens. - visite guidée (1h) sur réserv. 1 j. av. - fermé j. fériés - 5 € (enf. 3 €).*

Vous pourrez y observer plus de 120 papillons en liberté, en compagnie d'un guide naturaliste.

**Bon à savoir** – Dans le département des Alpes-de-Haute-Provence, il est interdit de capturer les papillons, chenilles et chrysalides.

*Reprenez la D 900A et suivez-la sur 1 km.*

### ★ Dalle à ammonites géantes

Au bord de la route qui remonte la vallée de la Bléone, une dalle de calcaire, ancien fond marin, sert d'écrin à 1 553 coquilles d'ammonites. Certaines font jusqu'à 70 cm de large et vivaient là il y a 200 millions d'années.
*Poursuivez sur la D 900A sur 8 km.*

### ★ Site de l'Ichtyosaure

*Un chemin de 2 km mène au site en 1h.*
Vous remontez le ravin de Bélier à travers une belle chênaie le long du torrent. Vues rafraîchissantes sur les cascades. Franchissez le torrent, puis le sentier en sous-bois vous mène au **col du Jas**, vaste plateau herbeux. Descendez sur la gauche pour atteindre la verrière qui abrite le fossile. Ce reptile long de 4,50 m barbotait dans la mer Alpine qui recouvrait la région il y a 180 millions d'années. Son squelette fossilisé est remarquablement conservé. Une fresque reconstitue le milieu dans lequel il vivait.
*Poursuivez sur 6 km après le carrefour avec la D 103.*

### ★ Site du « vélodrome »

*Accès en 2h par le sentier balisé « Serre d'Esclangon ».*
Vous traversez des terrains rougeâtres plantés de pins. Continuez toujours sur la gauche jusqu'à la première éminence, puis jusqu'aux ruines du hameau d'Esclangon : prenez à droite pour atteindre à vue le sommet. À l'ouest, le plissement en forme de « vélodrome » de couches de grès soumises à d'intenses mouvements de compression. L'érosion continue a entamé ce relief en creusant la vallée du Bès, lui donnant son aspect actuel.
*Reprenez la route sur 2 km.*

### Empreintes de pattes d'oiseaux

*5mn. Sur la droite, suivez le sentier en montée.*
Il y a 20 millions d'années, la mer dansait ici le long de golfes clairs. Des oiseaux proches des pluviers picoraient dans le sable humide du rivage.

### ★ Clues de Barles

Après la première clue, à hauteur de la source de Fontchaude, une empreinte de **singe d'eau**. La deuxième clue impressionne : après un boyau étroit où s'engouffre le torrent, un verrou rocheux dentelé se découpe sur le ciel, encore plus beau quand on l'a dépassé.
*10mn.* Plus loin, des **empreintes de courants** prouvent qu'un climat tropical régnait ici, il y a 300 millions d'années.

### DIGNE-LES-BAINS À L'HEURE DU LAND ART

Depuis le milieu des années 1990, le pays dignois offre aux artistes majeurs du land art un terrain d'expression hors du commun. Pour ces artistes qui travaillent avec des éléments naturels et exposent leurs œuvres dans la nature, la Réserve géologique représente une source d'inspiration idéale. Figure emblématique de ce mouvement, l'Écossais **Andy Goldsworthy**, connu pour ses œuvres de pierres empilées ; il réalise un circuit de 150 km jalonné par des **« refuges d'art »**, créations artistiques originales installées en bord de route, au sommet d'un col, dans une ferme ou une chapelle *(rens. au musée Gassendi de Digne-les-Bains, p. 309)*. Vous pouvez déjà vous faire une idée du land art en visitant le musée Gassendi et en parcourant le sentier des Cairns au musée-promenade *(voir ci-contre)*.

Faites un arrêt à la **Maison de la géologie** à la sortie de Barles. Ce point d'accueil de la Réserve présente une collection lapidaire et des expositions temporaires.
Vous traversez ensuite la **clue de Verdaches**, revêtue d'une abondante et fraîche végétation.
*Poursuivez sur la D 7.*

### ★ Col du Fanget

Alt. 1 459 m. Belle **vue** au nord sur la vallée de la Blanche, Seyne et Selonnet ; à droite, la montagne de la Blanche et le sommet de Dormillouse ; à l'horizon, les montagnes du Parpaillon et du Gapençais. **Le Fanget** offre 16 km de pistes pour les fondeurs et des circuits balisés pour les randonnées à raquettes.

### ★ Seyne

*Voir p. 321.*
*Quittez Seyne au nord par la D 900.*

### ★ Col de Maure

Alt. 1 346 m. Il fait communiquer les vallées de la Blanche et du Bès. En été, ces affluents de la Durance sont de simples filets d'eau et leurs vallées désertiques produisent une impression saisissante.
Tout près du col, parmi les mélèzes et les alpages, la petite station du **Grand-Puy** sert d'annexe hivernale à Seyne.
*Rejoignez la route de l'aller près de la clue de Verdaches.*
Possibilité de revenir à Digne par la vallée de la Bléone en suivant la D 900.

## ★ ROUTE DU COL DE COROBIN C3

*Circuit 2 tracé sur le schéma ci-contre et sur la carte de microrégion (p. 280) – 32 km de Digne à Barrême – Comptez 1h. Quittez Digne par la D 20 vers Entrages.*
Sur la gauche se tient une ancienne ferme encadrée de deux pigeonniers où **Napoléon** se serait restauré avant d'entrer dans Digne. Après l'embranchement menant au sommet du Cousson, la route pénètre dans la **forêt du Cousson** dominée sur la gauche par la barre calcaire des Dourbes.
Après le **col de Corobin** (alt. 1 230 m), vous atteignez Norante au carrefour de la N 85 que vous suivez jusqu'à Barrême.

### Barrême

*Voir la route Napoléon, p. 324.*
Barrême est situé au confluent des trois petites vallées de l'Asse : l'Asse de Moriez (empruntée par la N 202), l'Asse de Blieux au sud et l'Asse de Clumanc au nord. En aval de Barrême, le torrent porte le nom d'Asse et s'engage dans la **clue de Chabrières★**.

## L'ASSE DE CLUMANC C3

*Circuit 3 tracé sur le schéma ci-contre et sur la carte de microrégion (p. 280) – 18 km de Barrême à Plan-de-Chaude par la D 19 – Comptez 45mn.*
Vous longez le cours de l'Asse de Clumanc au plus près de son lit. La vallée recèle une étonnante richesse de couches fossilifères, fidèle reflet des bouleversements géologiques.

## PRÉALPES DE DIGNE

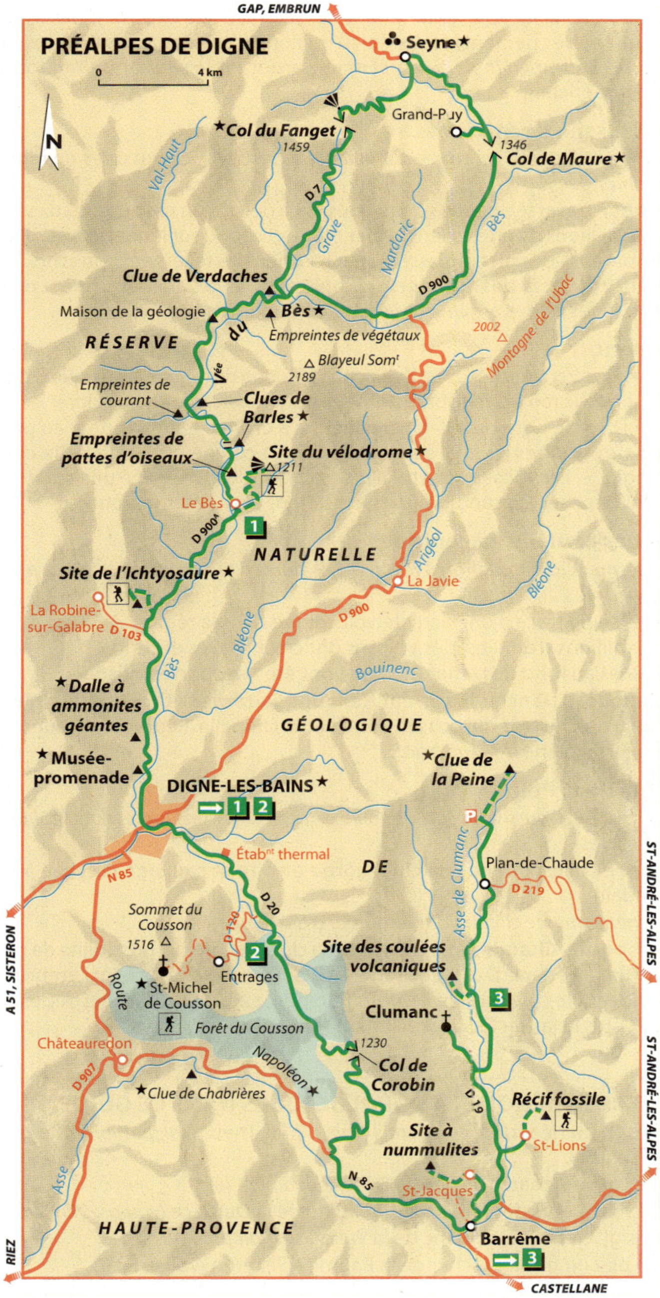

### Site à nummulites de St-Jacques

Près du village, un sentier mène en 10mn au site exposant des fossiles (nummulites et pectens) vieux de 40 millions d'années. Vous pouvez aussi partir de Barrême *(1h de marche)* en empruntant le sentier de randonnée « Voie impériale ».

### Récif fossile de St-Lions

*1h AR. Parking à l'entrée du village de St-Lions. Chaussures de marche recommandées.*

Après une traversée de sous-bois, vous voilà devant un récif de coraux vivant il y a 35 millions d'années dans la mer Alpine. Le fond sur lequel ils s'établirent était composé de galets amassés là par l'érosion des reliefs environnants. Vous reconnaîtrez aussi des oursins et des huîtres. Tous ces animaux furent recouverts par des boues argileuses venues du continent proche…

### Clumanc

Les maisons aux toits de lauzes s'échelonnent le long du torrent. Remarquez l'**église N.-D.**, de style roman, qui abrite un intéressant tabernacle en bois doré.

À la sortie nord du village, un chemin à droite mène en 10mn au **panorama★** des ruines du château. Le flanc de la colline offre une belle coupe géologique. Les roches ont été plissées et l'érosion a dégagé une surface où se sont déposés les conglomérats, fossilisant ainsi la formation.

### Site des coulées volcaniques

*15mn. À la bifurcation avec la D 219, garez-vous avant la poste et prenez le sentier.*

Voilà la seule trace d'une activité volcanique dans la région. À 60 km de là, il y a 35 millions d'années, des volcans ont craché laves et cendres qui se sont déposées au fond de la mer Alpine et ont été transportées jusqu'ici.

Vous pouvez franchir le torrent Riou des Sauzeries et rejoindre à pied le hameau de **Clastres** qui possède une petite chapelle. Reprenez la route pour revenir à la mairie de Clumanc.

### ★ Clue de la Peine

*1h30 AR. Garez-vous sur le parking près des maisons (accessible seulement aux voitures).*

Le sentier balisé mène à la clue, gorge étroite et sauvage creusée à l'ère secondaire.

*Reprenez le même circuit pour retourner à Barrême.*

À **Plan-de-Chaude**, en direction de la clue de la Peine, possibilité de poursuivre le trajet par la D 219 qui franchit une autre vallée et atteint Lambruisse. En longeant le cours de l'Isole, vous rejoindrez alors St-André-les-Alpes *(voir p. 375)*, puis le lac de Castillon.

### AUTRES PHÉNOMÈNES GÉOLOGIQUES DANS CE GUIDE

- Les cheminées de fées à Pontis *(voir p. 200)*, Théus *(voir p. 196)* et Molines *(voir p. 164)*.
- Le col de l'Izoard et la Casse Déserte *(voir p. 178)*.
- Les Pénitents des Mées dans la vallée de la Durance *(voir p. 297)*.
- Les glaciers Noir et Blanc de la Vallouise *(voir p. 134)*.
- Le plissement du rocher de la Baume à Sisteron *(voir p. 285)*.
- Le verrou glaciaire de Château-Queyras *(voir p. 176)*.

Seyne
F.Guiziou/hemis.fr

# Seyne

★

1 427 Seynois – Alpes-de-Haute-Provence (04)

NOS ADRESSES PAGE 323

**S'INFORMER**

**Office du tourisme de Seyne/vallée de la Blanche** – *Pl. d'Armes - 04140 Seyne-les-Alpes - ✆ 04 92 35 11 00 - www.valleedelablanche.com - déb. juil.-mi-sept. : lun.-sam. 9h-12h, 14h-19h, dim. et j. fériés 9h-12h ; reste de l'année : tlj sf dim. 9h-12h, 15h-18h - fermé 1er janv., dim. et lun. de Pâques, lun. de Pentecôte, 1er et 11 Nov. et 25 déc.*

**SE REPÉRER**

Carte de microrégion C1 (p. 280) – *carte Michelin départements 334 G6.* Situé sur la D 900, à 41 km de Digne et 25 km du lac de Serre-Ponçon, Seyne domine la vallée de la Blanche.

**SE GARER**

Parking gratuit place des Armes, à l'entrée du village (en venant de Digne).

**ORGANISER SON TEMPS**

Comptez 2h pour vous promener dans le village et visiter la citadelle.



**Entre les Alpes et la Provence, non loin du lac de Serre-Ponçon, la verdoyante vallée de la Blanche s'épanouit à 1 200 m d'altitude sous le soleil et les sommets. Seyne, sa petite capitale, a su devenir un centre estival et de sports d'hiver sans sacrifier ses traditions, l'élevage des chevaux et surtout des mulets.**

# Se promener

**Bon à savoir** – Seyne compte 4 **écomusées** (la forge, l'école, le tailleur, la bugade) qui rappellent la vie d'autrefois *(se renseigner à l'office de tourisme).*
*Circuit au départ de la place des Armes – Comptez 2h.*

### Maison de pays

*Musée du Mulet - 04 92 35 31 66 - www.fortetpatrimoine.fr - - oct.-nov. : tlj sf dim. 9h-12h, 15h-18h ; reste de l'année : tlj sf dim. 9h-12h30, 14h-18h30, dim. et j. fériés 9h-12h - fermé 1er janv., dim. et lun. de Pâques, 1er et 11 Nov. et 25 déc. - gratuit.*

Elle abrite une exposition racontant « le miracle du mulet ».

*Suivez la Grande-Rue, puis prenez à gauche la rue du Barri.*

Vous passez devant la **forge** et, au bout de la rue, vous arrivez à la **porte de Provence** qui constitue l'unique vestige de l'enceinte médiévale.

En remontant la rue Basse, vous verrez l'**école** (reconstitution d'une classe) et la boutique du **tailleur** juste à côté.

*Poursuivez dans la Grande-Rue.*

### Chapelle des Dominicains

Une étonnante peinture, la *Procession des pénitents*, y représente la population de Seyne selon l'ordre social établi.

### Église N.-D.-de-Nazareth

*Voir l'ABC d'architecture p. 77.*

Avec sa belle robe rose et bleu, c'est un superbe spécimen d'art roman montagnard. Beau mobilier (stalles, chaire, retable) et chapiteaux ornés d'horribles monstres anthropomorphes.

Rejoignez la rue Haute : à côté du lavoir est évoquée la **bugade**.

*Rendez-vous enfin à la citadelle.*

### Citadelle

*04 92 35 31 66 - horaires : se rens. - possibilité de visite guidée - 3 € (-10 ans gratuit).*

Elle fut construite en 1693 à la demande de **Vauban** et englobe la grande tour de guet du 12e s. Le rattachement de l'Ubaye à la France, conséquence du traité d'Utrecht, lui enleva son intérêt stratégique. Expositions sur la citadelle et l'activité mulassière.

# À proximité Carte de microrégion

### Vallée de la Blanche C1

*Cette vallée s'étend sur 20 km entre Seyne et la Durance.*

Au **col de Maure** *(voir Préalpes de Digne, p. 318)*, dans une zone limitrophe de mélézins et d'alpages, près de la **cabane des Mulets**, la Blanche prend sa source *( comptez 3h pour y accéder)*. Ce torrent traverse en diagonale le pays de Seyne. Au nord, en aval de Selonnet, il a creusé de profondes gorges avant de rejoindre la Durance. La vallée, évasée, conserve la marque du front glaciaire qui a atteint le **col St-Jean**.

### St-Jean-Montclar C1

*12 km au nord par la D 900.*

### LE ROI MULET

À Seyne, le **mulet** est en son royaume. Pour preuve, c'est pendant le dernier concours mulassier de France, le 2e samedi d'août, qu'a lieu la fête du village, sans compter la Foire aux mulets et aux chevaux du 2e samedi d'octobre. Consécration bien méritée : animal de bât au pied sûr en montagne, animal de trait dans les champs et les exploitations forestières, le mulet convoyait aussi les munitions et le ravitaillement des chasseurs alpins isolés dans des fortins perchés. Hybrides stériles de la jument et de l'âne, mulets et mules sont plus petits, plus résistants et plus économiques que les chevaux. L'arrivée du tracteur devait sonner le glas de cet élevage et de ses traditions. Mais les Seynois ont refusé la fatalité en développant tourisme vert et randonnées équestres.

Cette station familiale de **sports d'hiver** répartit ses constructions de forme pyramidale sur le plateau d'où partent les pistes de ski. Elle partage son domaine skiable avec **Le Lauzet-Ubaye**, sur l'autre versant de la Dormillouse.
À **Montclar**, un château du 17e s. flanqué de deux belles tours rondes se dresse sur une butte *(ne se visite pas)*.

## Randonnée Carte de microrégion

### ★ Randonnée à la Dormillouse C1

*Au départ de St-Jean-Montclar. Prenez le télésiège jusqu'au plateau de la Chau, puis partez pour 45mn de marche sur une route forestière.*
Alt. 2 505 m. Du fort d'époque Vauban (dont la batterie a été restaurée en refuge), belle **vue★** sur la vallée de l'Ubaye. La falaise au pied du fort de la Dormillouse attire les mordus de vol libre, et a même accueilli le Championnat du monde de parapente en 1991.

## NOS ADRESSES À SEYNE

### HÉBERGEMENT

#### BUDGET MOYEN

**Hôtel-Relais de la Forge** – *04460 Seyne - ✆ 04 92 35 16 98 - www.relaisdelaforge.fr - fermé 16-24 avr., 11 Nov.-20 déc., dim. soir et lun. hors vac. scol. - 14 ch. 48 € - ☕ 8 €, demi-pension possible - ✕ 15/28 €.* Bâti à l'emplacement de l'ancienne forge du village, cet hôtel familial aux chambres simples et rafraîchies s'est doté d'un nouvel espace sauna. Piscine couverte. Salle à manger d'inspiration rustique agrémentée d'une cheminée ; carte traditionnelle.

### ACTIVITÉS

**Randonnée**
Topoguides en vente à l'office de tourisme.

**Sports d'hiver**
La **vallée de la Blanche** compte trois stations-villages auxquelles s'ajoute le site de ski nordique du **col du Fanget** avec ses 33 km de pistes.
**Chabanon** – *Point accueil - ✆ 04 92 35 06 50 - www.chabanon-selonnet.com.* 12 km à l'ouest de Seyne, domine la vallée de la Blanche. Alt. 1 550-2 050 m. 40 km de ski alpin (28 pistes) et *snowpark*, ski nocturne.

**Le Grand-Puy** – *Se renseigner à Seyne.* 6 km au sud de Seyne. Alt. 1 300-1 800 m. 22 km de ski alpin (14 pistes).

**St-Jean-Montclar** – *voir p. 323. ✆ 04 92 30 92 01 - www.montclar.com.* Alt. 1 350-2 500 m. 45 km de ski alpin (31 pistes).

# Route Napoléon

★

Alpes-Maritimes (06) et Alpes-de-Haute-Provence (04).

### S'INFORMER

**ANERN** – *Palais des Congrès - 22 cours H.-Cresp - 06130 Grasse - ✆ 04 93 40 04 34 - www.route-napoleon.com.* Quarante-deux communes situées sur le trajet de l'Empereur se sont réunies au sein de l'Association nationale des élus pour la route Napoléon (ANERN). Ce regroupement favorise les actions en faveur du tourisme. Des « Relais Information Service », une signalisation routière « Aigle » à l'entrée des villes et à la sortie des autoroutes aident les voyageurs à s'y retrouver.

### SE REPÉRER

Carte de microrégion B2/BCD3 (p. 280) – *carte Michelin Départements 341 A/B5 et 334 D/H 3/10.* Nous décrivons ici le circuit allant de Castellane au Poët. La première partie du trajet de l'Empereur, de Golfe-Juan au col de Valferrière, est décrite dans *Le Guide Vert Côte d'Azur.* La partie du trajet de l'Empereur, du Poët à Corps est décrite p. 214. Et la dernière partie du trajet de l'Empereur, de la sortie de Corps à Grenoble, est détaillée dans *Le Guide Vert Alpes du Nord.*

### À NE PAS MANQUER

Les haltes à Castellane, Digne et Sisteron sont inévitables ; mais on se doit de faire également connaissance avec le beau village de Volonne, d'où le point de vue est remarquable.

### ORGANISER SON TEMPS

Vous pourrez survoler le circuit en une demi-journée, mais comptez une journée entière de Castellane à Corps.

**Vous roulez sur les traces de Napoléon : saviez-vous qu'en son temps cette voie n'était pas carrossable, qu'il a franchi tous ces cols à cheval et à pied ? Aujourd'hui, le parcours est plus facile, mais les paysages ont à peine changé, toujours aussi variés : quel contraste entre les étroites vallées préalpines du Dignois et l'arrivée dans la grande plaine de la Durance !**

# ROUTE NAPOLÉON

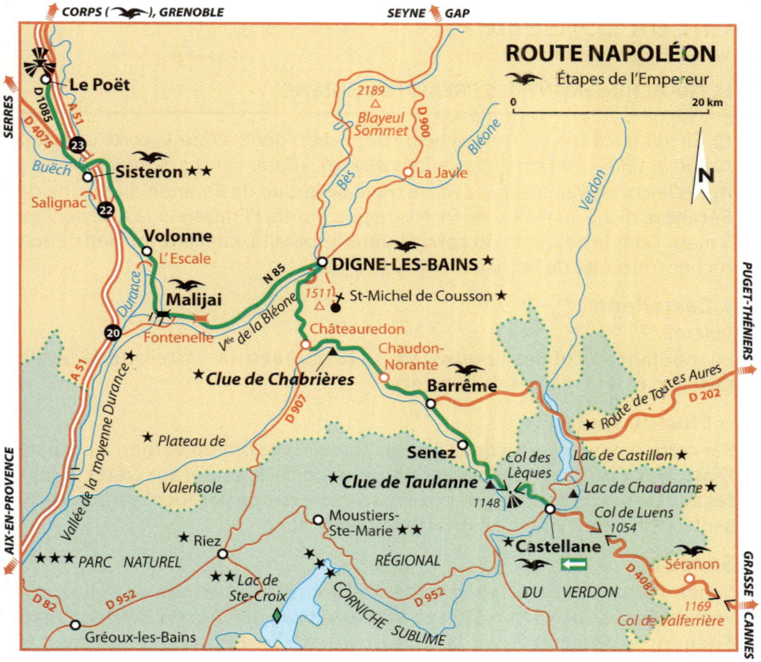


## LE VOL DE L'AIGLE

L'évadé de l'île d'Elbe débarque avec ses fidèles à Golfe-Juan, le 1er mars 1815. Pour éviter la vallée du Rhône, hostile, il sait qu'il existe, dans les Alpes, une route qu'il avait ordonné d'améliorer. Fâcheuse surprise, ses ordres ont été négligés. Aussi, au-delà de Grasse, la colonne s'engage-t-elle dans de mauvais chemins muletiers… Après St-Vallier et Escragnolles, Napoléon fait halte à Séranon le 2 mars. Le lendemain, Castellane le fête et le voici à Barrême. Le 4, un déjeuner à Digne précède une étape du soir au château de Malijai. Là, il attend des nouvelles de Sisteron dont la citadelle, bien armée, commande le passage étroit de la Durance et peut lui barrer la route. Or Sisteron n'est pas gardé ; Napoléon y déjeune (5 mars) dans une atmosphère de sympathie naissante. Ayant enfin rejoint la route carrossable, il arrive le soir à Gap : l'accueil est enthousiaste. Le 6 mars, il couche à Corps. Le 7, il gagne La Mure, mais trouve en face de lui, à Laffrey, des troupes régulières envoyées de Grenoble. C'est l'épisode fameux – commémoré par un monument – qui retourne la situation en sa faveur. Le soir même, Napoléon fait son entrée dans Grenoble aux cris de « Vive l'Empereur ! »

La N 85 ne fut appelée **« route Napoléon »** qu'en 1913, près d'un siècle après le « vol de l'Aigle », en référence aux voies romaines portant un nom d'empereur. On l'inaugura en 1932 dans la prairie de la Rencontre, à Laffrey. Sur les monuments du parcours figurent des aigles aux ailes déployées, symbole inspiré des paroles de Napoléon : « L'Aigle volera de clocher en clocher jusqu'aux tours de Notre-Dame. » Mais à la fin des Cent-Jours, c'était Waterloo et l'abdication définitive.

# Circuit conseillé Carte de microrégion

## LE FRANCHISSEMENT DES PRÉALPES DE DIGNE

*Circuit tracé en vert sur le schéma page précédente et sur la carte de micro région (p. 280) – 100 km de Castellane au Poët – Comptez une demi-journée.*
Après le col de Valferrière, la route traverse la clue de Séranon. Le village de **Séranon**, niché au milieu de forêts de pins, abrita l'Empereur la nuit du 2 au 3 mars. Dans la descente du **col de Luens** apparaît Castellane au pied de son rocher surmonté de la chapelle N.-D.-du-Roc.

### ★ Castellane D3

*Voir p. 372.*
En montant au **col des Lèques** (alt. 1 148 m), vues sur Castellane, le lac de Castillon et les Préalpes de Provence.

### ★ Clue de Taulanne D3

Par cette ouverture spectaculaire, on passe du bassin du Verdon à celui de l'Asse. De Castellane à Châteauredon, perpendiculairement aux crêtes abruptes des **serres** de haute Provence, l'Asse a scié des portes rocheuses qui présentent de belles stratifications parfois verticales.

### Senez D3

Senez, l'un des plus anciens évêchés de France, fut aussi l'un des plus pauvres, un de ces « évêchés crottés » aux revenus bien médiocres. L'évêque **Jean Soanen**, en désaccord avec la bulle *Unigenitus Dei Filius* qui condamnait le jansénisme, fut révoqué en 1727 et mourut en exil à La Chaise-Dieu.
La **cathédrale** (13e s.), aux murs d'un brun chaud, possède une belle nef de style roman provençal, des stalles, des retables, un lutrin du 17e s. et un antiphonaire du 18e s. *(possibilité de visite guidée sur demande à la mairie ✆ 04 92 34 21 04.)*
*Rejoignez la D 4085 et poursuivez vers Digne.*

### Barrême C3

Une inscription sur une maison au bord de la D 4085 rappelle que Napoléon coucha ici le 3 mars 1815.
La gare abrite une intéressante exposition géologique mise en place par la **Réserve géologique de Haute-Provence** *(voir Préalpes de Digne, p. 315)*.
Après Chaudon-Norante, vous entrez dans les Préalpes de Digne. L'Empereur suivit le tracé de l'actuelle D 20 jusqu'à Digne, mais l'on poursuit par la D 4085 et la **clue de Chabrières★**, resserrée entre de hautes murailles calcaires.

### ★ Digne-les-Bains C2

*Voir p. 308.*
*Sortez de Digne par le sud-ouest.*
La N 85 poursuit son parcours dans la **vallée de la Bléone**, entre le plateau de Valensole et les Préalpes de Digne. À droite se dresse la silhouette hardie du château de Fontenelle, avec ses quatre tours d'angle.

### Malijai B3

**Château** – *✆ 04 92 34 01 12 - ♿ - lun.-jeu. 9h-12h, 13h30-17h30 (vend. 17h) - fermé w.-end, 1er janv., 1er et 8 Mai et 25 déc. - gratuit.* Cet élégant château, célèbre pour ses gypseries et ses stucs de style Louis XV, s'élève le long de la Bléone. Du 4 au 5 mars, Napoléon y passa la nuit dans un fauteuil.

**TÉMOIGNAGE DE LAS CASES**
Au sujet du retour de l'Empereur, il écrivit : « Il avait débarqué au Golfe-Juan, quelques heures avant la nuit, et y avait établi son bivouac. Au lever de lune, vers une ou deux heures, le bivouac fut rompu et l'on se porta sur Grasse. Là l'Empereur comptait trouver une route qu'il avait ordonnée sous l'Empire ; elle n'avait jamais été exécutée. Il fallut se résoudre à suivre des défilés difficiles et pleins de neige, ce qui lui fit laisser à Grasse, à la garde de la municipalité, sa voiture et deux pièces de canon. [...] L'Empereur allait comme l'éclair. La victoire devait être dans ma volonté. La France était pour moi dans Grenoble. Il y avait cent lieues à parcourir, nous les fîmes en cinq jours du 2 au 7 mars et dans quels chemins et par quels temps… » (*Mémorial de Sainte-Hélène*).

Après Malijai, l'horizon s'élargit sur la vallée de la Durance et la masse bleutée de la montagne de Lure. La N 85 longe le canal d'Oraison jusqu'à L'Escale où un important barrage contient les eaux de la Durance.
*Laissez le pont à gauche et poursuivez par la D 4.*

### Volonne B2

Parmi de beaux vergers, ce village pittoresque est accroché à un éperon surmonté de deux vieilles tours.
Au nord du bourg subsistent les vestiges de l'**église St-Martin**, témoin du premier art roman primitif du 11e s. La toiture a disparu et l'on découvre cette architecture sous le soleil et les frondaisons.
Peu après le barrage de Salignac, la route offre une **vue★** panoramique sur le site de Sisteron.

### ★★ Sisteron B2

*Voir p. 282.*
La N 85 suit le Buëch puis la vallée de la Durance en longeant un canal EDF.

### Le Poët B2

*Voir p. 212.*

#### LA TRAVERSÉE DU GAPENÇAIS

*Circuit tracé en vert sur la carte de microrégion (p. 280) – 79 km du Poët à Corps – Comptez une demi-journée. Voir p. 212.*

# Les pays du Verdon 8

Carte Michelin Départements 334 – Alpes-de-Haute-Provence (04), Var (83)



Escalade dans le Verdon.

*R. Cintract / hemis.fr*

LES PAYS DU VERDON
0 6 km
CORNICHE SUBLIME ★★★ Vaut le voyage
Moustiers-Ste-Marie ★★ Mérite un détour
Plateau de Valensole ★ Intéressant
Gréoux-les-Bains À voir
Circuit conseillé avec ville de départ
Limite et zone décrites
N
A
B
1
2
3
DIGNE-LES-BAINS
AIX-EN-PROVENCE
ST-MAXIMIN-LA-STE-BAUME
ALPES-DE-HAUTE-PROVENCE
PARC NATUREL RÉGIONAL DU LUBERON
PARC
NATUREL
RÉGIONAL
N 85
Bléone
D 8
D 907
D 13
Durance
D 4096
D 907
A 51
D 4
D 82
D 6
D 15
Asse
St-Jurs
D 108
N.-D. de Beauvoir
Moustiers-Ste-Marie
Plateau de Valensole
Puimoisson
D 953
D 56
Valensole
D 6
Maison de l'abeille et de la truffe
Colline St-Maxime
Riez
D 957
D 952
D 11
Ste-Croix-du-Verdon
Lac de Ste-Croix
Montagnac
St-Martin-de-Brômes
Allemagne-en-Provence
Les Salles-sur-Verdon
Gréoux-les-Bains
Gréoux
D 952
Verdon
Esparron-de-Verdon
Lac d'Esparron
Ste-Croix
Bauduen
D 311
D 71
Gorges du Verdon
N.-D. de Baudinard
Gorges de Baudinard
Quinson
St-Julien-le-Montagnier
D 554
D 35
Montmeyan
D 9
D 13
D 30
D 23
D 554
D 71
D 22
Rians
D 561

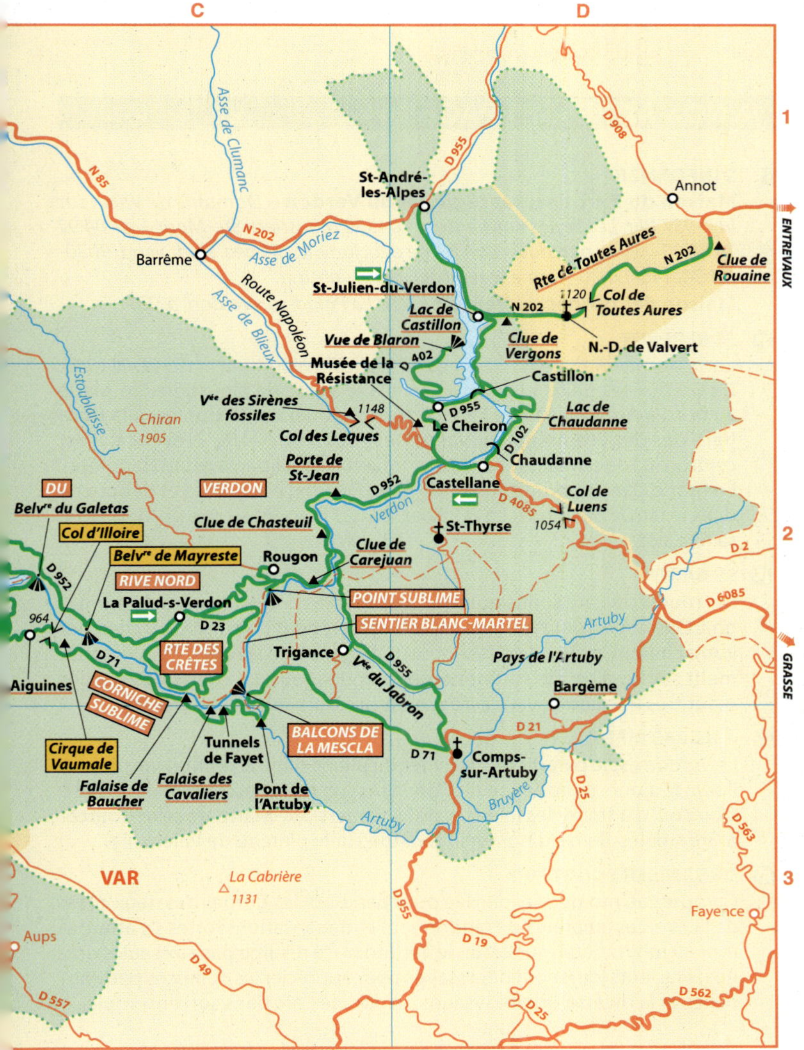
C
D
1
2
3
N 85
N 202
D 955
D 908
St-André-les-Alpes
Annot
ENTREVAUX
Barrême
Asse de Clumanc
Asse de Moriez
Asse de Blieux
Route Napoléon
Rte de Toutes Aures
N 202
Clue de Rouaine
St-Julien-du-Verdon
1120
Col de Toutes Aures
N.-D. de Valvert
Lac de Castillon
Clue de Vergons
Vue de Blaron
D 402
Musée de la Résistance
Castillon
Estoublaisse
Chiran
1905
Vte des Sirènes fossiles
1148
Col des Leques
Le Cheiron
D 955
Lac de Chaudanne
D 102
Chaudanne
Porte de St-Jean
D 952
Castellane
Col de Luens
D 4085
1054
DU
VERDON
Verdon
Belvre du Galetas
Clue de Chasteuil
St-Thyrse
Col d'Illoire
Belvre de Mayreste
Rougon
Clue de Carejuan
D 2
RIVE NORD
D 952
POINT SUBLIME
La Palud-s-Verdon
D 6085
964
D 23
SENTIER BLANC-MARTEL
Artuby
RTE DES CRÊTES
Trigance
Pays de l'Artuby
GRASSE
D 71
D 955
Aiguines
Vte du Jabron
Bargème
CORNICHE SUBLIME
D 21
BALCONS DE LA MESCLA
Tunnels de Fayet
D 71
Comps-sur-Artuby
Cirque de Vaumale
Falaise des Cavaliers
Falaise de Baucher
Pont de l'Artuby
Bruyère
D 25
Artuby
D 563
VAR
La Cabrière
1131
D 955
Fayence
Aups
D 19
D 49
D 557
D 25
D 562
DRAGUIGNAN

# Parc naturel régional du Verdon

★★★

Alpes-de-Haute-Provence (04) - Var (83)

NOS ADRESSES PAGE 344

### S'INFORMER

**Maison du Parc naturel régional du Verdon** – *Domaine de Valx - sur la D 957 (dir. Les Salles-sur-Verdon) - 04360 Moustiers-Ste-Marie - ℘ 04 92 74 68 00 - www.parcduverdon.fr - de déb. janv. au 24 déc. : lun.-vend. 9h30-12h30, 14h-17h30 - fermé w.-end et j. fériés - gratuit.*

**Maison des gorges du Verdon** – *Voir La Palud-sur-Verdon, p. 339.*

### SE REPÉRER

Carte de microrégion (p. 330) – *carte Michelin Départements 334 D/H 10-11.*

De Gréoux-les-Bains à l'ouest à Castellane à l'est, de Moustiers-Ste-Marie au nord à Aups au sud, le Parc naturel régional du Verdon est à la frontière des départements du Var et des Alpes-de-Haute-Provence. Il est ceinturé à l'ouest par la Durance et traversé à l'est par la route Napoléon. Le Grand Canyon proprement dit va de Rougon à Aiguines et débouche dans le lac de Ste-Croix. La D 952 et la D 23 longent sa rive nord; la D 71, sa rive sud.

### SE GARER

Les routes du Parc sont sinueuses, semblables parfois à celles de montagne. Que ce soit pour admirer le paysage, prendre une photo ou chercher votre chemin, ne vous arrêtez pas sur l'emprise de la route, mais uniquement sur les aires de stationnement aménagées. Le circuit des gorges étant très fréquenté, venez de préférence hors saison, ou le matin.

### À NE PAS MANQUER

Le Verdon est le paradis des activités de pleine nature, profitez-en! Et puis il sera toujours temps de se plonger dans son riche passé archéologique à Quinson, d'admirer les faïences de Moustiers-Ste-Marie, de se ressourcer à Gréoux-les-Bains, d'humer la lavande sur le plateau de Valensole…

### ORGANISER SON TEMPS

Comptez au moins une journée pour parcourir les gorges des deux côtés de la rive. Les amateurs de randonnées et de sensations fortes s'y attarderont au moins deux jours. Mais le Verdon ne se résume pas aux seules gorges! Plusieurs jours sont nécessaires pour apprécier les richesses patrimoniales et la diversité des paysages qu'offre le Parc dans son ensemble.

**« Ici, c'est plus que loin, c'est ailleurs… » Ces quelques mots de Jean Giono résument bien la surprise et l'émerveillement que le visiteur éprouve en découvrant les territoires du Verdon regroupés depuis 1997 au sein du Parc naturel régional. La rivière du Verdon avec ses lacs et montagnes, les gorges spectaculaires, l'Artuby, le lac de Ste-Croix, les basses gorges, le plateau de Valensole et le haut Var lui donnent son identité.**

# Circuits conseillés Carte de microrégion

## ★★★ ROUTE DE LA CORNICHE SUBLIME B2/CD2-3

*Circuit 1 tracé sur la carte du Grand Canyon (p. 336) et la carte de microrégion (p. 330) – 81 km de Castellane à Moustiers-Ste-Marie – Comptez une demi-journée. Quittez Castellane (voir p. 372) à l'ouest et prenez la D 952.*

Ce circuit atteint la perfection touristique : la route va véritablement à la recherche des passages et des points de vue les plus extraordinaires, et les parcours d'approche font découvrir des horizons immenses… Les amateurs ne s'y trompent pas. Ils sont un million à venir chaque année.

La route épouse la rive droite du Verdon, dont les nombreux méandres sont dominés par des escarpements imposants. Bientôt apparaissent, sur la droite, les arêtes rocheuses des Cadières de Brandis.

### ★ Porte de St-Jean C2

Beau défilé taillé verticalement dans le Verdon au travers d'un chaînon calcaire. Au-delà, la rivière amorce une large boucle et pique vers le sud.

### ★ Clue de Chasteuil C2

Cette longue clue présente des bancs de roche vigoureusement redressés.

*À Pont-de-Soleils, prenez à gauche la D 955.*

Quittant le Verdon, la route traverse un petit défilé au pied du bois des Défends.

*Prenez à droite la D 90.*

### Trigance C2

Un imposant château médiéval, remanié au 16e s., domine le village (il abrite désormais un hôtel-restaurant, réservé à sa clientèle). Vous pourrez suivre les sentiers historique et botanique *(plan à l'entrée du village).*

*Revenez sur la D 955.*

La route remonte la verte **vallée du Jabron**.

### Comps-sur-Artuby D3

Cette ancienne seigneurie des templiers, puis des hospitaliers de St-Jean-de-Jérusalem se tasse au pied d'un rocher. Au sommet, l'**église St-André**, édifice gothique du 13e s., était leur chapelle. *En cas de fermeture, adressez-vous à l'office de tourisme - ✆ 04 94 76 90 16.*

De là, **vue** sur les Plans de Provence et, surtout, sur les gorges de l'Artuby où l'on remarque l'entrée de plusieurs grottes.

*Quittez Comps à l'ouest par la D 71.*

Dans une boucle de la route, **vue**★ sur les Préalpes de Castellane et de Digne, arides et étrangement tailladées.

### ★★★ Balcons de la Mescla C2

*Sur le côté droit de la route, de part et d'autre du Café-Relais des Balcons.*

De ces balcons, le regard plonge de 250 m sur la Mescla, « mêlée » des eaux du Verdon et de son affluent l'Artuby. Dans ce cadre sauvage et grandiose, le Verdon se replie autour d'une étroite crête en lame de couteau, roulant des eaux limpides. En amont se creusent des gorges orientées nord-sud, encaissées de 400 à 500 m. Le belvédère supérieur, qu'on atteint par une courte marche, est le plus impressionnant. La route s'approche ensuite de l'Artuby.

*Suivez la D 71. Attention : la neige et les éboulements peuvent entraver la route de déc. à mars.*

# Le Parc naturel régional du Verdon

Depuis 1997, il valorise 180 000 ha sur 46 communes environnant le Verdon. Jaillie des montagnes à 2 500 m d'altitude pour finalement se jeter dans la Durance, cette rivière est un trait d'union entre les Alpes et la Provence.

Si le Parc compte en son cœur les gorges du Verdon, il regroupe aussi une mosaïque de paysages dont l'identité culturelle est forte. Sept unités, complémentaires et spécifiques, sont clairement identifiées : le **plateau de Valensole** *(voir p. 352)* où les champs de lavandin ont gagné du terrain sur les cultures céréalières, les collines du **haut Var** avec Aups *(se reporter au Guide Vert Côte d'Azur)*, les **basses gorges** autour d'Esparron et de Quinson *(voir lac de Ste-Croix, p. 365)*, le **lac de Ste-Croix** *(voir p. 365)*, les **gorges du Verdon** proprement dit dont il sera plus particulièrement question ci-dessous, les **lacs et montagnes** autour de Castellane *(voir p. 372)* et le pays de l'**Artuby** du côté de Bargème *(voir p. 371)*.

Son altitude moyenne oscille autour de 700 m avec un point culminant, le **Mourre de Chanier**, à 1 930 m. La succession rapide des divers étages de la végétation méridionale puis alpine fait cohabiter sur des espaces réduits des espèces très variées : cigale peuplant la garrigue et les oliveraies, sanglier du sous-bois méditerranéen, chamois des crêtes, tétras-lyre sous les mélèzes et marmotte des pelouses piquetées de gentianes. Dans les airs, il est possible de distinguer l'aigle royal, le circaète jean-le-blanc ou le vautour fauve réintroduit avec succès. Une rareté protégée, et qu'on aurait d'ailleurs peu envie de manger : l'escargot poilu.

Sport et détente sont à l'honneur autour des cinq lacs artificiels, sur les sentiers de randonnée, les voies d'escalade et les eaux vives des gorges du Verdon.

## LES GORGES DU VERDON

Long de 175 km, des sommets du Mercantour à la Durance, le Verdon tire son nom de celui de la peuplade gauloise des *Verguni*.

### Dompter le Verdon

En trois décennies, pas moins de **cinq barrages** ont dû être réalisés pour l'aménagement du Verdon, en complément de celui de la Durance dans laquelle il se jette. Le premier fut celui de Castillon en 1947, suivi par celui de Chaudanne *(voir Castellane, p. 375)* ; puis vinrent ceux de Gréoux, de Quinson et, pour finir en beauté, celui de Ste-Croix *(voir p. 366)*. Grâce à leurs précieuses réserves d'eau, la Provence n'a plus jamais soif. Le Verdon peut connaître des variations de débit très nettes. Lorsque le Verdon paraît à sec, son étiage se situe autour de 0,5 $m^3/s$, soit le lâcher d'eau minimum. En saison, son débit peut passer à 10 voire 15 $m^3/s$.

### Naissance du géant

Pourquoi le **Verdon** a-t-il creusé une si grandiose entaille dans ces rochers très durs au lieu de les contourner ? Pour la beauté du geste ?

**EAUX VERTES ET OMBRES POURPRES**

En 1959, Jean Giono écrivit : « Rien de plus romantique que le mélange de ces rochers et de ces abîmes, de ces eaux vertes et de ces ombres pourpres, de ce ciel semblable à la mer homérique et de ce vent qui parle avec la voix des dieux morts. »

Le Grand Canyon du Verdon.
R. Cintract / hemis.fr

Non, en fait, quand les plans calcaires se sont soulevés, il coulait déjà là et s'est alors enfoncé en utilisant les cassures de la roche. Il les a agrandies, surtout au quaternaire : le climat se réchauffant, son débit a dépassé les 1 000 $m^3$ par seconde (contre 10 à 50 aujourd'hui !). L'érosion intense a sapé les falaises et creusé de gigantesques grottes.

## Exploration et aménagement

Jusqu'au début du 20e s., on estimait encore que l'accès au fond de ces gorges était impossible, et seuls des coupeurs de buis, solidement arrimés, descendaient cueillir les souches pour les artisans d'Aiguines. Dès 1896, Janet sonde l'entrée des gorges, mais sans aller bien loin. En 1900, la nécessité de développer les ressources hydroélectriques de la région conduit le Gouvernement à établir des projets d'aménagement du Verdon. Le fondateur de la spéléologie, **É. A. Martel** (1859-1938), après une étude topographique du Grand Canyon (la partie la plus encaissée), entreprend son exploration en août 1905 avec deux équipes, dont l'instituteur **Isidore Blanc** et Audibert père et fils, tous trois de Rougon. À l'époque, ils ne connaissent pas le rafting : avec trois embarcations de toile démontables, la descente des 21 km devient une infernale suite d'échouages, portages, chavirages, et même dislocation des bateaux, réparés sur place. Deux bivouacs s'imposent, à l'Escalès et au pas de l'Imbut. L'été suivant, ils rééditent l'exploit, mais sans raccourcir le temps de parcours : trois jours !

Isidore Blanc guida É. A. Martel dans ses explorations mais il fut surtout l'initiateur du tourisme local en aménageant les sentiers existants pour les rendre praticables aux randonneurs. En 1920, il fonda la première section de guides du Verdon. Ses reconnaissances sur le terrain lui inspiraient des poèmes. Un monument, près du Point Sublime, cite un de ses textes, écrit en provençal.

À partir de 1928, le Touring Club de France aménage des belvédères, d'où l'on peut défier le vertige. Les principaux points de vue sont signalisés. En 1947, la route de la Corniche Sublime (D 71) ouvre la rive sud au tourisme automobile. Sur la rive nord, la route des Crêtes (D 23) ne sera achevée qu'en 1973.

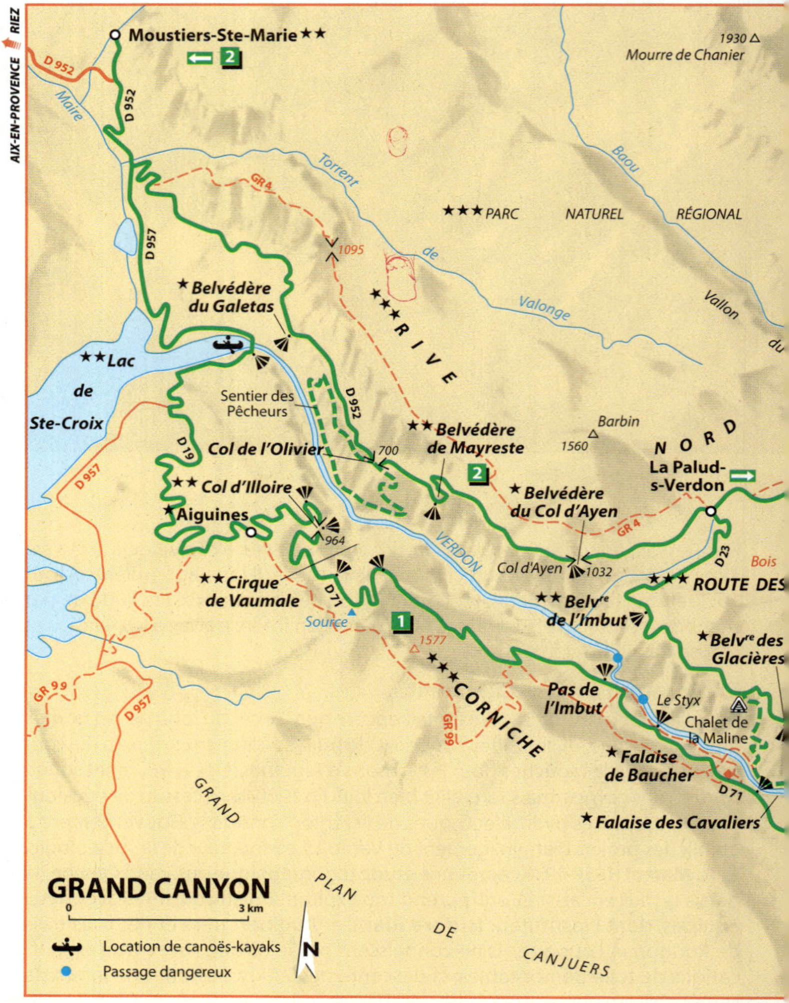


## ★ Pont de l'Artuby C3

*Parc de stationnement à la sortie du pont.* Tous les fous de saut à l'élastique viennent un jour sauter de ce pont (140 m) qui enjambe deux parois rigoureusement verticales. La route, contournant le Pilon du Fayet, débouche au-dessus du canyon du Verdon.

## Tunnels du Fayet C3

Entre les deux tunnels et juste après, **vue★★★** extraordinaire sur la courbe que décrit le canyon à hauteur de l'Étroit des Cavaliers.

## ★ Falaise des Cavaliers C3

Après s'être écartée des gorges, la route longe l'extrême bord de la falaise.

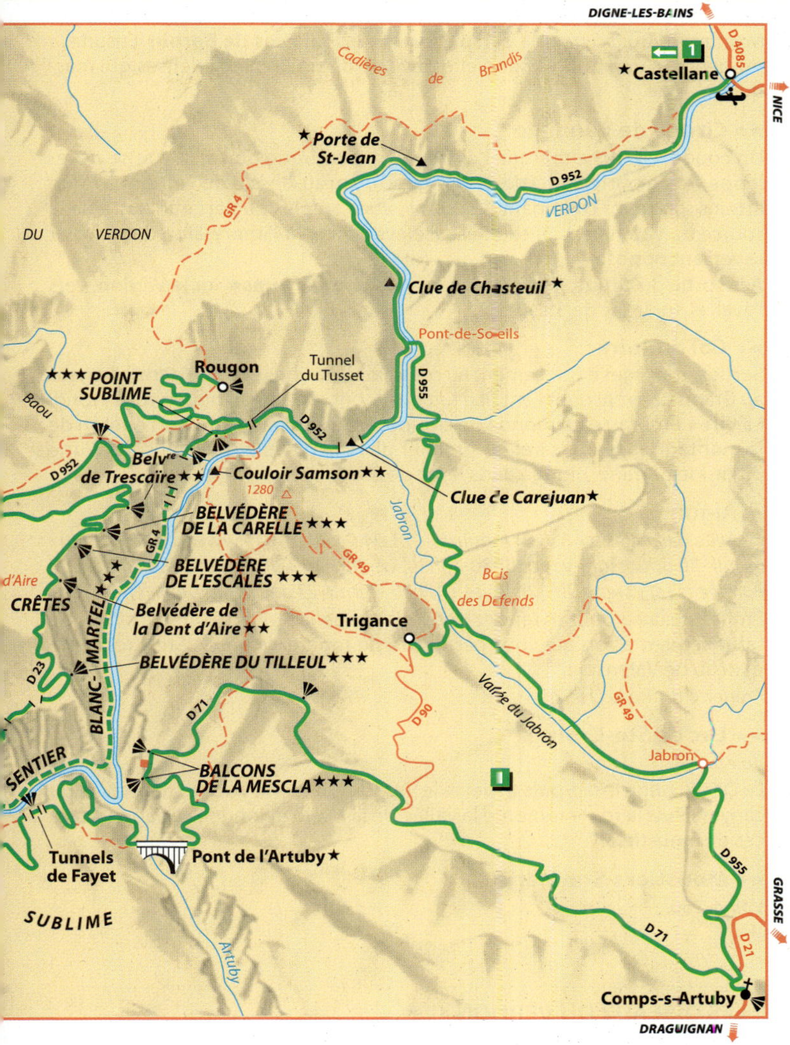


Une bifurcation, à droite, conduit au Restaurant des Cavaliers. Des terrasses, la vue est saisissante sur la falaise des Cavaliers haute de 300 m.
Sur plus de 3 km, on domine le précipice de 250 à 400 m : c'est l'une des sections les plus impressionnantes du parcours !

## ★ Falaise de Baucher C2

Très belle vue vers l'amont sur le bassin du Pré Baucher.

## Pas de l'Imbut C2

Vue plongeante sur le Verdon : dominé par de prodigieuses falaises lisses, il disparaît sous un chaos de blocs écroulés, à 400 m en contrebas.

La route s'éloigne des gorges, puis décrit deux lacets face au ravin de Mainmorte qui ouvre une perspective sur les **falaises de Barbin**. Ensuite, à mi-pente d'un grand versant, elle traverse des taillis assez denses qui masquent la vue.

### ★★ Cirque de Vaumale C2

Un coude à gauche marque l'entrée dans un cirque boisé ; la vue se développe vers la porte de sortie des gorges. 700 m au-dessus du Verdon, la route atteint son point culminant à 1 202 m ; vues amples de part et d'autre de la source de Vaumale. L'altitude est si élevée qu'on a l'impression de survoler le versant opposé.
À la sortie du cirque, la route s'écarte des gorges ; **vues★** sur le Verdon, vers l'aval, et sur le lac de Ste-Croix.

### ★★ Col d'Illoire C2

Sortie des gorges et pincement au cœur ; arrêtez-vous pour un dernier regard au Grand Canyon, dont l'entaille fuit en amont sans qu'on puisse voir le fond. La **vue★** embrasse un monde de croupes bleutées ; on distingue l'éperon de la montagne Ste-Victoire. Au premier plan, le plateau de Valensole, d'une platitude parfaite, plonge dans le lac de Ste-Croix.

### ★ Aiguines C2

*Allée des Tilleuls - 83630 Aiguines - 04 94 70 21 64 - www.aiguines.com - 1er juil.-30 août : lun.-vend. 8h30-18h30, w.-end 9h-12h30, 14h-17h30 ; reste de l'année : tlj sf w.-end 9h-12h30, 14h-17h30 - fermé 23 déc.-2 janv. et j. fériés.*
Prenez de la hauteur et rendez-vous à la chapelle St-Pierre où se trouve une table d'orientation qui vous permettra de repérer le lac de Ste-Croix et le plateau de Valensole.
*Prenez à droite la D 957.*

### ★★ Lac de Ste-Croix B2-3

*Voir p. 366.*
La D 957 longe le lac, puis traverse le Verdon : du pont, **vues★** sur l'entrée du canyon. Puis la route remonte la vallée de la Maïre et longe le village-vacances de Moustiers.

### ★★ Moustiers-Ste-Marie B2

*Voir p. 360.*

### LES OISEAUX DU VERDON

Le Verdon dispose d'un **atlas ornithologique** depuis la vaste enquête menée en 2004 et en 2005 dans le cadre de la constitution d'un atlas de même nature à l'échelle de la région Provence-Alpes-Côte d'Azur. 155 espèces d'oiseaux nicheurs ont été répertoriées sur ce territoire qui s'organise autour de **quatre « paysages ornithologiques »** : la confluence Durance-Verdon, le plateau de Valensole, le Grand Canyon et les Préalpes dans le haut pays.
Le **vautour**, quant à lui, est en cours de réintroduction dans le Verdon. En 1999, 12 vautours fauves étaient lâchés sur la commune de Rougon. Près d'une centaine sont aujourd'hui recensés. Depuis 2005, le vautour moine est également en cours de réintroduction. *Rens. à l'office du tourisme de Castellane (voir p. 372). Pour plus d'informations : http://verdon.lpo.fr*

## ★★★ LA RIVE NORD C2

*Circuit 2 tracé sur la carte du Grand Canyon (p. 336) et la carte de micro-région (p. 330) – 78 km – Comptez une demi-journée.*
La route directe (D 952) entre Moustiers *(voir p. 360)* et Castellane *(voir p. 372)* n'est en contact avec le Grand Canyon qu'à ses deux extrémités. Mais la **route des Crêtes** (D 23), à partir de La Palud-sur-Verdon, forme un circuit inoubliable par les belvédères qu'il offre sur le Grand Canyon. Le circuit est donc décrit en trois parties : de Moustiers à La Palud ; la boucle de la route des Crêtes ; de La Palud à Castellane.

### DE MOUSTIERS-STE-MARIE À LA PALUD-SUR-VERDON

Au départ, tandis que l'on descend la vallée affluente de la Maïre, au pied des Préalpes de Castellane, le paysage a l'accent provençal avec ses champs de lavande et ses oliviers. Perché sur la hauteur apparaît Aiguines : on entre alors dans les gorges.

#### Belvédères

De celui du **Galetas★**, vue sur l'imposante brèche de sortie du Grand Canyon, en amont sur la Rue d'Eau de St-Maurin, en aval sur le lac de Ste-Croix. Sur le versant opposé s'alignent de belles falaises ocrées. La route s'élève ensuite dans le cirque aride de Mayreste.
Du **belvédère de Mayreste★★** *(signalé par un panneau - 15mn AR par un sentier balisé sur une croupe pierreuse parfois glissante)*, première vue générale sur les gorges, vers l'amont.
On s'élève encore jusqu'au **belvédère du col d'Ayen★** *(non signalé sur la route - 15mn AR)* : vue sur le tracé en dents de scie du canyon ; le fond est invisible. On redescend vers le plateau cultivé de La Palud.

#### La Palud-sur-Verdon

Au cœur du canyon, ce petit centre touristique est la grande base-arrière des grimpeurs, randonneurs et autres sportifs. De l'église primitive subsiste un **clocher** roman du 12e s. Le **château** du 18e s. et ses quatre tours s'élèvent au centre du village.
**Maison des gorges du Verdon★** – *Le Château - 04120 La Palud-sur-Verdon - 04 92 77 32 02 - www.lapaludsurverdon.com - 15 juin-15 sept. : t.l.j sf mar. 10h-13h, 16h-19h ; de mi-mars à mi-juin et de mi-sept. à mi-nov. : t.l.j sf mar. 10h-12h, 16h-18h - fermé de mi-nov. à mi-mars et 1er Mai - espace muséographique, expositions, activités environnement au Verdon, sentiers-découverte - 4 € (6-13 ans 2 €).*
Un lieu incontournable pour trouver toutes les informations sur les gorges et vous sensibiliser à la nécessité de protéger cet environnement *(voir aussi « Nos adresses dans le Parc naturel régional du Verdon »)* ! Au rez-de-chaussée, une salle regroupe un ensemble de cartes de la région et, au 1er étage, un point d'accueil-information propose de la documentation touristique. Un **écomusée** occupe également le 1er étage : à travers un parcours pédagogique à la présentation enthousiasmante (photos, vidéo, reconstitutions), vous découvrirez tous les aspects de la vie locale (géologie, faune, flore, histoire et traditions de la région).
Vous trouverez par ailleurs au 2e étage la bibliothèque et, au 3e étage, sous la charpente, un petit mur d'escalade.
**Sentier de découverte de Châteauneuf-les-Moustiers** – *1h30. Livret de découverte en vente à la Maison des gorges ou à la Maison du Parc régional du Verdon - 4 €.* Un sentier à parcourir en famille, muni d'un guide, à la découverte de ce village en ruine témoignant de la vie d'autrefois.

### ★★★ ROUTE DES CRÊTES À PARTIR DE LA PALUD

*La route est partiellement à sens unique. De La Palud, poursuivez sur la D 952 vers Castellane, puis tournez à droite sur la D 23.*

Au-delà des champs de lavande et des bois d'Aire, gare au vertige! Les belvédères surplombent les gorges de si haut qu'ils donnent l'impression de vues aériennes…

Vient d'abord le **belvédère de Trescaïre★★**, qui signifie « trois côtés », point de rencontre de trois vallées. Vers l'amont, le Verdon s'écoule parmi les roches éboulées et s'efface sous les voûtes de la Baume-aux-Pigeons, dans le couloir Samson, paradis des grimpeurs.

Des **belvédères de la Carelle★★★** et de **l'Escalès★★★, vue** à pic sur les méandres encaissés et le sentier Martel. On distingue à gauche l'Auberge du Point Sublime et, au-dessus, le village perché de Rougon.

Du **belvédère de la Dent d'Aire★★** (alt. 1 238 m), à gauche, on aperçoit les falaises dorées de la Dent d'Aire et de la barre de l'Escalès. En face, le défilé des Baumes-Fères est dominé par la crête d'Arme Vieille.

La route atteint 1 320 m.

Au **belvédère du Tilleul★★★**, on voit s'amorcer l'échancrure de la Mescla, avec le pont de l'Artuby et, s'étirant au loin, le plan de Canjuers. Le Verdon quitte son orientation nord-sud pour creuser son lit vers le nord-ouest.

Au **belvédère des Glacières★**, on aperçoit la Mescla et son énorme rocher en lame de couteau ainsi que la Méditerranée par temps clair.

La route passe près du chalet de la Maline, point de départ du **sentier Blanc-Martel** *(voir « Randonnées »).*

Enfin, au **belvédère de l'Imbut★★**, le Verdon disparaît pendant 400 m sous des blocs éboulés. Sur la rive opposée, on aperçoit les sentiers Vidal puis de l'Imbut. **Vue** sur les formidables falaises polies des Baou Béni. Vers l'amont, après le « passage du Styx », se découpe l'étroite lanière du Pré Baucher. La route quitte le Verdon et, par le ravin de Mainmorte, rejoint La Palud.

### DE LA PALUD-SUR-VERDON À CASTELLANE

Dans un virage se révèle, à gauche, une très belle **vue** sur le village perché de **Rougon**; puis, traversant le **vallon du Baou**, la route revient en vue des gorges.

#### ★★★ Point Sublime

*1h AR. Départ du parking, près de l'Auberge du Point Sublime.*

Prenez à droite le sentier signalé qui traverse le plateau des Lauves, vaste lapiaz. À l'extrémité sud de ce plateau peuplé de chênes pubescents, un belvédère domine de 180 m le lit du Verdon, à son confluent avec le Baou. **Vue★★★** splendide sur l'entrée du Grand Canyon et la brèche du couloir Samson.

*Revenez à la voiture et prenez la D 17 vers Rougon.*

#### Rougon

Ce nid d'aigle est dominé par des ruines féodales *(prudence, leur accès n'est pas aménagé)*. Belle **vue★** depuis le talus dominant le parking à l'entrée du village. C'est dans ce cadre que vous pourrez observer les **vautours fauves** qui ont été réintroduits *(voir « Nos adresses dans le Parc naturel régional du Verdon »).*

*Revenez sur la D 952, direction Castellane.*

#### ★★ Couloir Samson

*Juste avant le tunnel du Tusset se détache une route signalée se terminant en cul-de-sac. Elle descend à flanc de rocher jusqu'au confluent du Baou et du Verdon où débouche le sentier venant du chalet de la Maline. Stationnez côté montagne (côté rivière interdit) le long de la route.*

**LES ACROBATES DES GORGES**

Autrefois, ils fournissaient la principale source de revenus des riverains. Ils récoltaient buis et miel sauvage au prix de prouesses d'ingéniosité et d'équilibre. Les récolteurs de miel, les « miélus », se déplaçaient assis sur une planche retenue par une corde. Quant aux gisements de buis, on y montait par une succession de grandes perches percées de barreaux : les « escarassons ». Lointains précurseurs des sportifs de l'extrême, les plus intrépides enfonçaient simplement des pitons dans la falaise.

Plus de mille voies sont répertoriées. Le principal site d'escalade est sur la route des Crêtes, le long de la falaise de l'Escalès. Au belvédère de la Carelle, on pourra fixer sur la pellicule les prouesses des grimpeurs ; citons aussi le belvédère de Trescaïre. Si vous voulez pratiquer, adressez-vous au bureau des guides du Verdon *(voir p. 18)*.

De ce point, l'étranglement aval du Grand Canyon se présente sous un aspect grandiose et sauvage ; d'énormes blocs encombrent le lit.

### ★ Clue de Carejuan

Ses roches calcaires ont des couleurs étonnantes. Des blocs éboulés engendrent une **cascade** qui trouble la verte transparence des eaux.

*Retour par la rive sud.*

# Randonnées

### ★★★ SENTIER BLANC-MARTEL

**Bon à savoir** – Une navette au départ de Castellane, et qui passe à La Palud, a été mise en place afin de déposer et de récupérer les randonneurs *(voir « Nos adresses dans le Parc naturel régional du Verdon »)*.

*Sentier 1 tracé sur la carte des randonnées à pied dans le Grand Canyon (p. 343) – 14 km du chalet de la Maline au Point Sublime, suivez le balisage rouge et blanc ; cheminer dans le sens suggéré, le plus pratiqué et le plus aisé, évitera des croisements gênants et une sortie des gorges fatigante – Comptez une journée. Attention : cette randonnée en montagne requiert une bonne condition physique et un équipement adapté (voir « Sécurité » dans « Nos adresses dans le Parc naturel régional du Verdon »).*

Le GR 4, dit **« sentier Blanc-Martel »**, vous plonge au cœur du Grand Canyon. Dans les escaliers, belles vues sur le pas de l'Estellié.

*En fin de descente, laissez à droite le chemin de la passerelle de l'Estellié qui permet de monter au Restaurant des Cavaliers et à la Corniche Sublime.*

Au Pré d'Issane *(au bout d'1h20)*, on se rapproche du torrent que l'on suit en remontant l'Étroit des Cavaliers aux falaises hautes de 300 m. La gorge s'élargit et on arrive au talus de Guègues, éboulis entouré de hauts versants en amphithéâtre. Descendez le talus de Guègues et remontez les gorges. Après l'immense grotte des Baumes-aux-Bœufs, laissez à droite un chemin qui mène à la rivière, puis prenez à droite vers **la Mescla**★★★ *(30mn AR)* : c'est la « mêlée » des eaux du Verdon et de son affluent l'Artuby, qui sort d'un canyon sauvage et mystérieux. Vers l'amont, très belle vue sur le défilé des Baumes-Fères.

*Revenez sur vos pas : à la bifurcation, tournez à droite.*

Le sentier s'élève jusqu'à la brèche Imbert : vue splendide sur les Baumes-Fères et la barre de l'Escalès. On se rapproche une dernière fois du Verdon avant une marche un peu monotone d'1h30 entre des falaises hautes de 400 à 500 m. Les gorges se resserrent : on atteint le chaos de Trescaïre, à droite, amas fantastique de blocs éboulés. Au loin, on aperçoit le village perché de Rougon.

On passe ensuite deux tunnels *(se munir d'une lampe de poche ou, mieux, d'une lampe frontale)*. De la dernière fenêtre, on voit le **couloir Samson★★**, défilé très étroit aux parois verticales et polies. Après le tunnel, passez le torrent du Baou sur une passerelle et montez au belvédère du couloir Samson. Pour finir en beauté, traversez la route et montez au belvédère du **Point Sublime★★★**.

*De l'Auberge du Point Sublime, on peut appeler un taxi ou revenir avec la navette.*

### ★ SENTIER DE DÉCOUVERTE DU LÉZARD

*Sentier 2 tracé sur la carte des randonnées à pied dans le Grand Canyon (ci-contre) – Comptez 1h à 3h30.*

Au départ du Point Sublime, ce circuit pédagogique passionnera les enfants. Procurez-vous à l'Auberge du Point Sublime, à la Maison des gorges du Verdon (La Palud) ou à la Maison du Parc (Moustiers) un petit livret détaillant l'ensemble des étapes.

### ★★ BELVÉDÈRE DE RANCOUMAS

*Sentier 3 tracé sur la carte des randonnées à pied dans le Grand Canyon (ci-contre) – Comptez 3h30 AR. Randonnée sur la rive gauche. Partez du parking du Point Sublime vers le sud (GR 49), ou allez en voiture vers le couloir Samson (D 23$^{B}$) et garez-vous 500 m après le croisement des deux routes.*

2 km avant le parking, prenez à gauche le GR 49 balisé en rouge et blanc. Il traverse une forêt de chênes entrecoupée de chaos rocheux, et descend jusqu'au pittoresque **pont de Tusset★**, qui doit son origine à un seigneur de Rougon désirant relier ses terres séparées par le Verdon. L'ouvrage actuel date du début du 17$^{e}$ s.

Sur le versant à l'ubac du Verdon, le sentier monte dans une fraîche forêt de pins sylvestres, d'érables et de hêtres, puis débouche sur une piste. On la prend à droite en descente. Franchissez un ruisseau avant de gagner les ruines d'Encastel. Élevez-vous sur la croupe séparant deux petits vallons opposés, jusqu'au bord de la falaise.

Du belvédère naturel de Rancoumas, à gauche d'un replat, **panorama★★** saisissant sur la totalité de la falaise de l'Escalès et, au-dessous, sur le sentier Martel avec ses files de randonneurs. Derrière le belvédère de Trescaïre, sur la route des Crêtes, se dresse à l'horizon le plus haut sommet du Verdon : le **Mourre de Chanier** (alt. 1 930 m).

*Revenez par le même circuit.*

### ★★ SENTIER DE L'IMBUT

*Le sentier de l'Imbut, très sportif, ne peut être emprunté que par des personnes bien équipées et expérimentées, ou sous la conduite d'un accompagnateur de moyenne montagne. En raison de passages techniques surplombant la rivière (mains courantes, échelles), il vaut mieux éviter d'y emmener des enfants de moins de 10 ans ou un chien. Ce sentier est, en outre, soumis à des conditions particulières d'accès. Il est impraticable en période de crue.*

*Sentier 4 tracé sur la carte des randonnées à pied dans le Grand Canyon (ci-dessous) – 6 km – Comptez environ 4h30. De l'Auberge des Cavaliers, 2,5 km jusqu'à la passerelle de l'Estellié, 250 m de dénivelé. On suit, sur la rive gauche, une corniche de largeur variable équipée en plusieurs endroits. À la passerelle de l'Estellié, on peut franchir le Verdon pour reprendre le sentier Blanc-Martel vers le chalet de la Maline.*

On pénètre dans le secteur le plus sauvage et impressionnant du canyon, où alternent baumes, forêts de hêtres géants, bosquets de noisetiers, succession de marmites de géants… On longe le couloir du Styx et on atteint *(en 2h30)* la plage de l'Imbut, terme du sentier : admirez le siphon où les eaux s'engouffrent. La plus grande prudence est recommandée aux randonneurs s'aventurant sur les rochers du **Chaos de l'Imbut**.

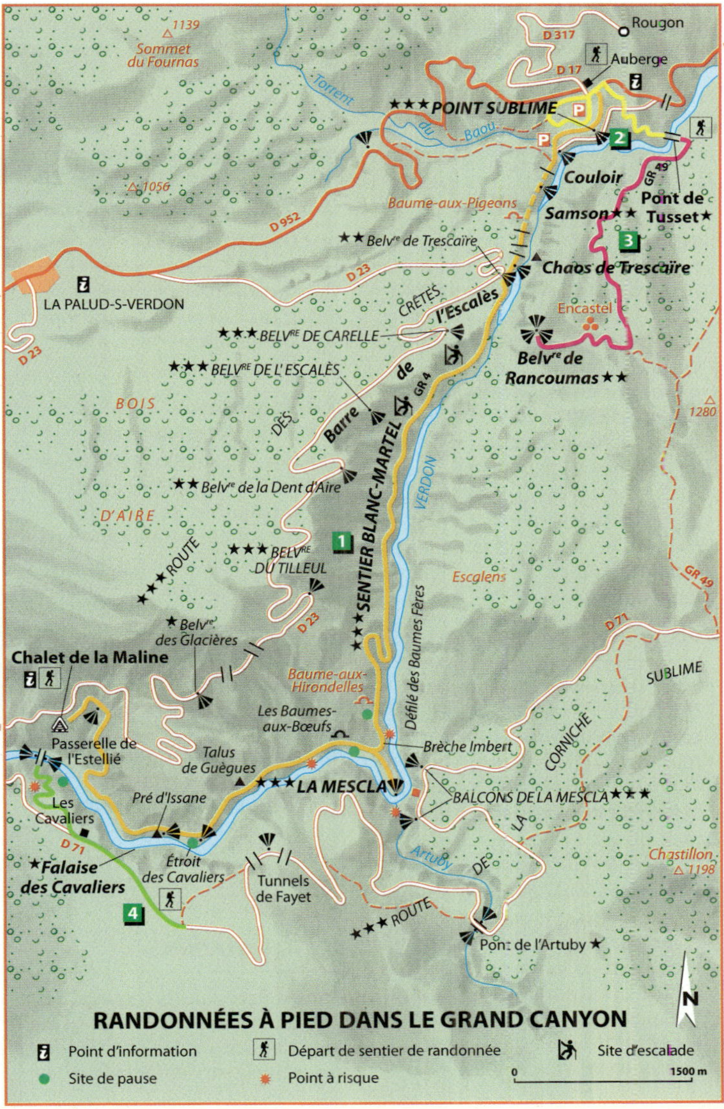

### SENTIER DES PÊCHEURS

*Voir la carte du Grand Canyon (page 336) – 6,5 km – Dénivelé 300 m – Comptez environ 2h30. Départ du col de l'Olivier, sur la D 952 (aire de stationnement). Attention, renseignez-vous au préalable auprès de la Maison des gorges du Verdon (voir p. 339), afin de savoir si un lâcher d'eau est programmé.*

Bien moins fréquentée que les autres grands sentiers des gorges du Verdon, cette randonnée de difficulté moyenne, qui a également l'avantage de former une boucle, permet surtout de cheminer au plus près de la rivière, à l'ombre des chênes et des buis. Après une descente abrupte mais courte, vous longerez les berges sur près d'un kilomètre et demi.

## NOS ADRESSES DANS LE PARC NATUREL RÉGIONAL DU VERDON

### TRANSPORTS

**Autocars Delaye** – *04 92 34 22 90 - juil.-août : tlj ; avr.-juin et sept. : w.-end et j. fériés.* Circulant entre Castellane et La Maline, un service de **navettes** *(payant)* permet de se rendre dans les gorges sans encombre.

**Taxis** – *La Palud-sur-Verdon - 06 07 65 19 49 ou 06 68 18 13 13 - www.lapaludsurverdon.com.* Toute l'année, ils ramènent les randonneurs là où ils ont laissé leur voiture.

### VISITE

**Pass' Découverte** – Il permet de profiter de réductions ou d'offres sur un ensemble de musées, d'activités sportives et d'hébergements situés dans le Parc du Verdon. Cases à faire tamponner, à l'intérieur du *Carnet découverte (voir ci-contre).*

**Passeport Musées** – La Maison des gorges du Verdon à La Palud-sur-Verdon, le musée de Préhistoire à Quinson et la Maison Nature et Patrimoine à Castellane font partie du réseau culturel Passeport Musées des Alpes-de-Haute-Provence.

### DOCUMENTATION

Vous trouverez de multiples publications à la Maison du Parc ou dans les offices de tourisme des communes du Parc.

#### À disposition

Le **Carnet découverte du Verdon** présente les activités de découverte du patrimoine du Verdon (musées, sorties nature accompagnées, visites guidées des villages, etc.). La **carte touristique** permet de visualiser l'ensemble du Parc et recense l'ensemble des activités sur chaque commune.

#### En vente

Des livrets-découverte sur les sentiers thématiques et des ouvrages sur l'histoire, les paysages, la nature, sont également en vente. Les marcheurs auront le choix parmi les 65 fiches de randonnées proposées.

### RÉGLEMENTATION

Dans le Parc naturel régional du Verdon, vous rencontrerez en juil.-août des **écogardes** chargés de surveiller le site et d'informer les visiteurs. En outre, des panneaux rappellent les règles élémentaires de sécurité et de civisme sur les sites sensibles.

**Interdictions** – Camping sauvage, feux, fumer en forêt, cueillette de fossiles ou de fleurs. Ne pas couper les sentiers (cela favorise le ravinement) et ne pas franchir la rivière en dehors des ponts et passerelles.

**Respecter la nature** – La beauté du canyon dépend aussi de sa propreté. N'abandonnez surtout aucun détritus (bouteilles ou sacs de plastique, boîtes de conserve, papiers, etc.), remportez-les avec vous.

## SÉCURITÉ DANS LES GORGES

Les gorges du Verdon font partie du réseau des « **grands sites** » de France (comme le Mont-St-Michel ou le pont du Gard). Une réflexion est en cours pour maîtriser le flux des touristes et en améliorer l'accueil afin de préserver les lieux.

**Numéros d'urgence** – Face à un accident, pensez à prévenir les secours : **112** (n° européen d'urgence) ; **18** (pompiers) ; **17** (gendarmerie) ; **15** (SAMU).

**Avant de partir** – Consultez la **météo** : ✆ 0892 68 02 04 pour la Haute-Provence, ✆ 0892 68 02 83 pour le Var.

**Durée de l'excursion** – Prévoyez 2h de marge de sécurité pour un retour avant la nuit. Respectez les temps indiqués pour chaque parcours afin de ne pas vous laisser surprendre.

**Équipement** – Emportez à manger, 2 litres d'eau par personne (le Verdon n'est pas potable), une lampe de poche, de bonnes chaussures et des vêtements de protection : certains passages sont frisquets, d'autres très chauds et ensoleillés.

**Enfants** – Évitez de vous engager dans les gorges avec des enfants de moins de 10 ans ; le sentier de l'Imbut, court mais long à parcourir, n'est pas à leur portée (zones abruptes, dangereuses).

**Animaux domestiques** – Ils sont interdits sur les sentiers des gorges (Blanc-Martel, Imbut).

**Variation du niveau des eaux** – Le turbinage des eaux retenues de Chaudanne et de Castillon peut entraîner de brusques variations du niveau du Verdon et faire passer son débit de 10 $m^3$ à plus de 100 $m^3$ par seconde. Le répondeur EDF (✆ 04 92 83 62 68) ne signalant que les débits prévisionnels, peu « parlants », il faut toujours rester sur la rive du sentier lors d'une longue pause près du Verdon, fixer des points de repère sur des rochers au ras de l'eau, et vérifier de temps en temps si l'eau ne les recouvre pas. Les lâchers de barrage ne sont pas précédés de signaux d'alerte.

**Exploration du fond dans le lit des gorges** – Elle ne peut se faire à pied que sur de courtes parties avec des passages à la nage très délicats (siphons, drossages), et s'apparente plus à la pratique du canyoning. Dans tous les cas, il s'agit d'un exploit sportif qui comporte des dangers et exige la maîtrise des techniques et un matériel adéquat. Encadrement par un moniteur indispensable.

## HÉBERGEMENT

**Bon à savoir** – Comme d'autres parcs naturels régionaux, celui du Verdon propose des hébergements soucieux de **l'environnement** et qui offrent un cadre idéal pour découvrir les richesses du Verdon. Deux **gîtes Panda** sont labellisés par le WWF (Fonds mondial pour la nature) : l'un à St-Jurs (*✆ 04 92 74*

*44 18 - www.ferme-de-vauvenieres.fr)* et l'autre à Trigance *(✆ 04 94 76 91 23 - http://saintmaymes.multimania.com)*. À ceux-ci s'ajoutent trois **hôtels au naturel** à St-Laurent-du-Verdon, Moissac-Bellevue et La Palud-sur-Verdon *(voir p. 339)*.

BUDGET MOYEN

### À La Palud-sur-Verdon

**Chambre d'hôte La Valdenay** – *Rte des Crêtes - 04120 La Palud-sur-Verdon - 2 km à l'est de La Palud par D 952 (rte de Castellane) et D 23 (rte des Crêtes) - ✆ 04 92 77 37 92 - www.provenceweb.fr/04/valdenay - fermé d'oct. à Pâques - P - 5 ch. 57 €, demi-pension possible.* Cette villa récente est idéale pour partir à la découverte des gorges du Verdon. Chambres très calmes et sagement décorées ; deux d'entre elles profitent de la vue sur le Grand Canyon. À table, produits régionaux.

### Aux Salles-sur-Verdon

**Auberge des Salles** – *18 r. Ste-Catherine - 83630 Les Salles-sur-Verdon - ✆ 04 94 70 20 04 - www.var-provence.com - ouvert 3 avr.-26 sept. - P - Wifi - 30 ch. 50/75 € - 7 €.* Paisible hôtel surplombant les rives du lac de Ste-Croix. Mobilier rustique et carrelage dans les chambres, presque toutes dotées d'un balcon.

POUR SE FAIRE PLAISIR

### À La Palud-sur-Verdon

**Chambre d'hôte Mme Colombéro** – *Campagne L'Enchastre - 04120 La Palud-sur-Verdon - 12 km au nord de La Palud par D 123 ( dir. Châteauneuf ) puis D 17 - ✆ 04 92 83 76 12 - fermé oct.-1er Mai - P - 5 ch. 80 €.* Les amateurs de silence et de nature seront ravis d'atteindre ce bout du monde après avoir emprunté une route très étroite. À 1 100 m d'altitude, cette maison neuve, sur un domaine agricole, abrite des chambres sobres, colorées et confortables.

UNE FOLIE

### À La Palud-sur-Verdon

**Hôtel des Gorges du Verdon** – *04120 La Palud-sur-Verdon - 1 km par rte de la Maline Sud - ✆ 04 92 77 38 26 - www.hotel-des-gorges-du-verdon.fr - ouvert 2 avr.-17 oct. - Wifi - 27 ch. 160/310 €, demi-pension possible - 34 €.* Hôtel perché sur une colline près d'un village prisé des randonneurs. Les chambres s'égayent de tissus colorés ; duplex familiaux et belles suites. Hammam, jacuzzi, piscine. Menu unique inspiré par la région et servi dans un cadre en harmonie avec la cuisine.

## RESTAURATION

BUDGET MOYEN

### À Rougon

**Auberge du Point Sublime** – *D 952 - 04120 Rougon - ✆ 04 92 83 60 35 - pointsublime@nordnet.fr - ouvert 25 avr.-2 nov. - P - formule déj. 16 € - 23/31 € - 13 ch. 65 € - 8 €, demi-pension possible.* À proximité du belvédère, sympathique auberge familiale dont la cuisine fleure bon le terroir. Cadre rustique (comptoir rétro à souhait), terrasse ombragée. Chambres simples.

### À La Palud-sur-Verdon

**Lou Cafetié** – *04120 La Palud-sur-Verdon - ✆ 04 92 74 41 65 - - 15/20 €.* L'institution de La Palud : touristes et locaux viennent y déguster, en toute simplicité, une viande grillée, un plat traditionnel (ravioles, lasagnes aux blettes, etc.) ou, en été, la fameuse « assiette du grimpeur » (pas de restauration le jeu.). Bruschetta et sandwichs servis à toute heure (même le jeu.) et bon choix de bières à la pression.

## ACHATS

**Marché provençal** – Merc. à La Palud-sur-Verdon.

**Exposition-Atelier La Sagne** – *Ferme de la Sagne - au sud-est de Trigance par D 955, rte de Comps-sur-Artuby - 83840 Trigance - ✆ 06 82 17 49 92 - juil.-août 15h-19h, reste de l'année sur RV - fermé nov.-avr.* Exposition d'artisanat et d'art contemporain, à l'intérieur d'une ancienne ferme où est conservée également une collection d'objets anciens : sculpture, reliure d'art, vannerie, peinture, céramique, etc.

**Maison des Produits du Pays du Verdon** à Allemagne-en-Provence *(voir plateau de Valensole, p. 355)*.

## ACTIVITÉS

### Randonnée et VTT

Circuits VTT et pédestres balisés. Les fiches des circuits sont en vente dans les offices de tourisme.

**Sortie de découverte des vautours du Verdon** – *04120 Rougon - ✆ 06 26 47 50 00 - www.voirlepiaf.fr - 10 € sortie de 2h (enf. 6 €).* L'association Le Piaf organise, en partenariat avec la Ligue pour la protection des oiseaux, des balades-découverte pour observer les vautours du Verdon, en compagnie d'un ornithologue (prêt de jumelles et de longues-vues). La visite est complétée par une exposition sur leur réintroduction dans le Parc. Point de rendez-vous au parking du Point Sublime.

## AGENDA

**Fête du Parc** – Fin sept., chaque année dans une des communes du Parc naturel régional du Verdon : animations autour du patrimoine, conférences, foire artisanale, etc.

**Les Caminades** – *Rens. et programme à la Maison du Parc et dans les offices de tourisme des communes du Parc - inscriptions obligatoires auprès de la Maison du Parc.* Tous les deux ans *(prochaine en 2011)*, en mai, deux jours de balades, de randonnées thématiques et de visites culturelles organisées à travers tout le Verdon. Une excellente manière de découvrir les richesses du Parc.

# Gréoux-les-Bains

2 459 Gryséliens – Alpes-de-Haute-Provence (04)

NOS ADRESSES PAGE 350

### S'INFORMER

**Office du tourisme de Gréoux-les-Bains** – *7 pl. de l'Hôtel-de-Ville - 04800 Gréoux-les-Bains - ℘ 04 92 78 01 08 - www.greoux-les-bains.com - juil.-août : 9h-19h, j. fériés 9h-12h30, 14h30-19h ; mars-juin : 9h-12h, 14h-18h, j. fériés 9h-12h30 ; reste de l'année : se rens. - fermé 1er janv. et 31 déc.*

**Visite guidée de Gréoux** – *℘ 04 92 78 01 08 - 1 jeu. sur 2 de mars à déc. - dép. de l'office de tourisme - 4 € (-12 ans gratuit).* Elle permet de découvrir les rues anciennes, le château des Templiers et l'église.

### SE REPÉRER

Carte de microrégion A2 (p. 330) – *carte Michelin Départements 334 D10.*
Gréoux, à 14 km à l'est de Manosque, au sortir des basses gorges du Verdon, se trouve dans le périmètre du **Parc naturel régional du Verdon**. Possibilité de rejoindre le lac de Ste-Croix en passant par Riez (à 20 km au nord-est par la D 952).

### SE GARER

Parkings avenue Pierre-Brossolette, esplanade Charles-de-Gaulle (en face de l'établissement thermal) et en haut du village, place des Aires.

### ORGANISER SON TEMPS

Comptez 1h pour la promenade en ville et une de plus pour vous rendre à St-Julien-le-Montagnier et y admirer la vue. Vous pouvez aussi y rester plusieurs jours pour profiter des thermes.

### AVEC LES ENFANTS

Le musée des Miniatures, Poupées et Jouets du monde.

**Jean Giono voyait en Gréoux, situé au cœur de la Provence, l'« oasis romantique du Verdon ». Aujourd'hui très fréquentée, l'antique cité thermale et climatique, choisie dès le 1er s. par les Romains pour les vertus thérapeutiques de ses eaux, cultive toujours les couleurs et les parfums, entre le miroir turquoise du lac d'Esparron et les champs de lavande.**

## Se promener

### Vieux village

Il blottit ses maisons typiques au pied du château, côté sud.
Montez d'abord au **château des Templiers**, avec son puissant donjon carré. Il accueille des expositions dans la salle des gardes et, en été, sa cour devient le théâtre de plusieurs festivals. Ensuite, parcourez à votre guise les **andrônes**, ruelles qui se faufilent sous les maisons en autant de raccourcis. De l'autre côté de la **rue Grande**, principale rue commerçante, se trouve l'église N.-D.-des-Ormeaux, d'origine romane mais remaniée au fil des siècles. Le clocher surmonté d'un campanile a été ajouté au 19e s.

### Musée des Miniatures, Poupées et Jouets du monde - Le Petit Monde d'Émilie en Provence

*16 av. des Alpes - ✆ 04 92 78 16 52 - http://pageperso.aol.fr/petitmondemilie - possibilité de visite guidée - 5 avr.-15 nov. : lun.-vend. 15h30-18h30 - 7,50 € (-12 ans 6 €, -4 ans gratuit).*

Douze pièces hébergent des centaines de poupées, mises en scène dans des vitrines thématiques.

### Thermes troglodytiques

À l'est de la ville sont nés en 1968 de nouveaux thermes troglodytiques. Non loin, les archéologues ont découvert une piscine datant du 1er s. apr. J.-C. : les Romains venaient déjà ici se remettre de leurs orgies. Ils dédièrent aux nymphes des eaux une **stèle** retrouvée au siècle dernier.

La **source de Gréoux**, unique mais vaillante, débite chaque jour 2,5 millions de litres d'eau chaude (42 °C). Sulfureuse, c'est aux rhumatisants arthritiques et aux malades des voies respiratoires qu'elle fera le plus grand bien, car elle soigne tout cela.

### Les parcs Oliva, Thermal et Morelon

*Mai-oct. - plan recensant les œuvres exposées disponible à l'office de tourisme.*

Depuis le parc Oliva, sur l'avenue des Thermes, jusqu'au parc Morelon qui surplombe les bords du Verdon, découvrez les œuvres d'une quarantaine d'artistes et sculpteurs qui jalonnent les espaces verts de la cité thermale. Une manière originale de découvrir Gréoux...

## À proximité Carte de microrégion

### St-Julien-le-Montagnier A3

*14 km au sud de Gréoux par la D 8 et la D 35.*

*15 r. de l'Hôtel-de-Ville - 83560 St-Julien-le-Montagnier - ✆ 04 94 77 20 95 - www.ot-stjulien83.com - mai-oct. : tlj sf lun. 9h-12h30, 15h30-18h30, dim. 10h30-12h30 ; nov.-avr. : mar. et sam. 9h-12h30, 14h-18h - fermé 1er janv., 1er et 8 Mai, 15 août, 11 Nov. et 25 déc.*

Remontez la rue des Templiers et franchissez la porte Gourdanne, vestige des **remparts** (13e s.), pour atteindre le sommet du vieux village (alt. 579 m). Là se trouve l'ancienne aire à battre le blé, dite « du bout du monde », où vous trouverez deux **moulins à vent**.

**Vue★** sur la vallée de la Durance, le plateau de Valensole, les montagnes de la Ste-Baume et de la Ste-Victoire et les Plans de Provence : à perte de vue, de petits arbres forment une mer, dont émergent ici et là quelques villages, comme des îles au milieu des champs, des vignes et des oliviers.

Arrêtez-vous à la **table d'orientation** sur la promenade du Belvédère, en route vers l'**église** (11e s.). Celle-ci est typique de la haute Provence avec son clocher carré formant lanterne ; elle possède un autel en bois doré du 17e s. et une poutre de gloire bien conservée.

# Circuits conseillés Carte de microrégion

### ★ LE PLATEAU DE VALENSOLE

*Circuit tracé en vert sur la carte de microrégion (p. 330) – 74 km au départ de Gréoux-les-Bains – Comptez 1h30. Voir p. 352.*

### GORGES DU BAS VERDON ET LE LAC D'ESPARRON AB3

*Circuit tracé en vert sur la carte de microrégion (p. 330) – 41 km du barrage de Ste-Croix au barrage de Gréoux – Comptez 1h30. Voir Lac de Ste-Croix. (p. 366). Circuit à suivre en sens inverse.*

## NOS ADRESSES À GRÉOUX-LES-BAINS

### VISITE

**Routes de la lavande** – *Voir p. 23.*

### HÉBERGEMENT

#### BUDGET MOYEN

**Hôtel Villa Castellane** – *Av. des Thermes - ✆ 04 92 78 00 31 - www.villacastellane.com - fermé fin nov.-déb. mars - P - 10 ch. 57/86 € - ☕ 11 €.* Cet ancien pavillon de chasse entouré d'un parc se situe au cœur de la station thermale, près du casino. Chambres de bon confort et appartements pratiques pour les familles. Piscine et restaurant réservés aux hôtes de cette maison simple et accueillante.

#### POUR SE FAIRE PLAISIR

**Hôtel La Chêneraie** – *Les Hautes-Plaines - par av. des Thermes - ✆ 04 92 78 03 23 - www.la-cheneraie.com - ouvert de mi-mars à mi-nov. - P - Wifi - 20 ch. 70/92 € - ☕ 11 €, demi-pension possible - ✕ formule déj. 12 € - 21/32 €.* Immeuble moderne érigé sur les hauteurs de la station, dans un paisible quartier résidentiel. Amples chambres fonctionnelles. Les larges baies de la salle à manger donnent sur la piscine, le vieux village et le château. Copieuse cuisine provençale.

**Hôtel Les Alpes** – *Av. des Alpes - ✆ 04 92 74 24 24 - www.hoteldesalpes04.fr - fermé janv. - Wifi - 26 ch. 80/135 € ☕, demi-pension possible - ✕ 23/28 €.* Ce petit hôtel familial, dans un bâtiment au pied du château des Templiers, améliore peu à peu ses aménagements. Chambres pratiques et propres, dont cinq avec terrasse. Au bord de la piscine, on apprécie de bons plats provençaux. Salle design et cuisine ouverte.

### À proximité

**Chambre d'hôte et gîte Bastide St-Donat** – *Rte de Vinon - 4 km au sud-ouest de Gréoux-les-Bains par D 952 - ✆ 04 92 76 56 71 - www.bastidesaintdonat.com - fermé 2 sem. en déc. - P - 4 ch. 70/75 € ☕.* Avec leurs noms évocateurs – Tournesol, Rose trémière, Lavande et Bignone –, leurs couleurs et décorations chaleureuses, les chambres soignées de cette bastide vous feront vite oublier la proximité de la route. Le jardin fleurant la lavande, la cuisine d'été et la piscine complètent agréablement les lieux.

## NOS ADRESSES SUR LE PLATEAU DE VALENSOLE

### VISITE

**Routes de la lavande** – *Voir p. 23*

### HÉBERGEMENT

POUR SE FAIRE PLAISIR

**À Allemagne-en-Provence**

**Chambre d'hôte Le Château d'Allemagne-en-Provence** – *04500 Allemagne-en-Provence - ✆ 04 92 77 46 78 - www.chateau-allemagne-en-provence.com - fermé 5 nov. -22 mars - P - 3 ch. 80/140 € - ☕ 8 €.* Par chance vous pouvez dormir dans ce château. Ses grandes chambres d'hôte au mobilier de caractère vous raviront. Piscine à l'abri des regards dans le parc et annexes meublées (4 à 10 personnes) sur demande. Un lieu où se marient charme et histoire. Séjour de trois nuits minimum et uniquement sur réservation.

### ACHATS

Le plateau de Valensole est labellisé « Site remarquable du goût » pour son miel de lavande *(voir p. 25)*.

**Marché provençal** – Sam. mat. à Valensole.

**À Allemagne-en-Provence**

**Maison des Produits du Pays du Verdon** – *Rte de Riez - 04500 Allemagne-en-Provence - 2 km au nord-est d'Allemagne-en-Provence par D 952 - ✆ 04 92 77 40 24 - fermé janv.* Les artisans du « pays du Verdon » se sont réunis dans ce bâtiment moderne pour présenter ensemble le fruit de leur travail : miels, biscuits, huiles, nougats, fromages, vins, etc. Comme la région ne compte pas que des spécialités gourmandes, on y trouve aussi tissus, bijoux, cuir, savons, santons, faïences de Riez, etc.

**À Valensole**

**Ets Nevière** – *Rte de Manosque - 04210 Valensole - ✆ 04 92 74 85 28 - www.neviere.fr - mar.-sam 8h-12h, 13h30-17h30 (jusqu'à 16h le sam.).* Musée vivant de l'abeille, confiserie au miel, magasin de produits du terroir. En été, visite guidée d'un rucher en habit d'apiculteur *(se renseigner sur place).*

### ACTIVITÉS

**Randonnée**

Huit parcours de petite randonnée au départ de Valensole. Le GR 4 traverse le plateau.

### AGENDA

**Fête de la lavande** – À Valensole, le 3e dim. de juillet.

# Riez

★

1 741 Riézois – Alpes-de-Haute-Provence (04)

NOS ADRESSES PAGE 359

### S'INFORMER

**Office du tourisme de Riez** – *Pl. de la Mairie - 04500 Riez - ✆ 04 92 77 99 09 - www.ville-riez.fr - de mi-juin à mi-sept. : lun.-sam. 8h30-12h, 15h-19h ; dim. 9h30-12h30 ; reste de l'année : lun.-vend. 8h30-12h, 13h30-17h, sam. 8h30-12h - fermé dim. et j. fériés.*

**Visite guidée de la Cité historique** – *✆ 04 92 77 99 09 - 15 juin-15 sept. : mar., jeu. et sam. 18h - visite guidée (2h) sur réserv. 7 j. av. à l'office de tourisme - 5 € (-10 ans gratuit).*

### SE REPÉRER

Carte de microrégion B2 (p. 330) – *carte Michelin Départements 334 E10.*
Au confluent de l'Auvestre et du Colostre, entre Gréoux-les-Bains (à 20 km) et Moustiers-Ste-Marie (à 15 km), Riez est dominé par la colline St-Maxime. Passé les quartiers modernes, les portes Saint-Sols et Aiguière ouvrent sur la Grand-Rue et la vieille ville.

### À NE PAS MANQUER

La vieille ville typiquement provençale, de surcroît riche en vestiges et constructions datant de la Gaule romaine et du Moyen Âge.

### ORGANISER SON TEMPS

Comptez au moins 2h pour flâner en ville.

**À Riez se rencontrent l'Antiquité, le Moyen Âge, la Renaissance... et des visiteurs ravis. Village gaulois, puis colonie romaine, l'une des plus anciennes cités de Provence a conservé de vieilles rues plus que pittoresques où la flânerie devient un art de vivre. Elle est située dans le Parc naturel régional du Verdon et, autour d'elle, s'étendent le plateau de Valensole et le lac de Ste-Croix. Les célèbres gorges ne sont pas loin non plus...**

## Se promener Plan de ville

### ★ Vieille ville

**Bon à savoir** – Sachez qu'il faut prononcer « Rièss ». Le mot « Riez » vient de *Reii*, nom des Gaulois qui habitaient le lieu.

Rien ne presse, nous sommes en Provence : on longe d'abord la vieille ville par les places du Quinconce et Javelly, typiques cours provençaux plantés de platanes remplaçant les anciens remparts. Le palais épiscopal du 17e s. abrite l'**hôtel de ville**.

La **porte Aiguière** (14e s.) donne accès à la Grand-Rue, jalonnée de splendides demeures : maison à encorbellement au no 1 ; au no 12, l'**hôtel de Mazan** (16e s.) abrite de superbes décors de **gypseries** dans l'escalier; la façade du no 25 est percée de fenêtres gothiques à baies géminées et, au no 27, les fenêtres sont bordées de frises en gypserie.

## RIEZ

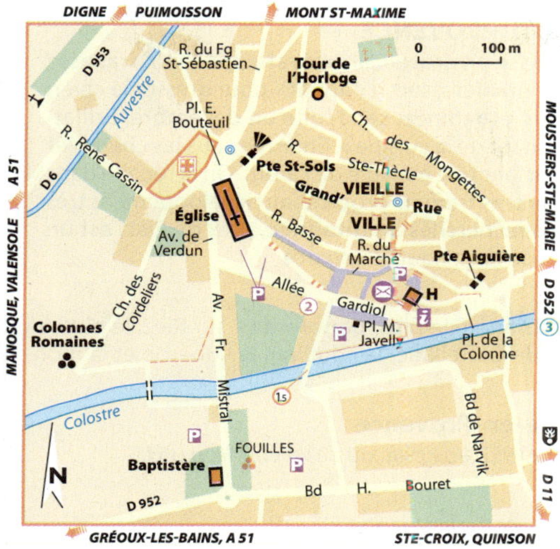


**RIEZ**

SE LOGER

Vieux Castel (Chambre d'hôte Le)........... (3)

SE RESTAURER

Café (Le)........................................ (2)

En arrivant à la **porte Saint-Sols** (14ᵉ s.), remontez à droite vers la rue Ste-Thècle ; d'une placette sur la gauche, jolie vue sur les vestiges des remparts et la **tour de l'Horloge**.

*Redescendez vers la porte Saint-Sols jusqu'à l'église.*

De la **cathédrale** du 15ᵉ s. ne subsistent que le clocher et les chapelles derrière le chœur. Le reste date du 19ᵉ s.

### Colonnes romaines

Posées en plein champ, les quatre belles colonnes du 1ᵉʳ s., hautes de 6 m et surmontées de chapiteaux corinthiens en marbre blanc, supportent encore une architrave. Ce sont les vestiges d'un temple d'Apollon.

### ★ Baptistère

*R. Frédéric-Mistral - ✆ 04 92 77 89 30 - www.ville-riez.fr - visite guidée de mi-juin à mi-sept. : mar. 10h, jeu. et sam. 15h - fermé j. fériés - 2,50 €.*

Ne manquez pas ce petit bâtiment carré à l'air fort simple, car c'est l'un des rares édifices du 5ᵉ s. encore debout en France. Un **musée lapidaire** présente quelques vestiges : autels, inscriptions romaines, sarcophages, mosaïques. Surtout, l'intérieur recèle une belle colonnade circulaire à chapiteaux corinthiens, ainsi qu'une superbe coupole, qu'on ne devine pas de l'extérieur et qui est presque moderne : elle ne date « que » du 12ᵉ s…

De l'autre côté de la route ont été dégagés des vestiges de la ville gallo-romaine et d'une cathédrale paléochrétienne qui remonterait elle aussi au 5ᵉ s., quand fut fondé l'évêché.

## À proximité Carte de microrégion

### Colline St-Maxime B2

*2 km au nord-est par la rue du Faubourg-St-Sébastien.*

Au sommet de cette colline de 636 m, la **chapelle St-Maxime** étonne par son mélange des genres : six belles colonnes antiques voisinent avec un décor

**L'OR NOIR DE LA HAUTE PROVENCE**

La truffe est appelée **rabasse** en provençal. Mais attention, il y a rabasse et rabasse. La blanche, printanière, sert d'« appât » pour dresser le chien truffier. La noire, plus rare et raffinée, se récolte en décembre. Brillat-Savarin l'appelait le « diamant de la cuisine ». Enterrée sous les chênes et les noisetiers, elle est pourtant une maladie de l'arbre. On la récolte dans des truffières, champs d'arbres truffiers propices au développement très lent de ces champignons recherchés. **Montagnac**, près de Riez, est un lieu de production très réputé en haute Provence.

du 19e s. De la terrasse ombragée de pins, **panorama★** sur Riez, le plateau de Valensole, les Préalpes de Castellane, le haut Var, le Luberon et la montagne de Lure.

### ★ Château d'Allemagne-en-Provence B2

*8 km au sud-ouest par la D 952. Voir plateau de Valensole, p. 353.*

### St-Jurs B2

*15 km au nord-est par la D 953 puis la D 108.*

Ce village est le plus élevé du plateau, à 825 m d'altitude. De l'église, belle **vue★** sur le plateau. Au 16e s., des travaux mirent au jour les reliques des saints Nicaire et Restitut. Les pèlerins affluèrent si nombreux que les habitants enfouirent de nouveau les reliques sans laisser aucun indice pour les retrouver.

Au 19e s., on exploita un gisement de **gypse** (roche sédimentaire) pour fabriquer le plâtre utilisé dans les constructions des alentours, notamment à Riez. Vous pourrez ainsi visiter un moulin à plâtre restauré *(voir la « Route du gypse » dans « Nos adresses à Riez »).*

## Circuit conseillé Carte de microrégion

### ★ LE PLATEAU DE VALENSOLE B2

*Circuit tracé en vert sur la carte de microrégion (p. 330) – 74 km au départ de Gréoux-les-Bains – Comptez 1h30. Voir p. 352.*

## NOS ADRESSES À RIEZ

### VISITE

**Pass' Découverte** – Le baptistère est inscrit dans le Pass' Découverte *(voir p. 344)*.

**Route du gypse** – À Riez, un circuit dans la ville, ponctué de 7 panneaux explicatifs, permet de découvrir les gypseries. À St-Jurs vous pourrez visiter une ancienne fabrique de plâtre en suivant un parcours agrémenté de 6 panneaux. Livret découverte, *Guide d'une promenade sur la Route du gypse de Riez à St-Jurs*, en vente *(4 €)* à l'office du tourisme de Riez et à la Maison du Parc naturel régional du Verdon.

### HÉBERGEMENT

POUR SE FAIRE PLAISIR

**À proximité**

**Chambre d'hôte Le Vieux Castel** – *1 rte des Châteaux - 04500 Roumoules - 4 km au nord-est de Riez, rte de Moustiers-Ste-Marie, sur D 952, à l'entrée du village de Roumoules - ✆ 04 92 77 75 42 - http://vieuxcastel.free.fr - 5 ch. 70 €* ☕. Cette demeure du 17e s. appartint autrefois aux créateurs de la faïence de Moustiers. Chambres sobres avec plafond à la française et murs décorés de frises au pochoir. L'immense salon-salle à manger possède une cheminée et un joli sol en galets.

### RESTAURATION

BUDGET MOYEN

**Le Café** – *✆ 04 92 72 88 23 - www.riez-restaurant-le-cafe.com - ♿ - formule déj. 19 € - 24/32 €*. Ouverte en 2009, cette adresse s'est déjà imposée dans le paysage local. L'établissement, outre son intérieur moderne et coloré, dispose d'une terrasse abritée sous une grande tonnelle, au pied des vieux platanes de la place. Salade de rougets, magret de canard au miel de Riez, gambas flambées au pastis.

### ACHATS

**Le marché provençal** – *Allée Louis-Gardiol - merc. et sam. mat.*

**Le marché aux truffes** – *Café de France - Allée Louis-Gardiol - ✆ 04 92 77 99 09 - nov.-fév.*

### ACTIVITÉS

**Randonnée et VTT**

Deux circuits VTT et cinq circuits pédestres sont balisés au départ de Riez. Les fiches des circuits sont en vente à l'office de tourisme. Le **GR 4** passe par Riez.

### AGENDA

**Fête de la transhumance** – 3e ou 4e dim. de juin.

# Moustiers-Sainte-Marie

★★

705 Moustiérains – Alpes-de-Haute-Provence (04)

## NOS ADRESSES PAGE 362

### S'INFORMER

**Office du tourisme de Moustiers-Ste-Marie** – *Maison de Lucie - pl. de l'Église - 04360 Moustiers-Ste-Marie - ☎ 04 92 74 67 84 - www.moustiers.fr - juil.-août : lun.-vend. 9h30-19h, w.-end 9h30-12h30, 14h-19h ; sept. : 10h-12h, 14h-18h30 ; reste de l'année : se rens. - fermé 1er janv. et 25 déc.*

**Parc naturel régional du Verdon** – *Voir p. 332.*

### SE REPÉRER

Carte de microrégion B2 (p. 330) – *carte Michelin Départements 334 F9.*
Le village occupe un site étonnant, au pied d'une brèche taillée dans la falaise calcaire qui domine les toits. Moustiers-Ste-Marie est à 15 km au nord-est de Riez, d'où vous pourrez rejoindre le plateau de Valensole.

### SE GARER

Laissez votre véhicule dans le parking au pied du village, que vous rejoindrez à pied en 10mn.

### À NE PAS MANQUER

Le musée de la Faïence, évidemment.

### ORGANISER SON TEMPS

Comptez environ une demi-journée pour flâner en ville et visiter le musée de la Faïence.

**Ce village en amphithéâtre semble béni des dieux, et ses très anciennes maisons étagées ressemblent à une crèche provençale sur fond de ciel bleu. Au cœur du Parc naturel régional du Verdon et tout près du lac de Ste-Croix, ce n'est pourtant pas son site exceptionnel qui fait son renom, mais la production depuis trois siècles d'une faïence fine à la blancheur de lait.**

## Se promener

### ★ Église

*☎ 04 92 74 67 84 - juil.-août : se rens. - possibilité de visite guidée - 3 € (-12 ans gratuit).*

Son puissant clocher, typiquement lombard, est d'un beau brun chaud. Avant d'être renforcé au 18e s., c'était ce qu'on appelle un « clocher branlant », oscillant au son des cloches ! À sa base, une salle abrite une **collection d'art sacré** et de vases de Moustiers. À l'intérieur de l'église, le chœur roman fut remplacé au 14e s., mais la nef qui devait être construite dans l'axe ne le fut jamais. On conserva donc la nef romane, qui forme avec le chœur un angle prononcé. Remarquez les belles statues et une peinture du 16e s. sur le thème des âmes au purgatoire : le paysage représente le site de Moustiers à cette époque ; la fameuse étoile n'y figure pas.

### ★ Musée de la Faïence

*✆ 04 92 74 61 64 - juil.-août : 10h-12h30, 14h-19h ; avr.-juin et sept.-oct. : 10h-12h30, 14h-18h ; reste de l'année : se rens. - fermé janv. - 3 € (-16 ans gratuit).*

Dans des salles au bas de la mairie, on découvre des moules, des outils d'époque et, surtout, l'œuvre des grands faïenciers de Moustiers : les Clérissy (1679-1783) ; les Olérys et Laugier qui introduisirent la polychromie à partir de 1738 ; les Fouque et Pelloquin (1749-1783) qui utilisèrent le fond jaune ; les frères Ferrat (1761-1794) qui s'inspirèrent de la technique et des décors de Strasbourg.

**L'ÉTOILE DE MOUSTIERS**

En 1249, le **chevalier de Blacas**, prisonnier pendant une croisade, fit le vœu, s'il en réchappait, d'accrocher une chaîne près de la chapelle N.-D.-de-Beauvoir : longue de 227 m, elle est aujourd'hui suspendue en travers de la gorge ; une étoile dorée y brille.

### ★ Chapelle N.-D.-de-Beauvoir

*30mn AR depuis le grand parking.*

Dès le haut Moyen Âge, la chapelle fut un lieu de dévotion. Autrefois appelée « N.-D.-d'Entreroches », elle est perchée au-dessus de la ville, au milieu des falaises. Au bout d'un chemin de croix décoré de tableaux de faïence de Simone Garnier, vous arriverez à une terrasse enclose de murs (restes d'enceinte médiévale) et plantée de cyprès : belle **vue★** sur les toits de Moustiers, la vallée de la Maïre et le rebord rectiligne du plateau de Valensole. La porte, aux très beaux vantaux de bois sculpté, date de la Renaissance.

### Sentier botanique de Tréguier

*4 km - 2h AR. Au départ du grand parking.*

Envie de nature après un bain de foule ? Ce circuit est tout indiqué, d'autant qu'il est ponctué de panneaux sur la flore et, qu'au bout, vous aurez un beau point de vue sur le canyon de l'Angouïre.

## Circuits conseillés Carte de microrégion

### ★★★ GORGES DU VERDON CD2-3

*Circuit de 159 km – Comptez une journée.* *Voir circuits 1 et 2 p. 336.*

### ★★ TOUR DU LAC DE SAINTE-CROIX B2-3

*Circuit tracé en vert sur la carte de microrégion (p. 330) – 70 km au départ de Moustiers-Ste-Marie – Comptez environ 3h. Suivez Riez, puis tournez à gauche vers Ste-Croix-du-Verdon.* *Voir p. 365.*

### TOUT FEU TOUT FLAMME

Ou comment ce petit village devint l'un des plus grands centres faïenciers de France. Selon la tradition, un religieux venu de Faenza aurait révélé à **Pierre Ier Clérissy** le secret du bel émail. Celui-ci fabriqua en 1679 les premières faïences de Moustiers, les décorant de scènes à personnages et de scènes de chasse d'un bleu lumineux. Les Clérissy eurent de la chance : le lancement de leur faïencerie coïncida avec les **édits royaux** de 1689, 1699 et 1709, obligeant la noblesse à faire fondre sa vaisselle d'or et d'argent pour renflouer les caisses de l'État, vidées par les guerres. Le Roi-Soleil donna l'exemple, et « tout ce qu'il y eut de grand et de considérable se mit en huit jours à la faïence », raconta Saint-Simon.

En 1738, **Joseph Olérys** introduisit le procédé de la polychromie de grand feu. Appliquée à de petits objets de la vie quotidienne, la peinture d'oiseaux et de fleurs, parfois de personnages fabuleux, remporta un grand succès. Chaque année, une immense caravane de mulets chargés de vaisselle se rendait à la foire de Beaucaire.

Avec les frères **Ferrat** et **Féraud**, les chinoiseries et parfois des sujets d'actualité apparurent à la fin du 18e s. Douze ateliers fonctionnaient alors à Moustiers. Puis les fours s'éteignirent, le dernier en 1874 (déjà la concurrence asiatique !).

C'est en 1927 que **Marcel Provence** fit renaître cet art. À son initiative fut créé le musée de la Faïence de Moustiers. Les années 1970 et le tourisme relancèrent cet artisanat. *Voir aussi p. 52.*

## NOS ADRESSES À MOUSTIERS-SAINTE-MARIE

### VISITE

**Pass'Découverte** – Le musée de la Faïence est inscrit dans le Pass' Découverte. Il fait également partie du réseau culturel du Passeport des musées des Alpes-de-Haute-Provence.

### HÉBERGEMENT

#### POUR SE FAIRE PLAISIR

**Chambre d'hôte L'Escalo** – *R. de la Bourgade - ✆ 04 92 74 69 93 - http://lescalo.odepp.org - fermé 15 janv.-15 mars - P - 4 ch. 64/69 €* . Cette maison de village typiquement provençale dispose de chambres décorées de meubles anciens ; la plus spacieuse se trouve au second. Le petit-déjeuner, pris sur la terrasse qui domine le village, vous laissera un délicieux souvenir. Réfrigérateur et micro-ondes communs à disposition. Chiens non acceptés.

**Hôtel Le Clos des Iris** – *Chemin de Quinson - au sud du village, par D 952 et rte secondaire - ✆ 04 92 74 63 46 - www.closdesiris.fr - fermé déc. et janv. - P - 9 ch. 65/70 € - 10 €.* Coquettes chambres provençales (sans TV), terrasses privatives, agréable jardin méridional, accueil charmant et convivialité : cette paisible maison ne manque pas d'atouts.

**Hôtel La Ferme Rose** – *Chemin de Peyrengue - au sud du village, par rte Ste-Croix-du-Verdon - ✆ 04 92 75 75 75 - www.lafermerose.com - ouvert 20 mars-15 nov. - P - Wifi - 12 ch. 80/150 € - 10 €.* Sympathique ambiance *guesthouse* dans cette ancienne ferme bâtie au pied du village. Meubles chinés, bibelots et collections diverses en font un lieu original et attachant.

UNE FOLIE

**Hôtel Bastide de Moustiers** – *Chemin de Quinson - au sud du village, par D 952 et rte secondaire - ✆ 04 92 70 47 47 - www.bastide-moustiers.com - fermé 4 janv.-3 mars, mar. et merc. de nov. à mars - ♿ - Wifi - 12 ch. 190/400 € - ☕ 20 € - ✕ 55/70 €.* Bastide (17e s.) d'un maître faïencier convertie en auberge. Belles chambres provençales, équipements high-tech et superbe parc (élevage de daims et joli potager). Salle à manger intime au mobilier dépareillé, belle terrasse. Cuisine méditerranéenne soignée.

## RESTAURATION

PREMIER PRIX

**La Grignotière** – *Quartier Ste-Anne - ✆ 04 92 74 69 12 - www.le-colombier.com/lagrignotiere/lagrignotiere.htm - fermé 15 nov.-1er mars, le soir de mars à juin et de mi-sept. à mi-nov. - 💳 - 8,30/19 €.* Une halte agréable et bon marché que ce petit snack-crêperie au cadre provençal, juché sur les hauteurs du village. La terrasse sous les oliviers centenaires est à croquer. Dans l'assiette, grillades, salades et crêpes salées ou sucrées. Service décontracté.

BUDGET MOYEN

**Pizzeria Le Jadis** – *✆ 04 92 74 63 01 - 15/20 €.* Nichée dans une placette du vieux Moustiers, cette petite adresse décontractée est tenue par une sympathique patronne originaire du Nord, « Fred », comme tout le monde l'appelle ici. Belle décoration aux tons vifs. Pizzas, pâtes, salades et délicieux tiramisu à la mangue et aux graines de pavot. Concerts en été sur la terrasse.

**Côté jardin** – *✆ 04 92 74 68 91 - cjardin.moustiers@free.fr - 19/27 €.* Derrière l'entrée en fer forgé, un bel escalier à double volée conduit à un ravissant petit jardin fleuri de roses et de lavande. Vous dégusterez ici une cuisine soignée, concoctée par un chef originaire des Pouilles. Ravioles de foie gras, cannelloni maison au chèvre et à la ciboulette. Vaste terrasse panoramique, plantée d'un grand cerisier. Joli service en poterie de Roumoules.

POUR SE FAIRE PLAISIR

**La Treille Muscate** – *Pl. de l'Église - ✆ 04 92 74 64 31 - www.restaurant-latreillemuscate.com - ouvert 11 fév.-14 nov. - fermé merc. (sf à midi hors saison) et jeu. (sf juil.-août) - 29/43 €.* Sympathique bistrot provençal : salle au charme simple, terrasse irrésistible (sous un platane centenaire de la place de l'église) et cuisine savoureuse.

**La Ferme Ste-Cécile** – *1,5 km sur rte de Castellane - ✆ 04 92 74 64 18 - www.ferme-ste-cecile.com - fermé 15 nov.-20 fév., dim. soir (sf juil.-août) et lun. - ♿ 🅿 - formule déj. 26 € - 35 €.* Cette ancienne ferme a conservé son caractère rustique : vieilles pierres et cheminée agrémentent les salles à manger, prolongées d'une grande terrasse. Plats régionaux et bon choix de vins au verre.

## ACHATS

**Faïence Bondil** – *Pl. de l'Église - ✆ 04 92 74 67 02 - www.faiencebondil.fr - 9h30-13h, 14h-19h. Visite de l'atelier réservée à la clientèle : lun.-jeu. 10h-12h - fermé lun.-jeu. (en janv.) et 25 déc.* Faïences réalisées à la main selon les méthodes traditionnelles qui ont fait le renom de Moustiers depuis 1668. À voir : une très belle collection de lampes créées par Jean-Pierre Bondil.

**Faïence Lallier-Moustiers** – *✆ 04 92 74 55 58 - www.lallier-moustiers-04.com.* La plus ancienne manufacture du village encore en activité. Fabrication artisanale soignée. Deux magasins dans le village *(ouverts tlj sf lun. en janv.)* et manufacture à proximité de la route départementale, comprenant un petit musée *(visite libre)*. Visite guidée de la fabrique, en semaine, à 15h *(durée 1h, 4 €)*.

## ACTIVITÉS

### Randonnée

Une douzaine de circuits pédestres et 5 circuits VTT aux alentours de Moustiers-Ste-Marie. Guides et topoguides en vente à l'office du tourisme.

### Activités nautiques

*Voir Lac de Ste-Croix (p. 370).*

## AGENDA

**Rencontre transfrontalière de sculptures monumentales** – *Rens. à l'office de tourisme.* Tous les deux ans, de mai à sept. (années impaires), exposition d'œuvres d'art en plein air dans les rues et sur les places du village. Une manière originale de découvrir Moustiers *(carte gratuite à l'office de tourisme).*

**Moustiers, terre d'argile, une si belle histoire** (spectacle son et lumière) – *Rens. à l'office de tourisme - fin juil.-déb. août - 1h30 - 8 € (enf. 5-12 ans 5 €).* En 10 tableaux créés et joués par les habitants du village, toute l'histoire de Moustiers et de la faïence est racontée ici par Papé Célestin à son petit-fils Ernest.

**Fête de la Diane/Fête votive du village** – *04 92 74 67 84.* Du 31 août au 8 sept., la « Diane » réveille les Moustiérains au son des fifres et des tambourins. Le 8, cette même procession monte à 5h vers la chapelle N.-D.-de-Beauvoir pour la « messe de l'aurore », suivie d'une fête populaire.

# Lac de Sainte-Croix

★★

Alpes-de-Haute-Provence (04)

NOS ADRESSES PAGE 369

### S'INFORMER

**Point d'informations touristiques** – *Mairie - 04500 Ste-Croix-du-Verdon - 04 92 77 85 29 - juil.-août : 10h-12h, 14h30-18h30 ; juin et sept. : tlj sf dim. 10h-12h, 15h-18h, sam. apr.-midi 15h-18h ; reste de l'année : se rens. - fermé j. fériés.*

### SE REPÉRER

Carte de microrégion B2-3 (p. 330) – *carte Michelin Départements 334 E10.* Le lac occupe un bassin aussi vaste que le lac d'Annecy, entre le Grand Canyon et les basses gorges du Verdon.

### ORGANISER SON TEMPS

Prévoyez une journée pour faire le tour du lac de Ste-Croix, avec pique-nique et baignade l'après-midi. Pour le circuit des gorges du bas Verdon, comptez 1h30 sans la visite du musée à Quinson.

### AVEC LES ENFANTS

Le musée de Préhistoire des gorges du Verdon, à Quinson.

**Le lac de Ste-Croix inonde soudain le paysage d'un bleu si pur qu'on ne le quitte plus des yeux. Le Verdon et ses eaux vertes se fondent en lui à la sortie des gorges, au milieu d'un paysage sauvage. Attiré vers de jolis villages et d'agréables plages, à la voile ou à la nage, on glisse bientôt sur les flots clairs…**

## Circuits conseillés Carte de microrégion

La cuvette de Ste-Croix, où s'épanouissaient champs et vergers, a été noyée en 1975 lors de la mise en eau suite à la construction du barrage.

### ★★ TOUR DU LAC DE STE-CROIX

*Circuit tracé en vert sur la carte de microrégion (p. 330) – 70 km au départ de Moustiers-Ste-Marie – Comptez environ 3h. Suivez Riez, puis tournez à gauche vers Ste-Croix-du-Verdon.*

La route s'élève en lacet. Une fois sur le plateau, le lac de 2 200 ha apparaît.

**Ste-Croix-du-Verdon** B2

Jadis perché, ce village se trouve aujourd'hui au bord de l'eau…

Il s'est offert une **plage** *(surveillée en juil.-août)* pour le bonheur des grands et petits. Il dispose également d'une base de loisirs. Les prestataires du site *(voir « Nos adresses au lac de Sainte-Croix »)* proposent diverses activités nautiques : pédalo, canoë-kayak, *surfbike*, bateau électrique, etc. Le matin, le calme et la limpidité de l'eau rendent ces promenades aquatiques inoubliables.

La route descend au niveau du lac.

### Barrage de Ste-Croix B3

Retenant 767 millions de m³ d'eau, ce barrage et son usine produisent plus de 150 millions de kWh par an (soit la consommation de près de 50 000 foyers).
*Poursuivez le tour sur la D 71 (de là, possibilité de rejoindre les gorges du bas Verdon, voir ci-après).*

### Bauduen B3

Bauduen était connu pour la **Fontaine-l'Évêque**, l'une des plus belles résurgences en France : mais elle a disparu… Car, comme Ste-Croix, ce village provençal est aujourd'hui au niveau du lac et ne s'en plaint pas. Construit sur une pointe, il présente un **site★** fabuleux. Rien de plus ravissant que ces maisons anciennes, ces portes arrondies et fleuries de roses trémières. Les rues pittoresques montent vers l'église, posée sur les gros rochers dominant le village.
Les rives ont été aménagées : **plage** *(surveillée en juil.-août)* où se trouve aussi un club nautique.
*Prenez la direction d'Aups, puis tournez à gauche sur la D 957.*

### Les Salles-sur-Verdon B2

*Pl. Font-Freye - 83630 Les-Salles-sur-Verdon - 04 94 70 21 84 - www.sallessurverdon.com - avr.-nov. : 9h-12h ; apr.-midi : se rens.*

**Bon à savoir** – Le livret de découverte consacré au **sentier de Toine** vous guidera à travers le village et aux alentours *(en vente à l'office de tourisme ou à la Maison du Parc naturel régional du Verdon - 4 €).*
L'ancien village des Salles n'a pas eu la chance des deux autres : il repose aujourd'hui par 40 m de fond, dans le silence et la nuit. Des tuiles, des portes, le clocher et la fontaine ont été sauvés des eaux et réutilisés dans le nouveau village qui s'est développé sur les bords du lac (photographies de l'ancien village et témoignages sont exposés à l'office de tourisme).
Vous y trouverez une **plage** *(surveillée en juil.-août)* et une base nautique.
*Continuez vers Moustiers-Ste-Marie.*
Profitez d'une ultime pause-baignade à la **plage du Galetas**, à Aiguines.

## GORGES DU BAS VERDON ET LE LAC D'ESPARRON AB3

*Circuit tracé en vert sur la carte de microrégion (p. 330) – 41 km du barrage de Ste-Croix au barrage de Gréoux – Comptez 1h30. Après le barrage, prenez à droite la D 71 puis la D 9.*
Cette route s'élève dans les **gorges de Baudinard**.
*Après Baudinard, prenez à gauche le chemin qui mène à la chapelle.*
*1h AR.* À **N.-D.-de-Baudinard★**, c'est sur le toit, non sur la terrasse, qu'on a aménagé le belvédère… Vue sur le lac, les plateaux de Valensole et de Canjuers et, au-delà, les Alpes.
*Reprenez la D 9 pour passer sur l'autre rive du Verdon. Après St-Laurent-du-Verdon, continuez sur la D 311.*

### Quinson B3

*Chapelle St-Esprit - 04500 Quinson - 04 92 74 01 12 - www.quinson.fr - 9h30-12h30, 13h30-18h (horaires variables : se rens.).*
En léger surplomb du Verdon et entouré de falaises de calcaire, le village de Quinson a connu une présence humaine depuis la préhistoire, d'où l'extrême richesse de son patrimoine. Au 15e s., il est protégé par des remparts dont certains vestiges sont encore visibles. Le cours, la Grand-Rue et la place de la Paix

Le lac de Sainte-Croix.
*N. Thibaut / Photononstop*

s'étendent en dehors des remparts aux 17e et 18e s. Quant au siècle suivant, il donne au village pas moins de huit **fontaines** qui jalonnent les places et les rues de Quinson, lui conférant un charme plein de fraîcheur.

★ **Musée de Préhistoire des gorges du Verdon** – *Rte de Montmeyan - 04 92 74 09 59 - www.museeprehistoire.com - - juil.-août : 10h-20h ; fév.-avr. et d'oct. à mi-déc. : 10h-18h ; mai-juin et sept. : 10h-19h - fermé de mi-déc. à fin janv. et le mar. sf pdt juil.-août et les vac. scol. de la zone B - 7 € (6-17 ans 5 €, -6 ans gratuit).* Ici, pas de dinosaures, mais tout sur l'homme préhistorique. Le **bâtiment** aux lignes épurées, signé **Norman Foster**, cherche à s'intégrer au village typiquement provençal de Quinson grâce à un immense mur arrondi en pierre locale, qui se prolonge à l'intérieur du musée. L'histoire de nos lointains ancêtres y est retracée, depuis leur arrivée en Europe jusqu'à l'Antiquité, à travers un circuit muséographique, en une vingtaine d'espaces, qui fait appel aux techniques les plus modernes. Plusieurs **mises en scène** en trois dimensions, dont un vrai **spectacle multimédia** dans la salle où est reconstituée la grotte de la **Baume Bonne** *(voir l'encadré page suivante)*, rendent un peu plus vivante une présentation par ailleurs très sérieuse et documentée. Le musée peut s'appuyer sur les résultats des fouilles qui, depuis 1950, ont mis au jour près de 60 gisements dans le Verdon, dont une partie est exposée ici. Expositions temporaires au rez-de-chaussée.

*45mn AR (au bord du Verdon, suivez les panneaux en face du musée en direction du parking).* Vous pouvez prolonger la visite en vous rendant dans le **village préhistorique** où sept formes d'habitat ont été reconstituées. Des visites guidées et des animations sont également possibles.

*3h30 AR.* Il est possible de visiter la grotte de la **Baume Bonne**, classée Monument historique, avec un guide, à pied ou en canoë *(sur rendez-vous)*. Vous cheminerez le long d'un sentier dans la garrigue provençale, aménagé pour vous faire appréhender les rapports entre l'homme et son environnement. *Rens. au musée de Préhistoire des gorges du Verdon.*

*Quittez Quinson par l'ouest.*

## LA BAUME BONNE

La présence du musée de Préhistoire des gorges du Verdon à Quinson ne doit rien au hasard tant cette commune est riche d'un patrimoine préhistorique exceptionnel avec l'abri des Points-Rouges, la grotte Sauzade, l'abri Donner, la grotte Sainte-Maxime, l'abri du Pont et la grotte de la **Baume Bonne**, la plus emblématique. Cette grotte est située au bord du lac. Avant la construction du barrage électrique de Quinson, elle était à plus de 50 m au-dessus du lit du Verdon. Les fouilles systématiques de la grotte se sont accélérées peu avant les travaux hydroélectriques, à partir de 1959. La dernière série de fouilles a été menée dans les années 1990. Toutes ont souligné la richesse de cette grotte où des hommes sont venus s'abriter pendant près de 500 000 ans en y laissant de nombreuses traces : plus de 80 000 objets ont été relevés. Une reconstitution de la grotte est le théâtre d'un spectacle audiovisuel dans le musée qui fait revivre les différentes étapes de son histoire depuis sa formation jusqu'aux fouilles les plus récentes.

### Esparron-de-Verdon A3

*Hameau du Port - 04800 Esparron-de-Verdon - 04 92 77 15 97 - www.esparrondeverdon.com - horaires : se rens.*

Le vieux village était bâti de part et d'autre d'un ravin : aujourd'hui flanqué d'un port de plaisance sur les rives idylliques de son lac, il est toujours dominé par le **château** des Castellane qui dresse fièrement son donjon du 12e s., l'un des plus beaux de Provence *(ne se visite pas)*.

**Écomusée « La vie d'antan »★** – *R. des Fontaines - 04 92 77 13 70 - www.greoux-les-bains.com/ecomusee - juil.-août : tlj sf mar. 10h-12h, 15h-19h ; de mi-avr. à fin juin et sept. : tlj sf mar. 14h30-18h30 - possibilité de visite guidée - fermé de déb. oct. au 14 avr. - 2,50 €.* Il rassemble une très riche collection d'objets de toutes sortes : outils domestiques, vêtements, datant pour certains du 18e s., qui reprennent vie grâce aux passionnantes explications du propriétaire, très versé dans les traditions populaires. Sur les robes de mariée noires ou vertes, la pince à sauvagine, les lampes de prostituée, la ceinture de chasteté pour chienne et la machine à bonbons, il vous dira tout.

*4 km.* Avant la baignade, vous pourrez faire une promenade instructive en suivant le **sentier botanique** *(livret de découverte en vente à l'office de tourisme ou à la Maison du Parc naturel régional du Verdon - 4 €)*.

Découverte du lac en bateau *(voir « Activités » dans « Nos adresses aux lacs de Sainte-Croix et d'Esparron »)*.

**Lac d'Esparron** – *Accès par la petite route à droite après le château.* Les amateurs de voile comme les connaisseurs vous diront qu'ils préfèrent le secret lac d'Esparron, né de la création du barrage de Gréoux, à la grandiose étendue du lac de Ste-Croix : sur planche ou en bateau, ils en gagnent les petites calanques et les criques sauvages connues d'eux seuls. Près du port, se trouve la **plage** *(surveillée en juil.-août : 10h30-18h)*.

*Sortez d'Esparron par le nord et continuez sur la D 315 vers Gréoux-les-Bains.*

### Barrage de Gréoux A2-3

Du haut de la colline, très belle **vue★** sur la retenue d'eau, Esparron-de-Verdon et le château des Castellane. C'est un barrage en terre de 260 m d'épaisseur à la base, haut de 67 m et long de 220 m. Ses 85 millions de m$^3$ d'eau alimentent la centrale de Vinon et le canal de Provence.

En suivant le lit verdoyant du bas Verdon, vous rejoindrez Gréoux *(voir p. 348)*.

## NOS ADRESSES AUX LACS DE SAINTE-CROIX ET D'ESPARRON

### VISITE

**Pass' Découverte** – Le musée de Préhistoire et l'écomusée à Esparron-de-Verdon sont inscrits dans le Pass' Découverte.

### HÉBERGEMENT

PREMIER PRIX

**À Esparron-de-Verdon**

**Camping Le Soleil** – *1000 chemin de la Tuilière - 04800 Esparron-de-Verdon - sortie sud par D 82, rte de Quinson, puis 1 km par rte à dr. - 04 92 77 13 78 - www.campinglesoleil.net - de mi-avr. à déb. oct. - - 100 empl.* Vous choisirez ce camping pour son site exceptionnel, au bord du lac. Les emplacements délimités ou en terrasses sont bien ombragés parmi les pins et les chênes. Sports d'eaux vives et jeux pour enfants. Snack et agréable terrasse surélevée.

BUDGET MOYEN

**À Ste-Croix-de-Verdon**

**Chambre d'hôte Les Fenières** – *Le Village - 04500 Ste-Croix-de-Verdon - 04 92 77 77 23 - www.verdon-chambre-sainte-croix.com - fermé déc.-fév. - P - 5 ch. 50/80 €.* Deux maisonnettes de pays au cœur d'un petit village accroché à la montagne. Les chambres, meublées avec goût, viennent tout juste d'être refaites. La terrasse, où l'on sert le petit-déjeuner, offre une vue saisissante sur le lac de Ste-Croix.

**À Quinson**

**Hôtel Relais Notre-Dame** – *04500 Quinson - 04 92 74 40 01 - www.relaisnotredame-04.com - hôtel : ouvert 30 mars-15 nov. et fermé lun. et mar. (sf haute saison) - rest : fermé 15 déc.-15 fév., lun. soir et mar. - Wifi - 12 ch. 63/70 € - 9 €, demi-pension possible - formule déj. 24 € - 27/43 €.* Sur la route des gorges du Verdon, hôtel familial et son joli jardin, voisins du musée de la Préhistoire. Chambres progressivement refaites dans un style provençal actuel. Agréable restaurant et verdoyante terrasse au calme ; plats régionaux, truffe en saison.

POUR SE FAIRE PLAISIR

**À St-Laurent-du-Verdon**

**Hôtel Le Moulin du Château** – *04500 St-Laurent-du-Verdon - 04 92 74 02 47 - www.moulin-du-chateau.com - ouvert 13 mars-7 nov. - - 10 ch. 95/137 €, demi-pension possible - 31 €.* Charmant moulin à huile d'olive (17e s.) aux chambres actuelles et salon aménagé face à la meule. Ambiance farniente au jardin et éthique écologique (citerne à eau de pluie, produits bio, etc.). Petit-déjeuner et dîner provençal (menu unique réservé aux résidents).

UNE FOLIE

**À Esparron-de-Verdon**

**Chambre d'hôte Château d'Esparron** – *Château d'Esparron - 04800 Esparron-de-Verdon - 06 64 65 17 00 - www.esparron.com - fermé nov.-Pâques - P - 5 ch. 130/240 €.* Propriété de la famille Castellane depuis le 13e s., ce château qui domine l'eau turquoise du lac d'Esparron a conservé son donjon et sa cour d'honneur. Un monumental escalier à vis dessert de vastes chambres avec lit à baldaquin, cheminée en marbre et antichambre, décorées de meubles qui, pour certains, n'ont jamais quitté les lieux. Les petits-déjeuners copieux et variés vous seront servis dans l'ancienne cuisine voûtée.

## ACHATS

**Marché provençal** – *Pl. Ste-Anne - jeu. mat. aux Salles-sur-Verdon (tte l'année), et dim. mat. à Ste-Croix (de déb. mai à fin sept.).*

## ACTIVITÉS

### Activités nautiques

**Verdon Loisirs** – *Le Lac - 04500 Ste-Croix-de-Verdon - ✆ 04 92 77 70 26 - fermé de déb. sept. à mi-mai.* La boutique Verdon Loisirs qui se trouve au bord du lac de Sainte-Croix, du côté de la plage de la Fontaine, loue canoës, kayaks et pédalos équipés d'un plongeoir.

**Lac Loc** – *Le Lac - 04500 Ste-Croix-de-Verdon - ✆ 06 72 70 69 95 - fermé nov.-mars.* L'un des trois prestataires du lac de Sainte-Croix. Pédalos, canoës, kayaks, *surfbikes* (vélos nautiques) et bateaux électriques de 5 à 7 personnes en location.

**« Le Petit Port »** – *Plage de la Fontaine - 04500 Ste-Croix-de-Verdon - ✆ 06 73 65 60 09 - www.lepetitport04.com - juil.-août : 9h-20h ; reste de l'année : 10h-19h - fermé nov.-mars.* Location de bateaux électriques, pédalos. Restauration rapide, vente à emporter.

**Club nautique d'Esparron-de-Verdon** – *Le Port - 04800 Esparron-de-Verdon - ✆ 04 92 77 15 25 - http://cnev.online.fr - juil.-sept. : 9h-19h ; avr.-mai et oct.-nov. : 9h-12h, 14h-18h.* Outre les baptêmes, les stages (de 3 à 5 jours) et la location de matériel individuel, cette école de voile vous offre la possibilité de descendre en canoë-kayak les basses gorges du Verdon jusqu'à Quinson. Pique-nique et baignade également au programme.

**Base nautique de Quinson** – *Les Prés du Verdon - ✆ 04 92 74 01 12.* Location de bateaux électriques, canoës, kayaks, pédalos. Tous les moyens sont bons pour profiter du lac de Quinson.

### Randonnée et VTT

Circuits VTT et pédestres balisés. Les fiches des circuits sont en vente dans les offices de tourisme. Plus de 40 km de sentiers de petite et grande randonnée pédestre balisés à proximité de Quinson, et cinq circuits de randonnée autour d'Esparron-de-Verdon. Le VTT est également à l'honneur avec de nombreux circuits balisés au sein du « Verdon des collines » : 250 km de sentiers dédiés au VTT sur les communes d'Esparron-de-Verdon et Gréoux-les-Bains. Guides et topoguides sont en vente dans les offices de tourisme.

### Escalade

Quinson offre un vaste choix, avec près de 170 voies.

## AGENDA

**Journée de la préhistoire** – *Musée et village préhistorique - rens. à l'office de tourisme et au musée de Préhistoire.* Le 3e dimanche de juillet, manifestation sur un thème lié à la préhistoire.

# Bargème

★

115 Bargémois – Var (83)

**SE REPÉRER**
Carte de microrégion D2-3 (p. 330) – *carte Michelin Départements 334 H10.* À 9 km au nord-est de Comps-sur-Artuby, au sein du **Parc naturel régional du Verdon**. Perché à 1 097 m d'altitude, ce village se détache sur les flancs de la montagne de Brouis.

**SE GARER**
La circulation automobile est interdite dans le village.

**ORGANISER SON TEMPS**
Comptez 1h de promenade.

**À plus de 1 000 m d'altitude, le plus haut village du Var est surtout l'un des plus beaux de France. On voit de loin les ruines du château dont les hautes tours blanches, juchées sur un piton rocheux, resplendissent au soleil du Midi. Derrière les remparts, les passages et les ruelles plongent le visiteur dans une atmosphère très prenante, qu'une habile restauration a su préserver.**

## Se promener

Passé la porte de garde, vous vous retrouvez en plein Moyen Âge. Les ruelles, reliées par des passages sous voûte, sont bordées de maisons anciennes fleuries de roses trémières.

### Église St-Nicolas

*04 94 50 23 00 - juil.-août : 14h-17h - reste de l'année sur RV - visite guidée (15mn) - gratuit.* Ce bel édifice roman abrite plusieurs peintures et **retables**, dont celui de **St-Sébastien★**, sculpté sur bois.

### Château

Le **château** comprenait quatre tours rondes, une tour carrée et une cour d'honneur. Bien qu'il soit en ruine, les escaliers, cheminées et fenêtres qui demeurent laissent imaginer son plan initial. De ses abords, la **vue★** porte sur les montagnes de Malay et de Lachens, les Préalpes de Grasse, le plateau de Canjuers et, au loin, le massif des Maures.

**TOUT UN VILLAGE EN PÉNITENCE**
Seigneur cruel, **Jean-Baptiste de Pontevès** venait de fêter ses 90 ans. Les habitants, qui l'avaient supporté jusque-là, finirent par l'assassiner en 1579. En 1595, après ses fils, son petit-fils connaît le même sort : Antoine, 25 ans, revenu s'installer au château, est poignardé au pied de l'autel pendant une messe dominicale. Indigné, le parlement d'Aix condamne le village à ériger la **chapelle N.-D.-des-Sept-Douleurs**, visible au bout de l'esplanade du château.

# Castellane

★

1 604 Castellanais – Alpes-de-Haute-Provence (04)

NOS ADRESSES PAGE 377

### S'INFORMER

**Office du tourisme de Castellane** – *R. Nationale - BP 26 - 04120 Castellane - ✆ 04 92 83 61 14 - www.castellane.org - juil.-août : lun.-sam. 9h-12h30, 14h-18h45, dim. 9h-12h30, 14h30-18h45, j. fériés 9h-12h, 14h-18h ; reste de l'année : tlj sf dim. 9h-12h, 14h-18h ; mai-juin et sept. : dim. mat. - fermé 1er janv. et 25 déc.*

### SE REPÉRER

Carte de microrégion D2 (p. 330) – *carte Michelin Départements 334 H9.* Sur la D 4085 (route Napoléon), à mi-chemin de Digne-les-Bains et de Grasse *(voir Le Guide Vert Côte d'Azur)*, Castellane s'étend dans un cirque de montagnes, autour de la place Marcel-Sauvaire, centre de l'animation locale.

### SE GARER

Parkings gratuits à l'entrée et à la sortie du village. Attention, celui de la place Marcel-Sauvaire est payant et c'est là que se tient le marché les mercredi et samedi.

### ORGANISER SON TEMPS

Comptez une demi-journée pour flâner dans le centre et monter jusqu'à la terrasse de la chapelle N.-D.-du-Roc. Si vous avez quelques jours devant vous, Castellane est idéal pour faire étape : d'une part la ville est agréable (attention : en saison on se bouscule), d'autre part cela vous permettra de rayonner de lacs en gorges ou clues.

### AVEC LES ENFANTS

Le musée Sirènes et Fossiles ; la base de loisirs du lac de Castillon *(voir « Activités » dans « Nos adresses à Castellane »).*

**Qu'on arrive par la route Napoléon ou celle du haut Verdon, on est subjugué par le côté grandiose du décor : la différence d'échelle est saisissante entre la petite ville et son Roc, falaise cyclopéenne qui la domine de ses 184 m. On ressent alors l'irrésistible envie de franchir ses portes et de flâner dans ses ruelles étroites ponctuées de placettes et de fontaines, qui témoignent encore de la Provence d'autrefois. Une base idéale pour découvrir les gorges du Verdon et profiter d'une multitude de sports.**

## Se promener Plan de ville

**Bon à savoir** – Le parcours dans le centre-ville est ponctué de silhouettes qui présentent des pancartes contant l'histoire de Castellane.

*Circuit tracé en vert sur le plan de ville ci-contre – Comptez une demi-journée.*

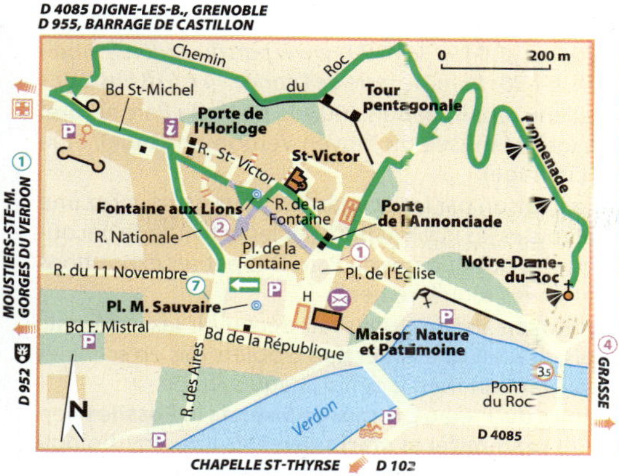


**CASTELLANE**

SE LOGER

Chasteuil (Chambre d'hôte de)... ①
Levant (Hôtel du)............. ⑦

SE RESTAURER

Forge (La)........................ ①
Main à la Pâte (La)........... ②
Teillon (Auberge du)....... ④

## Place Marcel-Sauvaire

Lieu de passage obligé pour celles et ceux qui décideront de s'arrêter à Castellane. Agrémentée de belles arcades, d'une fontaine et de quelques cafés où il fait bon s'attabler en terrasse.

*Remontez la rue Nationale.*

Au n°34 de la rue Nationale, Napoléon déjeuna le 3 mars 1815.

*Poursuivez sur le boulevard St-Michel et prenez à droite.*

Le chemin du Roc offre une vue sur les vestiges des remparts édifiés en 1359 et la **Tour pentagonale** à mâchicoulis.

## Chapelle N.-D.-du-Roc

**Bon à savoir** – Un livret consacré au Roc et à son sentier d'interprétation est en vente à l'office de tourisme.

*1h AR.* L'ascension se fait par un sentier d'interprétation : c'est un joli but de **promenade★**, avec en prime une vue d'ensemble sur Castellane. On longe les ruines du bourg féodal de **Petra Castellana** et de l'église St-André. Au sommet, la **chapelle** (de 1703) domine le Verdon de plus 180 m. C'est un lieu de pèlerinage très fréquenté. De la terrasse, **vue★★** sur le bassin de Castellane, les montagnes et l'entrée des gorges du Verdon.

*Redescendez vers la ville basse et prenez la deuxième à droite après l'église.*

## Vieille ville

Vous passez sous la **porte de l'Annonciade** qui participait de l'ancien système défensif de la ville. Dirigez-vous vers l'**église St-Victor** pour jeter un œil à son clocher lombard aux chaînes d'angle à bossages (provenant des remparts) et aux larges baies en plein cintre. Poursuivez jusqu'à la **porte de l'Horloge** coiffée d'un beau campanile en fer forgé. Prenez la rue Nationale et tournez tout de suite dans la **rue du Mitan** bordée de boutiques et où se trouve la jolie **fontaine aux Lions**.

*Revenez sur la place Marcel-Sauvaire.*

**PETRA CASTELLANA**

Ce nom désignait la cité forte qui, du roc qu'elle occupait, déménagea au 15ᵉ s. au pied de la falaise. Certains Castellanais parlent un dialecte provençal, « lou castellanenc ».

### ★ Maison Nature et Patrimoine

*Pl. de l'Église - ✆ 04 92 83 19 23 ou ✆ 04 92 36 70 70 - www.parcduverdon.fr - mai-sept. : tlj sf mar. 10h-13h, 15h-18h30 ; fermé le reste de l'année - 4 € (-18 ans 2 €).*

L'ancienne prison de Castellane réunit, depuis 2008, le relais du Parc naturel régional du Verdon (1er étage), le musée du Moyen Verdon (2e étage), et le musée Sirènes et Fossiles (3e étage).

Le **relais du Parc** est tenu en saison par les écogardes. Vous y trouverez une grande carte IGN du Parc et toutes les informations sur les activités de découverte, le patrimoine, ainsi que les publications du Parc. Des petites expositions temporaires y sont programmées régulièrement.

Au 2e étage, le **musée du Moyen Verdon** vous fait découvrir les différents aspects de la vie d'autrefois, grâce à une collection d'objets mis en scène et à des témoignages oraux suivant un thème défini chaque année.

Aménagé sous les combles du 3e étage, le **musée Sirènes et Fossiles** permet de ne plus confondre les **mammifères marins** avec les êtres mythologiques auxquels ils ont donné naissance et dont l'histoire est ici parfaitement racontée. Des vidéos, squelettes, photos évoquent les vraies sirènes. Une salle accueille des expositions temporaires relatives au thème du musée.

## À proximité Carte de microrégion

**Bon à savoir** – Le circuit « Autour du temps qui passe » permet de découvrir les 17 cadrans solaires de la région de Castellane *(se renseigner à l'office de tourisme)*.

### Musée de la Résistance D2

*D 4085 - La Palud - ✆ 04 92 83 78 25 - http://resistancecastellane.free.fr - ♿ - mai-juin : 9h30-12h30, 14h-19h ; juil.-oct. : 9h30-19h ; reste de l'année sur demande préalable - 4 €.*

Ce musée de collectionneurs (les explications historiques restent sommaires) rappelle que la haute Provence était un des foyers de la Résistance, à travers des scènes reconstituées et une foule d'objets répartis dans 60 vitrines.

### ★ Chapelle St-Thyrse D2

*7 km au sud par la D 102 vers Robion.*

La route étroite *(prudence)* s'élève des gorges qui se resserrent en une belle clue, puis atteint un plateau couvert de buis et de lavande. Isolée dans ce site superbe, la chapelle est entourée d'un cimetière. Une restauration a mis en valeur son bel appareil de pierres de taille. Le clocher est typique du premier art roman.

### Vallée des Sirènes fossiles C2

*À 8 km, au col des Lèques, par la D 4085. Garez-vous à droite après le camping.*

*1h AR.* Pour prolonger votre visite au musée *(voir ci-dessus)*, rendez-vous dans cette vallée, en suivant un sentier à travers des sous-bois. Ce gisement de centaines d'**ossements de siréniens** datés de 40 millions d'années, unique en Europe par sa richesse et sa rareté, a été signalé pour la première fois en 1938, mais il n'a été redécouvert qu'au moment de l'extension de la Réserve géologique. Le site est protégé par des vitres blindées.

# Circuits conseillés Carte de microrégion

### ★★★ ROUTE DE LA CORNICHE SUBLIME BCD2

*Circuit 1 tracé sur la carte du Grand Canyon (p. 336) et la carte de microrégion (p. 330) – 41 km de Castellane aux Balcons de la Mescla. Voir Le Parc naturel régional du Verdon, p. 333.*

### ★ LACS DE CHAUDANNE ET DE CASTILLON D1-2

*Circuit tracé en vert sur la carte de microrégion (p. 330) – 56 km au départ de Castellane – Comptez environ 3h. Sortez de Castellane à l'est par la D 4085 et tournez à gauche sur la D 102 (route de Demandolx).*

#### Barrage de Chaudanne D2

Cette voûte haute de 70 m, longue de 95 m, ferme un défilé du Verdon immédiatement en aval du barrage de Castillon.

*Gagnez St-Julien-du-Verdon par la D 955.*

De nombreux lacets mènent à la croix de Mission : **vue**★★ sur le lac de Castillon. En redescendant, **vues plongeantes**★★ sur la retenue de Chaudanne, joli lac de montagne aux eaux d'un vert profond.

#### ★ St-Julien-du-Verdon D1

*Mairie - 04170 St-Julien-du-Verdon - 04 92 89 05 82 - lun., mar. et jeu. 8h30-12h30, 13h30-17h30 - fermé j. fériés.*

Entre les blanches falaises du Pidanoux et les eaux émeraude du lac de Castillon, ce village jadis perché se blottit aujourd'hui sur un promontoire verdoyant (alt. 900 m) : on s'y sent comme sur une île. En effet, la majeure partie de l'ancien territoire communal a été immergée lors de la mise en eau. Le village porte le nom du saint qui évangélisa le pays niçois au 4e s.

Au bord du lac, une **base nautique** est installée : possibilité de location de bateaux à moteur électrique. Mais il est aussi agréable de profiter simplement de la **plage** *(surveillée en juil.-août).*

*Poursuivez vers le nord (N 202).*

#### St-André-les-Alpes D1

**Bon à savoir** – Vous pourrez venir avec le **train des Pignes** *(voir p. 30).*

*Pl. Marcel-Pastorelli - 04170 St-André-les-Alpes - 04 92 89 02 39 - www.ot-st-andre-les-alpes.fr - juil.-août : lun.-sam. 9h-12h30, 13h30-19h, dim. et j. fériés 9h30-12h30 ; janv.-juin : lun.-vend. 9h-12h, 13h30-17h30 ; reste de l'année : se rens. - fermé 1er janv., 1er et 11 Nov. et 25 déc.*

Carrefour touristique au confluent de l'Issole et du Verdon, le bourg, point d'entrée dans le haut Verdon, apparaît dans un petit bassin. La **Grand-Rue** commerçante affiche des façades colorées et la place de la Fontaine offre sa fraîcheur. La petite cité est jalonnée de neuf panneaux permettant de découvrir le passé drapier de St-André, qui connut ses heures de gloire au 19e s. *(brochure disponible à l'office de tourisme).*

*1,5 km.* Le **sentier de la Verdissole** permet de rejoindre la **plage du Plan** *(surveillée en juil.-août)* : location de pédalos, canoës, etc.

*Revenez à St-Julien, puis sur la D 955. La route suit la rive gauche du lac et passe sur le couronnement du barrage.*

# Les Alpes du Mercantour 9

Carte Michelin Départements 334 –
Alpes-de-Haute-Provence (04) et Alpes-Maritimes (06)



Les gorges de Daluis.

*G. Parente / Mairie de Daluis*

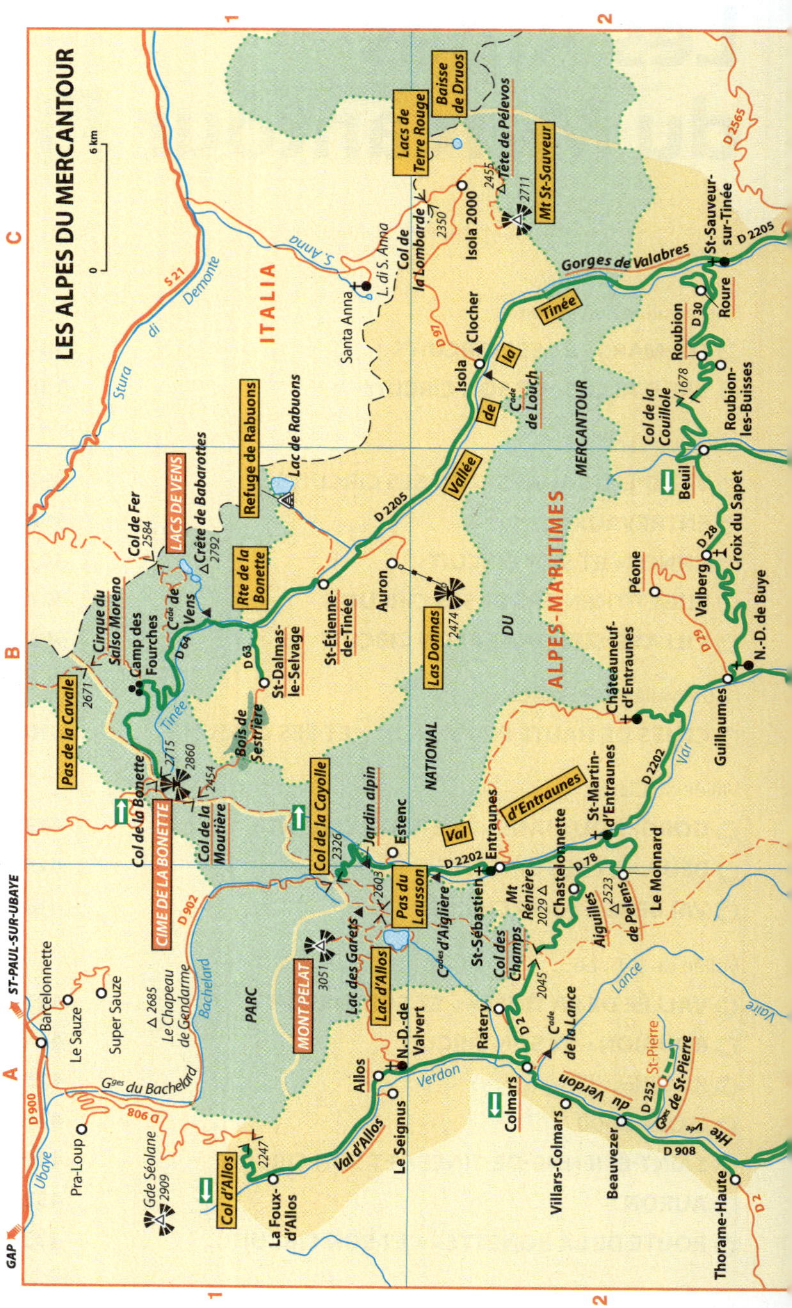
LES ALPES DU MERCANTOUR
0
6 km
A
B
C
1
2
GAP
ST-PAUL-SUR-UBAYE
ITALIA
PARC
NATIONAL
DU
MERCANTOUR
ALPES-MARITIMES
Stura di Demonte
S 21
S. Anna
Santa Anna
L. di S. Anna
Col de la Lombarde
2350
Isola 2000
Lacs de Terre Rouge
Baisse de Druos
Tête de Pélevos
2455
2711
Mt St-Sauveur
Isola
Clocher
Vallée de la Tinée
Cade de Louch
Gorges de Valabres
St-Sauveur-sur-Tinée
D 2205
D 2565
D 97
Roure
D 30
Roubion
Roubion-les-Buisses
Col de la Couillole
1678
Beuil
Croix du Sapet
D 28
Valberg
Péone
D 29
N.-D. de Buye
Guillaumes
Châteauneuf-d'Entraunes
D 2202
Var
St-Martin-d'Entraunes
Le Monnard
Aiguilles de Pelens
2523
Chastelonnette
D 78
Mt Rénière
2029
Col des Champs
2045
St-Sébastien
Entraunes
Val d'Entraunes
D 2202
Estenc
Jardin alpin
Col de la Cayolle
2326
Pas du Lausson
2603
Cades d'Aiglière
Lac des Garets
Lac d'Allos
MONT PELAT
3051
Ratery
D 2
Cade de la Lance
Lance
Vaïre
St-Pierre
Gges de St-Pierre
D 252
Hte Vée du Verdon
D 908
Colmars
Villars-Colmars
Beauvezer
Thorame-Haute
D 2
Verdon
N.-D.-de Valvert
Allos
Le Seignus
Val d'Allos
Col d'Allos
2247
La Foux-d'Allos
Gde Séolane
2909
Pra-Loup
D 908
D 900
Ubaye
Gges du Bachelard
Bachelard
Le Chapeau de Gendarme
2685
Barcelonnette
Le Sauze
Super Sauze
D 902
CIME DE LA BONETTE
Col de la Bonette
2715
2860
Col de la Moutière
2454
Pas de la Cavale
2671
Cirque du Salso Moreno
Camp des Fourches
Tinée
Bois de Sestrière
D 64
Cade de Vens
Col de Fer
2584
LACS DE VENS
Crête de Babarottes
2792
Rte de la Bonette
D 63
St-Dalmas-le-Selvage
St-Étienne-de-Tinée
Auron
Las Donnas
2474
Refuge de Rabuons
Lac de Rabuons

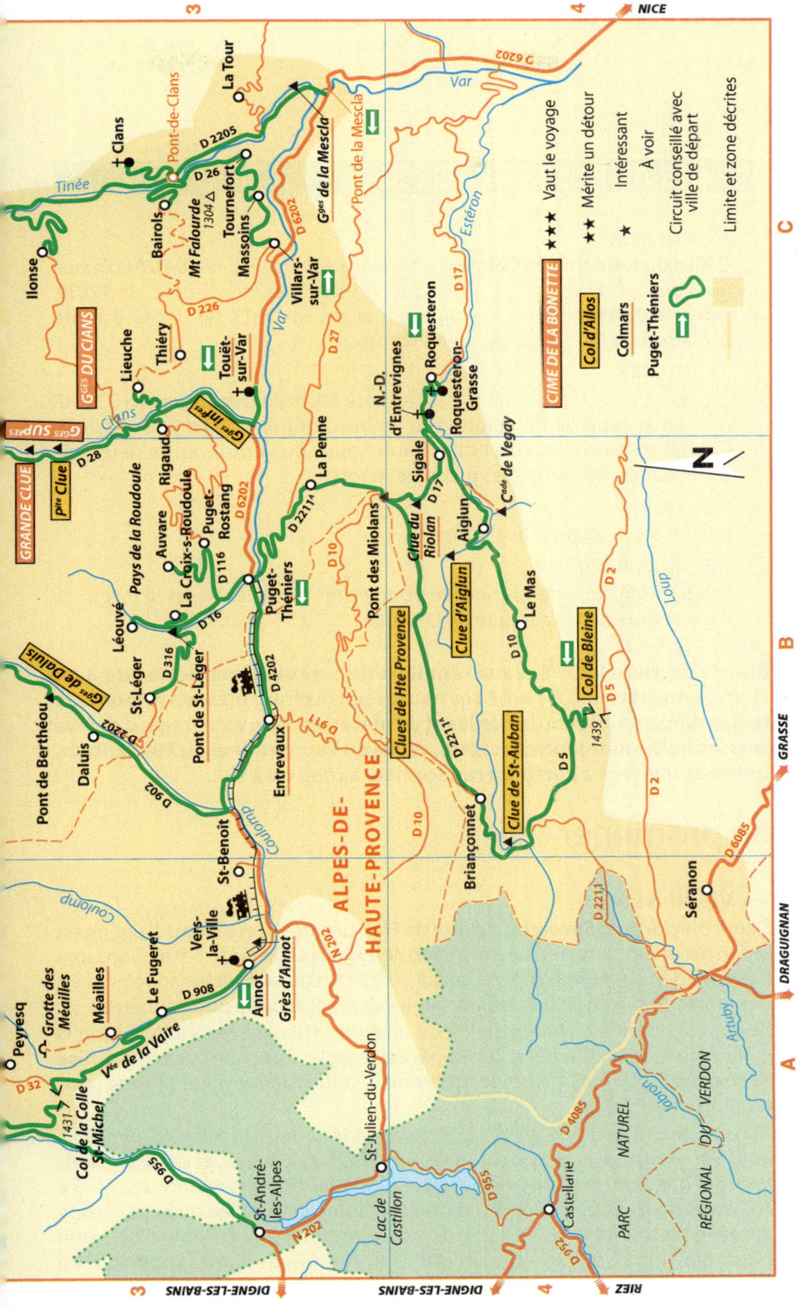
NICE
GRASSE
DRAGUIGNAN
RIEZ
DIGNE-LES-BAINS
DIGNE-LES-BAINS
3
4
A
B
C
ALPES-DE-HAUTE-PROVENCE
PARC NATUREL RÉGIONAL DU VERDON
GRANDE CLUE
Pite Clue
Gges SUPres
Gges DU CIANS
Gges infres
Gges de Daluis
Gges de la Mescla
Clues de Hte Provence
Clue du Riolan
Clue d'Aiglun
Clue de St-Auban
Col de Bleine
Col de la Colle St-Michel
Vée de la Vaire
Grès d'Annot
Pays de la Roudoule
Pont de St-Léger
Pont de Berthéou
Pont des Miolans
Pont de la Mescla
Pont-de-Clans
Cade de Vegay
Mt Falourde
1304
1431
1439
Ilonse
Clans
Bairols
Tournefort
Massoins
Villars-sur-Var
La Tour
Lieuche
Thiéry
Touët-sur-Var
Rigaud
Auvare
La Croix-s-Roudoule
Puget-Rostang
Puget-Théniers
Léouvé
St-Léger
Daluis
Entrevaux
La Penne
N.-D. d'Entrevignes
Roquesteron
Roquesteron-Grasse
Sigale
Aiglun
Le Mas
Briançonnet
Séranon
St-Benoît
Vers-la-Ville
Annot
Le Fugeret
Méailles
Grotte des Méailles
Peyresq
St-Andre-les-Alpes
St-Julien-du-Verdon
Lac de Castillon
Castellane
Tinée
Var
Cians
Estéron
Coulomp
Loup
Artuby
Jabron
D 2205
D 26
D 226
D 6202
D 28
D 27
D 17
D 116
D 16
D 316
D 2202
D 902
D 4202
D 911
D 10
D 2211A
D 5
D 2
D 6085
D 2211
N 202
D 908
D 32
D 955
D 4085
D 952
★★★ Vaut le voyage
★★ Mérite un détour
★ Intéressant
À voir
CIME DE LA BONETTE
Col d'Allos
Colmars
Puget-Théniers
Circuit conseillé avec ville de départ
Limite et zone décrites

# Colmars

★

385 Colmarsiens – Alpes-de-Haute-Provence (04)

NOS ADRESSES PAGE 386

### S'INFORMER

**Office du tourisme de Colmars** – *Ancienne Auberge Fleurie - 04370 Colmars-les-Alpes - ✆ 04 92 83 41 92 - www.colmars-les-alpes.fr - juil.-août : 8h-12h30, 14h-18h30 ; le reste de l'année : tlj sf dim. et lun. 9h-12h15, 14h-17h45.* Il abrite la Maison du Parc national du Mercantour.

### SE REPÉRER

Carte de microrégion A2 (p. 382) – *carte Michelin Départements 334 H7.* À 42 km au sud de Barcelonnette en passant par le val d'Allos (D 908), Colmars est niché au cœur de la haute vallée du Verdon, entre deux versants boisés, en contrebas du château fort.

### SE GARER

Parkings à l'extérieur des remparts.

### ORGANISER SON TEMPS

Programmez une demi-journée pour visiter la vieille ville et le fort puis, marchez jusqu'à la cascade de la Lance.

**Blottie derrière les créneaux réguliers de ses remparts, cette cité a un charme mystérieux. À peine ses hautes portes franchies, on remonte le temps dans son dédale de ruelles et de placettes. Puis votre regard s'élève vers les belles montagnes boisées, celles du Parc national du Mercantour, qui vous invitent à partir en randonnée, à pied ou à ski.**

## Se promener

### ★★ Vieille ville

Derrière la **porte de Savoie** ou la **porte de France** ornée d'un cadran solaire, on est séduit par une atmosphère déjà méridionale à 1 250 m d'altitude. Les maisons sont hautes et dépassent les remparts, ce qui permettait de faire sécher au soleil, dans des greniers ouverts (les « soleillados »), les draps et la paille pour les bêtes.

Le nom de « Colmars » vient du fait qu'un temple dédié à Mars s'élevait sur la colline *(collis Martis)*. Au 8e s., le temple est remplacé par une première **église St-Martin**. Gothique malgré son air roman, celle d'aujourd'hui s'insère dans les remparts. *Tlj sf lun.*

**Maison-musée** – *✆ 04 92 83 12 73 - www.maison-musee-colmars.com - juil.-août : lun., merc., jeu., w.-end et j. fériés 10h-12h, 15h-18h, mar. et vend. 15h-18h ; reste de l'année : se rens. - possibilité de visite guidée (1h30) sur réserv. 2 j. av. - 3 € (-12 ans gratuit).* Vous y découvrirez le patrimoine de la vallée du haut Verdon à travers des objets mis en scène (reconstitution d'une cuisine, d'un salon bourgeois, etc.). Vous accéderez ensuite au **chemin de ronde supérieur** en partie réhabilité. Les tours abritent des expositions thématiques (la bravade, l'agriculture et le travail du bois).

Colmars, fontaine et bassin.
*H. Lenain / hemis.fr*



### ★ Fort de Savoie

*04 92 83 41 92 - juil.-août : 8h-12h30, 14h-18h30 ; reste de l'année : tlj sf dim. et lun. 9h-12h15, 14h-17h45 - possibilité de visite guidée (1h15) - fermé 1er janv., 1er Mai et 25 déc. - 2 € (-12 ans gratuit).*

Il a, comme la ville, un charmant petit air médiéval. Un escalier mène à une tour ronde puis à la vaste salle d'armes. Toutes deux sont coiffées de remarquables charpentes de mélèze. Leur structure en forme de parapluie fut réalisée en 1695 par les compagnons des chantiers navals. Dans la seconde enceinte, quatre salles voûtées hébergeant autrefois la garnison abritent aujourd'hui des expositions.

#### UNE PROTECTION NÉCESSAIRE

Le village fut vite fortifié. Heureuse initiative, car, en 1390, Allos se rattache à la Savoie : désormais, Colmars est une ville frontière. En 1528, François Ier fait renforcer les remparts et leur donne leur aspect actuel, y ajoutant des petites tours carrées. Pourtant, la ville est incendiée en 1583 et 1592, lors d'expéditions punitives contre les protestants cachés dans les caves, puis, accidentellement, en 1672. En 1690, le duc de Savoie déclare la guerre et le marquis de Parelli assiège en vain Colmars. Dès 1692, **Vauban** est chargé de revoir les défenses de la ville sans pour autant se rendre sur place. C'est donc à distance qu'il dirige les travaux menés à Colmars par Niquet et Richerand. À son initiative sont construits les forts de Savoie et de France, reliés à la ville par des caponnières (chemins protégés). Il décide également de renforcer les portes. Lorsqu'il vient inspecter le chantier en 1700, il est très mécontent des constructions entreprises. Il envisage certaines modifications, mais aucune ne sera réalisée. La place est progressivement délaissée avant d'être déclassée au 19e s.

### Cascade de la Lance

*40mn AR. Prendre la rue en face de l'église.*
Un agréable chemin mène à travers les pins odorants au pied de falaises d'où la cascade dévale puis rebondit avec fracas au fond d'une gorge étroite.

## Circuits conseillés Carte de microrégion

### ★ HAUTE VALLÉE DU VERDON

*Circuit tracé en vert sur la carte de microrégion (p. 382) – 34 km de Colmars à Saint-André-les-Alpes – Comptez 1h. Suivez la D 908 vers le sud et, à 2 km, prenez à droite.*

### Villars-Colmars A2

Avant d'arriver au village, arrêtez-vous au **kiosque Demontzey** *(sur le parking à droite)* qui abrite 12 panneaux explicatifs sur la forêt. De là part un **sentier d'interprétation** ripisylvicole (*20mn AR*).
*Revenez sur la D 908 puis, après 3,5 km, prenez à gauche (à l'entrée de Beauvezer) la route de Villars-Heyssier jusqu'au parking.*

### ★ Gorges de St-Pierre A2

*1h30 AR.* Le sentier balisé s'élève en corniche, offrant des vues impressionnantes au-dessus des sauvages gorges gris et ocre creusées par un affluent du Verdon.

### Beauvezer A2

Voilà une paisible petite station climatique dans un site verdoyant. Vous grimperez au vieux village depuis le parking de la **Maison de Produits de Pays** *(en bordure de la D 908)*.
On suit le fond de la vallée, dominée à gauche par la masse imposante du Grand Coyer (2693 m).
Après le pittoresque village de **Thorame** et le pont de Villaron, la D 955 se faufile entre les sèches montagnes à lavande parsemées de bois.
À **St-André-les-Alpes**, rejoignez Castellane en suivant la fin du circuit des lacs de Chaudanne et de Castillon *(voir p. 375)*.

### ROUTE DU COL DES CHAMPS AB2

*Circuit tracé en vert sur la carte de microrégion (p. 382) – 30 km au départ de Colmars – Comptez environ 1h. Voir Val d'Entraunes, p. 393.*

### ★ ROUTE DU COL DE LA COLLE-ST-MICHEL A2-3

*Circuit tracé en vert sur la carte de microrégion (p. 383) – 46 km d'Annot à Colmars – Comptez environ 1h. Voir Annot, p. 402.*

## NOS ADRESSES À COLMARS

### TRANSPORTS

Une correspondance en bus est assurée depuis la **gare de Thorame-Haute** jusqu'à Allos, via Colmars *(tlj sf dim. hors sais. - rens. au ✆ 04 92 89 02 55).*

### VISITE

**Visite en musique** – *Juil.-août - gratuit - rens. à l'office de tourisme.* En été, un quatuor de musique classique vous guide à travers la citadelle en musique.

**Sentier d'interprétation du canal de l'Adroit** – Cette promenade historique et botanique *(1h30 en boucle)*, bien balisée au départ de l'office de tourisme, vous mènera dans les pas d'Antoine Carlon, soldat du Roy, à travers les bois, sur les hauteurs qui dominent Colmars *(dépliant gratuit disponible à l'office de tourisme).*

### HÉBERGEMENT

#### BUDGET MOYEN

**Hôtel Le France** – *✆ 04 92 83 42 93 - www.hotel-lefrance-colmars.com - 9 ch. 50/65 € - 7 € demi-pension possible.* Postée face à la porte de France, cette jolie bâtisse du début du 19e s. abrite un restaurant familial, tenu par des patrons avec du verbe. Assiettes copieuses et plat du jour roboratif. L'établissement dispose également de quelques chambres entièrement refaites et parfaitement équipées, auxquelles on accède par un bel escalier en bois.

#### POUR SE FAIRE PLAISIR

**Chambre d'hôte Les Transhumances** – *Les Espiniers - ✆ 04 92 83 44 39 - www.lestranshumances.fr - P - 3 ch. 73 €, demi-pension possible.* Il faut gravir une étroite route pentue pour rejoindre cette ferme perchée sur les hauteurs de Colmars. Là, un splendide paysage alpin s'offrira à vous, dans un calme absolu. Les chambres, aménagées dans l'ancienne grange, et la grande salle (poutres et mangeoires) ont su préserver l'authenticité des lieux. Réserver la veille pour la table d'hôte.

### ACHATS

**Marché provençal** – Mar. et vend. mat.

**À proximité**

**Maison de Produits du Pays du Haut Verdon** – *Rte de Colmars - 04370 Beauvezer - ✆ 04 92 83 58 57 - de mi-juin à mi-sept. : 9h30-19h30 ; vac. scol. : 9h30-12h30, 14h-18h ; reste de l'année : vend. et w.-end 9h30-12h30, 14h-18h ; j. fériés : se rens. - fermé 3 dernières sem. de nov.* 23 artisans régionaux, de Castellane à La Foux d'Allos, ont investi cet espace autrefois consacré à la draperie pour y proposer une belle gamme de produits locaux : apéritifs, tissus, poteries, spécialités laitières, recettes locales dont les pieds et paquets, etc. En été, des rencontres sont organisées avec les producteurs.

### ACTIVITÉS

**Randonnée**

De nombreuses randonnées autour de Colmars et dans le Parc national du Mercantour permettent la découverte de la flore et de la faune alpines. Guides et topoguides en vente à l'office de tourisme.

9

**Sports d'hiver**

**Ski de fond et raquettes** – La Colle-St-Michel *(voir Annot, p. 403)* et La Ratery *(voir val d'Entraunes, p. 394)*.

**Ski de piste** – *Voir val d'Allos, p. 388.*

**AGENDA**

**Temps forts** – Le village accueille plusieurs manifestations durant l'année « Musiques et Voix du Sud » (folklore ou polyphonies suivant l'année) la 2e quinz. de juil. ; les Journées Vauban (avec chorale et théâtre) 2 jours en juil. et 2 jours en août *(rens. à l'office de tourisme)* ; les Journées médiévales le 2e w.-end d'août ; le Festival du livre le 2e w.-end de sept. ; les Escapades d'antan du haut Verdon le 1er w.-end des vac. de la Toussaint. Sans oublier les nombreuses expositions en été.

# Val d'Allos

★

676 Allossards – Alpes-de-Haute-Provence (04)

## NOS ADRESSES PAGE 391

### S'INFORMER

**Office du tourisme du val d'Allos** – *Pl. du Presbytère - BP 5 - Maison de La Foux - 04260 La Foux-d'Allos - ✆ 04 92 83 02 81 - www.valdallos.com - d'avr. à mi-juin et sept.-déc. : 9h-12h, 14h-17h ; reste de l'année : 8h45-12h15, 14h-18h30 - fermé 1er et 8 Mai, jeu. de l'Ascension, dim. et lun. de Pentecôte, 1er et 11 Nov.* Il abrite un point d'accueil du **Parc national du Mercantour**, comme l'office du tourisme de Colmars *(voir p. 384)*.

### SE REPÉRER

Carte de microrégion A1 (p. 382) – *carte Michelin Départements 334 H7.* Une route escarpée relie le val d'Allos à Barcelonnette au nord *(voir « Circuit conseillé »)*. L'accès est plus facile de Castellane, par la D 955, puis la N 202 et la D 908. Dans ce sens, vous aborderez d'abord Allos (Val d'Allos 1400), puis Le Seignus (Val d'Allos 1500) et, enfin, La Foux-d'Allos (Val d'Allos 1800).

### À NE PAS MANQUER

Le vieux village d'Allos et la randonnée au splendide lac d'Allos.

### ORGANISER SON TEMPS

Pour profiter de ce cadre superbe, vous consacrerez au moins une journée au val d'Allos.

### AVEC LES ENFANTS

Les stations du val d'Allos sont labellisées « Famille Plus Montagne » *(voir p. 31)*.

# Le Parc national du Mercantour

Créé en 1979, il a pour objectifs de protéger le patrimoine naturel, de sensibiliser les visiteurs à la fragilité de ses espaces et de valoriser ses richesses qui contribuent au développement local.

Les 68 500 ha qui constituent la zone centrale, à cheval sur les Alpes-Maritimes (22 communes) et les Alpes-de-Haute-Provence (6 communes), sont la partie française de l'**ancienne réserve de chasse** des rois d'Italie qui occupait avant 1861 les deux versants des Alpes. Depuis 1987, le Parc national du Mercantour est jumelé avec son homologue italien le Parco Naturale delle Alpi Marittime, partageant 33 km de frontière. Ces deux organismes s'associent sur différents dossiers : le suivi des espèces animales qui parcourent l'ensemble de ce domaine protégé, la mise en place d'une signalétique transfrontalière, etc. Ils travaillent à la présentation d'une candidature commune pour un classement au Patrimoine mondial de l'Unesco (les deux Parcs sont inscrits sur la liste indicative française depuis 2003). En 2011, ils devraient former le premier « **parc européen** ». En 2006, ils ont élaboré un plan d'action commun et en juillet 2007 a débuté le plus vaste **inventaire** européen sur la biodiversité, sur un territoire de 10 km$^2$, à la frontière des deux Parcs : il permettra de suivre l'évolution des espèces répertoriées sur 10 ans.



## Un milieu préservé

Le Mercantour est le seul massif européen à accueillir les trois ongulés montagnards, amoureux des cirques, vallées glaciaires et gorges profondes du Parc : chamois (plus de 9 000), mouflons (890) et bouquetins des Alpes (plus de 520). Les milieux boisés de moyenne altitude abritent le cerf et le chevreuil, ou le lièvre, l'hermine et la marmotte. Les volatiles comprennent le tétras-lyre, la perdrix des neiges, ou lagopède, et un bel échantillon de rapaces : circaète, aigle royal. La réintroduction du **gypaète barbu** s'y est effectuée avec succès, et pour la première fois en France depuis 1942, des **loups** ont effectué un retour naturel (des plus controversés) dans le massif du Mercantour, depuis l'Italie où ils sont protégés.

Outre le **mélèze**, la plus célèbre parmi les 2 000 espèces végétales représentées (dont 220 rares) : le *Saxifrage florulenta* (espèce endémique qui fleurit une fois dans sa vie), premier symbole du Parc. Du rhododendron à la gentiane, en passant par une soixantaine de variétés d'orchidées, le Parc offre toute une palette de couleurs.

Entre 590 et 3 143 m d'altitude, de très beaux paysages vous attendent sur un parcours de 600 km de sentiers aménagés, dont le GR 5 et le GR 52$^A$, le sentier panoramique du Mercantour.

## Réglementation dans la zone centrale

Des panneaux vous rappelleront les règles à respecter : circulation interdite aux véhicules et aux VTT, chiens non admis (même en laisse), ne pas cueillir de plantes ni prélever de minéraux, ne pas faire de bruit, remporter ses déchets, ne pas allumer de feu, camping interdit.

**C'est tout au fond de la vallée du haut Verdon que se niche le val d'Allos. Le village d'Allos, les stations de ski du Seignus et de La Foux sont aux portes du royaume des randonneurs, le Parc national du Mercantour : en franchissant ses limites, vous découvrirez en particulier le plus grand lac d'altitude d'Europe, perché à plus de 2 200 m d'altitude.**

# Découvrir

### ★ Allos

Alt. 1 400 m. Ses portes en bois sculpté, ses vieilles enseignes, ses fontaines donnent à ce village un certain charme. Il fait bon flâner dans ses ruelles. C'est aussi un grand centre d'excursions, dont celle du lac d'Allos *(voir « Randonnées »)*, la plus réputée.

Dans son écrin de verdure, un **parc de loisirs** offre, autour d'un large plan d'eau, de multiples activités *(voir « Nos adresses dans le val d'Allos »)*.

**N.-D.-de-Valvert** – Cette église du 13e s. est un exemple intéressant de l'art roman provençal. Vous admirerez surtout ses proportions extérieures, son élégant chevet où court une arcature lombarde et sa couverture de bardeaux de mélèze. Au-dessus du porche, remarquez ces visages ahuris et ces animaux rieurs : qu'ont-ils donc vu ?

**Domaine skiable** – Les fondeurs disposent de 42 km de boucles balisées le long du village, et la station de ski du Seignus est accessible par téléphérique.

### Le Seignus

Alt. 1 500 m. Cette station inaugura, en 1936, la première remontée mécanique du haut Verdon.

**Domaine skiable** – Surplombant Allos, le Seignus offre un domaine varié et 15 pistes (dont la rouge de Valcibière) entre 1 500 et 2 400 m d'altitude.

**Télécabines** – Elles sont ouvertes en été pour les randonneurs et les VTT.

### La Foux-d'Allos

Alt. 1 800 m. À 9 km au nord d'Allos, La Foux est une station moderne dont les habitations construites en bois sont assez bien intégrées au site.

**Domaine skiable** – Dans un cirque dominé par le massif des Trois-Évêchés, La Foux-d'Allos a l'avantage de présenter successivement à l'ensoleillement des pistes aménagées sur cinq versants. Ces pistes sont reliées à celles de **Pra-Loup** *(voir p. 231)*, formant l'**Espace Lumière**. C'est l'un des plus grands domaines skiables de France, totalisant une longueur de 180 km de pistes.

**Télécabine de l'Observatoire★** – Alt. 2 600 m. **Vue** sur la Tête de l'Estrop, les Préalpes dignoises et la Grande Séolane.

# Circuit conseillé Carte de microrégion

### ★★ ROUTE DU COL D'ALLOS A1

*Circuit tracé en vert sur la carte de microrégion (p. 382) – 22 km de Colmars au col d'Allos – Comptez environ 1h.*

**Bon à savoir** – La plus extrême prudence est de mise : les croisements sont difficiles et le col d'Allos est obstrué par la neige de novembre à mai.

En sortant de Colmars, remarquez le fort contraste entre le lit du Verdon défoncé par d'énormes rochers et les champs de blé qui bordent ses rives.

★ **Allos** A1

*Voir plus haut.*

Dans la montée vers le cirque de pâturages où le **Verdon** prend sa source, le paysage est sévère.

★★ **Col d'Allos** A1

Alt. 2 247 m. Du refuge en contrebas *(table d'orientation)*, belle **vue**★ au nord sur Barcelonnette dominé par la Chalanette et le Grand Bérard, au nord-est sur la Font Sancte, l'aiguille de Chambeyron, le Pain de Sucre et le Chapeau du Gendarme, et à l'est sur le Cheval de Bois. Du col, on découvre la Grande Séolane et le domaine skiable de La Foux-d'Allos (l'Observatoire, pic des Trois-Évêchés).

*Possibilité de poursuivre le circuit jusqu'à Barcelonnette (voir p. 224).*

## Randonnées Carte de microrégion

*Depuis Allos, l'étroite D 226 monte sur 13 km jusqu'à un parking où se trouve un point d'information du Parc, ouvert en saison.*

★★ **Lac d'Allos** A1

*Accès en 45mn par le sentier de découverte, à partir du parking du Laus. Accès limité et payant (à certaines h.) en juil. et août ; accès libre du 15 au 30 juin et du 1er sept. au 15 oct. Route non accessible aux véhicules de plus de 2,50 m, fermée 15 oct.-15 juin. Attention : fréquentation record de mi-juil. à mi-août ; partir très tôt le matin. Brochure complète à disposition à l'office de tourisme.*

Avec 60 ha et une profondeur atteignant 50 m, c'est le plus grand lac naturel d'Europe à cette altitude (2 230 m). Vous pourrez en faire le tour en 1h. Célèbre par sa couleur azur, l'eau retenue par un verrou glaciaire vient de la fonte des neiges et de plusieurs sources. Au-dessous, à l'emplacement du plateau du Laus, un autre lac glaciaire a laissé place à une tourbière.

★★★ **Mont Pelat** A1

*5h AR. Dénivelé 925 m. Sentier balisé en jaune et vert sans difficultés, mais arrivée assez raide et caillouteuse.*

Alt. 3 050 m. Du sommet, c'est l'extase : **panorama**★★★ exceptionnel sur les cols d'Allos, de la Cayolle et de la Bonette, sur la Tête d'Estrop, le Grand Cheval de Bois, la Grande Séolane, le Parpaillon, le Chapeau du Gendarme, le Brec de Chambeyron et avec un peu de chance, si le ciel le permet, jusqu'au mont Blanc, au mont Viso et au mont Ventoux.

## NOS ADRESSES DANS LE VAL D'ALLOS

### TRANSPORTS

Un service de **navettes** (gratuit) assure la desserte entre Allos et les stations du Seignus et de La Foux, en hiver et en été.
En été, navette payante entre le village d'Allos et le sentier de découverte du **lac d'Allos** *(réserv. à l'office de tourisme)*.
Correspondance en bus depuis la **gare de Thorame-Haute** jusqu'à Allos, via Colmars *(tlj sf dim. hors sais. - rens. au ✆ 04 92 89 02 55)*.

### HÉBERGEMENT

PREMIER PRIX

**À Allos**

**Chambre d'hôte La Ferme Girerd Potin** – *Rte de La Foux - 04260 Allos - 1,5 km au sud de La Foux-d'Allos par D 908 - ✆ 04 92 83 04 76 - www.chambredhotes-valdallos.com - fermé hors saison - P - 5 ch. 44/52 €, demi-pension seult.* Les propriétaires ont savamment préservé l'authenticité de cette ferme du 16e s., toujours en activité. Poutres apparentes, murs blanchis et mobilier ancien soulignent le charme des lieux. Vous aurez le choix entre un gîte et cinq chambres en duplex, idéales pour les familles. Produits maison à la table d'hôte, bien entendu, à savourer à la lueur des bougies.

BUDGET MOYEN

**À Allos**

**Hôtel L'Ours Blanc** – *Le Seignus - 04260 Allos - 4 km à l'est d'Allos par D 908 puis D 26 - ✆ 04 92 83 01 07 - www.hotel-loursblanc.com - fermé avr.-mai et de mi-sept. à mi-déc. - P - 15 ch. 59/66 € - 8 €, demi-pension possible.* Les gérants de cet hôtel bâti à flanc de montagne n'ont qu'une idée en tête : vous faire passer un agréable séjour. Ils se plient en quatre pour vous, et toujours avec le sourire. Vous trouverez ici des chambres confortables, ainsi qu'une quiétude absolue, au pied des pistes.

### ACTIVITÉS

**Bon à savoir** – Gare au **pastou** ! Depuis des lustres, ce gros chien blanc à l'air sympathique a pour tâche de garder les troupeaux de moutons. Lors de vos randonnées pédestres ou à VTT, veillez à ne pas approcher de trop près cet animal attendrissant, vous pourriez le regretter : le pastou pourra se montrer très dissuasif s'il pense que vous venez perturber la tranquillité de ses ouailles !

#### Randonnée

Vous trouverez une carte détaillée qui recense 60 circuits dans le val d'Allos, en vente à l'office de tourisme d'Allos. Celui-ci propose également le programme des randonnées accompagnées dans le Parc national du Mercantour.

#### VTT

Le val d'Allos est agréé par la FFC et compte de nombreux circuits balisés : brochure complète à disposition à l'office de tourisme.

#### Parcs de loisirs

**Base de loisirs** – *Plan d'eau d'Allos - 04260 Allos - ✆ 04 92 83 01 89 - www.valdallos.com - juil.-août : 9h30-19h.* Cette base de loisirs entourée de verdure vous invite à passer des journées ludiques et détendues en famille ou entre amis. Les activités ne manquent pas pour occuper les enfants : toboggan aquatique, ping-pong, skate-parc, château gonflable, pédalos, etc. Possibilité de se restaurer sur place.

# Val d'Entraunes

★★

Alpes-Maritimes (06)

NOS ADRESSES PAGE 397

### S'INFORMER

**Office du tourisme de Guillaumes** – *Mairie - 06470 Guillaumes - ☏ 04 93 05 57 76 - www.pays-de-guillaumes.com - mai-oct. : lun.-sam. 9h-12h, 14h-18h, dim. et j. fériés 10h-12h, 14h-17h ; reste de l'année : tlj sf lun. 10h-12h, 14h-17h - fermé 1er janv., 1er Mai et 25 déc.*

**Parc national du Mercantour** – *Chalet Informations Village - 06470 Entraunes - ☏ 04 93 05 53 07 ; Refuge du col de la Cayolle - rte de la Cayolle - 04400 Uvernet-Fours - ☏ 04 92 81 24 25.* Pour s'informer sur les activités du Parc.

### SE REPÉRER

Carte de microrégion B1-2-3 (p. 382) – *carte Michelin Départements 334 IJ7-8-9.* Pour aller de Barcelonnette à Entraunes, vous passerez par la route des Grandes Alpes et le col de la Cayolle, ou par le col d'Allos, Colmars et le col des Champs. De Puget-Théniers ou Entrevaux, vous remonterez les gorges de Daluis.

### À NE PAS MANQUER

Les belles vues ne manquent pas tout au long de la route, mais l'une des plus remarquables est celle que l'on a au-dessus des gorges de Daluis ; les édifices religieux d'Entraunes, St-Martin-d'Entraunes, Châteauneuf-d'Entraunes et Guillaumes réservent chacun leur lot de curiosités.

### ORGANISER SON TEMPS

Prévoyez une bonne demi-journée pour découvrir le val d'Entraunes en comptant les arrêts, et une journée si vous vous attardez dans les gorges de Daluis.

### AVEC LES ENFANTS

Le gîte Itinérance du hameau de Villeplane propose des randonnées à dos d'âne *(voir « Activités » dans « Nos adresses dans le Val d'Entraunes »).*

9

**À 100 km de Nice, aux portes du Parc national du Mercantour, le val d'Entraunes paraît loin de tout et c'est pour cela qu'il faut y venir. En remontant la haute vallée du Var, on traverse les grandioses gorges de Daluis, puis des sites sauvages, entre neige et lavande.**

## Circuits conseillés Carte de microrégion

### ROUTE DU COL DES CHAMPS AB2

*Circuit tracé en vert sur la carte de microrégion (p. 382) – 30 km au départ de Colmars – Comptez environ 1h.*

**Bon à savoir** – Prudence ! La route est étroite et émaillée de rigoles qui permettent l'évacuation des eaux. Il faut les traverser à vitesse modérée.

Cette route est l'œuvre des chasseurs alpins qui la réalisèrent à partir de 1891.

Vous serpentez à travers une jolie forêt de mélèzes. Après quelques lacets, la D 2 offre un belvédère, près d'une source, invitation pressante au pique-nique. Elle traverse ensuite les ravissants sous-bois de **La Ratery**, petite station d'été et d'hiver (ski de fond, raquettes), d'où part un sentier botanique.

### ★ Col des Champs A2

Vous arrivez des Alpes-de-Haute-Provence et les Alpes-Maritimes s'étendent à vos pieds sur des dizaines de kilomètres, telle une terre inconnue à conquérir.

*3h AR. Départ 500 m à gauche après le col.* Randonnée pédestre facile sur la crête allant de la cime de Voya au **mont Rénière**, à l'est; belle vue d'ensemble sur le val d'Entraunes.

### Chastelonnette A2

Cette petite station de ski, appelée aussi **Val-Pelens**, fait face aux superbes **aiguilles de Pelens★**.

À l'entrée du hameau du **Monnard**, vue impressionnante sur le val d'Entraunes et le lit très large du Var.

Loin des névés du col, la route fleure bon la lavande et le buis. La nouvelle route de l'ubac, plus large, permet un accès plus aisé à St-Martin-d'Entraunes.

### St-Martin-d'Entraunes B2

*Voir ci-après.*

## DU COL DE LA CAYOLLE À PUGET-THÉNIERS B1-2-3

*Circuit tracé en vert sur la carte de microrégion (p. 382) – 51 km – Comptez 3h.*

### ★★ Col de la Cayolle B1

**Bon à savoir** – En descendant du col, roulez doucement : vous verrez peut-être des **marmottes** se dandiner sur les pentes.

### ★ Jardin alpin B1

*1 km avant Estenc. Parking et aire de pique-nique. Procurez-vous le topoguide, gratuit et fort bien fait.*

*1h30. Dénivelé 50 m.* Rien à voir avec celui du col du Lautaret *(voir p. 111)*. Il s'agit ici d'un circuit d'interprétation en sous-bois proposé par le **Parc national du Mercantour** pour découvrir la flore, les traces de l'activité humaine, mais aussi celles du glacier qui modela Estenc il y a 10 000 ans.

### Estenc B1

Le Var, le plus grand cours d'eau des Alpes-Maritimes, prend sa source sur ce plateau glaciaire, dans un somptueux **cadre montagneux**. Les sommets alentour sont constitués de grès d'Annot, roche qui donne aux crêtes un relief ruiniforme, conséquence d'une érosion très active.

Guettez ensuite, sur la droite après le pont St-Roch, les **cascades d'Aiglière** et du Garreton : peut-être verrez-vous le beau débit de l'eau *( accessibles par un sentier balisé au départ d'Entraunes – Comptez 3h. Dénivelé 200 m).*

### Entraunes B2

**Circuit du patrimoine** – *04 93 05 51 26 - visite libre, dépliant à la mairie - gratuit.* Il permet de faire le tour du village sans rien en manquer. Commencez par l'ancien four à pain, en face de la mairie, où un plan du circuit est installé.

Vers le Daluis.
G. Parente / Mairie de Daluis



L'église, située au confluent du Var et du Bourdoux, présente un curieux clocher, avec un toit en demi-cercle épousant les contours de l'ancienne abside.
À la sortie nord du bourg, dans la **chapelle St-Sébastien**, des fresques d'**Andrea de Cella** constituent un faux retable à décor Renaissance.
La route se poursuit dans un décor montagnard ; après un tunnel, la vallée s'élargit dans le bassin de St-Martin, creusé dans les marnes noires.

## St-Martin-d'Entraunes B2

Le village occupe une butte verdoyante, qui contraste par sa fraîcheur avec l'aridité générale de la haute vallée du Var.
Sur l'**église** romane, le cadran solaire porte une devise qui signifie : « Le soleil est mon guide, le pasteur est le vôtre. » Elle renferme un beau **retable★** de la Vierge à la miséricorde de **François Brea**.
*Après Villeneuve, prenez à gauche la D 74 qui s'élève au-dessus du vallon de la Barlatte.*

## Châteauneuf-d'Entraunes B2

Le village est perché dans un site assez désolé dominant la haute vallée.
L'**église baroque** abrite un retable rouge et or du Christ aux Cinq Plaies (1524), dans la manière de François Brea.
*Revenez sur la D 2202 que vous prenez à gauche.*

## Guillaumes B2

Comme Entrevaux, ce bourg fut l'avant-poste défensif du royaume de France jusqu'à sa cession à la Savoie en 1760. Les ruines du château de la Reine-Jeanne (15e s.), démantelé par les Français avant leur départ, surplombent le village.
Autour du **lavoir**, panneaux et photos illustrent l'histoire de Guillaumes.
**Musée des Arts et Traditions populaires** – *✆ 04 93 05 57 76 - de mi-mai à mi-oct. : se rens. - possibilité de visite guidée 3 € (-12 ans 1 €) ; 5 € billet combiné avec la visite du village de Guillaumes.* Pour ceux qui veulent découvrir la vie d'autrefois.

**Chapelle N.-D.-du-Buyei** – *Rte du Plan - ✆ 04 93 05 57 76 - www.pays-de-guillaumes.com - visite guidée sur demande (2 j. av.) - juil.-août : merc. et jeu. apr.-midi.* Située à la sortie du village (à gauche), elle abrite un étonnant tableau de l'incendie de Guillaumes en 1682.

La route descend en corniche vers Daluis, dominant les eaux du Var supérieur.

### ★★ Gorges de Daluis B3

Là où les lacets très serrés sont trop étroits, des tunnels ont été creusés dans le rocher pour permettre le passage des voitures descendantes. À ces endroits, la route en balcon offre les plus belles **vues★★** sur les gorges, surtout dans la lumière d'une radieuse fin d'après-midi. Taillées par le Var dans les schistes rouges tachés de fraîches verdures, les gorges de Daluis sont d'une profondeur, d'une âpreté et d'une couleur saisissantes.

Site de saut à l'élastique, le **pont de la Mariée** les franchit audacieusement. À l'aval, un bloc de schiste rouge affecte la forme d'une tête de femme : c'est la « gardienne des gorges ».

Non loin, le **pont de Berthéou** marque le terme de la clue de Berthéou, « spot » idéal pour l'initiation au canyoning.

De là part également un **sentier d'interprétation** des gorges *( 2h AR. 150 m de dénivelé. Documentation à l'office de tourisme).*

### Daluis B3

Dominé par les ruines d'un château, ce petit village perché est une agréable halte à la sortie des gorges. La route suit le fond de la vallée qui, après un coude puis un élargissement, s'étrangle à l'entrée d'Entrevaux.

### ★ Entrevaux B3

*Voir p. 398.*

En poursuivant vers Puget-Théniers par la D 4202, jettez un coup d'œil à l'arrière sur le **site★★** d'Entrevaux.

### Puget-Théniers B3

*Voir p. 404.*

## Randonnée

### ★★ Pas du Lausson ou circuit des Quatre-Lacs

**Bon à savoir** – Le Parc national du Mercantour a édité un topoguide gratuit, bien fait, plein de détails sur la faune, la flore et la géographie, qui décrit ce même circuit de randonnée dans l'autre sens. Celui que nous proposons ici permet de faire une montée moins longue.

*4h AR. Dénivelé 350 m. Départ du parking du col de la Cayolle.*

Dos au parking du col de la Cayolle, prenez à droite un sentier bien tracé, en montée régulière jusqu'au col de la Petite Cayolle (alt. 2 639 m). Là, obliquez à gauche, traversez le pierrier *(gare au vertige)*. On accède à un petit col, point culminant de la boucle (alt. 2 653 m), en vue du **lac des Garets**, qu'on laisse sur sa gauche : poursuivez sur la crête, repérez des cairns en contrebas à gauche, et rejoignez le sentier qui monte. Après une borne, continuez tout droit vers la crête-plateau du pas du Lausson : **panorama★★** remarquable, à l'est, sur le lac du Lausson, la Roche Grande, la pointe Côte de l'Âne et la Tête de Sanguinière. Approchez-vous du bord du plateau *(100 m à droite)* pour découvrir le superbe **lac d'Allos** *(voir val d'Allos, p. 391). Redescendez au niveau d'une seconde borne, en serrant toujours à gauche (ne pas aller au lac du Lausson). Contournant le sommet des Garets, on passe deux combes successives, avant de regagner le col de la Cayolle.*

## NOS ADRESSES DANS LE VAL D'ENTRAUNES

### HÉBERGEMENT

BUDGET MOYEN

**À St-Martin-d'Entraunes**

**Hostellerie de la Vallière** – *Le village - 06470 St-Martin-d'Entraunes - ☎ 04 93 05 59 59 - www.hotel-lavalliere.com - ouvert 15 avr.-30 oct., vac. de Noël et fév. - P - Wifi - 10 ch. 46/55 € - ☕ 8 €, demi-pension possible - ✕ 20 €.* Randonneurs et chasseurs de repos apprécieront cette auberge colorée tournée vers le massif du Mercantour. Décor champêtre et confort simple dans les chambres (sans TV). Repas de tradition à savourer dans une salle rustique prolongée d'une petite terrasse.

### ACTIVITÉS

**À Guillaumes**

**Itinérance** – *Hameau de Villeplane - 06470 Guillaumes - ☎ 04 93 05 56 01 - www.itinerance.net - 60 € randonnée avec âne (enf. 50 €).* Gîte d'accueil et randonnées avec des ânes.

### AGENDA

**Le 15 août** – Procession des sapeurs de l'Empire.

9

# Entrevaux

★

901 Entrevalais – Alpes-de-Haute-Provence (04)

## NOS ADRESSES PAGE 400

### S'INFORMER

**Office du tourisme d'Entrevaux** – *Pte Royale - 04320 Entrevaux - ✆ 04 93 05 46 73 - www.entrevaux.info - juin-sept. : 10h-12h30, 14h30-18h ; reste de l'année : tlj sf merc. 10h-12h30, 14h30-17h.*

### SE REPÉRER

Carte de microrégion B3 (p. 382) – *carte Michelin Départements 334 I9.* Entrevaux est situé entre Puget-Théniers et Annot, sur la D 4202 (qui relie Nice à Digne). Pour un beau **point de vue★** sur Entrevaux, prenez la route du col de Felines signalisée « Col de Buis ».

### ORGANISER SON TEMPS

Comptez environ 3h pour arpenter ce site impressionnant.

**Dame Nature et Monsieur de Vauban ont fait du site d'Entrevaux l'une de leurs plus éblouissantes réussites. Dans un paysage vert intense, ce village n'a pas changé depuis trois siècles. Ceint de remparts dont un méandre du Var forme les douves, il se blottit au pied d'une longue échine rocailleuse. Une incroyable rampe bastionnée l'escalade en zigzaguant et mène à la citadelle.**

## Se promener

### Remparts

Passé le **pont-levis** et les deux tours rondes, la porte Royale s'ouvre en plein Moyen Âge. De la salle des gardes *(office de tourisme)* située sous cette porte, le chemin de ronde mène vers la porte de France ou la porte d'Italie. Non loin, les **jardins médiévaux** regroupent des plantes exotiques, médicinales, aromatiques, potagères et fruitières.

### Vieux quartiers

Trois rues principales, la Haute-Rue, la Basse-Rue et la rue du Marché, relient le quartier St-Martin, où se trouve la vaste place du même nom, et le quartier de la cathédrale. Entre les rues se dessine un réseau de ruelles sombres et fraîches. La plupart des maisons datent des 17e et 18e s.

### Cathédrale

*✆ 04 93 05 46 73 - possibilité de visite guidée (1h30), sur demande à l'office du tourisme - 5 €.*

Le très ancien évêché de Glandèves s'installa à Entrevaux au 12e s. et s'y maintint jusqu'à la Révolution. L'église, construite entre 1610 et 1627, fut englobée dans les remparts de Vauban. L'**intérieur★** est remarquable par la richesse de sa décoration baroque : 50 stalles sculptées ; retable monumental traité à la feuille d'or, enchâssant une belle Assomption de la Vierge ; une Descente de

La cité médiévale d'Entrevaux.
C. Moirenc / hemis.fr



Croix qui serait de Philippe de Champaigne et aurait été offerte par Louis XIV; orgue (1717) de Jean Eustache, restauré; buste-reliquaire de saint Jean. Le samedi le plus proche du 24 juin, le patron d'Entrevaux est porté en procession jusqu'à St-Jean-du-Désert *(à 12 km)* par la corporation des saint-Jeannistes.

### Musée de la Moto

*R. Serpente - ✆ 04 93 79 12 70 - mai-sept. : 10h-12h30, 14h-18h - gratuit.*
Belle collection de motocyclettes dont la plus ancienne date de 1901. Toutes sont en état de marche.

### ★ Citadelle

*✆ 04 93 05 46 73 - visite libre - 3 €.*
À 156 m au-dessus de la ville, vous partirez à l'assaut du château en franchissant les neuf zigzags d'une rampe fortifiée de 800 m de long, et une vingtaine de portes bastionnées. À l'initiative de Vauban, ces ouvrages furent réalisés pour relier le château à la ville. La rampe commence devant la **poudrière** qui abrite une exposition sur l'histoire de la citadelle.

### SÛRE, LIBRE ET BELLE

La ville a été créée au 11e s. par les habitants de Glandèves, antique cité aujourd'hui disparue; située sur l'autre rive du Var, elle était exposée aux flux et reflux des envahisseurs… et des inondations. En 1542, **Florent Corelqui**, rasoir en main, tranche la gorge du lieutenant de Charles Quint qui occupe la ville. Il court exposer à la fenêtre du donjon la serviette ensanglantée. À ce signal, les Entrevalais se soulèvent et boutent les impériaux hors de leur cité. Ravi de sa vaillance, **François Ier** fait d'Entrevaux une ville franche. En 1690, Louis XIV, en guerre avec la Savoie, veut que cette place soit imprenable. **Vauban** s'en charge, et c'est parti pour cinquante ans de travaux…

Quittez la place de l'Église par la porte de l'ancien hôtel de ville et prenez à gauche la rue des Vallasses où se trouvent un **lavoir** et, en face, la **tour** du Peintre.
Suivez la rue Notre-Dame et prenez à droite la rue Capone au bout de laquelle demeure le **four** communal.

### Chapelle N.-D.-de-Vers-la-Ville

*20mn AR*. Du cours, prenez la rue qui se trouve à droite de la fontaine et suivez le chemin de Vers-la-Ville, jalonné de petits oratoires. La chapelle (12e s.) est bâtie au milieu d'un chaos de rochers ruiniformes.
Belle **vue** d'ensemble sur le village et son cadre montagneux.

### ★ Grès d'Annot

*3h. Procurez-vous le topoguide en vente à l'office de tourisme. Possibilité de n'en parcourir qu'une partie. De la chapelle, empruntez le sentier balisé « chambre du roi »*
Dominant le village au milieu des terrasses cultivées, les rochers échappés des falaises surprennent et fascinent. Étonnante osmose du végétal et du minéral : de puissants châtaigniers paraissent relier des rochers, ou de superbes fougères naître de ces blocs aux noms évocateurs (le chameau, l'étrave, le zodiaque, le visage et même la chambre du roi). Ne manquez pas de prolonger cette découverte jusqu'à l'**arche de Portettes**.
Des grimpeurs viennent de loin pour découvrir l'aspérité particulière des grès sur l'une des voies équipées *(voir « Activités » dans « Nos adresses à Annot »)*.

**LA BRAVADE**
Certains habitants défilent à la **Pentecôte** en costume de grenadier pour commémorer le retour chez eux des soldats rescapés de Waterloo. C'était à l'origine un défi aux successeurs de l'Empereur, Louis XVIII et Charles X, dont les grognards, nostalgiques de Napoléon, désapprouvaient la politique. Leurs chants et le port de leur ancien uniforme montraient leur attachement à l'Empereur.

## À proximité Carte de microrégion

### St-Benoît A3

*5 km à l'est par la N 202.*
Le pont à becs, dit « pont de la Reine-Jeanne », enjambant le Coulomp, existait dès l'époque romaine. Il a été reconstruit après les crues de 1682 et 1733.

## Circuit conseillé Carte de microrégion

### ★ ROUTE DU COL DE LA COLLE-ST-MICHEL A2-3

*Circuit tracé en vert sur la carte de microrégion (p. 382) – 46 km d'Annot à Colmars – Comptez environ 1h. Quittez Annot au nord par la D 908.*

### Le Fugeret A3

À l'entrée du village, vous passez près d'un charmant **pont** de pierre en dos d'âne (18e s.), dont l'unique arche de 14 m a été jetée au-dessus de la Vaïre.
Les pentes de la vallée sont encombrées de blocs de grès, dans un paysage de noyers, de châtaigniers et de pin coupé de champs de lavande.

### ★ Méailles A3
Ce curieux village perché aligne ses maisons sur une barre calcaire dominant la rive gauche de la Vaïre. Dans la petite église, beau retable du début du 16e s.

### Grotte de Méailles A3
*Voir la randonnée proposée ci-après.*
Les versants boisés contrastent avec le banc de calcaire dénudé qui domine la vallée sur la droite. Vous découvrez les pittoresques villages de la **vallée de la Vaïre** que dessert, grâce à une série d'**ouvrages d'art**, le train de Digne à Nice *(voir p. 30).*
*Tournez à droite sur la D 32 vers Peyresq.*

### Peyresq A3
Cet ancien village de bergers, qui s'inscrit dans un **site★** très pittoresque dominant la source de la Vaïre, a conservé une maison noble du 15e s. et une église romane du 13e s.
Le village a été restauré par une colonie d'étudiants belges dans le but d'y créer un centre de rencontres culturelles et artistiques.
*Revenez sur la D 908.*

### Col de La Colle-St-Michel A3
Alt. 1 431 m. Les frais pâturages reposent des ravins calcinés ! En hiver, vous pourrez pratiquer le ski nordique sur 50 km de pistes.
Le passage facile de La Colle-St-Michel relie la vallée du Var à la **vallée du haut Verdon** *(voir Colmars, p. 384).*



## Randonnée Carte de microrégion

### Grotte de Méailles A3
*À Méailles, prenez la route de la Combe et, au premier grand virage, à droite, garez la voiture sur le parking.*
**Bon à savoir** – Seul équipement nécessaire : plusieurs lampes de poche et des chaussures non glissantes. Ne pas poursuivre au-delà du parcours décrit si l'on ne maîtrise pas les techniques de base de la spéléologie.
*4h AR pour une petite exploration de l'entrée de la grotte.*
Du parking, un sentier bien tracé plein nord franchit un ravin puis remonte dans une garrigue jalonnée de cairns. Dépassez la barre rocheuse et longez son versant à l'ubac jusqu'à la grotte. La galerie principale descend en pente douce. Après une progression de 150 m sans aucun effort physique, vous atteignez un affluent ayant creusé une large salle compartimentée par de nombreuses concrétions. Plus loin, d'autres salles ont le sol truffé de gours.
L'**intérêt géologique** de cette grotte réside dans sa structure : son plancher est formé par le toit d'une couche crétacée, et son plafond par la limite inférieure d'un poudingue tertiaire. Ainsi, la déclivité de la grotte-elle suit exactement celle des couches géologiques et permet-elle d'atteindre la cote –100 m sans emprunter de réseau karstique, possibilité très rare en spéléologie.

## NOS ADRESSES À ANNOT

### VISITE

Un **train à vapeur** relie Puget à Annot en saison *(voir « Nos adresses à Puget-Théniers »).*

### HÉBERGEMENT ET RESTAURATION

#### POUR SE FAIRE PLAISIR

**Hôtel L'Avenue** – *Av. de la Gare - ✆ 04 92 83 22 07 - www.hotel-avenue.com - ouvert avr.-oct. - Wifi - 9 ch. 65/68 € - ☕ 9 €, demi-pension possible - ✕ 22/32 €.* Posez vos valises dans ce sympathique établissement familial à la tenue irréprochable. Chambres aux couleurs de la Provence ; l'une d'elles, avec salon, est plus contemporaine. Goûteuse cuisine à l'accent régional au restaurant, qui profite d'une mini-terrasse-trottoir.

### ACTIVITÉS

**Escalade**

Un topoguide d'escalade est en vente à l'office de tourisme.

**Association « Vive les gestes »** – *✆ 06 74 04 76 89.* Association gérant un site d'escalade sur grès et une salle d'entraînement.

# Puget-Théniers

1 822 Pugétois – Alpes-Maritimes (06)

## NOS ADRESSES PAGE 407

### S'INFORMER

**Office du tourisme de Puget-Théniers** – *Maison de pays - D 6202 - 06260 Puget-Théniers - ✆ 04 93 05 05 05 - www.provence-val-dazur.com - juil.-août : 9h-19h ; janv.-fév. : tlj sf w.-end 9h-12h30, 14h-17h ; reste de l'année 9h-12h30, 14h-17h - fermé 1er janv. et 25 déc.* Il est installé dans l'ancienne gare, au sein de la Maison de pays (vente de produits locaux).

### SE REPÉRER

Carte de microrégion B3 (p. 382) – *carte Michelin Départements 334 J9.* Un éperon rocheux portant les ruines d'un château des Grimaldi domine la ville. Les vieux quartiers s'étendent sur la rive droite de la Roudoule, qui se jette ici dans le Var.

### ORGANISER SON TEMPS

Comptez environ 1h de promenade en ville et environ 3h pour effectuer le circuit du pays de la Roudoule.

### AVEC LES ENFANTS

Le train touristique à vapeur *(voir « Nos adresses à Puget-Théniers »).*

**Derrière ses faubourgs plutôt modernes, cette petite ville méridionale cache un monde à part sur la rive droite de la Roudoule : l'ancien quartier juif où le temps semble s'être arrêté devant les devantures des boutiques d'autrefois. Et l'on se laisse guider par les chats dans ses fraîches ruelles qui deviennent sans crier gare chemins des vergers, chemins du torrent clair et de la verte garrigue.**

**NI DIEU NI MAÎTRE**

Né ici en 1805, **Louis Auguste Blanqui**, révolutionnaire professionnel, sera de tous les soulèvements : 1830, 1848 et 1870. À la demande d'échange de son ennemi juré contre l'archevêque de Paris, Thiers répond : « Rendre Blanqui à l'insurrection serait lui envoyer une force égale à un corps d'armée. » Il passera donc plus de trente-six ans de sa vie en prison. « L'Enfermé » y croupit encore lorsqu'en 1879 il est élu député de la Gironde. Libéré, il fonde son dernier journal et lui donne pour titre sa maxime de vie : « Ni Dieu ni maître. » Il meurt un an plus tard, à 76 ans.

**Aristide Maillol** lui dédia **L'Action enchaînée★**, femme puissante et nue, les mains liées dans le dos. Cette statue fut inaugurée près de l'église en 1911, en pleine bataille entre catholiques et anticléricaux. Après maintes polémiques, elle déménagea sur la Grand-Place au bord de la D 6202 !

# Se promener

### ★ Vieille ville

Derrière la place Adolphe-Conil, sa jolie fontaine et ses grands platanes, les maisons anciennes conservent de beaux encadrements de porte.

*10mn AR.* Au bout de la rue Casimir-Boucher, suivez le vieux **canal d'irrigation** moussu vers les vignes, les vergers et les charmantes gorges de la Roudoule, ses petites cascades et ses rochers blancs.

Ne manquez pas de vous rendre à l'**église** : à gauche de l'entrée, un **groupe sculpté** frappe par les visages expressifs, le réalisme des corps des larrons et du Christ porté par ses disciples ployant sous l'effort. Le retable de **N.-D.-de-Secours★** mérite un coup d'œil pour la beauté des personnages de la Vierge et de saint Jacques *(minuterie à gauche dans le sas d'entrée).*

# Circuits conseillés Carte de microrégion

**PAYS DE LA ROUDOULE** B3

*Circuit tracé en vert sur le schéma page suivante et sur la carte de microrégion (p. 382)– 45 km – Comptez environ 3h.*

Au nord de Puget-Théniers, **la Roudoule** a creusé ses gorges dans un relief tourmenté. Entre mélèzes et oliviers se nichent de petits villages, dans un paysage insolite de bancs de calcaire, de marnes noires et de grès rouges.

*Quittez Puget-Théniers par la D 16.*

En montant, cette route offre un joli point de vue sur la vieille ville, puis s'enfonce dans les gorges.

*Prenez à droite la D 116 vers Puget-Rostang.*

La route suit le vallon de la Mairole puis traverse un paysage de « robines », marnes noires sculptées par le ravinement. Sur ces sols très pauvres, seuls genêts et buis parviennent parfois à végéter.

### Puget-Rostang

Ce village perché est dominé par la tour carrée d'un château restauré.

**Écomusée du pays de la Roudoule** – *Placette de l'Europe - ✆ 04 93 05 07 38 - www.ecomusee-roudoule.fr - mai-sept. : tlj sf lun. 10h-12h, 14h-18h ; reste de l'année : tlj sf w.-end et lun. 10h-12h, 14h-18h - possibilité de visite guidée (1h) - fermé*

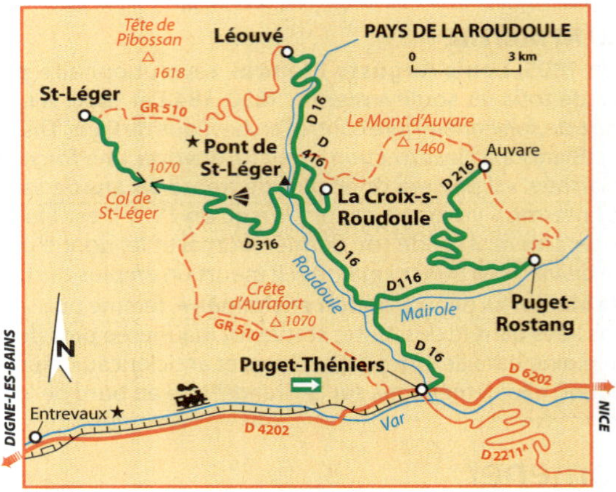


*de mi-déc. à déb. janv. - 4,50 € (-10 ans gratuit).* Plus qu'un simple musée des arts populaires, il met ici en valeur les traditions et le patrimoine rural de la région, dont le maître mot fut longtemps « autosubsistance ».

De Puget-Rostang, on peut se rendre par une route en lacet à **Auvare** *(13 km AR)*, nid d'aigle accroché à un rocher, qui fut souvent un refuge pour les fugitifs.

*Revenez sur la D 16 et remontez les gorges de la Roudoule.*

### ★ Pont de St-Léger

Il s'inscrit dans un site étonnant. En contrebas, on aperçoit le pont romain et, de part et d'autre, l'ancienne voie romaine pavée.

*Poursuivez vers Léouvé et tournez à droite sur la D 416 vers La Croix-sur-Roudoule.*

### La Croix-sur-Roudoule

Village perché, plaqué contre le rocher, dont on admire le **site★** au cours de la montée. On y entre par une vieille porte fortifiée. L'église romane renferme deux panneaux de retable de **François Brea**. Belle vue au sommet du village.

*Revenez sur la D 16 et tournez à droite.*

### Léouvé

Le cirque de Léouvé est creusé dans les grès rouges du dôme de Barrot (alt. 2 137 m). De 1861 à 1929, des mines de cuivre y étaient exploitées et l'on voit encore les cheminées des fonderies.

**Maison de la mine** – *04 93 05 14 64 - - mai-oct. : tlj sf lun. et j. fériés 10h-12h, 14h-17h30 ; reste de l'année : se rens. - 2,50 € (-8 ans gratuit).* Elle retrace les dures conditions de cette production.

*Revenez jusqu'au pont de St-Léger et traversez-le.*

Surprise après le col de St-Léger : le paysage diffère complètement de celui des gorges. Dans un cirque montagneux et verdoyant s'étend le village de **St-Léger**.

*Faites demi-tour vers Puget-Théniers.*

Avant le pont de St-Léger, **point de vue** sur la voie et le pont romains, et le village de La Croix-sur-Roudoule.

★ **CLUE DU RIOLAN** B3/BC4

*Circuit tracé en vert sur la carte de microrégion (p. 382) – 23 km de Puget-Théniers à Roquesteron – Comptez environ 1h. Voir le circuit 1 des clues de haute Provence, p. 410.*

**DU COL DE LA CAYOLLE À PUGET-THÉNIERS** B1-2-3

*Circuit tracé en vert sur la carte de microrégion (p. 382) – 51 km – Comptez 3h. Voir val d'Entraunes, p. 394.*

## NOS ADRESSES À PUGET-THÉNIERS

### VISITE

**Train touristique à vapeur** – *Rens. aux Chemins de fer de Provence, à Nice, au ✆ 04 97 03 80 80, ou à la gare de Puget-Théniers au ✆ 04 93 05 00 46.* La ligne Nice/Digne-les-Bains, réalisée entre 1890 et 1911, continue à assurer des rotations, en saison, entre Puget-Théniers et Annot (le dim. sf juil.-août) et entre Puget-Théniers et Villars-sur-Var (le w.-end en juil.-août).

### HÉBERGEMENT

BUDGET MOYEN

**Hôtel Alizé** – *11 av. Alexandre-Baréty - ✆ 04 93 05 06 20 - http://alize-hotel.fr - fermé janv. - ♿ P - 16 ch. 57 € - ☕ 7 €.* Ce petit bâtiment contemporain abrite des chambres confortables, dotées d'une bonne literie et bien protégées des bruits de la route. Piscine agrémentée de fleurs en pots et parking sécurisé.

### RESTAURATION

PREMIER PRIX

**L'Oustalet** – *D 6202 - ✆ 04 93 05 04 11 - fermé 1 sem. en juin, 2 sem. en nov., dim. hors sais. et jeu. en juil.-août - ♿ P - formule déj. 10,50 € - 15 €.* Voici une adresse où l'on peut manger (et bien) pour pas cher ! Aménagé dans l'ancien buffet de la gare, ce restaurant propose différentes formules, du « menu express » (avec buffet ou plat du jour et fromage ou dessert) au menu complet et, à la carte, la tête de veau sauce ravigote ou l'entrecôte à la plancha. Également, une nouvelle carte de galettes de sarrasin et crêpes sucrées. Pâtisseries maison.

### ACTIVITÉS

**Via ferrata « Les Demoiselles du Castagnet »** – *D 6202 - ✆ 04 93 05 05 05 - www.provence-val-dazur.com - mai-sept. : 9h-12h, 14h-19h, w.-end et j. fériés 9h-19h (la location du matériel se fait jusqu'à 15h) ; oct.-avr. : 9h-12h, 14h-17h (la location du matériel se fait jusqu'à 12h) - fermé 25 déc.-2 janv. et w.-end de janv. à mi-fév. - 4 €.* Une des voies les plus recherchées de la région. Le parcours dure 3h30 aller-retour et comporte un pont himalayen surplombant une cascade, un pont de singe et une tyrolienne de 85 m. L'équipement peut être loué à Puget et, pour plus de sécurité, un guide peut vous accompagner lors de ce périple d'une rare beauté.

# Villars-sur-Var

650 Villarois – Alpes-Maritimes (06)

## NOS ADRESSES CI-CONTRE

### S'INFORMER

**Syndicat d'initiative de Villars-sur-Var** – *Pl. Louis-et-Victor-Robini - 06710 Villars-sur-Var - ✆ 04 93 05 32 32 - mars-déc. : mar. 15h-18h30, merc. 15h-19h30, jeu. 10h-12h30, 15h-19h30, sam. 10h-13h, 15h-19h30 - fermé janv., fév., lun., vend., dim. et j. fériés.*

### SE REPÉRER

Carte de microrégion C3 (p. 382) – *carte Michelin Départements 334 K9.* Ce village est situé à 200 m au-dessus du Var, sur un plateau ensoleillé. La route de Tournefort vous permettra de rejoindre la vallée de la Tinée. Autrement, vous pourrez atteindre les gorges du Cians à partir de Touët-sur-Var, à 9 km à l'est.

### SE GARER

Attention, le vieux village n'est pas accessible aux voitures. Parking en haut du village.

### ORGANISER SON TEMPS

Comptez environ 1h pour apprécier à sa juste mesure Villars. Après vous être promené dans les ruelles offrant des échappées plongeantes sur le vignoble (tradition viticole qui remonte au 12e s.), vous pourrez prendre, à la terrasse d'un café, un petit verre de clos-saint-joseph, seul vin AOC des Alpes-Maritimes.

**Il existe un havre de paix à quarante minutes de Nice : Villars-sur-Var, ses bois de chênes et ses plantations d'oliviers. Passé la porte St-Antoine, vous découvrirez toute la richesse intérieure d'une cité qui joua un rôle important au Moyen Âge.**

## Se promener

En flânant dans les ruelles pavées à l'intérieur des anciens remparts, vous irez, de jolis porches en encadrements de porte des 18e et 19e s., jusqu'aux ruines du château de l'Espéron laissé par les Grimaldi de Beuil.

### ★ Église

*✆ 04 93 84 44 32 - en cas de fermeture, adressez-vous au presbytère.*

Située à côté d'une place ombragée, elle renferme de remarquables trésors. Le grand retable (1524) du **maître-autel★** est décoré de superbes boiseries polychromes d'inspiration franciscaine ; son motif central est la **Mise au Tombeau★★**, d'un tragique à la fois grandiose et paisible. Le **retable de**

**LUTTES INTESTINES**

Un jour, au 16e s., un inconnu demande l'aumône au château. Sa mine est suspecte, on le torture, il avoue être venu empoisonner toute la maison. Le poison est retrouvé dans la citerne, enveloppé de parchemin. Ce scélérat était envoyé par le duc de Savoie pour empêcher Jean-Baptiste Grimaldi de livrer Nice à la France…

**l'Annonciation★** (école niçoise, vers 1520) présente une opposition entre le mouvement du personnage de l'ange et l'attitude hiératique de la Vierge. Au-dessus, trois petits panneaux (Nativité, Pietà, Fuite en Égypte) fourmillent de détails anecdotiques.

En entrant, à gauche, on peut encore admirer un saint Jean Baptiste, en bois polychrome de Mathieu Danvers (1524) et, à droite, une toile de l'école de Véronèse : *Le Martyre de saint Barthélemy.*

## À proximité Carte de microrégion

### ★ Thiéry C3

*14 km au nord-ouest par la D 226.*

Accroché au centre d'un cirque au-dessus des gorges du Cians, ce village isolé, déjà cité au 11e s., était un fief des seigneurs de Beuil. De fait, vous entrez en plein Moyen Âge en parcourant ses rues étroites entrecoupées de passages voûtés.

## Circuit conseillé Carte de microrégion



### ★ ROUTE DE TOURNEFORT C3

*Circuit tracé en vert sur la carte de microrégion (p. 382) – 12 km de Villars-sur-Var à Pont-de-Clans – Comptez environ 1h.*

Il existe un raccourci reliant le Var moyen et la Tinée : c'est la pittoresque D 26. Elle serpente au flanc du **mont Falourde**, dans un paysage forestier ; au-delà de la Tinée, la chapelle de la Madone-d'Utelle joue à cache-cache.

### Massoins

De cette petite bourgade enchâssée au milieu des montagnes s'offre une belle **vue** sur la vallée du Var. Remarquez, en haut du village, les ruines d'un ouvrage défensif avec archères du 14e s.

*2 km plus loin, prenez une petite route à droite.*

### Tournefort

Près de la chapelle, **vue★** sur les vallées du Var et de la Tinée dans leur cadre de montagnes ; on aperçoit la Madone d'Utelle et le village perché de La Tour *(voir vallée de la Tinée, p. 421).*

*Revenez sur la D 26 qui descend vers la vallée de la Tinée.*

Parcours en forêt avec de magnifiques murailles rocheuses à l'horizon. La route atteint la Tinée à Pont-de-Clans.

## NOS ADRESSES À VILLARS-SUR-VAR

### ACHATS

**Le Clos St-Joseph** – *168 rte du Savel - 06710 Villars-sur-Var - ✆ 04 93 05 73 29.* Depuis trois générations, cette exploitation familiale produit du vin selon des méthodes traditionnelles. Vins blancs et rouges vieillis en fûts de chêne à partir des cépages syrah, grenache, mourvèdre, vermentino ou sémillon. Vente aux particuliers sur rendez-vous et dégustation dans les bons restaurants de la région.

# Clues de haute Provence

★★

Alpes-Maritimes (06)

**S'INFORMER**

**Office du tourisme de Puget-Théniers** – *Maison de pays - D 6202 - 06260 Puget-Théniers - ✆ 04 93 05 05 05 - www.provence-val-dazur.com - juil.-août : 9h-19h ; janv.-fév. : tlj sf w.-end 9h-12h30, 14h-17h ; reste de l'année 9h-12h30, 14h-17h - fermé 1er janv. et 25 déc.* Il est installé dans l'ancienne gare, au sein de la Maison de pays (vente de produits locaux).

**SE REPÉRER**

Carte de microrégion B3-4 (p. 382) – *carte Michelin Départements 334 I J9-10.* C'est une région tantôt cultivée en terrasses, tantôt sauvage et boisée, située au sud de Puget-Théniers.

**À NE PAS MANQUER**

Les sites majestueux de Sigale ; la vue sur le ravin de la Faye depuis le col de Bleine.

**ORGANISER SON TEMPS**

Comptez environ 3h pour effectuer l'ensemble des circuits proposés.

**À 40 km de la côte et de ses foules, il existe une mosaïque de vallées encloses dans les montagnes. Elles cachent tout un monde de petits pays et de villages perchés, plus charmeurs les uns que les autres. D'une vallée à l'autre, des torrents impétueux ont entaillé les chaînons montagneux, formant ces superbes clues qui font l'originalité de la région.**

## Circuits conseillés Carte de microrégion

### ★ CLUE DU RIOLAN B3-4

*Circuit 1 tracé sur le schéma ci-contre et sur la carte de microrégion (p. 382) – 23 km de Puget-Théniers à Roquesteron – Comptez environ 1h. Traversez le Var et prenez la D 2211A.*

La route s'élève jusqu'au col de St-Raphaël. Très belles **vues** sur le pays de la Roudoule et le Mercantour au-delà.

### La Penne B3

Légèrement perché contre une arête rocheuse, le village est dominé par un **donjon** carré.

*30mn AR.* Il faut y monter par des ruelles toutes fleuries pour profiter d'un magnifique belvédère d'où l'on domine la vallée du Miolans et la montagne du Cheiron.

*Au pont des Miolans, poursuivez sur la D 17 vers Sigale.*

### ★ Clue du Riolan B4

Un furieux affluent de l'Estéron a scié transversalement cette immense brèche dans la montagne. La route en surplomb offre un beau **point de vue** sur cette aire de canyoning réputée.

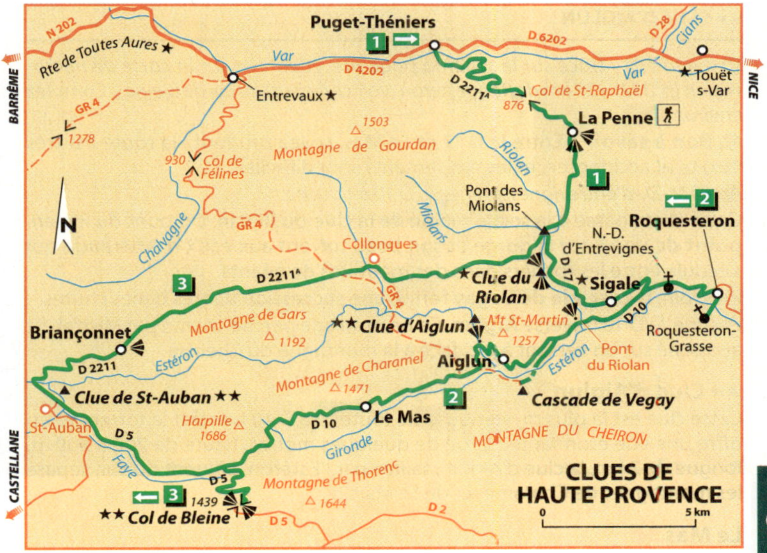


## ★ Sigale B4

À la fin du 14e s., les paysans jusque-là unis dans la Provence médiévale durent payer l'impôt douanier pour franchir une nouvelle frontière : désormais, ceux de Sigale, d'Aiglun et de Roquesteron-Rive droite allaient dépendre de la Savoie.

Sigale est une ancienne place forte, bâtie dans un site grandiose, dont il reste deux portes, plusieurs maisons gothiques et une fontaine du 16e s.

De la terrasse aménagée, **vue panoramique** sur toutes les montagnes alentour. Au nord, de petits champs en terrasses occupent pas moins de 20 niveaux successifs sur 60 m de dénivelé. Mais peu à peu la nature mine les murets, émouvants témoignages d'un travail acharné.

À droite, en allant vers Roquesteron, la chapelle **N.-D.-d'Entrevignes**, reconstruite au 15e s., est décorée de peintures murales : une curiosité, la Vierge enceinte. *Sur demande à la mairie au ✆ 04 93 05 83 52.*

## Roquesteron C4

L'Estéron servait de frontière jusqu'en 1860, date du rattachement de la Savoie à la France. De ce passé subsiste la division en deux communes : au nord Roquesteron, et au sud Roquesteron-Grasse, dont l'**église romane fortifiée**, du 12e s., couronne fièrement le rocher.

### FORMATION GÉOLOGIQUE

Clue, défilé presque clos, vient du latin *clusa*, « fermée ». À l'ère secondaire, des calcaires très fins se déposent au fond de la mer Alpine. 60 millions d'années plus tard, les Alpes se forment : ces couches sont redressées et plissées. Puis l'érosion dégage cette barre calcaire des roches qui l'entourent. Enfin, le torrent y creuse une coupure très encaissée et verticale : en quelques millions d'années, vous obtenez ainsi une magnifique clue.

*10mn de montée.* Les hautes maisons du village, qui présentent un grenier en forme de galerie exposée au midi pour le séchage des fruits, sont plaquées contre le versant rocheux et s'échelonnent dans un dédale de ruelles en partie couvertes. L'**église** (17e s.) est bâtie sur une arche enjambant un torrent qu'on peut voir par une petite lucarne ménagée dans le sol de l'allée centrale.
*Quittez Touët par la D 6202 vers l'ouest.*
La route passe près de la chapelle N.-D.-du-Cians (12e s.).
*Tournez à droite sur la D 28.*

## ★★ Gorges inférieures du Cians C3

L'eau suinte des parois hérissées d'étranges aiguilles. La route épouse tous les contours de ce défilé sinueux, aussi monumental par endroits que les gorges de l'Ardèche.
*À la sortie des gorges, prenez à droite la D 128.*

## Lieuche C3

Village montagnard perché dans un **site★** impressionnant de schistes noirs. Dans l'église, admirez le **retable★**, l'une des plus anciennes œuvres de **Louis Brea**. De la terrasse, **vue★** sur le dôme de Barrot, l'enfilade des gorges du Cians et une partie de la vallée du Var.
*Revenez sur la D 28. À 1 km, prenez à gauche la D 228.*
La route domine la vallée du Cians. Impressionnant!

## Rigaud C3

Le **site★** est ravissant. Ce village surplombe de haut la vallée, sous les ruines de sa forteresse médiévale, ancienne commanderie des Templiers. Près de la place de la mairie, vous apprécierez un point de vue circulaire. Dans l'**église** fortifiée, joli décor baroque et plusieurs tableaux du 17e s., notamment la Descente de Croix du maître-autel.
*Revenez sur la D 28 et tournez à gauche.*

## ★★★ Gorges supérieures du Cians B3

Les versants abrupts sont déchiquetés bizarrement ou présentent, au contraire, de grandes surfaces lisses provenant de glissements de rochers.
1,6 km après Pra-d'Astier, fabuleuse vue sur le **torrent** : on surplombe de 100 m son confluent avec le ruisseau de Pierlas.
Ensuite, la route tantôt borde, tantôt domine de très haut le lit du Cians, qui descend en paliers successifs. Elle est taillée dans la paroi de la gorge formant une voûte. En hiver, les nombreuses stalactites qui en pendent créent un effet saisissant.
Les passages les plus beaux sont la **petite clue★★** et la **grande clue★★★** que vous pourrez découvrir à pied en toute tranquillité *(parkings en aval des tunnels)*. Au plus étroit, les deux parois ne sont qu'à 1 m l'une de l'autre!
Dans un virage, on découvre le **site★** de Beuil *(voir ci-contre)*.
De Beuil, vous pouvez rejoindre Guillaumes, à l'ouest, puis redescendre vers le sud par les gorges parallèles de Daluis, taillées, elles, par le Var *(voir val d'Entraunes, p. 396)*.

# Beuil

★

491 Beuillois – Alpes-Maritimes (06)

NOS ADRESSES PAGE 417

### S'INFORMER

**Office du tourisme de Beuil** – *Quartier du Pissaire - 06470 Beuil - ✆ 04 93 02 32 58 - lun.-sam. 9h-12h, 14h-17h, dim. et j. fériés 10h-12h, 14h-17h ; vac. scol. 9h-12h, 14h-18h.*

### SE REPÉRER

Carte de microrégion BC2 (p. 382) – *carte Michelin Départements 334 J8.*
Beuil, situé entre le val d'Entraunes (Guillaumes est à 20 km à l'ouest) et la vallée de la Tinée (St-Sauveur-sur-Tinée est à 24 km à l'est), est perché sur une colline, dans un beau site marqué par la haute vallée du Cians, dans le périmètre du **Parc national du Mercantour**, et le mont Mounier (alt. 2817 m), tardivement enneigé.

### ORGANISER SON TEMPS

Comptez 1h de promenade.



**Au sortir des gorges du Cians, un clocher émerge d'un vallon enneigé l'hiver, parfumé de lavande l'été. Les Alpes à la provençale, voilà la recette authentique que vous goûterez en toute saison dans ces ruelles médiévales, au retour d'une randonnée à pied ou à raquettes, d'une piste de ski ou d'un frais canyon.**

## Découvrir

### Station

Dès l'hiver 1910, toute la clientèle chic de la Côte d'Azur se donnait rendez-vous dans l'aînée des stations des Alpes-Maritimes. De son heure de gloire, au début du siècle, Beuil a gardé son architecture traditionnelle et la convivialité d'une station familiale.

**Domaine skiable** – Bien enneigées et reliées à Valberg, ses pistes conviennent à tous les skieurs, et les fondeurs ne sont pas en reste.

## Se promener

Le haut de Beuil, autour de la rue principale commerçante, contraste avec le bas, autour de la rue Napoléon-III. Là, vous parcourrez un dédale de ruelles et passages couverts.

### Église

Elle vaut pour ses **peintures**★. En bas à droite, une Adoration des Mages de l'école de Véronèse. Au maître-autel, retable du Rosaire, primitif, en 16 compartiments. Sur le côté gauche, une prédelle figure le Christ sortant du Tombeau et un compartiment de retable montre sainte Catherine de Sienne.

**VAINCU PAR DES FÉLONS**

« Je suis comte de Beuil, je fais ce que je veux », proclamait le dernier comte de Beuil, **Annibal Grimaldi**. Du 14e au 17e s., c'est à sa puissante famille que Beuil appartient. Contre elle, les ducs de Savoie ont souvent recours à la trahison : on soudoie le barbier d'un seigneur de Beuil et un jour que, menton levé, celui-ci attend la caresse du rasoir, il s'affaisse dans son fauteuil, la gorge tranchée; ou bien c'est un valet de chambre qui poignarde son maître alors qu'il enfile son pourpoint. Les Grimaldi cherchent tantôt l'appui de l'Espagne, tantôt celui de la France. En 1617, Louis XIII leur accorde sa protection. Mais, bientôt, il conclut une trêve avec Charles-Emmanuel de Savoie, oubliant « son cher et bien-aimé Annibal » ! Le comte se réfugie dans sa forteresse de Tourette-du-Château, mais le duc de Savoie n'aura pas à donner l'assaut : c'est encore la trahison qui lui ouvrira les portes.

## Circuits conseillés Carte de microrégion

### ★ ROUTE DU COL DE VALBERG B2

*Circuit tracé en vert sur la carte de microrégion (p. 382) – 20 km de Beuil à Guillaumes – Comptez 45mn. Sortez à l'ouest de Beuil par la D 28.*

Cette route relie, au départ de Beuil, les sublimes **gorges du Cians★★★** *(voir p. 413)* aux **gorges de Daluis★★** *(voir val d'Entraunes, p. 396).*

### Valberg

*Voir p. 418.*

La descente du **col de Valberg** vers Guillaumes, très pittoresque et variée, ménage ses effets : le contraste est frappant entre le versant nord boisé et verdoyant et le versant sud où poussent blé, vignes et arbres fruitiers.

### Guillaumes

*Voir val d'Entraunes, p. 395.*

### ★ ROUTE DU COL DE LA COUILLOLE C2

*Circuit tracé en vert sur la carte de microrégion (p. 382) – 35 km de Beuil à St-Sauveur-sur Tinée – Comptez environ 2h.*
*Quittez Beuil à l'est par la D 30.*

### Col de la Couillole

Alt. 1 678 m. Vue étendue sur les gorges du Cians et Beuil, au milieu des épicéas et des mélèzes. C'est un haut lieu du rallye de Monte-Carlo.

Bientôt surgit le village de **Roubion★** *(voir p. 424)* ; belle cascade après le quatrième tunnel. La route serpente au-dessus de la Vionène dans un **paysage★** aux couleurs complémentaires, le vert des arbres et le rouge des schistes.

*Prenez à gauche la D 130.*

### ★ Roure

*Voir p. 425.*

*Revenez à la D 30.*

La route s'enfonce dans la vallée encaissée. Ses lacets serrés traversent un décor d'une sauvage beauté.

### St-Sauveur-sur-Tinée

*Voir vallée de la Tinée, p. 421.*

## NOS ADRESSES À BEUIL

### HÉBERGEMENT ET RESTAURATION

#### BUDGET MOYEN

**Hôtel L'Escapade** – *Au village - ✆ 04 93 02 31 27 - www.monsite.wanadoo.fr/hotelescapade - fermé 12-25 avr. et 1er oct.-26 déc. - 11 ch. 57/86 € - ☕ 11 €, demi-pension possible* - ✕ *24/29 €*. Les chambres, petites et bien tenues, révèlent un décor dans l'esprit montagnard ; certaines sont mansardées, d'autres ont un balcon (côté sud). Au restaurant, sympathique intérieur campagnard agrémenté de vieux objets agricoles et généreuse cuisine régionale.

# Valberg

Les Valbergans (commune de Péone) - Alpes-Maritimes (06)

NOS ADRESSES PAGE 420

**S'INFORMER**

**Office du tourisme de Valberg** – *Pl. Charles-Ginesy - 06470 Valberg - ℘ 04 93 23 24 25 - www.valberg.com - janv.-mars, juil.-août et déc. : 9h-12h, 14h-18h ; avr.-juin et sept.-nov. : lun.-sam. 9h-12h, 14h-18h, dim. et j. fériés 10h-12h, 14h-17h - fermé 1er Mai.* Vous pourrez vous procurer la **carte Valberg Loisirs**, valable 5 ans hiver comme été, qui offre des réductions sur de multiples activités.

**Bureau d'accueil du Parc national du Mercantour** – *06470 Valberg - ℘ 04 93 02 58 23 - juil.-août : 10h-13h, 15h-19h ; vac. scol. 9h-12h, 14h-18h ; reste de l'année : tlj sf merc. 9h-12h, 14h-18h. Voir aussi val d'Allos, p. 388.*

**SE REPÉRER**

Carte de microrégion B2 (p. 382) – *carte Michelin Départements 334 J8.* Valberg est à 80 km de Nice par la D 6202 et la D 28 qui traverse les gorges du Cians. Possibilité de rejoindre Guillaumes (à 13,5 km à l'ouest) en passant par le col de Valberg pour se rendre dans les gorges de Daluis.

**ORGANISER SON TEMPS**

Vous viendrez à Valberg pour respirer le grand air et pratiquer des activités de nature. Pour une visite « culturelle », allez directement à Péone.

**AVEC LES ENFANTS**

Le Sentier des Oursons et l'Espace Valberg Aventures. La station est par ailleurs labellisée « Famille Plus Montagne » *(voir p. 31).*

**À 1 670 m au-dessus de la Méditerranée, Valberg est la plus méridionale des stations d'hiver et d'été. Si l'on vient du littoral, par les gorges du Cians ou de Daluis, on est surpris par ces forêts de mélèzes et ces vertes prairies qui rappellent les lointaines Alpes du Nord.**

## Découvrir

### Domaine skiable

Relié à celui de Beuil *(voir p. 415)*, le domaine dispose de 90 km de pistes de ski alpin, entre 1 500 et 2 011 m (à la cime du Raton), et d'un *snowpark*. 25 km de pistes attendent les fondeurs, et une piste damée de 10 km est réservée aux raquettes. Enfin, vous pourrez virevolter sur la patinoire.

L'été, bien des randonnées sont possibles, dont celle du mont Mounier (alt. 2 817 m). En famille, vous apprécierez aussi la piscine et la piste de luge *(télésiège du Garibeuil, voir « Nos adresses à Valberg »).*

### Chapelle N.-D.-des-Neiges

*℘ 04 93 23 24 24 - ouverture fluctuante, se rens. auprès du centre administratif de Valberg ou de la paroisse.*

Église moderne dont l'**intérieur★** évoque la coque d'un navire. Sa décoration colorée mêle au thème des litanies de la Vierge, des images d'enfants, de fleurs ou de skieurs.

### Sentier des Oursons

*1h30 AR. Départ au bout de la station (en direction de Guillaumes).*
Une belle promenade pédagogique en forêt en perspective. Le parcours est ponctué de panneaux expliquant la vie de la montagne.

### Croix de Valberg ou croix du Sapet

*Suivez le sentier des Oursons et continuez à monter après le lac du Sénateur. Possiblité aussi de prendre le télésiège (voir « Nos adresses à Valberg »).*
Constituée de skis en bois, cette croix (alt. 1 821 m) est éclairée le soir. **Panorama★★** immense, du Grand Coyer au mont Pelat, du mont Mounier au Mercantour. De là partent des sentiers de randonnée.

## À proximité Carte de microrégion

### ★ Péone B2

*8,5 km au nord par la D 29.*
De création ancienne, Péone fut repeuplé au 13e s. par **Raymond Bérenger**, comte de Provence et de Barcelone, qui y aurait fait venir des familles catalanes de sa province d'origine. Les habitants de Péone se sont appelés « les Catalans » dès le début du 19e s. Ici, il faut se perdre longtemps, pour le plaisir, dans un incroyable enchevêtrement de ruelles, d'escaliers tortueux, d'étroits passages voûtés. Partez de la place Thomas-Guérin, dont la richesse de décor est surprenante : façades en trompe-l'œil, cadran solaire, portes sculptées. Les maisons à balcon, aux couleurs joyeuses, ont même un air italien. En montant toujours, vous atteindrez le chemin des Demoiselles qui longe les **cheminées de calcaire★**, véritables flammes de pierre. Vue sur les toits en bardeaux de mélèze, les montagnes et les vallées alentour.

## Circuit conseillé Carte de microrégion

### ★ ROUTE DU COL DE VALBERG B2

*Circuit tracé en vert sur la carte de microrégion (p. 382) – 20 km de Beuil (7 km à l'est) à Guillaumes – Comptez 45mn. Voir p. 416.*

## NOS ADRESSES À VALBERG

### HÉBERGEMENT

#### PETIT PRIX

**Gîtes communaux** – *Pl. du Quartier - Centrale de réservation - ✆ 04 93 23 24 32 - www.valberg.com - 40 gîtes.* Idéaux pour un hébergement familial économique *(302-654 € la sem., 122-178 € le w.-end, hors vac. scol.).* Les gîtes communaux de Valberg offrent le choix entre deux formules : dans la station (avec un équipement complet) ou à 500 m du centre (confort fonctionnel), au calme et avec panorama sur la vallée du haut Var.

#### BUDGET MOYEN

**Hôtel La Clé des Champs** – *20 av. de Valberg - ✆ 04 93 02 51 45 - http://laclef-valberg.monsite.wanadoo.fr - fermé 15 avr.-5 juil. et 20 sept.-20 déc. - P - 19 ch. 60/72 € - ☕ 9 €, demi-pension possible.* Petit à petit, on remplace le mobilier un peu vieillot par un équipement moderne, mais l'hôtel conserve ce zeste de « rétro » qui fait finalement son charme. Les chambres, de diverses tailles, composent de bons espaces d'accueil pour les familles. Atmosphère conviviale et cuisine traditionnelle.

#### POUR SE FAIRE PLAISIR

**Hôtel Blanche Neige** – *10 av. Valberg - ✆ 04 93 02 50 04 - www.hotelblancheneige.fr - fermé 2 mois en automne et 2 mois au printemps - P - Wifi - 17 ch. 79/110 €, demi-pension possible - ✕ 25 €.* Coquet chalet bien rénové qui évoque la maison des sept nains avec ses petites chambres douillettes, rehaussées de tissus fleuris. À l'heure des repas, on se restaure d'une cuisine niçoise au coin du feu l'hiver ou en terrasse l'été.

### RESTAURATION

La quasi-totalité des restaurants de Valberg se trouve au centre de la station. Tous les goûts et toutes les bourses y trouveront leur compte.

### EN SOIRÉE

Toutes les infos concernant la vie de la station et ses activités nocturnes sont réunies dans *Le Petit Messager,* que vous pourrez facilement vous procurer chez les commerçants ou à l'office de tourisme.

### ACTIVITÉS

**Télésiège de la Croix du Sapet** – *Pour piétons et VTT - de déb. déc. à mi-mars : 9h-16h55 ; juil.-août : 10h-17h30 ; juin-sept. : w.-end 10h-17h30 - fermé de mi-mars à fin mai et oct.-nov. - 1 montée 3,80 € (-12 ans 2,80 €) - billet combiné avec VTT.*

**Télésiège du Garibeuil** – *Télésiège piéton uniquement l'été - Aller 1,50 €.*

**Maison des guides** – *✆ 04 93 02 32 15 - www.oeroc.fr.* Ils pourront vous accompagner dans de multiples activités (raquettes, cascade de glace, canyoning, via ferrata, randonnée *).*

**EVA : Espace Valberg Aventure** – *✆ 04 93 02 63 96 - mai-juin, sept.-oct. : ouv. le w.-end ; juil.-août : tlj.* Quel aventurier êtes-vous ? Dans ce parc aménagé entre la Croix du Sapet et le parc des sports, vous pourrez vous confronter à trois parcours de difficulté croissante : « Ouistiti », dédié aux enfants de 4 à 10 ans, « Découverte » et « Grande Aventure » pour les intrépides.

# Vallée de la Tinée

★★

Alpes-Maritimes (06)

**S'INFORMER**
**Office du tourisme de St-Étienne-de-Tinée** – *Maison du tourisme - 1 r. des Communes-de-France - 06660 St-Étienne-de-Tinée - ✆ 04 93 02 41 96 - www.stationsdumercantour.com - juil.-août : 9h-12h30, 14h-19h ; reste de l'année : tlj sf dim.-lun. et j. fériés 9h-12h, 14h-18h.*

**SE REPÉRER**
Carte de microrégion B1-2/C2-3 (p. 382) – *carte Michelin Départements 334 JK 7-8-9.* La Tinée, affluent du Var, prend sa source au col de la Bonette ; la vallée est desservie par D 2205.

**À NE PAS MANQUER**
Les villages perchés ont chacun leur charme, à vous de choisir…

**ORGANISER SON TEMPS**
Si vous souhaitez découvrir tous les villages, prévoyez deux jours, sachant qu'ils sont perchés au bout de routes en lacet assez éprouvantes.

9

**Remonter cette vallée tapissée de châtaigniers et de mélèzes, c'est être porté par un paysage ascensionnel, c'est se rapprocher d'un ciel plus pur qu'ailleurs, c'est n'en plus redescendre qu'à regret. Au bout de routes en lacet spectaculaires, on gagne, comme autant de récompenses, d'adorables villages, perchés de plus en plus haut. Grande surprise, ces îlots de civilisation perdus dans une nature immense abritent des fresques et des retables dignes du Louvre… Ainsi les chemins du Mercantour deviennent-ils chemins de l'art sacré.**

## Circuit conseillé Carte de microrégion

### DE GORGES PROFONDES EN VILLAGES PERCHÉS

*Circuit tracé en vert sur la carte de microrégion (p. 382) – 116 km du pont de la Mescla (à 13,5 km de Villars-sur Var par la D 6202) à St-Étienne-de-Tinée – Comptez une journée.*
Bien que modestes, les montagnards d'ici ont fait orner leurs chapelles de **fresques★** magnifiques.
*Au pont de la Mescla, prenez la D 2205.*

### ★ Gorges de la Mescla C3

La route se faufile sous les rochers surplombant la Mescla (« mélange »), confluent de la Tinée et du Var. Les villages perchés se révèlent ensuite de chaque côté de la vallée.
*Au Pont-de-la-Lune, prenez à droite la D 32.*

### La Tour C3

Solitaire sur sa montagne, ce village médiéval possède des moulins à huile du 16e s., alimentés par l'énergie hydraulique et encore en état de marche.

Vous flânerez sous des façades peintes en trompe-l'œil, entre une adorable place à arcades et une fontaine ombragée.

**Église** – *✆ 04 93 02 04 84 - s'adresser au presbytère.* Elle est décorée de trois beaux retables Renaissance.

À la sortie nord-est du village, belles fresques dans la **chapelle des Pénitents-Blancs** *(au bord de la D 32).* Brevesi et Nadale ont peint en 1491, parmi les Vertus et les Vices, une étonnante scène où Jésus, nu sous un manteau rouge, est assis sur un arc-en-ciel. *✆ 04 93 02 04 84 - s'adresser au presbytère.*

*Revenez sur la D 2205 que vous poursuivez vers le nord jusqu'à Pont-de-Clans, puis prenez à gauche la D 56.*

### Bairols C3

Au milieu des oliviers, puis des chênes et des châtaigniers, 7 km de lacets mènent à Bairols (alt. 830 m), dont vous apprécierez la réhabilitation réussie. Plusieurs belvédères offrent des **vues★** tout à fait aériennes sur la vallée. Pour les petites faims et les grandes soifs, un restaurant occupe l'ancien moulin à farine, et un bar le moulin à huile.

*Revenez sur la D 2205. Prenez à droite la D 55.*

### Clans C3

*Les églises et chapelles sont ouvertes à la demande, il suffit de récupérer la clé - contacter la mairie - ✆ 04 93 02 90 08.*

Juché à 641 m d'altitude, ce joli village entouré d'une belle forêt (épicéas, mélèzes, sapins) et de hautes montagnes domine à la fois la Tinée et le vallon abrupt du Clans.

L'**église**, transformée en monument baroque, contraste avec l'atmosphère médiévale qui règne ici. Passé la belle porte sculptée en 1702, la décoration est débordante : beaux retables, dont un à 17 compartiments ; buffet d'orgues (1792) d'**Honoré Grinda**, célèbre facteur niçois ; et, derrière le maître-autel, les scènes de chasse sont les plus anciennes **fresques** du comté de Nice (11e s.).

À gauche en sortant, remarquez la maison dite de la « Reine-Jeanne », qui présente une fenêtre à ogive et une à meneaux.

Dans la **chapelle St-Michel** (*en haut du village ; longez l'église par la gauche et allez jusqu'au bout de la route carrossable)*, des **fresques** du 16e s. montrent saint Michel pesant les âmes. De la terrasse, la **vue** porte sur Clans, la vallée de la Tinée et, au-delà de celle-ci, sur la pointe des Quatre-Cantons et le village perché de Bairols.

La **chapelle St-Antoine** *(à 500 m du village, à gauche de la route de Pont-de-Clans, en direction du stade)* est une petite chapelle rustique à clocher-mur, précédée d'un large porche. L'intérieur est recouvert de **fresques★** savoureuses du 15e s. ; notez une rare représentation de la vielle à roue niçoise (la « sansougna »).

*Revenez sur la D 2205. Plus loin, tournez à gauche.*

### Ilonse C3

Du haut de ce village isolé à 1 210 m d'altitude dans un très beau cadre de montagne, vous apercevrez quelques villages perchés de la Tinée *(table d'orientation).*

*Revenez sur la D 2205 et poursuivez vers St-Sauveur.*

À droite s'amorce la route de Valdeblore qui met en communication les vallées de la Tinée et de la Vésubie. Les parois calcaires font place à des schistes rouges.

Chapelle des Pénitents-Blancs.
J. Nicolas / hemis.fr

9

## St-Sauveur-sur-Tinée C2

Vous arpenterez un dédale de ruelles tortueuses bordées de hautes maisons à auvent. Dans l'**église**, beau retable de Guillaume Planeta (1483). La chapelle St-Joseph, fermée par une grille en fer forgé, contient une peinture du mariage de sainte Catherine : remarquez dans le fond le village primitif de St-Sauveur.

À la sortie de St-Sauveur, la route de la Vionène fait communiquer la vallée de la Tinée avec celle du Cians par le col de la Couillole *(voir Beuil, p. 416)*. Entre le mont Gravières, la cime des Lauses et le mont St-Sauveur, la route parcourt les **gorges de Valabres★**, creusées dans des roches sombres, ravinées et dénudées.

## Isola C2

Avant le village à droite, beau **clocher roman** d'une église qui fut détruite par une crue de la Guerche. Vous verrez encore ici le petit patrimoine habituel : lavoirs, four communal et deux chapelles.

*Pour accéder à Isola 2000 (voir p. 426), prenez à droite la D 97 qui remonte le vallon de Chastillon.*

Vous passez au pied de la **cascade de Louch★** venue d'un vallon suspendu 100 m plus haut.

Ensuite, la route serre de près les hautes cimes enneigées de la frontière italienne. Une multitude de torrents en descendent, ainsi que du mont Mounier qui culmine à l'ouest.

*Pour accéder à Auron (voir p. 432), prenez à gauche la D 39.*

## ★ St-Étienne-de-Tinée B1

*Voir p. 429.*

La route s'élève en corniche au-dessus de la Tinée, face aux plus hauts sommets de la frontière italienne.

*Possibilité de poursuivre la route jusqu'à Barcelonnette en passant par le col de la Bonette (voir route de la Bonette, p. 433).*

# Roubion

★

108 Roubionnais – Alpes-Maritimes (06)

**S'INFORMER**
**Office du tourisme de Roubion** – *Le Village - 06420 Roubion - ✆ 04 93 02 10 30 - se rens. pour les horaires.* Un livret décrivant trois sentiers d'interprétation pour découvrir le village et les alentours est en vente.

**SE REPÉRER**
Carte de microrégion C2 (p. 382) – *carte Michelin Départements 334 K8.*
Entre Beuil et Roure, Roubion étage ses hautes maisons au-dessous du col de la Couillole, à 1 300 m d'altitude.

**À NE PAS MANQUER**
La Fête de la transhumance en octobre.

**ORGANISER SON TEMPS**
Comptez environ 1h de promenade.

**Ce village perché au-dessus de la vallée encaissée de la Vionène occupe un site impressionnant. Surplombé par une arête rocheuse, il est accroché à la paroi d'une manière si aérienne qu'on se demande comment il tient. Il a su garder son authenticité, ses fraîches ruelles et ses maisons anciennes.**

## Se promener

La rue principale franchit un passage voûté sous une maison et débouche sur la place de l'église. Là, un **tunnel** perce la falaise, début d'une piste (9 km) qui mène à **Vignols**, charmant hameau d'alpage aux granges bien conservées. Dans l'**église**, la chapelle de droite surprend par son décor surchargé, mais assez gai : motifs géométriques jaunes, bleus ou rouges, angelots sculptés jouant de la trompe. Promenez-vous à votre gré à travers les ruelles étroites : en haut du village, vue panoramique.

### ★ Chapelle St-Sébastien

*En contrebas du village, dans le premier virage de la D 38 vers St-Sauveur-sur-Tinée (voir vallée de la Tinée, p. 423), repérez à droite un petit sentier en descente. Clé disponible sur demande au bureau du tourisme au ✆ 04 93 02 10 30, ou à l'Auberge du Moulin.*

Douze fresques du 16e s., naïves et réalistes, illustrent la légende de saint Sébastien commentée en vieux provençal. On y retrouve le thème des Vices et des Vertus : à gauche, un dragon, gueule béante, avale les pécheurs enchaînés, à cheval sur des chimères monstrueuses.

## À proximité Carte de microrégion

### Roubion-les-Buisses C2

*2 km en amont. Accès par la D 30 (dir. Beuil).*

Cette petite station familiale de sports d'hiver (alt. 1 410-1 920 m) compte 30 km de pistes de ski alpin et 12 km pour le ski de fond. En été, vous pourrez dévaler les pentes à VTT en prenant le télésiège.

**LA RÉINTRODUCTION DU « CASSEUR D'OS »**

Décimé au 19e s. dans les Alpes, le **gypaète barbu** subsistait dans les Pyrénées et en Corse. En 1993, 1996 et 1999, à **Roubion**, l'un des quatre sites répartis sur l'ensemble de l'arc alpin, un partenariat entre le **Parc national du Mercantour** *(voir val d'Allos, p. 339)* et le Parco Naturale delle Alpi Marittime a permis des réintroductions réussies. Des oisillons de 90 jours issus d'élevages furent placés dans des grottes : un mois plus tard, ils s'envolaient.

Majestueux vautour de 2,80 m d'envergure, le plus grand oiseau alpin ne mange pas comme tout le monde ; il cherche sur les versants escarpés des pâturages les charognes de chamois ou de brebis dont il détache les gros os (jusqu'à 3 kg). Il reprend de l'altitude et les lâche sur les rochers pour les briser, d'où son surnom.

## Circuit conseillé Carte de microrégion

**★ ROUTE DU COL DE LA COUILLOLE** C2

*Circuit tracé en vert sur la carte de microrégion (p. 382) – 35 km de Beuil à St-Sauveur-sur Tinée – Comptez environ 2h. Voir p. 416.*



# Roure

★

204 Rourois – Alpes-Maritimes (06)

**S'INFORMER**

**Office du tourisme de Roure** – *Mairie - 06420 Roure - ✆ 04 93 02 00 70 - lun., mar., jeu., vend. : 14h-17h ; fermé merc., w.-end et j. fériés.*

**SE REPÉRER**

Carte de microrégion C2 (p. 382) – *carte Michelin Départements 334 K8.*
Entre Roubion et St-Sauveur-sur-Tinée, à 1 132 m d'altitude, Roure est la récompense au bout d'innombrables lacets.

**ORGANISER SON TEMPS**

Comptez environ 2h de promenade et de visite, car la forme allongée et étagée du village invite à la flânerie.

**Haut perché dans un rude cadre montagneux surplombant la Vionène et la Tinée, Roure peut sembler endormi. Pourtant, ici, les murs, les toits de schiste grenat, les ruelles qui deviennent chemins pour longer des jardins, les eaux qui courent dans des canaux, tout est plein d'âme. Pour le sentir, montez sur le rocher en face de l'église et écoutez battre la vie du village…**

## Se promener

### Église

Le **retable de saint Laurent★** (16e s.), aux beaux coloris vert et rouge sur fond or, est encadré de colonnes torsadées. Le retable de l'Assomption est dans le style de Brea.

### ★ Chapelle St-Bernard-et-St-Sébastien

*✆ 04 93 02 00 70 - lun., mar., jeu., vend. : 9h-13h, 14h-17h - fermé merc., w.-end et j. fériés - gratuit - la clé est disponible à la mairie.*

Au-dessus du village, elle abrite des fresques d'**Andrea de Cella**, avec d'hilarants diables hallucinés aux longues langues rouges. L'ensemble est dans un état de conservation étonnant.

### ★ Arboretum d'altitude Marcel-Kroenlein

*✆ 04 93 35 00 50 - tlj 10h-18h en été, 10h-16h en hiver - visite guidée en juil. et août. 5 € - www.arboretum-roure.org et www.no-made.eu - accès par une piste de 2 km au-dessus du village.*

Créé en 1988 par le botaniste **Marcel Kroenlein**, il rassemble sur 6 ha, à 1 150 m d'altitude, dans un panorama grandiose, des arbres montagnards du monde entier. Jean Marais, César, Folon et d'autres artistes l'ont parrainé.

### Four à bois

*Sam. 18h-20h, dim. 8h-12h.*

Près de l'auberge Le Robur, un four à bois est encore en activité. Vous y retrouverez le goût du bon pain, mais y goûterez aussi brioches et croissants.

# Isola 2000

Alpes-Maritimes (06)

**NOS ADRESSES PAGE 428**

**S'INFORMER**

**Office du tourisme d'Isola 2000** – *Immeuble Le Pélevos - 06420 Isola 2000 - ✆ 04 93 23 15 15 - www.isola2000.com/ - 9h-12h, 14h-18h ; vac. de fév. et vac. de Noël (zone B) 9h-19h.*

**SE REPÉRER**

Carte de microrégion C2 (p. 382) – *carte Michelin Départements 334 K7.*

Isola 2000 est situé à moins de 100 km de Nice et à 5mn de l'Italie, sur le plateau de Chastillon que 15 sommets couronnent. La région d'Isola était autrefois intégrée dans la réserve de chasse des rois d'Italie.

Vous y accéderez par la vallée de la Tinée. À Isola, tournez sur la D 97 ; la route (17 km) traverse une zone de mélèzes et d'alpages avant de monter le long des vallons de la Guerche et du Chastillon.

**ORGANISER SON TEMPS**

Après la visite du village d'Isola, vous monterez à la station pour vous adonner à quelques activités sportives.

# ISOLA 2000

**Des grandes stations de sports d'hiver des Alpes du Sud, Isola 2000 est la plus proche de la Côte d'Azur. Elle se tapit dans un beau cirque montagneux au cœur du Parc national du Mercantour, et deux atouts l'ont rendue célèbre : un ensoleillement et un enneigement excellents, favorisés par l'altitude. Elle est intégrée dans l'espace Domaine du Mercantour regroupant également les stations d'Auron et St Dalmas le Selvage.**

## Découvrir

C'est **Honoré Bonnet** *(voir p. 232)* qui créa la station en 1972 pour retenir au pays une jeunesse qui le désertait.

### Domaine skiable

Il s'étend de 1 800 à 2 600 m d'altitude et son enneigement est exceptionnel sous cette latitude. La diversité de ses 42 pistes (120 km) comblera les fanas de noires comme les moins expérimentés, et les amateurs de nouvelle glisse ne seront pas en reste avec le *halfpipe* et le *snowpark* ! Possibilité de conduite sur glace et de randonnées à scooter des neiges.

### Station d'été

Au cœur du **Parc du Mercantour** et près du Parc italien de l'Argentera, vous quitterez Isola pour mille et une **randonnées**, à pied ou à VTT, à la rencontre des chamois et des lacs d'altitude. Golf, tennis, piscine, équitation, centre de remise en forme… Chacun trouvera une activité à son goût.

9

## À proximité Carte de microrégion

### ★★ Sanctuaire Ste-Anne (Italie) C1

*12 km au nord. Munissez-vous d'une pièce d'identité. La route étroite qui prolonge la D 97 au nord de la station mène au col en 5 km.*

Du **col de la Lombarde**, la route sinue dans un cadre minéral grandiose, longe le lac d'Orgials puis descend à travers les mélèzes. Dans un lacet, tournez à gauche direction « Santa Anna ». En arrivant au sanctuaire, prenez à gauche jusqu'au bout de la route goudronnée. **Vue★** sur le sanctuaire et le cirque de montagnes (de la pointe de Madalecia au col de la Lombarde).

*40mn AR*. Du bout de la route, gagnez le très beau **lac Ste-Anne★**, sous les cimes du Lausfer et de l'Arène Grosse. Allez à son extrémité pour l'admirer sous son plus bel aspect. C'est le point de départ de belles randonnées.

## Randonnées Carte de microrégion

### ★ Tête de Pélevos C2

*Accès par le télécabine de Pélevos. Télécabine du Mercantour - ☎ 04 93 23 15 15 - juil.-août : 9h-11h45, 13h45-16h30 - piétons 3,70 € (-16 ans 3,30 €), AR 5,50 € (-16 ans 3,70 €) - forfaits VTT 6,80 € la demi-journée, 9,50 € la journée.*

Alt. 2 455 m. À l'arrivée, empruntez à droite un chemin qui monte vers les téléskis des Marmottes. Au deuxième téléski, bifurquez à gauche et gagnez le sommet. **Panorama★** sur le domaine skiable, la cime de la Lombarde et le mont Malinvern.

### ★★ Lacs de Terre Rouge C2

*4h AR. Dénivelé 650 m.*

Du restaurant, à l'extrémité de la station, prenez le chemin qui monte à l'hôtel Diva. De là, un sentier bien balisé conduit aux lacs, situés au pied de la cime de Tavels (à droite) et du mont Malinvern (à gauche). Montez à la **baisse du Druos★★** (alt. 2 628 m) ; très belle vue sur le Parc de l'Argentera en Italie : lac Valscura et cime Valrossa sud. Côté français, remarquez le mont St-Sauveur et le mont Mounier.

### ★★ Mont St-Sauveur C2

*3h30 AR. Dénivelé 400 m.*

Montez au téléski des Marmottes, comme pour la Tête de Pélevos. Poursuivez jusqu'au col Valette, où un étroit sentier se dirige à flanc de montagne vers le mont St-Sauveur. Caillouteux, il nécessite de la prudence au départ. À la borne 89, bifurquez à gauche et atteignez le sommet (alt. 2 711 m) par un court chemin de crêtes. Le **panorama★★** s'étend sur une grande partie du Mercantour, les gorges de Valabrès et le domaine de Valberg au sud, le mont Mounier et Auron à l'ouest et, plus au nord, les lacs de Terre Rouge, dominés par les cimes de Tavels, de Vermeil et de la Lombarde, le mont Viso et le massif du Pelvoux.

### Col de la Lombarde (frontière italienne) C2

*3h de marche facile AR par un sentier fléché, au-delà du télésiège du Belvédère.*

Alt. 2 350 m. Le col est encadré par la cime de la Lombarde à droite et la crête de la Lausetta à gauche, but classique de promenade à pied ou à VTT. Belle vue sur l'ensemble du cirque d'Isola 2000, dominé par la Tête Mercière, ainsi que sur la vallée italienne, plus encaissée.

## NOS ADRESSES À ISOLA 2000

### HÉBERGEMENT

PREMIER PRIX

**Camping Le Lac des Neiges** – *06420 Isola - 0,5 km à l'ouest du bourg, sur D 2205 (rte d'Auron), près de la Tinée et d'un lac - ✆ 04 93 02 18 16 - www.lacdesneiges.com - ♿ - 98 empl. 23 € - restauration.* Posé au bord d'un lac, ce terrain de montagne au charme bucolique propose deux terrains distincts, pour tentes et mobiles homes. Location de caravanes.

### RESTAURATION

La station offre un vaste choix d'établissements aux prix très variables et qui, l'été, n'ouvrent pour la plupart que de mi-juillet à fin août. Sur les pistes, deux restaurants : au sommet de la télécabine et au téléski St-Sauveur.

### ACTIVITÉS

**Bon à savoir** – Pour pratiquer de multiples activités à des tarifs préférentiels, pensez aux **Pass Loisirs** (3 formules au choix), en vente à l'office de tourisme.

**Randonnées en scooter des neiges** – *Le Front de Neige - ✆ 04 93 23 91 32 - www.isola2000.com.* Pour découvrir la région, de jour comme de nuit, en pilotant un scooter des neiges. Vous emprunterez des sentiers forestiers ou des pistes de ski et serez accompagné par un guide. Spectacle et sensations garantis.

# Saint-Étienne-de-Tinée

★

1 320 Stéphanois – Alpes-Maritimes (06)

### S'INFORMER

**Office du tourisme de St-Étienne-de-Tinée** – *Maison du tourisme - 1 r. des Communes-de-France - 06660 St-Étienne-de-Tinée - ✆ 04 93 02 41 96 - www.stationsdumercantour.com - juil.-août : 9h-12h30, 14h-19h ; reste de l'année : tlj sf dim., lun. et j. fériés 9h-12h, 14h-18h.*

**Maison du Parc national du Mercantour** – *Quartier de L'Ardon - 06660 St-Étienne-de-Tinée - ✆ 04 93 02 42 27 - juil.-août : tlj 9h-18h ; reste de l'année : mar. et vend. 9h-12h, 14h-17h.*

### SE REPÉRER

Carte de microrégion B1 (p. 382) – *carte Michelin Départements 334 J7.*

St-Étienne-de-Tinée occupe un site agréable au bord de sa rivière écumante, parmi les pâturages et les cultures en terrasses, dans un bel amphithéâtre de montagnes. Beaucoup d'habitants parlent encore le dialecte gavot, c'est-à-dire celui des montagnes de Provence. Et, en gavot, ils s'appellent *lous Estèves*.

### ORGANISER SON TEMPS

Comptez 3h pour vous promener dans la ville et découvrir les alentours. Si vous envisagez de randonner, vous y passerez au moins une journée.

**En 1929, un incendie a ravagé cette charmante petite ville alpestre, mais n'a entamé ni ses traditions ni son dynamisme. Au cœur du Mercantour, elle marque en été le point de départ pour le col de la Bonette et de fabuleuses randonnées. En hiver, son petit domaine skiable, qui culmine à 2 274 m, est relié par le téléphérique de la Pinatelle à la station d'Auron. À vous l'ivresse des hauteurs !**

## Se promener

**Bon à savoir** – Une carte **Passeport Loisirs**, offrant des réductions sur de multiples activités à St-Étienne-de-Tinée et à Auron, est en vente aux caisses des remontées mécaniques.

### Église

Qu'il est grand et beau, le **clocher★** roman avec ses quatre étages de baies arrondies ! Dans le chœur, le maître-autel en bois doré est d'influence espagnole (allez savoir pourquoi) ; à gauche, admirez les boiseries sculptées : scènes de la vie du Christ et statue de la Vierge à l'Enfant.

### Chapelles

*✆ 04 93 02 41 96 - possibilité de visite guidée (sur réserv.) ; se rens. à l'office du tourisme du mar. au sam. 9h-12h, 14h-18h.*

Dans la chapelle **St-Sébastien**, les **fresques** méritent une observation minutieuse : création d'Adam et Ève ; Jésus entre les larrons ; scènes de la vie bien remplie de saint Sébastien (criblé de flèches, le martyr venant au secours des pestiférés, etc.).

9

La chapelle **St-Michel** abrite un petit musée sur les pénitents.
Dans la chapelle **des Trinitaires**, parmi plusieurs fresques du 17e s., ne manquez pas la bataille de Lépante, amusante par la candeur qu'elle mêle à des intentions grandioses. Des tableaux peignent la vie des trinitaires, moines spécialisés dans le rachat des chrétiens captifs des Barbaresques.
Enfin, à 2 km, sur la route d'Auron, pittoresques fresques du 15e s. dans la **chapelle St-Maur**.

### Musées

*04 93 02 41 96 - visite guidée (1h), sur demande, avec la Maison du tourisme : se rens. - fermé dim., lun. et j. fériés - gratuit.*
L'ancien four communal abrite le **musée des Traditions**. Le lieu était tout indiqué pour présenter la fabrication du pain de seigle. Quant au **musée du Lait**, il expose le matériel nécessaire à la fabrication traditionnelle du fromage, vraie richesse des alpages. Enfin, le **musée de l'École** évoque un autre pan de la vie d'autrefois.
*Départ à côté du camping*. Petit **sentier d'interprétation** de l'eau ponctué de cinq panneaux.

## À proximité Carte de microrégion

### ★ St-Dalmas-le-Selvage B1

*7 km au nord par la D 2205 puis la D 63.*
*06660 St-Dalmas-le-Selvage - 04 93 02 46 40 - www.saintdalmasleselvage.com - tlj sf merc. et dim. 9h-12h, 14h-18h - fermé 1er Mai, 1er janv., lun. de Pâques, jeu. de l'Ascension, 1er et 11 Nov. et 25 déc.*
Ce village, perdu dans un site majestueux et sauvage au bout de la vallée de la Tinée, est **le plus haut** des Alpes-Maritimes. À l'arrivée, apparaissent d'abord l'église d'allure romane et son haut clocher, se détachant sur le vallon du Jalorgues.
**Église** – *04 93 02 41 01 - demander la clé à l'office de tourisme*. Sa façade ornée de **peintures en trompe-l'œil**, dont l'une représente saint Dalmas, martyr du 3e s. qui évangélisa les Alpes, a été restaurée par le fresquiste Guy Ceppa.
En vous promenant dans les ruelles étroites, vous apprécierez la force tranquille des solides maisons de schiste sombre, traditionnellement couvertes de bardeaux et décorées de nombreux **cadrans solaires**. Celui de la place défie ainsi l'astre du jour : « Superbe Soleil, que ton humeur est altière, mais cet arc est capable de mesurer ta carrière. »
*3h. Guide en vente à l'office de tourisme (5 €)*. Si vous avez un peu de temps devant vous, parcourez l'intéressant **sentier de découverte** qui vous permettra de comprendre la vie d'autrefois dans ce village de montagne.

#### CHEMIN DE L'ÉNERGIE

Dans les années 1930, on le traça en vue d'y installer une conduite forcée à haute altitude, dans un relief incroyablement défavorable. Le comble, c'est que l'eau des lacs devait alimenter à St-Étienne-de-Tinée une centrale hydroélectrique qui n'a jamais vu le jour : à l'époque, chaque région devait produire sa propre énergie électrique.
Aujourd'hui, ce chemin idéal domine la Tinée de 1 300 m et offre 8 km d'un circuit en balcon presque horizontal entre St-Étienne-de-Tinée et le lac de Rabuons.

*Continuez sur la D 63 après St-Dalmas.*

### ★ Col de la Moutière B1

12 km de route étroite offrent des vues plongeantes sur le village et traversent le **bois de Sestrière**, peuplé de majestueux mélèzes. À partir du refuge du même nom, la route pénètre dans la zone centrale du **Parc national du Mercantour**. Remarquez à gauche la Tête de Sanguinière.
Près du col, vous verrez des colonies de **marmottes** lézardant au soleil !

## Circuit conseillé Carte de microrégion

### ★★★ ROUTE DE LA BONETTE B1

*Circuit tracé en vert sur la carte de microrégion (p. 382) – 25 km de St-Étienne-de-Tinée à la cime de la Bonette. Voir p. 434.*

## Randonnée Carte de microrégion

**Bon à savoir** – La cueillette de certaines fleurs des Alpes menacées de disparition est sévèrement réglementée dans les réserves et parcs naturels : cyclamen, grand chardon bleu, lis martagon et edelweiss.

### ★★ Refuge de Rabuons B1

*5h de marche environ. Circuit balisé au départ du refuge des lacs de Vens (voir route de la Bonette, p. 435).*

L'intérêt principal de ce circuit est de relier les deux refuges gardés les plus hauts du **Parc national du Mercantour** en offrant de superbes vues panoramiques sur un sentier en balcon au-dessus de la Tinée. Au départ, longez les lacs médian et inférieur par la droite, et après avoir franchi une passerelle, montez jusqu'à la large **crête des Babarottes**. La descente permet d'emprunter une portion du fameux « chemin de l'énergie », ponctué d'ouvrages d'art (murs de soutènement et tunnels), qui amène au verrou glaciaire du **lac de Rabuons**, dominé par le refuge.

# Auron

320 Auronnais – Alpes-Maritimes (06)

## NOS ADRESSES CI-CONTRE

### S'INFORMER

**Office du tourisme d'Auron** – *La Grange-Cossa - av. de Malhira - 06660 Auron - ✆ 04 93 23 02 66 - www.auron.com - juil.-août et de mi-déc. à mi-avr. : 9h-12h, 14h-18h ; reste de l'année : tlj sf w.-end 9h-12h, 14h-18h - fermé 1er et 8 Mai, jeu. de l'Ascension, dim. et lun. de Pentecôte et 11 Nov.*

### SE REPÉRER

Carte de microrégion B1 (p. 382) – *carte Michelin Départements 334 J7.*
Auron, situé à 1 600 m d'altitude, occupe un plateau ensoleillé dominé par la cime de Las Donnas. Vous y accéderez par la vallée de la Tinée.

### ORGANISER SON TEMPS

Le téléphérique de la Pinatelle relie tous les jours au domaine skiable d'Auron.

**Cet ancien hameau d'alpage, autrefois grenier à blé de St-Étienne-de-Tinée, est aujourd'hui une dynamique station d'hiver et d'été, à un peu plus d'une heure de Nice et aux portes du Parc national du Mercantour.**

## Découvrir

### Domaine skiable

La station favorite des Niçois offre 135 km de pistes sur quatre secteurs, sous un soleil garanti. Le *snowpark* ravira ceux qui pratiquent la nouvelle glisse. Si vous ne voulez pas skier, vous pourrez faire une promenade en traîneau ou aller à la patinoire.

Les amateurs de ski de fond se rendront à **St-Dalmas-le-Selvage** *(voir St-Étienne-de-Tinée, p. 430)*, où 50 km de pistes les attendent.

En **été**, le terrain se prête à la pratique du VTT (150 km de sentiers balisés). Et après une course en montagne, vous pourrez vous détendre à la piscine.

### Chapelle St-Érige

*Visite guidée - se renseigner à l'office de tourisme - ✆ 04 93 23 02 66.*

Romane, sa nef à double abside est couverte d'une charpente de mélèze ornée de dents de scie sculptées et peintes. Son **décor★**, peint à la détrempe en 1451, fourmille de scènes piquantes. Entre les deux absides, dans une niche en cul-de-four, Marie Madeleine est « ravie » au ciel par deux anges; sur le dais, au-dessus, elle évangélise les Provençaux dans un pré fleuri. Sur le mur de gauche, un saint Christophe géant porte l'Enfant Jésus. Autour de la chapelle, **vue★** sur le cirque de montagnes.

### ★★ Las Donnas

*✆ 04 93 23 00 02 - de mi-déc. à mi-avr. : 9h-16h30 - 6,50 €.*

Le **téléphérique** vous emporte en 5mn au pied du rocher de Las Donnas à 2 256 m. De là, **panorama** sur la haute Tinée et les Alpes franco-italiennes.

## NOS ADRESSES À AURON

### HÉBERGEMENT

**POUR SE FAIRE PLAISIR**

**Hôtel L'Écureuil** – *Bd Georges-Pompidou - ✆ 04 93 23 02 72 - www.lecureuil.com - fermé de mi-avr. à déb. juin et nov. - ♿ 🅿 - 19 ch. 75/99 € - ☕ 10 €, demi-pension possible.* Un des rares hôtels ouverts presque toute l'année à Auron. Les chambres, fonctionnelles et rénovées, ont conservé leurs lambris qui apportent une agréable touche montagnarde. Cuisine du terroir et recettes originales de la région (pot-au-feu, gratin de crozets en hiver, légumes farcis, tourte de blettes en été), à déguster dans un cadre rustique (jolies chaises gravées).

### ACTIVITÉS

**Bon à savoir** – La station propose une carte **Passeport Loisirs** permettant de participer à prix réduits aux activités d'Auron et de St-Étienne-de-Tinée *(rens. à l'office de tourisme).*

**Via ferrata d'Auron** – *✆ 04 93 23 02 66 - www.auron.com - accès payant - informations à l'office de tourisme.* Sept tronçons réalisables séparément (3 à 4h au total). En raison de son aspect technique, les non-initiés devront être accompagnés d'un guide.

9

# Route de la Bonette

★★

Alpes-de-Haute-Provence (04)

### S'INFORMER

**Office du tourisme de St-Étienne-de-Tinée** – *Maison du tourisme - 1 r. des Communes-de-France - 06660 St-Étienne-de-Tinée - ✆ 04 93 02 41 96 - www.stationsdumercantour.com - juil.-août : 9h-12h30, 14h-19h ; reste de l'année : tlj sf dim., lun. et j. fériés 9h-12h, 14h-18h.*

### SE REPÉRER

Carte de microrégion B1 (p. 382) – *carte Michelin Départements 334 I6.*
La neige obstrue la route de novembre à fin mai. Quand elle est dégagée, la deuxième plus haute route d'Europe établit entre l'Ubaye et la Tinée une liaison directe, mais sinueuse, mettant Barcelonnette à 149 km de Nice.

### À NE PAS MANQUER

À partir des casernes de Restefond, **18 tables d'interprétation** décrivant les éléments essentiels du paysage jalonnent la route du col jusqu'à St-Étienne-de-Tinée.

### ORGANISER SON TEMPS

Comptez environ une demi-journée avec les arrêts à la cime de la Bonette et au camp des Fourches.

**Chaque été, la neige finit par fondre sur ces cimes rocailleuses et entrouvre pour quelques mois la route la plus haute de France. Jadis, cette voie stratégique a vu passer les troupes espagnoles pendant la guerre de Succession d'Autriche (1740-1748), et plus récemment les Allemands jusqu'à la fin de la Seconde Guerre mondiale. Ce n'était qu'un chemin muletier qui fut élargi dès 1832, mais la route actuelle ne fut achevée qu'en 1964. Aujourd'hui délaissée par les troupes armées, elle mène les amoureux de la montagne rude et des espaces vierges au cœur du Parc national du Mercantour.**

## Circuit conseillé Carte de microrégion

### ★★★ ROUTE DE LA BONETTE B1

*Circuit tracé en vert sur la carte de microrégion (p. 382) – 25 km de St-Étienne-de-Tinée à la cime de la Bonette – Comptez 1h30.*
La route suit un torrent dans un impressionnant défilé rocheux.
*Au Pont-Haut, prenez à gauche la D 63 vers St-Dalmas.*

#### ★ St-Dalmas-le-Selvage

*Voir St-Étienne-de-Tinée, p. 430.*
*Rejoignez la D 2205 et tournez à gauche.*
3 km au-delà du Pont-Haut, on aperçoit à droite la **cascade de Vens**. Au cours de la montée, les mélèzes cèdent la place à l'herbe rase des alpages.

#### Camp des Fourches

Ce casernement en ruine, à 2 250 m d'altitude, fut occupé de 1912 jusqu'à la fin de la Seconde Guerre mondiale par le 11e bataillon de chasseurs alpins. Son implantation a suivi de peu la percée de la route stratégique reliant la vallée de l'Ubaye à celle de la haute Tinée par le col de Restefond.
*30mn AR*. Un chemin mène au col des Fourches : superbe vue sur le vaste **cirque du Salso Moreno★** clôturé par les cimes de la Tête de l'Enchastraye et du mont Aiga, limites naturelles avec l'Italie *(table d'interprétation)*.
La route monte ensuite le long des crêtes entourant le cirque où la Tinée, affluent du Var, prend sa source.

#### ★★★ Cime de la Bonette

*30mn AR*. Ne ratez pas cette petite grimpette : nulle part ailleurs vous n'atteindrez 2 860 m en ne montant que de 60 m. Vous découvrez alors un ahurissant **panorama**, et une table d'orientation vous permet de situer plusieurs massifs des Alpes du Sud : au nord, le Queyras (la Font Sancte), le mont Viso et l'Ubaye (le Brec de Chambeyron et la Tête de Moïse) ; au nord-ouest, le massif du Pelvoux ; à l'ouest, le haut Verdon (Grande Séolane et mont Pelat) ; au sud, les Préalpes de Digne ; enfin, le Corborant et l'Argentera à l'est. Sur le versant est du col de la Bonette, à gauche, l'oratoire : N.-D.-du-Très-Haut.
*Possibilité de poursuivre le circuit jusqu'à Barcelonnette (voir p. 227).*

## Randonnées Carte de microrégion

### ★★ Pas de la Cavalle B1

*3h30 AR. Dénivelé environ 750 m. Départ au col des Fourches. Chaussures de montagne recommandées.*

La route de la Bonette.
J.-M. Richard / Fotolia.com



Alt. 2671 m. Descendez par un étroit sentier balisé en blanc et rouge jusqu'à une vieille baraque au pied du **cirque du Salso Moreno★**. Ce site raviné est un vrai livre ouvert de géologie : pluies et neiges ont dissous le gypse, provoquant la formation d'entonnoirs en surface. À partir de la balise 37, la montée est soutenue, caillouteuse et glissante. Au pas de la Cavalle, encadré par le rocher des Trois-Évêques et la Tête Carrée, **panorama★★** au sud sur les lacs d'Agnel, la chaîne frontalière et le domaine d'Auron, et au nord sur le vallon du Lauzanier et le Brec de Chambeyron. Descendez de quelques mètres pour découvrir en contrebas le lac de Derrière-la-Croix. Revenez sur vos pas.

### ★★★ Lacs de Vens B1

*6h de marche pour la boucle passant par le col de Fer. Dénivelé 940 m. Garez-vous au Pra. Ce circuit, facile mais long, exige de l'endurance.*

Le sentier traverse les mélèzes, face aux domaines de St-Étienne-de-Tinée et d'Auron. En une heure, vous atteignez le plateau de Morgon, en vue des aiguilles de Tortisse. À la balise 33, après une courte descente, grimpez jusqu'aux maisons forestières de Tortisse. Vous pouvez alors aller directement au refuge de Vens, mais faites plutôt le détour par le **col de Fer** (alt. 2584 m). Les bons marcheurs, bien équipés et non sujets au vertige, iront à la cime de Fer à 2700 m d'altitude *(35mn de marche supplémentaire AR)*. **Panorama★★** exaltant sur la route du col de Larche, la Tête de Moïse, le mont Vallonet et l'ensemble des lacs de Vens. Du col de Fer, montez au Collet de Tortisse, puis gagnez le refuge et les **lacs de Vens★★**. Poursuivez le long du premier lac, dominé par la cime de Fourchas. Commencez à longer par la droite le second lac : après un amas de gros rochers, prenez à droite un sentier qui monte raide. Chaque fois qu'il se subdivise, prenez à gauche. En 5mn, vous parvenez sur une crête rocheuse et changez de versant. Dans un cadre encaissé, **vue★** sur la cime de la Bonette et la crête de la Blanche. Rejoignez en contrebas le sentier venant de Vens, et prenez-le en montée. À la balise 23, bifurquez vers le Pra : le sentier évolue à flanc de montagne dans un **cadre** somptueux, puis descendez sur la maison forestière de Tortisse. Rejoignez le parking par le chemin de l'aller.

# INDEX GÉNÉRAL

**Briançon** : villes, curiosités et régions touristiques.
**Cézanne, Paul** : noms historiques ou termes faisant l'objet d'une explication.
**Les sites isolés** (châteaux, abbayes, grottes, etc.) sont répertoriés à leur propre nom.
Nous indiquons par son numéro, entre parenthèses, le département auquel appartient chaque ville ou site. Pour rappel :
**04** : Alpes-de-Haute-Provence
**05** : Hautes-Alpes
**06** : Alpes-Maritimes
**26** : Drôme
**38** : Isère
**83** : Var

## A



## B

# INDEX GÉNÉRAL

## N



## O



## P

## T

## U



## V – W – Z

# CARTES ET PLANS

## CARTE GÉNÉRALE



## CARTES DES RÉGIONS



## PLANS DE VILLE



## CARTES THÉMATIQUES



## CARTES DES ITINÉRAIRES

# LÉGENDE DES CARTES ET PLANS

## Curiosités et repères

- Itinéraire décrit, départ de la visite
- Église
- Mosquée
- Synagogue
- Monastère - Phare
- Fontaine
- Point de vue
- Château - Ruine ou site archéologique
- Barrage - Grotte
- Monument mégalithique
- Tour génoise - Moulin
- Temple - Vestiges gréco - romains
- Temple : bouddhique - hindou
- Autre lieu d'intérêt, sommet
- Distillerie
- Palais, villa, habitation
- Cimetière : chrétien - musulman - israélite
- Oliveraie - Orangeraie
- Mangrove
- Auberge de jeunesse
- Gravure rupestre
- Pierre runique
- Église en bois
- Église en bois debout
- Parc ou réserve national
- Bastide

## Sports et loisirs

- Piscine : de plein air - couverte
- Plage - Stade
- Port de plaisance - Voile
- Plongée - Surf
- Refuge - Promenade à pied
- Randonnée équestre
- Golf - Base de loisirs
- Parc d'attractions
- Parc animalier, zoo
- Parc floral, arboretum
- Parc ornithologique, réserve d'oiseaux
- Planche à voile, kitesurf
- Pêche en mer ou sportive
- Canyoning, rafting
- Aire de camping - Auberge
- Arènes
- Base de loisirs, base nautique ou canoë-kayak
- Canoë-kayak
- Promenade en bateau

## Informations pratiques

- Information touristique
- Parking - Parking - relais
- Gare : ferroviaire - routière
- Voie ferrée
- Ligne de tramway
- Départ de fiacre
- Métro - RER
- Station de métro (Calgary, ...) (Montréal)
- Téléphérique, télécabine
- Funiculaire, voie à crémaillère
- Chemin de fer touristique
- Transport de voitures et passagers
- Transport de passagers
- File d'attente
- Observatoire
- Station service - Magasin
- Poste - Téléphone
- Internet
- H Hôtel de ville - Banque, bureau de change
- J Palais de justice - Police
- Gendarmerie
- T U M Théâtre - Université - Musée
- Musée de plein air
- Hôpital
- Marché couvert
- Aéroport
- Parador, Pousada (Établissement hôtelier géré par l'État)
- A Chambre d'agriculture
- D Conseil provincial
- G Gouvernement du district, Délégation du Gouvernement Police cantonale
- L Gouvernement provincial (Landhaus)
- P Chef lieu de province
- Station thermale
- Source thermale

## Axes routiers, voirie

- Autoroute ou assimilée
- Échangeur : complet - partiel
- Route
- Rue piétonne
- Escalier - Sentier, piste

## Topographie, limites

- Volcan actif - Récif corallien
- Marais - Désert
- Frontière - Parc naturel

## Comprendre les symboles utilisés dans le guide

### LES ÉTOILES

★★★ **Vaut le voyage** ★★ **Mérite un détour** ★ **Intéressant**

### HÔTELS ET RESTAURANTS

| | | | |
|---|---|---|---|
| *9 ch.* | Nombre de chambres | | Piscine |
| 7,5 € | Prix du petit-déjeuner en sus | CC | Paiement par cartes de crédit |
| 50 € | Prix de la chambre double, petit-déjeuner compris | | Carte de crédit non acceptée |
| bc | Menu boisson comprise | P | Parking réservé à la clientèle |
| | Air conditionné dans les chambres | Tram | Station de tramway la plus proche |
| | Restaurant dans l'hôte | M | Station de métro la plus proche |
| | Établissement servant de l'alcool (à l'étranger) | | |

### SYMBOLES DANS LE TEXTE

| | | | |
|---|---|---|---|
| | À faire en famille | | Randonnée à vélo |
| | Pour aller au-delà | | Facilité d'accès pour les handicapés |
| | Promenade à pied | A2 B | Repère sur le plan |

*Manufacture française des pneumatiques Michelin*
**Société en commandite par actions au capital de 304 000 000 EUR**
**Place des Carmes-Déchaux - 63000 Clermont-Ferrand (France)**
**R.C.S. Clermont-Fd B 855 200 507**


Dépôt légal : 10-2010 – ISSN 0293-9436
Compograveur : Nord Compo, Villeneuve-d'Ascq
Imprimeur : La Tipografica Varese, Italie
Imprimé en Italie : 10-2010
sur du papier issus de forêts gérées durablement